KB125791

식민지 파시즘의 유산과 극복의 과제

The Legacy of Colonial Fascism and the Problem of Overcoming

edited by Pang, Kie-chung

연세국학총서 45
일제 파시즘기 한국사회 3

식민지 파시즘의 유산과 극복의 과제

방 기 중 편

혜안

연세국학총서 45
일제 파시즘기 한국사회 3

식민지 파시즘의 유산과 극복의 과제
방 기 중 편

2006년 1월 2일 초판 1쇄 인쇄
2006년 1월 5일 초판 1쇄 발행

펴낸이 · 오일주
펴낸곳 · 도서출판 혜안
등록번호 · 제22-471호
등록일자 · 1993년 7월 30일

⊕ 121-836 서울시 마포구 서교동 326-26번지 102호
전화 · 3141-3711~2 / 팩시밀리 · 3141-3710
E-Mail hyeanpub@hanmail.net

ISBN 89 - 8494 - 262 - 6 93910
값 26,000원

편자 서문

본서는 한국학술진흥재단의 기초학문육성사업의 지원을 받아 2002
년부터 수행한 연세대학교 국학연구원 공동연구 프로젝트 '일제 파시
즘체제와 한국사회 : 민중의 생활상과 지식인' 연구의 마지막 3차년도
성과를 간행한 것이다. 공동연구 1차년도 성과와 2차년도 성과는 작년
5월과 금년 7월 각각 『일제 파시즘 지배정책과 민중생활』, 『일제하 지
식인의 파시즘체제 인식과 대응』이라는 제목으로 간행되었고, 이제 본
서의 간행으로 전 3권의 '일제 파시즘기 한국사회' 연구총서 간행을 마
무리하게 되었다.

본 공동연구의 전체적인 문제의식과 연구목표는 총서 첫째 권 서문
을 통해 간략히 소개한 바와 같이 이분법적 평가나 부조적 연구방식에
서 벗어나 분석시각과 대상을 다변화하고 연구의 양적·질적 확대를
도모함으로써 한국근현대사 인식 지평을 넓히고자 하는 것이었다. 이
러한 취지에서 총서 첫째 권에서는 일제 파시즘 통제정책과 이에 따른
한국사회·민중생활의 변화를 검토하였고, 둘째 권에서는 한국 지식인
의 파시즘 지배정책에 대한 인식과 현실 대응의 논리를 분석하였다.
본서는 이상의 성과를 바탕으로 일제 파시즘 지배체제와 한국인의 파
시즘 경험이 해방 후 어떠한 유산을 남겼는가를 살펴보고 그 극복 과
제와 방향을 전망해 본 것이다.

주지하듯이 일제는 조선을 철저히 시장·원료공급지로 수탈하고 대
륙침략의 발판으로 삼기 위해 사회 각 부문에 일본식 근대 제도와 기

구를 이식하고 친일협력세력을 양성하면서 식민지 지배질서를 확립하였다. 특히 일제말기 황민화정책·전시총동원정책과 함께 구축된 '식민지 파시즘' 지배질서는 이전과 비교할 수 없을 만큼 방대한 친일협력구조를 창출하면서 한국인의 민족적 정체성을 해체시키고 일상적 삶과 의식을 변화시켰다. 따라서 이러한 식민지 지배질서의 청산은 해방 후 자주독립국가 건설, 통일민주정부 수립의 대전제가 되는 시대적 과제가 되었지만 여러 이유에서 좌절되었다. 그리고 그 유산은 분단의 모순구조와 결합하여 남한 지배질서의 주요 기반으로 자리잡는 가운데 종속적·특권적 반공국가주의 정치경제구조와 문화사상의식을 끊임없이 재생산하는 내적 요인이 되었다. 본서는 이와 같이 분단 형성과 남한사회의 전개에 심대한 영향을 끼친 식민지 유산의 실체와 그 작동구조를 전시파시즘기에 초점을 맞추어 살펴본 것이다.

해방 후 식민지 유산이 청산되지 못한 배경과 그것이 분단 및 남한 지배질서 형성과 어떠한 연관성을 가지고 있는가에 대해서는 1980년대 이래 여러 방면에서 많은 논의가 있었다. 특히 정치적 민주화와 남북관계가 진전되면서 대중적 차원에서도 '친일파'로 표상된 식민지 유산이 반공국가주의 지배질서의 형성 및 재생산구조와 불가분의 관계에 있다는 인식이 보편화됨으로써 '친일파' 청산 요구가 주요 정치 현안이 되었다. 그리고 이러한 여론과 요구는 '일제강점하 친일반민족행위진상규명에 관한 특별법' 제정과 함께 국가권력에 의해 정치적으로 정리되는 단계에 이르렀다. '친일반민족행위'에 국한된 그 진상 규명이 식민지 유산의 전모를 보여줄 수는 없겠지만, 이로써 오랫동안 은폐된 역사적 진실을 밝히고 한국현대사에 대한 자기성찰과 민주적·통일지향적 역사인식 정립의 기회를 갖게 되었다는 점에서 이 작업이 지니는 역사적·실천적 의의는 극히 각별한 것이다.

그러나 이러한 국가적 사업의 추진과 이에 대한 특별한 의미 부여에도 불구하고 정작 식민지 유산의 구체적 실상과 작동구조에 대한 학문적 검토는 의외로 부족한 형편이다. 기존 논의는 대개 식민지 유산의 청산을 당위적 과제로 설정하고 특히 일제 황민화정책과 그 전위 역할을 한 친일협력세력이 해방 후 남한 지배질서 형성과 어떠한 상호연관성을 가지고 있는가를 총론적·거시적으로 설명하거나 인물사 차원에서 주요 인물의 친일 행적을 밝히는 데 치중하였다. 이러한 연구 현황은 무엇보다 연구성과의 양적 빈곤에 연유하지만, 또한 일제하·해방후를 관통하는 한국근현대사의 기본 추이와 성격을 수탈과 저항, 친일과 반일, 종속과 자주, 반공과 통일이라는 이분법적 논리로 파악하는 일반적 연구시각과도 밀접한 연관이 있다. 이에 해방 후 지배질서 형성과 재생산 과정에 결부된 식민지 유산의 다양한 실체와 구조분석이 불충분하게 되고, 각계 각층의 사상문화의식과 일상생활에 깊이 침윤되고 분식된 전시파시즘체제의 경험과 기억을 체계적으로 검토할 여유를 갖지 못하였다.

편자와 전임 공동연구진은 이러한 문제점을 해결하고 파시즘기 식민지 유산의 실상을 보다 분석적으로 접근하기 위한 방법으로 '식민지 파시즘'이라는 개념을 도입하였다. 총독부가 일제 본국과 별도의 독자적 파시즘체제를 구축한 것처럼 오해받을 수 있다는 위험성에도 불구하고 이 개념을 사용한 것은 크게 두 가지 이유에서였다. 하나는 조선에서의 일제 파시즘 지배체제의 관철 양식과 총독부 전시통제·동원체제의 특수성을 설명하기 위해서였다. 총독부의 황민화정책과 '총후총동원체제' 구축은 말할 것도 없이 일제 파시즘체제·전시총동원체제 구축 과정의 일환이지만 이는 본국 파시즘체제의 일방적 외연 확대가 아니었다. 곧 '내선일체' '병참기지' 슬로건에 상징되어 있듯이 이는 총독부 지배질서와 그 이해관계가 적극 관철된 식민지 전시통제·동원체제로서, '식민지 파시즘'은 이러한 식민지 전시통제·동원체제의 특수성을 설명하는 데 유용하다는 취지였다. 다른 하나는 총독부 황민화정책과 일제 파시즘체제 구축에 적극 가담한 친일세력의 능동성을 드러내기 위해서였다. 이 시기 '황민화'와 체제협력의 배경에는 극단의 탄압과 통제가 존재하고 그 실상과 수준에도 다양한 편차가 있지만 이를 주도한 상당수 한국인 인사들은 '황민'으로서의 자기 정체성을 능동적으로 확립하면서 정책과 체제에 협력하였다. '식민지 파시즘'은 친일협력의 다양한 편차와 함께 이러한 능동성과 그 내면의 의식구조를 구체적으로 드러내고 식민지 유산과 관련하여 특별한 의미를 갖는 전시파시즘체제의 경험과 기억을 재구성하는 데 효과적이라는 판단이었다.

'식민지 파시즘' 개념의 타당성·적절성 여부에 대해서는 2003년 5월 1차년도 연구성과를 발표한 국제학술회의에서 '일본파시즘' 인식 문제와 함께 이미 여러 의문과 비판이 제기된 바 있다. 편자와 전임 공동연구진 역시 이 개념이 하나의 분석틀로 받아들여지기에 다소 편의적이고 자의적인 측면이 있다는 것을 인정하여 이 개념의 사용 여부를 두고 적지 않은 고민을 하였다. 그러나 여러 문제점에도 불구하고 이 개념이 이분법적 시각을 벗어나 전시파시즘기의 식민지 역사상 및 그 유산의 특질과 내면을 새롭게 조명하는 데 적지 않은 장점을 가지고 있고 또한 이러한 시도 자체가 연구시각의 확대와 분석방법의 개발에 촉매제 역할을 할 수 있다는 취지에서 당초의 문제의식을 견지하기로 하고 본서 작업에 착수하였다.

본서 작업은 공동연구의 마무리인 동시에 연구 시각과 방법에 대한 보다 긴밀한 공감대를 전제하였기 때문에 일반 공동연구원이 같이 참여한 총서 첫째, 둘째 권과 달리 5명으로 구성된 전임 공동연구원의 집중 연구로 추진되었다. 전술한 연구 현황과 본서의 문제의식을 유념하여 작업은 크게 두 단계에 걸쳐 진행되었다. 첫 단계에서는 '식민지 파시즘'의 특질과 유산을 새롭게 조명하기 위한 시각과 방법론을 개발한다는 취지에서 자료와 기억에 대한 분석을 추진하였다. 특히 본 공동연구에서는 주제 연구와 별도로 총 8권의 『일제 파시즘기 한국사회 자료집』 간행을 기획하여 관련 문헌자료 수집과 구술자료 채록을 병행하

였는데, 첫 단계 작업은 이러한 자료수집 성과를 바탕으로 한 것이었
다. 그리하여 「자료와 기억으로 본 '식민지 파시즘'」이라는 대주제 아
래, 파시즘기 정책사 문헌자료의 현황과 활용 문제, 지성사 연구방법의
개발과 자료 문제, 농민·학생·여성 등 세 계층을 대상으로 한 '식민
지 파시즘'의 경험과 기억 문제 등 모두 5개 소주제를 검토 대상으로
설정하였다.

　둘째 단계의 작업은 공동연구 본 주제인 「'식민지 파시즘'의 유산과
극복의 과제」였다. '식민지 파시즘'의 유산과 그 작동구조의 전모를 밝
히기 위해서는 제 영역의 폭넓은 개별 주제 분석과 그 종합적 인식이
요구되지만, 여기에서는 선행 작업과의 연관성을 염두에 두면서 사회
·정치·경제·생활·교육 등 모두 5개 영역의 개별 주제를 선정하였
다. 각 주제의 논점을 간략히 소개하면 첫째 파시즘기 내면화된 '아류
제국주의' 의식의 유산으로서 한국인의 배타적 인종주의 문제, 둘째 반
공과 전향을 축으로 하는 파시즘기 사상통제와 해방 후 국가보안법 사
상통제의 역사적 맥락, 셋째 노자협조 이데올로기에 기초한 전시파시
즘 경제정책의 유산과 한국자본주의에서의 그 재생산 과정, 넷째 생활
양식에 내면화된 파시즘 통제원리의 다양한 관철 양식과 해방 후 재생
산 논리, 다섯째 파시즘기 '국사(일본사)' 교과서와 해방 후 국사교과서
의 내용에 나타나는 파시즘 교육체제의 재생산구조 등이었다.

　이상 두 단계에 걸친 공동연구 성과는 각기 연세대학교 국학연구원
주최의 워크숍(2004년 12월 4일)과 학술회의(2005년 5월 20일)를 통해
발표되었다. 워크숍과 학술회의에서는 학계의 소장·중진 학자들이 토
론자로 참여하여 연구 내용과 방법론에 관한 여러 건설적 비판과 조언
을 해주어 수정·보완 작업에 많은 도움이 되었다. 첫 단계 작업과 관
련해서는 국내외 문헌자료의 수집·정리 현황에 대한 보충과 구술자
료를 활용한 연구방법론 문제에 대한 집중 토론이 있었고, 둘째 단계
의 작업과 관련해서는 '식민지 파시즘' 유산에 대한 전체적 조망과 극

복 전망이 불충분하다는 비판과 함께 '일본파시즘' 인식과 '식민지 파시즘'에 대한 개념 문제가 다시 쟁점으로 부각되었다. 특히 학술회의의 종합토론은 본 공동연구의 문제의식과 연구방법을 다시 한번 성찰하게 하는 좋은 계기가 되었고, 본서 작업 내용과 관련한 여러 실제적인 문제의 해결에 많은 도움을 주었다.

작업을 마무리하는 과정에서 공동연구 본 주제인 둘째 단계의 작업을 본서의 제1부, 첫 단계의 작업을 제2부로 본서 체재를 최종 확정하였다. 그리고 이번 학술회의에서도 재차 쟁점이 된 '일본파시즘' 인식 문제에 대한 본 공동연구의 입장을 보다 분명히 하기 위해 별도의 보충 작업을 추진하였다. 곧 총서 첫째 권에 게재하려다 유보한 '총론'을 「일본파시즘 인식의 혼돈과 재인식의 방향」이라는 제하의 연구사 정리 형식으로 전면 개고하여 본서의 '서장'으로 게재하였다. 주지하듯이 최근 일본학계에서는 '일본파시즘'의 역사성을 부정하거나 '일본파시즘'의 근대성·합리성을 강조하는 경향이 증대하면서 '일본파시즘'과 동아시아 역사상 인식에 대한 심각한 착종 현상이 확산되고 있고, 한국학계 역시 이로부터 적지 않은 영향을 받고 있다. 이에 '총론' 형식보다는 이러한 최근 일본학계의 인식 경향을 비판적으로 검토함으로써 본 공동연구의 입각점을 분명히 드러내는 것이 연구사적으로 더 의미가 있겠다는 판단에서 이 작업을 추진하였다. 본서 간행이 상당 기간 늦어진 것은 이 작업을 마무리하는 데 예상보다 많은 시간이 소비되었기 때문이다.

이제 본서를 상재하면서 공동연구 전체를 마무리할 수 있게 된 것에 내심 안도감을 느끼면서도, 연구책임자로서 이 성과가 당초 의도한 새로운 연구 방향의 모색과 한국 근현대 역사상의 재인식에 얼마나 기여했는지 두려움이 앞서는 것도 어쩔 수 없는 감회이다. 그러나 부족하나마 본 공동연구의 성과가 그러한 모색의 밑거름이 되고 재인식의 계기가 될 것을 확신하면서 독자 제위의 엄정한 질정을 바란다.

본서는 전적으로 전임 공동연구진인 이준식 · 김경미 · 전상숙 · 이경
란 · 권명아 선생 다섯 분의 각고의 노력과 학문적 열정의 결실이다.
편자의 무모한 욕심에 본서는 물론 자료집 간행에 이르기까지 전체적
으로 무리하게 기획된 본 공동연구를 각종 궂은 실무를 병행하면서도
차질없이 마무리해 주신 전임 연구진들께 진심으로 감사드린다. 또한
본 공동연구의 지원기관인 한국학술진흥재단과 주관기관인 연세대학
교 국학연구원에 감사드리며, 특히 그간 물심양면으로 연구활동을 지
원해 주신 국학연구원 전인초 원장과 김도형 부원장, 연구의 기획과
작업 과정을 함께 해 주신 홍성찬 선생께 이 기회를 빌어 다시 한번
감사드린다. 더불어 귀한 시간을 내어 학술회의와 워크숍에 사회 및
토론자로 참여하여 연구를 격려해 주신 김도형 · 홍성찬 · 김동노 · 임
지현 · 김성보 · 이윤미 · 박섭 · 김동춘 · 한긍희 · 허영란 · 강명숙 · 김영
희 · 이임하 선생 등 여러분께 진심으로 감사드린다. 그리고 본서 간행
을 위해 여러 번잡한 일을 처리해 주신 백승철 선생과 이태훈 박사생
에게 감사드리며, 각종 실무 보조에 노고를 아끼지 않은 정진아 · 김소
남 · 이동원 · 이화진 · 최영석 박사생과 홍정완 · 이세영 · 안희진 · 안
준범 · 히라사와 · 장미현 · 박인영 석사생 등 여러 연구보조원에게도
고마움을 전한다. 끝으로 요즘과 같은 불경기에 본서 간행을 쾌히 허
락해 주신 혜안출판사 오일주 사장과 본서를 이와 같이 모양 있게 만
들어 주신 편집부 여러분께 진심으로 감사드리며 서문에 대한다.

2005년 11월 30일
방 기 중

차 례

제2부 자료와 기억으로 본 '식민지 파시즘'

CONTENTS

Lee, Kyoung-ran   Farmer's Experiences of Fascism and Rural Society — Experiences of Agricultural Cooperative after Liberation —

Kim, Kyoung-mee   Memories of School Days at Kyunggi Middle School under the Japanese Colonial Fascist Rule

Kwon, Myoung-a   Experience of the colonial and the subjectivity of women — Literature, women and the state under the fascist regime —

식민지 파시즘의 유산과 극복의 과제

서 장 |

일본파시즘 인식의 혼돈과 재인식의 방향
-최근 일본학계의 동향을 중심으로-

방 기 중[*] · 전 상 숙[**]

1. 문제의 소재

일제 파시즘기는 한국근현대사의 성격을 해명하는 데 중요한 의미를 지니는 시기이다. 그것은 이 시기 역사상이 일제 식민지배의 본질과 '식민지 근대'의 실체를 가장 적나라하게 드러내고 있을 뿐 아니라 해방 후 통일민주국가 수립의 좌절과 분단 형성의 내적 배경을 이해하고 현대 한국사회의 정치경제적·문화사상적 내면을 성찰하는 데 중요한 단서를 제공하기 때문이다. 더욱이 여전히 탈식민화의 과제를 안고 있는 한국사회의 특수성과 재무장을 추구하는 일본의 급속한 우경화 경향을 감안할 때 일제 파시즘기 연구가 지니는 학문적 중요성은 각별한 의미를 지니고 있다. 이러한 점에서 이 시기 연구의 중심 과제가 일제 파시즘 지배정책의 전모와 성격을 밝히고 이에 대한 한국인의 다양한 대응 양식을 규명하는 한편 해방 후로 이어진 파시즘기 식민지 유산의 실상을 구체적으로 드러내는 데 있다는 것은 재론할 필요가 없을 것이다.[1]

* 연세대학교 교수, 국사학
** 연세대학교 국학연구원 연구교수, 정치학

그런데 이러한 작업을 위해서는 무엇보다 1930년대 후반 이후 식민
지 지배를 규정한 일제 파시즘체제에 대한 명확한 이해가 요구된다.
곧 아시아 침략전쟁을 바탕으로 확립된 이 시기 일제 지배체제의 실체
로서 일본파시즘에 대한 인식이 분명히 전제될 때 당시 한국사회의 실
상과 특질을 구체적으로 드러낼 수 있다. 더욱이 본 공동연구가 이 시
기 일본 정치체제·지배질서를 기본적으로 파시즘체제로 규정하고 이
로부터 '식민지 파시즘' 개념을 도입하고 있다는 점에서도 이에 대한
원칙적인 입장 정리가 필요하다. 그러나 한국사 연구자의 입장에서 일
본파시즘의 특질과 성격을 정면에서 해부하는 것은 현실적으로 쉬운
작업이 아니다. 이에 본고에서는 일본파시즘에 대한 일본학계의 연구
성과를 염두에 두면서 특히 최근 확산되고 있는 파시즘기 일본 지배체
제에 대한 새로운 인식 동향을 비판적으로 검토하는 방식으로 본 공동
연구의 입각점을 확인하는 동시에 파시즘기 한국사회 연구의 새로운
방향 모색에 일조하고자 한다.

주지하듯이 전후 일본학계의 일본파시즘론은 상당히 복잡한 논쟁과
연구사 과정을 거치면서 발전하였다.[2] 이 과정에서 다양한 유형의 일

---

1) 일제 파시즘기 한국사회 연구의 이러한 문제의식과 기본 과제에 대해서는 본
   총서 첫째·둘째·셋째 권의 편자 서문을 통해 간략히 제시한 바 있다.
2) 일본파시즘론의 기본 추이와 각 시기별 연구 동향과 관련해서는 다음과 같은
   잘 정리된 여러 연구사 검토가 있기 때문에 본고에서는 그것을 장황하게 반
   복해서 소개하는 것은 생략한다. 다만 문제의 소재를 분명히 하기 위해 다소
   번거롭지만 서론을 통해 1980년대에 이르는 일본파시즘론의 기본 성격을 간
   략히 제시하고자 하며, 더 필요한 경우에는 본론 검토 과정에서 언급할 예정
   이다. 그리고 '총력전체제론'과 관련된 연구사 검토는 3장에서 별도로 소개한
   다. 江口圭一, 「敗戰後の『日本ファシズム』硏究」, 『歷史科學大系 第12卷 日
   本ファシズム論』, 東京 : 校倉書房, 1977 ; 安部博純, 『日本ファシズム硏究
   序說』, 東京 : 未來社, 1975, 第1篇 ; 粟屋憲太郎, 「日本ファシズム」, 『現代歷
   史學の成果と課題』, 歷史學硏究會編, 東京 : 靑木書店, 1975 ; 安部博純,
   『日本ファシズム論』, 東京 : 影書房, 1996, 第1章 ; 池田順, 『日本ファシズム
   體制史論』, 東京 : 校倉書房, 1997, 序 ; 안자코 유카, 「일본파시즘론 연구동
   향」, 『역사문제연구』 6, 2001 ; 高岡裕之, 「ファシズム·總力戰·近代化」,

본파시즘론이 제기되었지만 대체로 1970년대 전반까지 학계의 주류적 위치를 점한 견해는 강좌파 맑스주의역사학의 '천황제파시즘론'이었고, 여기에 시민사회파 사회과학을 주도한 丸山眞男의 '일본파시즘론'이 큰 영향력을 발휘하였다. '천황제파시즘론'은 1930년대 초의 체제 위기에 대응하여 독점자본과 결합한 절대주의 천황제 국가기구가 파시즘 권력으로 전화했다는 데 그 요점이 있으며, 이는 이른바 '32년 테제'로 상징되듯이 일본자본주의의 후진성·봉건성을 중시하여 천황제 국가기구를 절대주의로 파악하는 강좌파 전통적인 '아시아적특수성=정체성론'에 인식 기반을 둔 것이다.[3] 반면 丸山 견해는 일본파시즘은 유럽과 달리 대중적 파시즘운동이 결여된 채 군부·관료 등 기존 국가기구가 소부르주아층을 기반으로 '위로부터' 추진한 것이라는 데 요점이 있으며, 그 파시즘 이데올로기의 일본적 특질로서 가족주의·농본주의·아시아주의를 주목하는 데 특징이 있다.[4]

두 견해는 그 이론적 기반과 논지를 달리하면서도 크게 두 측면에서 상호 관점의 공감대를 형성하며 일본파시즘에 대한 일반적 인식을 정착시켰다. 하나는 일본파시즘의 본질 파악으로서, 폭력성·침략성·관념성 등을 상징하는 비합리성과 그 토대·기구의 후진성·전근대성을 강조한 점이다. 다른 하나는 미국이 주도한 '전후개혁' 평가와 관련된 전전·전후 일본사회의 연관성 문제로, '전후개혁'이 일본파시즘의 토

『歷史評論』 645, 2004.

3) 특히 1947년 '神山·志賀' 논쟁 이후 志賀義雄의 '군사파시즘론'을 기반으로 한 '천황제파시즘론'의 확립에 주요한 역할을 한 연구는 守屋典郎, 「天皇制の意義とその基盤」, 『歷史科學大系 第12卷 日本ファシズム論』, 東京 : 校倉書房, 1977 ; 今井淸一, 「天皇制とファシズム」, 『日本歷史講座』 7, 東京 : 河出書房, 1953 ; 遠山茂樹·今井淸一·藤原彰, 『昭和史』, 東京 : 岩波書店, 1955, 1959 ; 勝部元, 「天皇制ファシズム論」, 『講座日本歷史』 21, 東京 : 東京大學出版會, 1962 등이다.

4) 丸山眞男, 「日本ファシズムの思想と運動」, 『增補版 現代政治の思想と行動』, 東京 : 未來社, 1964.

대·기구를 해체시켰다는 점에서 전전·전후의 단절성을 강조한 점이
다. 그러나 이러한 일본파시즘 인식은 전후 민주화를 추구하는 실천적
문제의식의 과잉을 반영한 것으로, 일본파시즘의 비합리성·전근대성
과 '전후개혁'의 의의가 각기 과장되는 가운데 전전·전후 일본사회의
연속성을 지나치게 과소평가한 것이었다. 또 파시즘 비판의 초점이 일
본사회의 민주화 문제에 국한된 일국사적 성향이 강하였고, 그 파시즘
인식의 개념과 논리도 이론적으로 체계화되지 못한 채 유럽과 구별되
는 일본적 특수성을 강조하는 경향이 농후하였다.

  일본파시즘론이 '천황제파시즘론'의 틀을 탈각하여 이러한 문제점을
극복하면서 인식 지평을 확대한 것은 1970년대에서 1980년대 전반에
걸친 시기였다. 이는 1950·60년대 일본의 고도성장, 미국의 신식민주
의 동아시아 지배질서의 강화, '안보투쟁' 등을 배경으로 강좌파 내부
로부터 '전후개혁'의 불철저성을 재인식하게 되고, 또한 파시즘을 근대
화 과정의 세계사적 경로의 하나로 파악하는 근대화론 입장의 파시즘
인식이 대두하면서 '총력전'을 매개로 한 파시즘의 근대성 문제가 크게
부각된 것과 밀접한 연관이 있었다.5) 특히 후술하는 바와 같이 이러한
동향을 배경으로 파시즘 개념을 부정하고 전전·전후의 연속성을 강
조한 '전시체제론'이 제기되면서 촉발된 1970년대 후반의 '일본파시즘
논쟁'은 일본파시즘론의 이론과 방법을 크게 확장하는 주요한 계기가
되었다.

  그리하여 1980년대 전반에 이르기까지 체제론·국가론 차원에서 일
본파시즘의 보편적 성격과 일본적 특수성을 통일적으로 해명하는 작

---

5) 곧 1960년대 '총력전'을 매개로 한 나치즘의 '강제적 균질화'가 독일사회의 근
   대화에 공헌했다는 '다렌도르프 테제'나 쉔바움의 '히틀러 사회혁명론'으로
   잘 알려진 파시즘 인식이 그것이다(Ralf Dahrendorf, *Society and
   Democracy in Germany*, Garden City, N.Y. : Doubleday, 1967 ; David
   Schoenbaum, *Hitler's Social Revolution. Class and Status in Nazi
   Germany*, Garden City, N.Y. : Doubleday, 1966). 근대화론의 파시즘 인식에
   대해서는 山口定,『ファシズム』, 東京 : 有斐閣, 1979, 269~272쪽 참조.

업이 본격화되어 '천황제파시즘론'에서 설명하기 어려웠던 일본 파시즘체제·국가의 성립 과정에 대한 기본 지표와 단계적 특질이 파시즘 사상·운동과의 상호연관 속에서 제시되었다. 이에 1936년 廣田내각을 파시즘정권의 성립으로, 1940년 제2차 近衛내각의 大政翼贊會 조직과 '신체제' 수립을 파시즘체제의 확립으로 파악하는 일본파시즘론의 체계가 확립되었다. 또한 일본파시즘의 비합리성 내부에 관철되고 있는 '체제통합'·'국민동원'의 동력으로서의 근대성이 파시즘체제·국가의 주요한 속성으로 파악되기에 이르렀다. 이로써 일본파시즘을 일국사에 국한된 특수 형태가 아니라 세계적 규모로 형성된 파시즘 진영의 한 유형으로서 파시즘 일반론으로부터 설명할 수 있는 인식 기반과 이론적 토대가 마련되었다.[6] 일본파시즘에 관한 여러 유형의 공동연구가 집중 시도되는 등, 일본파시즘 연구는 물론 파시즘 일반에 관한 연구가 이 시기에 가장 활발하게 진행된 것도 이러한 추이의 일환이자 반영이었다.

그러나 1980년대 후반 이후 사회주의체제의 몰락과 냉전 해체, 이에 따른 사회구성체론의 쇠락과 탈근대론·탈식민론의 확산, 신자유주의 이데올로기와 우익 국가주의인 '역사수정주의'의 확대 등을 배경으로

---

6) 현재에도 통용되는 일본파시즘의 기본적인 개념 지표와 이론적 틀은 크게 보아 이 시기 성과에 의해 확립된 것이라 해도 무방하다. 이러한 체제론·국가론 차원의 이론 작업을 통해 '천황제파시즘론'으로부터 벗어나 일본파시즘론을 한 단계 높은 수준으로 끌어올리는 데 중요한 역할을 한 것은 주지하듯이 비교파시즘론의 관점에서 '의사혁명' 개념과 '동맹이론'을 적용하여 일본파시즘의 분석 수준과 방법, 개념 지표들을 제시한 山口定의 성과(山口定, 위의 책), 일본파시즘의 체제적 특질을 개념화하는 가운데 '총력전' 개념을 도입하여 일본파시즘의 비합리성과 근대성을 정합적으로 설명하고자 한 木坂順一郎의 성과(木坂順一郎, 「日本ファシズム國家論」, 『體系·日本現代史 日本ファシズムの確立と崩壞』, 東京 : 日本評論社, 1979), 그리고 일본파시즘 등장의 세계사적 배경과 일본적 특질을 파시즘 일반론과 연관하여 논구한 古屋哲夫의 성과(古屋哲夫, 「日本ファシズム論」, 『岩波講座日本歷史』 20, 東京 : 岩波書店, 1976) 등이다.

일본학계의 일본파시즘 인식 동향은 전혀 새로운 국면에 접어들었다. 곧 1970년대 파시즘 개념을 부정하여 논쟁을 촉발시켰던 '전시체제론' 이 더욱 확대되는 가운데, 새로이 파시즘체제를 '총력전체제' 개념으로 대체하여 파시즘의 '사회변혁'적 성격과 근대성 및 전시·전후 일본사 회의 체제적 연속성을 강조하는 '총력전체제론'이 확산되면서 일본파 시즘 인식에 큰 변화가 초래된 것이다. 두 견해는 상호 연구의 관점과 방법을 크게 달리하면서도 여러 측면에서 문제의식과 인식의 공감대 를 형성하며 일본파시즘의 역사상을 형해화시키는 데 보조를 같이하 고 있다. 연구사를 통해서도 지적되고 있듯이 이러한 경향은 무엇보다 '전시체제론'이나 '총력전체제론'의 관점을 취하지 않더라도 논쟁의 소 지가 많은 파시즘 용어를 기피하고 제국주의 세계전쟁기의 특수성을 반영한 수사적 용어인 '전시체제'(또는 '전쟁체제'), '총력전체제'(또는 '총동원체제')라는 용어를 사용하는 것이 보편화되고 있는 현 일본학계 의 일반 동향에 집중 반영되고 있다.[7]

문제는 이들 견해가 의도적이던 아니던 파시즘체제 구축과 결부된 일본제국주의의 역사상, 전시 식민지 수탈과 동아시아 침략의 역사상 에 대한 심각한 인식의 전도와 착종 현상을 확산시키고 있을 뿐 아니 라 그것이 한국학계에까지 영향을 주고 있다는 점에 있다. 한국사 연 구자의 입장에서 일본학계의 최근 파시즘 인식 경향에 주목하는 이유 가 여기에 있다. 일본파시즘에 대한 인식 동향은 단지 일본사 영역의 문제에 그치는 것이 아니다. 그것은 이 시기 한국사회의 식민지 역사 상을 해명하는 데 대전제가 되는 문제이며, 나아가 일본의 식민지배와 침략을 경험한 동아시아 전체의 역사상 구축에 관건이 되는 문제이다. 이상이 본고의 기본적인 문제의 소재이지만, 본 공동연구와 관련하여

---

7) 古川隆久, 「'日本ファシズム'論」, 『日本近現代史硏究事典』, 東京 : 東京堂出 版, 1999, 269쪽 ; 안자코 유카, 앞의 글, 209쪽. 물론 기존 일본파시즘론의 입 장을 견지하면서 그 이론적·실증적 심화를 모색하는 연구 역시 지속되고 있 으나, 이러한 모색은 점차 학계에서 주변화되고 있는 것으로 보인다.

차제에 '전시체제론'과 '총력전체제론'의 논지를 비판적으로 검토함으
로써 파시즘기 한국사회 연구와 밀접히 관련된 일본파시즘론의 의미
를 재확인해 보는 것도 일정한 연구사적 의의가 있다고 생각한다.

2. '전시체제론'과 파시즘 부정의 이념성

1976년 일본정치사가 伊藤隆은 파시즘이라는 용어는 '선악'의 가치
판단이 개입된 정치용어로서 학술상의 용어, 역사연구의 분석도구로
무내용·무의미하다고 주장하고 파시즘 대신에 '혁신'이라는 용어 사
용을 제안함으로써 전술한 '일본파시즘논쟁'을 촉발시켰다.[8] 곧 '戰前
期' 일본 정치체제를 파시즘으로 규정하게 된 것은 제2차 세계대전을
'선악관념'이 개입된 '파시즘과 민주주의' 전쟁으로 규정한 승전국(극동
군사재판)의 판결 논리와 일본공산당 및 학계 주류를 점한 맑스주의역
사학의 '천황제파시즘론'에 의한 것으로, 이러한 이데올로기적 도식 아
래 파시즘 용어에 대한 엄밀한 정의 없이 패전국 일본은 당연히 침략
성을 속성으로 하는 파시즘으로 규정되고 전쟁의 일체 책임을 떠안게
되었다는 것이다. 伊藤의 주장은 세계대전은 '선악관념'과는 무관한 세
계열강의 전쟁이며, 따라서 만주사변 이후 일본의 정치형태는 일반적
의미에서의 '전시체제'로 표현하면 충분하다는 입장을 바탕으로 한 것
이었다.[9]

일본파시즘체제를 부정하는 '전시체제론'은 이미 1950년대 이래 일
부 우익 인사들에 의해 '천황제파시즘론'에 대한 대응 논리로 제기된

---

8) 伊藤隆, 「昭和政治史硏究への一視角」, 『思想』 624, 1976(伊藤隆, 『昭和期の
政治』, 東京 : 山川出版社, 1983 재록. 이하 '글 1'로 약칭).

9) 그는 위의 글의 '보론'을 통해 만주사변 이후 일본의 정치형태는 파시즘 대신
'군부의 대두'나 '전시체제'와 같은 용어로 표현하면 충분하다는 '전시체제론'
의 입장을 분명히 하였다(伊藤隆, 위의 글, 補 デモクラシーとファシズム, 위
의 책, 29~30쪽).

바 있다.10) 그러나 伊藤의 주장은 체제·국가로서의 일본파시즘의 존재를 부정하는 수준을 넘어서서 분석도구·학술용어로서의 파시즘 개념 자체에 의문을 제기한 점에서 그 이전과 질적으로 구분되었다. 伊藤의 파시즘 부정은 체제론 차원만이 아니라 운동론·사상론 차원을 모두 포괄한 것으로서, 그는 과거 '전시체제론'자들도 인정했던 일본 내 파시즘 정치세력의 운동과 사상의 존재조차 파시즘으로 파악하는 것을 부정하고, 1930년대 일본정치사를 이념적·정치적 지향에 따라 구분되는 각 정파의 정치운동사로 파악할 것을 강조하였다. 곧 당시 정치세력을 '진보(歐化)─복고(반동)', '혁신(파괴)─점진(현상유지)'이라는 두 개의 좌표축을 중심으로 이를 상호 조합하는 가운데 흔히 일본파시즘론 입장에서 파시즘 주도세력으로 간주하는 이른바 '혁신세력'을 '복고─혁신파'(혁신우익)로 규정하고 '신체제운동'을 주도한 이 노선을 중심으로 정치세력간의 정치적 대항관계와 그 추이를 실증적으로 설명하는 것이 생산적이라는 것이었다.11)

이와 같이 伊藤의 일본파시즘론 비판은 역사인식의 관점이나 이념적 차원에 그치는 것이 아니라 당시 일본정치사의 구체적 실상 파악에 기초한 비판이라는 점에서 그 여파가 적지 않았고, 이에 기존 파시즘론 입장에서의 伊藤 견해에 대한 격렬한 비판이 이어졌다.12) 이 비판

---

10) 竹山道雄, 『昭和の精神史』, 東京 : 新潮社, 1956 ; 中村菊男, 『昭和政治史』, 東京 : 慶応通信, 1958 ; 中村菊男, 『天皇制ファシズム論』, 東京 : 原書房, 1967.

11) 伊藤은 "패러독시컬한 사실"로 가득찬 이러한 "실제의 정치과정", "따라서 그 때문에 흥미깊은 역사를 「파시즘」이라는 용어로 어떻게 설명할 수 있는가"라고 반문하면서, 위의 정파 구분에 입각한 자신의 일본정치사 "見取圖=構想"을 제시하였다(伊藤隆, 앞의 글, 앞의 책, 17~21쪽).

12) 伊藤에 대한 기존 파시즘론 입장의 비판 요지를 일괄 정리하면, 첫째 정치적 이데올로기로부터의 탈각을 주장하지만 그 파시즘 부정의 관점이 본질적으로 '대일본제국의 꿈'이라는 이데올로기의 긍정과 침략전쟁과 식민지 지배의 책임을 회피하는 '辨明史觀'이라는 것, 둘째 파시즘과 소련 '스탈린체제'를 동일시하는 반공적 '전체주의론'의 입장을 취하고 있다는 것, 셋째 방법론적으

에 당시 伊藤은 침묵을 지켜 논쟁은 지속되지 않았지만 이를 계기로 오히려 일본파시즘론 내부에서 '천황제파시즘론'의 틀을 벗어나는 이론적 논의가 확산되었다. 역설적으로 말하면 伊藤의 문제제기는 전술한 바와 같이 일본파시즘론이 새로운 단계로 발전하는 촉매제 역할을 한 셈이다.

그런데 伊藤은 이로부터 10년 이상이 지난 1988년, 과거 자신에 대한 비판에 대한 반론을 포함하여 그간 진전된 일본파시즘론의 성과까지 비판 대상으로 삼아 파시즘 부정론의 입장을 재차 강조하였다.[13] '복고-혁신' 용어와 '신체제운동'을 중심축으로 하는 그의 정치사 인식에 대한 보충이 가해졌지만, 파시즘 개념을 거부하는 역사인식·연구 방법의 기본 관점과 논지는 이전과 일관된 것이었다. 그러나 伊藤의 반론에 대한 기존 파시즘론 입장의 논쟁적 대응은 제기되지 않았다. 여러 이유가 있겠지만 특히 이는 곧 이어 나타난 동유럽 사회주의체제의 붕괴와 냉전의 해체라는 세계사적 변화, 그리고 이에 따른 맑스주의역사학 진영의 동요와 영향력 축소 등과 밀접한 관련이 있었다. 홍

로 체제 개념을 결여한 지배자 중심의 '政局史觀'에 입각한 천박한 정치사 입장이라는 것, 넷째 파시즘 대신 '혁신'이란 용어를 주장하는 것은 이상의 관점을 반영한 것으로 오히려 더욱 애매하고 특정 가치판단을 포함한 용어라는 것 등이었다(安部博純, 「日本ファシズムの硏究視角」, 『歷史學硏究』 451, 1977. 12 ; 壬生史郎, 「日本ファシズム硏究によせて-弁明史觀批判-」, 같은 책).

13) 伊藤隆, 「'ファシズム論爭'その後」, 『年報・近代日本硏究 10 近代日本硏究の檢討と課題』, 1988(伊藤隆, 『昭和期の政治[續]』, 東京 : 山川出版社, 1993 재록. 이하 글 2로 약칭). 그는 여기에서 과거 자신의 논점은 파시즘 부정론, 곧 일본에 파시즘이 존재하지 않았다는 것을 주장한 것이 아니라 '전전기'를 왜 당연한 전제로서 파시즘이라고 하는가 하는 점, 더욱이 파시즘이라는 용어가 그 시기의 정치체제를 특징짓고 그 구조를 보다 명확히 분석할 단서가 되는가 하는 점이었다고 강조하고, 파시즘 인정 여부 논의는 파시즘이라는 용어에 어느 정도 명확한 정의가 존재한다는 전제 없이는 무의미한 것으로, 자신은 명확한 정의가 존재하지 않는다고 주장한 것이라고 하여(伊藤隆, 같은 책, 10쪽), 파시즘 개념 자체에 대한 부정적 입장을 재강조하였다.

미있는 점은, 伊藤은 1993년 이 글을 수록한 저서를 간행하면서 '追記'
를 통해 이러한 세계사적 정세 변화와 학계 현실을 직설적으로 거론하
며 일종의 '승리자' 입장에서 '파시즘논쟁'의 종결을 선언하고, 금후 학
계의 과제로 세계 현실을 무시하고 일국사의 관점에 갇혀 일본의 '지
체' '왜곡' '악' 등을 검증하고자 하는 맑스주의역사학자와의 대결을 강
조함으로써 자신의 이념적 입장을 노골적으로 드러냈다는 것이다.14)

   그리고 이와 때를 같이하여 伊藤의 후학인 古川隆久가 伊藤의 입론
에 반공적 '전체주의론'과 근대화론 입장의 기능주의적 '사회시스템론'
을 적극 도입하여 伊藤이 단순한 의미로 제시한 '전시체제' 용어에 대
한 개념적 정의를 시도함으로써 '전시체제론'을 보강하였다.15) 古川은
파시즘 대신 전체주의라는 용어 사용을 주장하고 '사회시스템론'에 입
각한 전체주의 개념에 대한 기능주의적 정의를 시도하여, '전체주의사
상'을 개인의 존엄보다 국가·사회의 유지 발전을 중시하는 관점에서
사회시스템의 효율화를 최대 목표로 하는 정치사상, '전체주의체제'를
정치집권화(의회부정, 일당독재)를 대전제로 경제계획화(국가본위의
자원배분과 생산력확충을 목표한 통제경제·계획경제)와 국민 전체의
사회적 동질화를 실현한 체제로 규정하였다. 그리고 '전시체제'란 전쟁
발발 가능성이 높은 경우나 전쟁 수행 중에 선택된 임시체제로서, 바
로 '전체주의체제'의 지표인 정치집권화·경제계획화·사회동질화 등
사회시스템의 효율화를 높이는 체제라는 것이다. 이러한 개념 규정 위
에 古川은 企劃院 연구를 통해 伊藤의 '신체제운동사' 인식16)을 더욱
구체화하여 '혁신파'가 주도한 '신체제운동'은 '현상유지파'의 공세에

---

14) 伊藤隆, 위의 책, 25쪽. 이러한 그의 역사인식의 이념성은 1989년 4월 일본 學
    士會에서 행한 강연 「昭和史をどう見るか」에 잘 나타나 있는 바(伊藤隆, 같
    은 책, 64~78쪽), 이는 곧 '역사수정주의'가 주장하는 '自虐史觀論'과 기조를
    같이하는 것이다.
15) 古川隆久, 『昭和戰中期の總合國策機關』, 東京 : 吉川弘文館, 1993, 11~15
    쪽.
16) 伊藤隆, 앞의 두 책과 『近衛新體制』, 東京 : 中央公論社, 1983.

의해 실패하였고, 태평양전쟁기 일본의 정치·정책은 '전시체제의 논리'에 의해 전개되었다고 주장하였다.[17]

伊藤에서 古川으로 이어진 '전시체제론'의 파시즘 부정 논리의 기본 추이와 논점은 대체로 이와 같다. 이러한 연장에서 古川은 위의 연구사 정리를 통해 일본파시즘론은 학설로서는 논리적으로 파탄했기 때문에 좌익적 정치적 입장에 서지 않는 한 일본사 연구에 의거할 수 있는 학설이 아니라고 선언하고, 일본파시즘론 자체를 더욱 심화시키는 방향은 무의미하다는 극히 경박한 주장을 개진함으로써 '전시체제론'의 반공주의 이념성을 노골적으로 드러내었다.[18] 학문의 비정치성과 자료적 실증성을 앞세운 이들의 주장은 이와 같이 맑스주의역사학에 대한 강렬한 이념적 적대감을 기반으로 하고 있고, 무엇보다 체계적인 개념 정의와 논리적 분석을 결여한 채 단편적 사실의 문제를 전체 역사상의 문제로 호도하는 전형적인 부조적 수법에 의존하고 있기 때문에 사실 학문적 의사소통 자체가 쉽지 않다. 이러한 파시즘 부정 논리의 이념성에 대해서는 전술한 바 '일본파시즘논쟁' 과정에서 집중적 비판이 있었고, 또한 이에 이어 伊藤의 정치사 인식에 대한 실증적 차원의 문제점도 검토된 바 있다.[19] 그 비판에 공감하는 바가 많지만, 古川까지 이어지는 '전시체제론'의 파시즘 인식의 이념성과 정치사 인식의 문제점을 전체적으로 다루지 못하였고 또한 몇 가지 미진한 점이 있다고 보아 여기에서는 상호 긴밀히 연관된 다섯 가지 문제점을 지적하고

---

17) 이러한 古川의 파시즘 부정 논리와 '전시체제론'에 입각한 정치사 인식에 대해서는 그 스스로 연구사 검토를 통해 잘 표현하고 있다(古川隆久, 「'日本ファシズム'論」·「革新官僚と經濟統制」·「新體制運動」, 鳥海靖 外 編, 『日本近現代史研究事典』, 東京 : 東京堂出版, 1999).

18) 古川隆久, 위의 「'日本ファシズム'論」, 270쪽.

19) 山口定, 「擬似革命論の生成と射程(5)」, 『書齋の窓』, 1980. 7 ; 江口圭一, 「滿洲事變期研究の再檢討」, 『歷史評論』 377, 1981(江口圭一, 『十五年戰爭研究史論』, 東京 : 校倉書房, 2001 재록) ; 粟屋憲太郎, 「(書評) 伊藤隆著 『昭和期の政治』」, 『史學雜誌』 94-12, 1985.

자 한다.

첫째, 의도적으로 논점을 혼란하게 하는 문제제기 논법의 문제이다. 이들은 파시즘 용어가 역사연구의 분석도구로 부적당하다고 주장하고 있지만, 파시즘은 분석도구가 아니라 특정 시기에 존재한 세계사적 규모의 역사적 실체이며 그 용어도 승전국의 이데올로기나 역사학자에 의해 창출된 용어가 아니라 파시즘권력 스스로 자기 규정한 역사적 용어이다. 파시즘을 '선악' 가치관을 반영하는 정치용어로 간주하는 것 자체가 파시즘 용어를 거부하는 가치관을 반영하는 것으로서, 이와 같이 역사적 실체로서의 파시즘을 용어 개념의 문제로 치환하여 문제를 제기하는 점에 이들 주장의 이념적 성격이 집중 반영되어 있다. 만약 이들이 실제 파시즘 개념의 타당성을 문제삼고자 한다면 당연히 독일·이탈리아 파시즘에 대한 자기 견해를 분명히 제시했어야 할 것이다. 그러나 파시즘 용어의 부적절성·무의미성을 제기하면서도 실제 이들은 독일·이탈리아 파시즘을 역사적 실체로 전제한 가운데 시종 일본파시즘론, 그것도 특별히 '천황제파시즘론'의 타당성 여부만을 문제삼고 있다.[20] 요컨대 이들 주장의 진의는 파시즘 개념 부정에 있는 것이 아니라 일본파시즘 부정에 있다. 이들은 일본파시즘론 비판에 목적이 있으면서도 의도적으로 이를 전혀 다른 수준의 문제인 파시즘 개념 문제로 호도함으로써 논의 구도를 혼란스럽게 하였다.[21] 그러나 결

---

[20] 이는 독일 나치즘과 이탈리아 파시즘을 실체로 인정하면서 이를 일본과 구별하는 데 주 목적을 두고 있는 伊藤의 다음 언급에 단적으로 나타나 있다. "일본의 1930년대 정치가 나치즘이나 파시즘과 다른 형태를 취했다는 것—결국 나치즘·파시즘이 종래의 정치권력을 타도하고 권력을 획득한 것에 대해 일본이 종래의 체제를 그대로 둔 채 약간의 변경을 가했다고 하는—에 대해 '파시즘'론자도 간단히 생각할 일은 아니다. 거기에 그 뉴앙스를 표현하기 위해 사용한 것이 「천황제」를 「파시즘」 위에 붙인 것이다."(伊藤隆, 앞의 글 1, 8쪽).

[21] 安部博純이 '일본파시즘부재설'의 계보를 논하면서 伊藤설을 '전시체제론'과 구분하여 '파시즘개념부정설'로 정리하고 있는 것이 그 좋은 예이다(安部博純, 앞의 『日本ファシズム論』, 第1章).

국 문제의 핵심은 당시 일본 정치체제를 파시즘으로 볼 것인가 아닌가
에 있는 것이다.

둘째, 이러한 논법과 긴밀히 연관되어 있는 상대주의 역사인식 문제
이다. 이들이 '파시즘과 민주주의' 논리를 승전국의 선악 가치관의 반
영으로 간주하고 일본파시즘을 부정하는 중요한 논거는 1930년대 세
계정치의 동향, 제2차 세계대전의 성격을 상대화시키는 데 있다. 곧
1930년대 대공황에 대응한 국가권력의 집중과 국민총동원은 세계 각
국의 공통된 경향으로 일본의 '대동아공영권'은 영국과 미국의 경제블
록을, '통제경제'는 소련과 나치를 모방한 것이라는 점에서 상호 질적
차이를 찾기 어렵고, 또한 전쟁의 선악과 책임을 따지는 것은 비역사
적인 사고로서 태평양전쟁을 인류사에 되풀이되는 보편적 전쟁 현상
이라는 관점에서 파악해야 한다는 주장이다.[22] 물론 대공황 이후 국가
독점자본주의화 과정과 경제블록정책은 제국주의 각국에 공통된 세계
사적 현상이다. 그러나 그 내부의 정치체제와 이데올로기 및 대외적
위기타개 방식의 질적 차이를 구분하는 것은 이 시기 역사상과 세계대
전의 성격을 이해하는 데 극히 중요하다. 추축국 동맹진영으로서 독·
이·일 삼국의 파시즘체제와 전체주의 이데올로기는 상호 일정한 차
이를 지니면서도 공히 공산주의와 자유주의 일체를 적으로 삼고 폭력
적 방법으로 국민통합을 강행하고 약소국에 대한 군사적 침략과 확전
을 통해 세계 지배질서 재편을 주도한 점에서 미·영·불 제국주의 국
가군과 구별되는 고유한 공통점을 가지고 있다. 파시즘체제의 이러한
고유한 특질을 이론화하고, 각국 파시즘권력의 전쟁 도발 과정과 전쟁
과정에서 계획적으로 자행한 반인류적 전쟁범죄 및 이민족 수탈상을
규명하는 작업이 선악 가치관을 반영한 비역사적인 것이라면 도대체
이들이 말하는 선악 가치관을 벗어난 역사연구는 무엇을 대상으로 하
는 것인가. '파시즘과 민주주의'라는 논리는 선악의 논리가 아니라 실

---

22) 伊藤隆, 앞의 글 1, 13~14쪽 ; 伊藤隆, 앞의 글 2, 22쪽.

재한 세계사적 규모의 진영간 국가체제와 지배이데올로기의 질적 차
이에 근거한 규정이며, '근대적' 의미의 보편가치를 옹호하는 비판적
역사의식의 반영이다.

   셋째, 상대주의 역사인식과 그 이념성을 집중 반영하는 '전시체제'
개념과 전체주의 인식의 문제이다. 伊藤이 파시즘에 대신하여 '전시체
제' 용어를 주장한 것은 일본 정치체제의 파시즘적 특질을 상대화시키
고 그 개념화를 회피하는 의도를 반영한 단순한 수준의 것이었다. 이
러한 약점을 보강하는 취지에서 古川은 파시즘에 대신한 전체주의 용
어를 도입하여 '전시체제'의 개념 지표를 제시하였다. '전시체제'는 전
쟁 수행을 위해 정치집권화・경제계획화・사회동질화 등 사회시스템
의 효율화를 높이는 임시체제로서, 곧 전시의 임시적 '전체주의체제'라
는 것이다. 그러나 이러한 古川의 '전시체제' 개념 규정은 극히 자의적
이고 불명확한 것이다. '전시체제'의 지표가 이러하다면 세계대전기 전
쟁 당사국은 모두 '전체주의체제'를 지향했다는 주장이 된다. 古川이
전체주의 개념 사용을 전제하면서 그 대상국으로 일본・독일・이탈리
아와 소련을 거론한 점을 고려할 때,[23] 혹 '전시체제' 개념을 상기 국
가에 한정하여 적용한 것인지 모르겠다. 그렇다면 '전시체제' 개념화는
전혀 무의미한 것이고, 단지 파시즘 개념을 부정하기 위해 파시즘과
소련(스탈린체제)의 동질성을 주장하는 반공적 '전체주의론'을 반복한
것에 지나지 않는다.[24] 또 古川은 '전시체제'와 전체주의의 관계에 대
해 '전시체제'의 일환으로 실현된 '전체주의체제'의 영속성이 문제가 될
경우 '전시체제'는 전체주의의 '對槪念'으로 사용할 수 있다고 주장한
다.[25] 그러나 이는 특정한 체제 개념을 담기 어려운 '전시체제'라는 수

---

23) 古川隆久, 앞의 책, 13쪽.
24) 이 점은 伊藤이 파시즘 개념 부정의 주요 논거로 여러 차례 강조한 것이지만,
    古川 역시 일・독・이와 소련을 동일한 '전체주의국가'로 파악하는 '전체주의
    론'에 입각하여 파시즘 개념을 부정하였다. '전체주의론'에 대해서는 山口定,
    앞의 책, 261~268쪽 참조.

사적 용어에 전혀 차원이 다른 개념인 전체주의를 결합시키고 다시 대
립시키는 자의적인 용어법으로, 공연히 파시즘 용어를 기피하기 위해
전체주의를 도입함으로써 자신의 선학들이 주장한 단순한 '전시체제
론'보다도 오히려 '전시체제' 개념을 더 혼란스럽게 만들었을 뿐이
다.26)

　결국 이러한 '전시체제'의 개념 지표 규정은 전체주의에 대한 비역사
적·기능주의적 인식에 기반을 둔 것이다. 말할 것도 없이 전체주의는
독·이·일 파시즘국가가 창도한 특정 이데올로기라는 점에서 파시즘
체제와 분리해서 생각할 수 없는 역사성을 갖고 있다. 전체주의에 대
한 개념 규정은 이들 국가가 실제 주장한 그 이념과 목표, 인식기반과
실천논리에 대한 역사적 파악에 근거하지 않으면 무의미하다.27) 전체
주의는 국가·민족에 절대적·윤리적 가치를 부여하여 대중동원과 국
가통제·테러를 통해 개인의 심성까지 개입하는 폭력적·억압적 지배
체제를 구축하고, 경제에 대한 국가통제와 군사적 대외침략에 의한 경
제블록 강화를 통해 생산력확충과 '제국' 건설을 도모한 파시즘체제의
지배 이데올로기라는 역사성을 그 본질로 한다. 사회시스템의 효율화

---

25) 古川隆久, 앞의 책, 14~15쪽.
26) 古川이 일관성 있는 논지를 주장하려면 '전시체제'와 전체주의가 '대개념'이
　　된다는 불필요한 주장보다는 '전시체제'의 권력주체 내에 '전체주의체제'를
　　추구하는 세력과 이에 반대하는 세력이 대립하고 있었다고 직설적으로 언급
　　하는 것이 오히려 분명했을 것이다. 이러한 자의적인 두 개념의 관계 설정은
　　伊藤과 古川의 '신체제' 수립기 일본정치사 인식과 밀접한 관련이 있는 것으
　　로, 이 점은 후술하는 바와 같다.
27) 이러한 점에서 파시즘 이데올로기로서의 전체주의와 이론적 분석도구로서의
　　'전체주의론'은 엄격하게 구분될 필요가 있다. 특히 파시즘과 소비에트를 동
　　질적으로 파악하는 '전체주의론'의 반공주의적 성격과 관련하여 일반적으로
　　파시즘론 입장에서는 전체주의 용어 사용을 기피하는 경향이 있다는 점에서
　　더욱 그러하다. 그러나 역사적 실체로서 파시즘과 전체주의 이데올로기는 불
　　가분의 관계에 있기 때문에 전체주의 이데올로기를 배제하고 파시즘을 설명
　　하는 것은 불가능하다.

는 최대 목표가 아니라 이러한 전체주의 파시즘체제를 실현하는 데 요구되는 하나의 필요조건이자 그 실현 과정에서 수반되는 결과였다. 전체주의가 사회시스템의 효율화에 최대 목표가 있다는 주장은 전형적인 근대화론의 파시즘 인식 방식으로, 古川의 전체주의 용법에는 파시즘의 역사성을 부정하는 '전체주의론'의 관점과 동시에 파시즘에 의한 사회시스템의 효율화를 긍정적으로 인식하는 시대상 인식이 개재되어 있는 것이다.

넷째, 이들이 일본파시즘론 비판에 가장 유력한 무기로 삼는 '신체제' 수립기의 정치사 인식 문제이다. 이와 관련된 이들 주장의 핵심은 무엇보다 제2차 近衛내각의 '신체제' 수립을 파시즘체제 확립으로 파악하는 기존 파시즘론 입장과 달리 '신체제'는 실패하였다고 보는 데 있다. 곧 전체주의 이데올로기에 입각하여 '신체제' 수립을 추구한 '혁신파'의 '신체제운동'은 '현상유지파' 및 이와 제휴한 '정신우익'의 반대, 그리고 '현상유지파'로 선회한 近衛文麿의 입장 변화 등에 의해 실패하였기 때문에 '신체제'를 전후한 정치체제를 파시즘으로 설명할 수 없다는 것이다. 따라서 山口定의 '동맹이론'에 입각하여 '정신우익'이 '혁신파'와 동맹관계를 이루며 '신체제'의 양극을 이루었다는 기존 파시즘론의 일반적인 '신체제' 인식은 '정신우익'이 '혁신파'와 기본 대립 축을 이루는 '현상유지파' 입장으로 전화했다는 점에서 사실과 맞지 않는다는 주장이다.[28] 이 비판은 기존 파시즘론이 정·관계 '혁신세력'의 사상과 행동, '신체제' 수립을 둘러싼 지배세력 내부의 갈등과 대립에 대한 면밀한 검토가 부족했던 것을 환기시킨 점에서 일정한 의미를 지니고 있다.

그러나 이들이 심혈을 기울여 구축한 '신체제' 인식은 몇 가지 중요한 문제점을 가지고 있다. 우선 무엇보다 이들은 '혁신파'의 '신체제운

---

28) 伊藤隆, 앞의 글 2, 14~16쪽 ; 古川隆久, 앞의 「'日本ファシズム'論」, 269쪽 ; 古川隆久, 앞의 「新體制運動」, 285~286쪽. 伊藤의 『近衛新體制』와 古川의 앞의 책은 결국 이러한 논지를 실증적 방법으로 구체화한 것이다.

동'과 國策으로 현실화된 '신체제'를 구별하지 않고 같은 수준에서 파
악하고 있다는 점이다. 「基本國策要綱」에 잘 나타나는 바와 같이 '신
체제'가 목적하고 있는 국책의 기조, 곧 국가 지도원리는 천황제 이데
올로기인 '八紘一宇'의 '肇國精神' '皇道·國體精神'에 의해 뒷받침되
는 '국방국가' 완성과 '대동아공영권' 건설에 있었다. 국내 '체제혁신'에
주안점을 둔 '혁신파'의 '신체제운동'은 그 실현의 가장 급진적 입장을
반영하는 것일 뿐 이들 노선만이 '신체제'를 담보한 것은 아니다. 또한
'신체제'가 '혁신파'의 급진적 '체제혁신' 논리보다 현저히 후퇴한 방향
에서 정리되고 일부 '혁신관료'가 '현상유지파'에 의해 '적색혐의'의 공
격을 받았다고 해서 '신체제운동'이나 '신체제'가 실패한 것도 결코 아
니다. 천황제 국가지배질서의 특성 및 군부의 입장, 자본과의 일정한
타협을 통해 전쟁과 생산력확충을 추진할 수밖에 없는 일본자본주의
의 성격과도 관련하여 '혁신파'가 추구하는 강력한 일당독재와 지도자
원리의 관철은 구조적으로 불가능하였던 것이 사실이다. 그러나 '신체
제'의 국책 기조는 기본적으로 '체제혁신' 이념을 바탕으로 한 것이었
고, '신체제'의 후속 방침 결정과 그 제도화 과정도 정파간 이해관계에
의해 그 이념의 관철 수준을 둘러싼 갈등과 대립이 있었지만 '혁신파'
가 불만을 가지면서도 인정하였듯이 '혁신파'의 '체제혁신' 이념은 원칙
적으로 관철되었다.[29]

정확히 말하면 '신체제'는 '혁신파'의 '체제혁신' 프로그램을 바탕으
로 하면서도 그 급진성에 위기의식을 느끼고 대립한 '정신우익'의 입장
과 '현상유지파'의 요구가 일정 부분 관철되는 타협과 절충의 과정을
거쳐 최종 확립된 것이다.[30] 그리고 '신체제'의 국가 지도원리에 대한
합의와 공감대를 추동하는 가운데 이러한 정치세력 내부의 대립을 봉

---

29) 企劃院硏究會, 『國防國家の綱領』, 東京 : 新紀元社, 1941.
30) 최종 정리된 '신체제'의 이러한 성격에 대해서는 이미 지적한 바 있다(방기중,
「조선지식인의 경제통제론과 '신체제' 인식」, 방기중 편, 『일제하 지식인의 파
시즘체제 인식과 대응』, 혜안, 2005, 84~85쪽).

합하면서 '신체제' 수립을 견인한 것은 군부 강경파 세력과 궁중그룹이
었다. 이러한 의미에서 일본파시즘체제를 구성하는 파시즘 정치세력은
군부 강경파를 중핵으로 하면서 '신체제'의 권력구성에 참여한 제 정치
세력의 총합이라고 할 수 있으며, 그 파시즘체제의 최종 구심점은 천
황제로 모아지는 것이었다. '신체제'는 '혁신파'의 독점물이 아니었고,
'혁신파'만이 일본파시즘을 대표한 정치세력도 아니었다. 그러나 伊藤
과 古川은 '신체제' 문제를 오로지 '신체제운동'의 차원과 '혁신파'에 초
점을 맞추어 접근함으로써 '신체제'의 역사상을 사실과 다르게 파악하
고 일본파시즘의 체제적 성립을 부정하였다.31)

특히 古川이 파시즘을 전체주의 개념으로 대체하고 이 시기 정치체
제를 '전시체제'로 파악할 것을 주장한 것은 이러한 '신체제' 인식에 근
거한 것이다. 곧 '신체제운동'이 실패함으로써 '혁신파'의 지향은 "전체
주의적 색채를 갖는 항구적인 체제변혁(국방국가체제의 수립)이 아니
라 전시체제의 형성을 촉진한 것에 그쳤다"는 언급에 잘 나타나듯
이,32) '혁신파' 입장이 관철되지 못한 현실의 '신체제'는 파시즘체제도
'전체주의체제'도 아닌 세계대전기의 보편적 현상으로서의 '전시체제'
의 강화 과정이라는 것이다. '항구적인 체제변혁'이 어떠한 수준을 말
하는지 불분명한 용어이지만 이것이 古川이 전체주의와 '전시체제'를
'대개념'으로 설정한 논법의 본지로서, 요컨대 전형적인 상대주의 관점
인 '전시체제'의 논리를 통해 이 시기 일본 정치제제를 파시즘으로부터
해방시키고 그것을 '전후개혁'과 고도성장 실현의 기반으로 연결시키

31) 이에 이들은 '신체제' 수립의 중핵인 군부 강경파를 무매개적으로 '혁신파' 범
주에 포함시켜 '신체제운동'으로 해소시킴으로써 군부 강경파와 '혁신파'의
정치적 차별성이나 '신체제' 확립 과정에서의 상호 역할과 위치의 차이를 불
분명하게 처리하였고(伊藤隆, 앞의 글 1, 23쪽; 伊藤隆, 앞의『近衛新體制』,
2章; 古川隆久, 앞의「新體制運動」, 285쪽), '신체제' 확립 과정은 물론 태평
양전쟁기의 국책 운영과 전쟁지휘체계에 천황제가 어떻게 연관되어 있는가
하는 점을 완전히 배제시키고 있다.
32) 古川隆久, 앞의 책, 375쪽.

고 있는 것이다.33)

그러나 이러한 주장은 '신체제'가 독일식이 되지 못했기 때문에 파시즘체제나 '전체주의체제'가 아니라는 주장과 동어반복에 다름 아니다. 전술한 바와 같이 '신체제'는 일본적 특수성을 반영하면서 타협과 절충 과정을 거쳐 확립된 전체주의 파시즘체제였고, 그 체제이데올로기는 '신체제'의 국책 이념이자 국가 지도원리인 '국방국가'와 '대동아공영권' 이념이었다. 古川은 이 전체주의 '국방국가' 이념을 '혁신파'의 '체제혁신' 이념과 동일시할 뿐 아니라 '혁신파'의 이념으로만 상정하고 있지만, 당시 전체주의와 '국방국가' 이념은 '혁신파'만이 아니라 여타 정파에서도 '동아신질서' '일본신체제'의 국책 이념으로 광범하게 제창되었다. 정파에 따라 전체주의에 대한 이해 방식과 실천 논리를 달리하여 상호 대립적인 전체주의 언설까지 공존하였던 것이 당시 실정이었다. 이러한 복잡한 사상 동향을 궁극적으로 '신체제' 이념으로 결집시킨 지도원리가 '국방국가'와 '대동아공영권' 이데올로기였다.34) '혁신파'의 '체제혁신' 이념이 전체주의 '국방국가'를 지향한 일본파시즘 이데올로기의 전형이라 하더라도 역으로 전체주의 '국방국가' 이념이 '혁신파'만의 이념은 아니었다. 이러한 의미에서 전체주의는 '혁신파' 차원을 넘어서서 '신체제'의 국가 지도이념, 곧 일본파시즘체제의 이데올로기를 표상하는 것이었다.

이와 같이 '전시체제론자'들은 '혁신파' 중심의 정치사 인식을 통해 '신체제운동'이 좌절된 것으로 파악하는 가운데 파시즘체제로서의 '신체제' 수립 과정을 일본 내부의 '政爭史' 수준으로 정리하고, '전시체제 논리'를 동원하여 전체주의 이념을 '신체제'와 분리시켜 상대화함으로

---

33) 古川은 '전체주의 체제변혁'이 "항구적 제도"로서 실현되지는 않았지만 정치 집권화·경제계획화·사회동질화가 "어느 정도 달성되어 그것이 전후의 제 개혁, 고도경제성장 실현의 기반이 되었다"고 결론을 맺고 있다(古川隆久, 위의 책, 375~376쪽).

34) 이 점은 木坂順一郎, 앞의 글 ; 방기중, 앞의 글 참조.

써 일본파시즘 이데올로기로서 전체주의가 지니는 역사성과 일본적 특질을 의식적으로 부정하였다. 이들이 '신체제' 수립 이후 특히 태평양전쟁기의 정치 동향을 그 이전과 인과관계적으로 설명하는 데 실패하고 논리적 모순을 보이게 된 것도 이에 연유한다.[35] 특히 중요한 것은 이러한 상대주의적 '전시체제 논리'를 통해 '신체제'의 '국방국가'와 '대동아공영권' 국책 이념이 추구하는 타민족 침략과 지배 이데올로기로서의 본질이 철저히 은폐되고 모든 문제가 일본 국내의 정치문제, '체제혁신' 문제로 분식되고 있는 점이다.

다섯째, 상대주의적 '전시체제 논리'와 관련하여 이들이 일본파시즘론 비판의 유력한 무기로 동원한 전후 연속성 문제이다. 이들이 일본파시즘론-정확하게는 '천황제파시즘론'-의 한계로 특별히 강조한 것은 '신체제운동'에 참여한 사회주의자들의 사상적 일관성과 '혁신파'의 전후 행적 등 전전·전후의 인적·사상적 연속성을 논리적으로 설명하지 못한다는 점이다.[36] 전전 일본 정치체제·이데올로기에 대한 부정적 가치판단을 전제하는 파시즘 도식에 빠져 전전·전후의 단절을 선험적으로 강조하고 있기 때문이라는 것이다. 古川은 여기에서 한걸음 더 나아가 '사회시스템론'의 기능주의적 관점을 도입하여 '혁신파'의 사상을 재평가하고 '전시체제 논리'를 강화함으로써 전후 연속성을 더욱 강조하였다. 곧 '전체주의사상'을 '사회시스템'을 최대한 효율화하는

---

35) 伊藤이 '신체제운동'의 좌절을 논하면서도 "혁신우익 노선에서 제2차 세계대전에 돌입"하였다고 논한 것이나, 古川이 "전체주의 이데올로기에 의한 통제의 확대 강화는 신체제운동으로 대표되는 바와 같이 대체로 실패하고 통제의 확대 강화는 전시체제의 논리에 의해 실현"되었다는 주장이 그 단적인 예가 될 것이다(伊藤隆, 앞의 글 1, 21쪽 ; 古川隆久, 앞의 「日本ファシズム'論」, 269쪽). 伊藤의 언급은 그의 '신체제운동' 인식과 모순되는 것이며, 이 모순을 '전시체제의 논리'라는 개념으로 해결하고자 한 古川의 주장은 정치주체가 불분명한 논리라는 점에서 무의미한 용어법이다.
36) 伊藤隆, 앞의 글 1, 14~15쪽, 24쪽 ; 伊藤隆, 「舊左翼人の'新體制'運動」, 앞의 『昭和期の政治[續]』 ; 古川隆久, 위의 글, 269쪽.

정치사상으로 파악하는 가운데 그 효율성을 높이는 데 기여한 '혁신파'의 운동과 사상을 재평가하고, 이를 '전시체제' 하에서 진행된 '사회시스템'의 효율화와 함께 '전후개혁'과 고도성장의 기반으로 설정함으로써 전후 연속성의 의미를 더욱 긍정적으로 부각시킨 것이다.[37]

사회주의자들의 '신체제운동' 참여와 전향의 내면, 그리고 '신체제' 운동가·이론가들의 전후 행적과 그 사상 동향에 대한 비판적 분석은 그 자체 중요한 연구 과제로서, 당시 유행한 전체주의를 포함하여 이에 대한 기존 일본파시즘론 입장에서의 연구 성과가 불충분한 점은 사실이다. 그러나 이러한 문제가 일본파시즘을 부정하는 논거가 되는 것은 아니다. 그것은 전혀 별개 차원의 문제로서 오히려 이러한 '신체제' 운동가·이론가들의 행동과 사상의 시기적 추이를 통해 일본파시즘의 체제적 성격과 사상상이 더욱 분명해질 것이다.[38] '사회시스템'론과 결부된 전후 연속성 문제는 다음 장에서 본격 검토하게 되겠지만, 문제의 소재는 전체주의와 전후 연속성 문제에 접근하는 이들 '전시체제론자'들의 일면적·부조적 수법과 이를 통해 일본파시즘을 부정하고자 하는 그 이면의 의도와 욕구에 있다.

요컨대 '전시체제론'을 주장하는 이들의 일본정치사 인식은 '신체제' 수립과 침략전쟁으로 압축되는 일제 파시즘체제의 역사성과 시대상을

37) 古川의 이 작업은 후술하는 바와 같이 1980년대 말 이후 '총력전체제론'의 등장과 밀접한 연관성이 있는데, 일단 古川이 동원한 '사회시스템론'은 후술하는 '시스템사회론'과 상통하면서도 원칙적으로 구분되는 이론이라는 점만 미리 언급해 둔다.

38) 일본파시즘론이 혁명적 관점에서 '혁신파'의 전체주의 '체제혁신' 논리나 '신체제' 정책을 단순히 반동적·기만적 선전 언설로 취급하거나 그 개량적 본질만을 강조한다면 그것은 분명 편향된 사상사 인식이다. 파시즘 출현 이전에 다양하게 존재한 각종 비맑스주의적 자본주의 개조·수정 논리의 사상 전통이나 사회주의 전향자들의 체제협조논리가 어떻게 파시즘 이데올로기에 수렴되고 그것이 파시즘체제의 국가정책에 어떠한 방식으로 반영되었으며, 전후 파시즘체제의 해체와 함께 어떠한 추이를 보이면서 단절과 연속의 양면을 체현하는가를 사실에 맞게 정리할 때 객관적인 사상사 인식이 가능하다.

상대화하고 오히려 파시즘 정책논리를 전후 일본의 사회발전과 연속성을 갖는 사회시스템의 효율화 과정으로 분석함으로써 일제 파시즘 체제의 폭력적·침략적 본질과 식민지 전시수탈과 강제동원의 역사상을 은폐하고 합리화하려는 '역사수정주의'의 강한 욕구를 그 기저에 깔고 있다. 이것이 순수학문의 관점과 연구시각의 다양성을 주장하며 일본파시즘론을 집요하게 해체시키고자 하는 이들의 상대주의적 역사인식의 이념적 본질로서, 이는 이들 자신이 여러 형태로 드러내고 있는 바와 같다.39) 이러한 점에서 伊藤이 최근 문제되고 있는 '새로운 역사교과서를 만드는 모임'과 扶桑社 교과서의 '역사수정주의'를 지원하면서 그 '배후 역할'을 하고 있다는 임성모의 지적은 '전시체제론'의 역사인식과 이념성을 적확하게 표현한 것이다.40)

3. '총력전체제론'과 파시즘 인식의 착종

'전시체제론'과 다른 차원에서 최근 일본파시즘론의 추이와 일본파시즘 인식에 크게 영향을 미치고 있는 것이 '총력전체제론'이다. 본시 '총력전'은 제1차 세계대전을 경험하면서 새로이 형성된 전쟁관을 지칭하는 용어로서, 향후 국가간 전쟁은 전방과 후방의 경계가 없는 '총력전' 형태를 취하기 때문에 전쟁 대비와 수행을 위해 국가의 모든 구성 요소를 전시적으로 재편·총동원해야 한다는 의미이다. 일본의 경

---

39) 이는 '대동아전쟁 긍정론'과 상통하는 伊藤의 전쟁사·'昭和史' 인식, 천황제의 향수를 전제하는 古川의 '전시체제' 발전상 인식 등에 잘 나타난다(伊藤隆, 『日本の歷史30 十五年戰爭』, 東京 : 小學館, 1976 ; 伊藤隆, 앞의 「昭和史をどう見るか」; 伊藤隆, 「うす甘いサヨクに捧げる現實の毒」, 『正論』 1998. 10 ; 古川隆久, 『皇紀·万博·オリンピック－皇室ブランドと經濟發展－』, 東京 : 中央公論社, 1998.

40) 任城模, 「일본 '역사수정주의'의 역사서술론」, 『歷史敎育』 82, 2002, 164쪽. 알려진 바와 같이 伊藤은 1996년 12월 조직된 '모임'의 이사였다.

우 군부 파시스트를 중심으로 확산된 '총력전' 관념은 침략전쟁 도발과
함께 '체제혁신' 논리와 '국방국가' 이념을 추동하며 파시즘체제 형성의
촉매제 역할을 하였다.[41] 나아가 국가적 차원에서 '총력전체제' 구축이
본격화된 것은 1938년 4월 중일전쟁 타개를 위해 발동한 국가총동원법
에 의해서였고, 그것은 태평양전쟁으로 나가는 '신체제' 수립으로 전면
화하였다. 곧 '총력전체제' 구축은 일본파시즘체제 확립 과정의 일환으
로서 상호 불가분의 관계에 있는 셈이었다.

문제의 소재는 파시즘의 비합리적·폭력적 본질에도 불구하고 '총력
전체제' 구축이 국가권력에 의한 강제적 근대화·합리화·동질화를 수
반함으로써 기존 사회체제·사회질서를 크게 변화시킨 측면이 존재하
고 그것이 전후 일본사회의 전개와 밀접한 연속성을 갖고 있다는 것으
로, 이를 파시즘 인식과 관련하여 어떻게 설명할 것인가 하는 데 '총력
전체제론' 등장의 연구사적 연원이 있다.[42] 전술한 바와 같이 '총력전'
을 매개로 한 파시즘의 근대성 문제가 부각되기 시작한 것은 1970년대

41) 木坂順一郎,「軍部とデモクラシ」,『平和と戰爭の硏究』 2, 日本國際政治學
會 編, 東京 : 有斐閣, 1969 ; 橋川文三,「國防國家の理念」,『近代日本政治思
想史』 II, 橋川文三·松本三之介 編, 東京 : 有斐閣, 1971 ; 小林英夫,「總力
戰體制と植民地」,『體系 日本現代史』 2, 今井淸一 編, 東京 : 日本評論社,
1979 ; 筒井淸忠,『昭和期日本の構造』, 東京 : 有斐閣, 1984.
42) '총력전체제론'과 관련하여 본고 작성에 특히 도움이 된 연구사 정리는 다음
과 같다. 大石嘉一郎,「序章 第二次世界大戰と日本資本主義」,『日本帝國主
義史』 3, 東京 : 東京大學出版會, 1994 ; 原朗,「戰後五〇年と日本經濟 <戰
時經濟から戰後經濟へ>」,『年報·日本現代史 1 戰後五〇年の史的檢證』,
東京 : 現代史料出版, 1995 ; 赤澤史朗·高岡裕之·大門正克·森武麿,「總
力戰體制をどうとらえるか」,『年報·日本現代史 3 總力戰·ファシズムと現
代史』, 東京 : 現代史料出版, 1997 ; 高岡裕之,「'十五年戰爭'·'總力戰'·'帝
國'日本」,『歷史學における方法的轉回』, 東京 : 靑木書店, 2002 ; 森武麿,
「戰前と戰後の斷絶と連續」,『一橋論叢』 127-6, 2002 ; 森武麿,「戰時日本の
社會と經濟-總力戰論をめぐって-」,『一橋論叢』 131-6, 2004 ; 高岡裕之,
「ファシズム·總力戰·近代化」,『歷史評論』 645, 2004 ; 마쓰모토 다케노리
(松本武祝),「'총력전체제'론과 '현대'」,『역사문제연구』 13, 2005 등이다.

'일본파시즘논쟁'을 전후하여 '천황제파시즘론'의 한계를 극복하면서였다.[43] 특히 木坂順一郎은 국가론 차원에서 일본파시즘체제 확립 과정을 군부 중심의 '총력전체제=국가총동원체제'의 구축 과정과 유기적으로 결합시켜 근대화·평준화 문제를 일본파시즘의 속성으로 설정하고, '총력전체제'가 국민의 획일적 조직화와 함께 '총력전체제'에 따른 '사회변동=근대화'가 진보적 운동가들의 '신체제' 협력에의 자발성을 환기시켰다는 점을 확인함으로써 '파시즘국가=총력전체제'로 파악하는 일본파시즘 인식의 길을 열었다.[44] 이에 1980년대에 접어들어 일본파시즘의 근대화 문제가 여러 방면에서 주목되는 가운데 그 연장에서 전후 연속성 문제가 본격적인 검토 대상이 되기 시작하였다.[45] 그러나 이러한 '총력전' 인식은 기본적으로 일본파시즘의 비합리적 폭력성과 침략성, 반민주성을 전제로 한 일본파시즘론의 인식 확대 과정으로서, 일본파시즘과 결합되어 있는 '총력전체제론'이었다. 말하자면 이는 독자의 '총력전체제론'이라기보다 일본파시즘의 복합적 속성을 설명하기 위한 보완 논리의 성격을 띠는 것이었다.

그러나 1980년대 후반 이후 특히 1990년대에 접어들어 일본파시즘과 '총력전' 인식의 분리 과정이 급속히 진행되면서 이상의 '총력전체제' 인식과 질적으로 구분되는 여러 유형의 '총력전체제론'이 제기되었

---

43) '천황제파시즘론'에서는 일본파시즘의 근대성·합리성 문제는 철저히 배제되었고, '총력전'은 일본파시즘의 비합리적 폭력성, 침략성을 반영하는 수사 이상의 의미를 지니지 않았다. '총력전'에 의한 강제적 합리화의 충격을 인식한 경우에도 그것을 일본파시즘의 내재적 속성으로 파악한 것이 아니라 '천황제파시즘'과 상호 모순되는 파시즘 외부의 논리로 파악하여 침략전쟁을 위해 구축한 '총력전체제'가 오히려 '천황제파시즘'을 붕괴시키는 요인이 되었다는 식으로 파악하였다(高岡裕之, 위의 「ファシズム·總力戰·近代化」, 56~57쪽).

44) 木坂順一郎, 앞의 「日本ファシズム國家論」.

45) 赤澤史朗, 『近代日本の思想動員と宗敎統制』, 東京 : 校倉書房, 1985 ; 雨宮昭一, 「1940年代の社會と政治體制」, 『日本史硏究』 308, 1988 ; 北河賢三, 「戰時下の文化運動」, 『歷史評論』 465, 1989.

다. 곧 '총력전체제'의 근대화·합리화·동질화 문제를 일본파시즘론으
로부터 해방시켜 그 자체를 검토대상으로 삼는 가운데 연구의 주 관심
을 '총력전체제'로부터 전후 일본의 '원형'을 찾는 데 두는 전시·전후
연속설의 전면화였다. 이는 비교경제제도의 관점에서 전후 일본 경제
시스템의 원형을 전시경제로부터 찾는 岡崎哲二 등의 '현대경제시스
템원류론',46) 신자유주의 입장에서 이를 사회 일반으로 확대시킨 野口
悠紀雄의 '1940년체제론',47) '국민국가론' 입장에서 '시스템론'과 '탈근
대론'을 수용하여 '총력전체제'를 현대 시스템사회 성립의 결정적 요인
으로 파악하는 山之內靖 등의 '시스템사회론',48) '시스템론'과 '다렌도
르프 테제'를 도입하여 정치사 입장에서 전후체제의 원형을 '총력전체
제'에서 구하는 雨宮昭一의 '전시전후체제론',49) '시스템사회론'과 일본
파시즘론을 기계적으로 결합하여 전후 연속성을 강조하고 '총력전체
제'를 냉전시기까지 확대한 小林英夫의 '총력전체제론'50) 등 대체로
역사학 주변의 사회과학 영역에서 파상적으로 전개되었다. 그리고 '총
력전체제론'으로 범주화할 수 없지만 이러한 추세 속에서 전술한 바와
같이 전전·전후 정책·사상의 연속성을 강조하는 '전시체제론'이 이

46) 岡崎哲二·奧野正寬 編,『現代日本經濟システムの源流』, 東京:日本經濟
新聞社, 1993.
47) 野口悠紀雄,『1940年體制論』, 東京:東洋經濟新報社, 1995.
48) 山之內靖·ヴィクター コシュマン·成田龍一 編,『總力戰と現代化』, 東京:柏
書房, 1995 ; 山之內靖,『システム社會の現代的位相』, 東京:岩波書店, 1996 ;
山之內靖,『日本の社會科學とヴェーバー體驗』, 東京:筑摩書房, 1999 ; 中野敏
男,『大塚久雄と丸山眞男-動員, 主體, 戰爭責任』, 東京:靑土社, 2001 ; 나카노
도시오, 서민교·정애영 옮김,『오쓰카 히사오와 마루야마 마사오-일본의 총
력전 체제와 전후 민주주의 사상』, 삼인, 2005 ; 山之內靖·酒井直樹 編,『總力
戰體制からグローバリゼーションへ』, 東京:平凡社, 2003.
49) 雨宮昭一,『戰時戰後體制論』, 東京:岩波書店, 1997. 雨宮은 '파시즘=총력전
체제론'의 입장을 일정하게 견지하면서 '시스템론'을 수용하고 있기 때문에
그의 '전시전후체제론'은 일본파시즘론과 완전 분리된 것은 아니다.
50) 小林英夫,『帝國日本と總力戰體制』, 東京:有志舍, 2004.

에 가세하였다.

이들 견해는 각기 입론의 관점이나 접근 방법, 연속성을 강조하는 문제의식에 상호 차이점이 있기 때문에 하나의 입장으로 일괄하여 논하는 데에는 다소 어려움이 따른다. 그러나 전체적으로 '총력전체제'를 사회체제의 근대화·합리화·동질화를 가져온 '사회변혁' 과정으로 파악하고 현대 일본사회의 체제적 원형, 전후 고도성장과 사회정책의 기원을 '총력전체제'에 직결시키는 점에 상호 역사상 인식을 같이하고 있다.51) 또한 이러한 '총력전' 인식의 논리적 귀결로서 파시즘 문제를 '총력전'과 분리시키거나 시대상 인식에서 파시즘 문제 자체를 무시 또는 배제시키고 있는 점에 암묵적인 공감대를 형성하고 있다. 이러한 공감대는 전후 고도성장을 통해 형성된 일본 현대사회가 장기에 걸친 경제불황에 의해 동요하는 가운데 냉전체제의 붕괴와 신자유주의 이데올로기를 앞세운 세계재편 과정에 직면하여 고도성장의 역사적 연원을 찾고자 하는 의식을 반영한 것이다.52) 그리고 견해에 따라 정도의 차이가 있지만, 그 의식에는 '천황제파시즘론'이나 丸山眞男의 '일본파시즘론'의 강인한 영향력과 함께 파시즘의 비합리적·전근대적 이미지와 중첩되어 있는 '총력전'의 역사상을 근대적·합리적 '사회변혁' 과정으로 재인식하고 '외세'에 의해 추진된 전후 '점령개혁'의 의미를 평가절하함으로써 고도성장으로 표상된 현대 일본의 자기정체성의 내재적

---

51) 이들 견해를 일괄해서 '총력전체제론'으로 범주화하는 근거가 여기에 있다. 이에 일본파시즘론 입장에서 '총력전체제론'의 성격을 '전후일본사회론'으로 규정하기도 하는데(高岡裕之, 앞의 「'十五年戰爭'·'總力戰'·'帝國'日本」, 43~44쪽), 이 규정은 현대의 원류를 1930년대 '총력전체제'에서 찾고자 하는 '총력전체제론'의 문제의식을 충분히 포착한 것은 아니라고 보인다. 이와 관련해서는 그 입장의 애매함에도 불구하고 '총력전체제론'을 1930년대를 기점으로 한 '현대론'의 범주에서 宇野弘藏의 국가독점자본주의론과 비교·검토한 마쯔모토의 문제의식도 유익한 참고가 된다(마쯔모토 다케노리(松本武祝), 앞의 글).

52) 森武麿, 앞의 「戰時日本の社會と經濟 – 總力戰論をめぐって – 」, 712쪽.

연속성을 확인하고자 하는 욕구가 내면화되어 있다고 보인다. '전시체제론'이 냉전체제 해체와 함께 등장한 '총력전체제론'에 일종의 '동지적' 공감대를 보이며 일본파시즘론에 대한 공세를 강화한 것도 이러한 추이의 반영이다.[53]

이 가운데 특히 주목되는 것은 山之內靖이 주도하고 있는 '시스템사회론'이다. 그것은 여타 '총력전체제론'이 전시·전후 일본사회의 연속성 해명에 관심을 집중하고 특정 제도나 정책, 기구와 인맥의 연계성을 확인하는 수준에 그치고 있는 반면, '시스템사회론'은 '총력전체제'에 의한 '사회변혁'과 전후 연속성 문제를 세계사적 규모의 사회이행 차원에서 파악하고 이를 적극 이론화하는 가운데 현대 일본사회에 대한 변혁 전망을 모색하고 있다는 점에서 그 논의 수준을 달리하고 있기 때문이다. 말하자면 '시스템사회론'은 연속성을 중시하는 그 문제의식에서 여타 '총력전체제론'과 중요한 입장 차이를 가지면서도 '총력전체제론' 일반이 주장하는 '총력전체제'와 연속성 인식의 주요 논점을 하나의 이론적 틀로 제시함으로써 '총력전체제론'을 선도하는 위치에 있다고 해도 무방하다. '총력전체제론'에 대한 비판이 주로 '시스템사회론'을 중심으로 전개된 것도 이에 연유한다.

山之內는 기존 일본현대사의 통설이 파시즘 강권체제에 의한 大正 민주주의 노선의 좌절과 전후개혁에 의한 그 복귀라는 인식 속에 전후개혁을 현대 일본의 기점으로 삼고 있으며, 이러한 인식을 세계사에 투영하여 제2차 세계대전의 구도를 비합리적·전제적 파시즘형 체제(독·이·일)와 합리적·민주적 뉴딜형 체제(미·영·불)의 대결로 파악하고 있다고 비판하면서 '총력전체제론'을 통해 새로운 역사상 구축을 시도하였다.[54] 곧 '총력전체제' 하에서는 거대화된 국가 관료제가

---

53) 伊藤隆, 앞의 『昭和期の政治[續]』, 24~25쪽 ; 古川隆久, 앞의 「戰爭と戰時體制」, 281쪽 ; 塩崎弘明, 『國内新體制を求めて-兩大戰後にわたる革新運動·思想の軌跡-』, 福岡 : 九州大學出版會, 1998, 序章.
54) 이하 소개하는 山之內靖의 '총력전'의 역사상 인식방법과 논리는 山之內靖,

'총력전' 수행에 중대한 장애 요인이 되는 근대사회의 계급적 신분차별성에 기초한 사회적 분쟁과 배제의 모든 모멘트에 개입하여 이를 제거하거나 체제 내에 제도화함으로써 전 인민을 국민공동체로 통합하고 전면적 동원을 가능하게 하는 '강제적 균질화'가 추진된다. '강제적 균질화'는 전쟁 수행이라는 비일상적 · 비합리적 상황에 의해 촉발되었지만 여기에 그치지 않고 불가피하게 '사회혁명'을 담당하여 사회합리화를 촉진하며, 이 개혁에 의해 사회의 모든 멤버가 전쟁 수행에 필요한 사회적 기능 담당자로 편성되어 '총력전체제'는 기능주의적으로 조직된 '시스템사회'를 성립하는 경과점이 된다는 것이다.

여기에서 특별히 강조되는 것은 이러한 '강제적 균질화'와 사회시스템의 기능주의적 재편성 과정이 지니는 두 가지의 보편적 성격이다. 하나는 세계사적 동시성으로서, '총력전체제'에 의한 시스템사회의 성립은 나치즘의 '강제적 균질화', '사회혁명' 과정과 같이 파시즘형 체제에서 전형적으로 나타나지만 그것은 파시즘에만 한정된 것이 아니라 뉴딜형 체제를 포함하여 제2차 세계대전의 주역이 된 모든 국가에 공통적으로 나타난 세계사적 현상이라는 것이다. 뉴딜형 민주주의체제에서도 '총력전' 수행을 위해 국가관료제의 거대 지배구조가 구축되고 이에 의해 모든 조직이 전문가를 정점으로 하는 중앙집권적 하이어라키를 형성하는 가운데 이에 대한 비판적 대항력인 노동운동조차 체제의 일부로 제도화됨으로써 사회의 모든 분야는 인적 · 경제적 자원을 동원하는 데 높은 효율성을 보이면서 전쟁 수행에 적합한 거대한 시스템 조직으로 재편성되었다는 것이다. 따라서 '총력전체제'는 파시즘형과 뉴딜형을 넘어서는 상위 개념으로서, 양 유형의 차이는 '총력전체제'에 의한 사회적 재편성이라는 보편성 내부의 하위 개념으로 구분된다는 것이다.

「方法的序論—總力戰とシステム統合—」, 山之內靖 · ヴィクター コシュマン · 成田龍一 編, 앞의 책에 근거한 것이다.

다른 하나는 전시·전후체제의 연속성을 상징하는 그 변화의 불가역성이다. 곧 제2차 세계대전 종료 후 모든 국민사회는 일상적 체제로 복귀했지만 그것은 대전 전의 상태로의 회복이 아니라 '총력전체제'가 촉발한 기능주의적 사회시스템의 재편성이라는 새로운 궤도 위에서의 생활세계 복원을 의미하는 사회이행 과정이라는 것이다. 이 이행의 본질은 '계급사회'의 근대권력이 특정 인격과 결합된 방식에서 해방되어 사회적으로 제도화된 '시스템사회'로의 전환 과정으로, '총력전체제'에서 '국민국가'가 요구하는 사회적 동원에 부응한 각종 사회정책을 통해 사회 내부의 계급대립과 차별구조가 제도화·희석화되고 사회의 모든 구성원이 전쟁 수행과 사회적 통합에 공헌하는 기능 담당자로 전환되는 가운데, 권력의 제도화는 전 사회적 규모로 확대됨으로써 사회 전체가 요구하는 공적 원칙이 된 것으로 파악된다. '총력전체제'가 추진한 합리화는 공·사생활을 포함한 생활 전 영역을 시스템 순환 속에 포섭하는, 이른바 푸코가 말하는 '감시의 내면화'가 전 사회적으로 관철되는 '시스템사회'를 형성시켰고, 이는 전후 사회체제로 연속되면서 '국민국가'의 통합은 오히려 강화되는 방향으로 전개되어 현대 '시스템사회'는 전반적으로 전체주의적 성격을 띠고 있다고 보는 것이다.

이상이 山之內가 제창한 '시스템사회론'의 요지로서, 그 역사상 인식의 핵심 논리는 '총력전체제'에 의한 사회재편성 과정을 근대사회인 '계급사회'로부터 현대사회인 '시스템사회'로의 세계사적(보편적) 이행 과정으로 파악하는 데 있다. 잘 알려져 있듯이 '시스템사회론'의 기본적인 문제의식은 일본을 포함한 현대사회의 근대 비판에 있다. 현대 '국민국가'가 성취한 근대의 모습은 전체주의와 오버랩되고 있듯이 국가와 국민이 일체화된 사회시스템의 극한적인 합리화 과정과 함께 자각되지 않는 거대한 관료제의 '감시탑' 속에 제도화된 억압구조로 파악되고, 이러한 사회구조 확립의 역사적 연원으로서 '총력전체제'가 집중 부각되고 있는 것이다. 이것이 '시스템사회론'이 일본의 전후 고도성장

의 원류를 찾는 데 주 관심을 두는 여타 '총력전체제론'과 구분되는 문
제의식의 차이점이다. '시스템사회론'의 이러한 문제의식은 일본 학설
사·지성사 차원에서 보면 전전·전후의 단절성을 강조하고 '전후 민
주주의개혁'을 옹호하는 데 정신적 지주 역할을 하였던 大塚久雄·丸
山眞男·大河內一男 등 전후 시민사회파·사회정책학파에 대한 강렬
한 비판의식에서 출발한 것으로, 山之內가 시민사회파의 후학이었던
점을 생각하면 '시스템사회론'의 제창은 시민사회파가 이념화한 현대
일본의 '근대'와 '국민국가'를 '탈근대론', '국민국가론'을 통해 극복하고
자 하는 자기비판적 이론적 모색이라는 성격을 지니고 있다.[55]

　이와 같이 '시스템사회론'의 중심축은 현대 '시스템사회'를 창출한
'총력전체제'의 보편적 성격을 파시즘과 뉴딜을 포괄하는 상위 개념으
로 일반화하고, 이로부터 현대사회의 시스템구조와 그 특질을 이론화
하고자 한 데 있다. 따라서 '총력전체제'의 하위 개념으로 상정된 파시
즘형과 뉴딜형의 구분은 사실상 특별한 의미를 갖는 것은 아니며, 또
파시즘과 민주주의의 구분도 그러하다. 그 구분은 양자의 차이를 절대
화했다는 기존 통설적 견해를 비판하는 도구로서만 의미를 가질 뿐,
'총력전체제'의 보편적 성격 앞에 완전히 상대화되고 있는 것이다. 결
론부터 말하면, '시스템사회론'의 기본적인 문제점은 불충분한 연구사

---

55) 山之內靖, 위의 글, 38~40쪽 ; 山之內靖, 앞의 『日本の社會科學とヴェーバ
　ー體驗』 ; 나카노 도시오, 앞의 책. 이 점에서 '시스템사회론'의 문제의식은
　맑스주의역사학을 주 비판 대상으로 삼은 '전시체제론'과 대조를 이루고 있는
　데, 山之內靖 등의 이러한 학설사적 입장과 관련해서는 高岡裕之, 앞의 「'十
　五年戰爭'·'總力戰'·'帝國'日本」 ; 森武麿, 앞의 「戰時日本の社會と經濟－
　總力戰論をめぐって－」 ; 마쓰모토 다케노리(松本武祝), 앞의 글 등 참조. 大
　塚久雄 등 전후 시민사회파의 주도 인물들이 파시즘기 '생산력이론'을 통해
　'총력전'의 합리성·근대성 등을 예찬했던 전력을 생각할 때 山之內 등의 비
　판의식에 공감하는 바가 많지만 그 이론적 모색에는 동의하지 않는다. 다만
　변혁운동의 세계사적 혼돈기를 경과하고 있는 현실의 사상 동향을 감안할 때
　다양한 논의가 필요한 만큼 여기에서 '새로운 사회운동'을 위한 이론적 모색
　까지 문제삼을 생각은 없다.

정리56)와 자의적이고 불명확한 개념 구사, 그리고 역사적 사실에 대한 일면적·부조적 수법을 통해 '총력전체제'라는 추상화된 보편적 체제 개념을 상정하고 근대 비판의 문제의식과 관련하여 이에 너무 많은 의미와 사회변화의 동력을 부여함으로써 파시즘의 역사상을 형해화시키고 전전·전후 역사상 인식에 심각한 착종을 야기하고 있는 데 있다. '시스템사회론'의 이러한 문제점과 관련해서는 이미 적지 않은 비판이 가해졌고 또한 이에 공감하는 바가 적지 않지만, 여기에서는 기존 비판에서 불충분하게 처리되거나 간과된 측면을 염두에 두면서 크게 세 가지 문제만 지적하고자 한다.

첫째 '시스템사회론'의 핵심 키워드에 대한 개념 문제이다. '시스템사회론'에서는 '총력전체제'가 어떠한 범주의 체제 개념인지 명확한 규정없이 '파시즘형'과 '뉴딜형'을 규정하는 상위의 보편적 체제 개념으로 상정되고 있다. 파시즘과 뉴딜도 같은 차원의 용어가 아니지만, 어쨌든 '총력전체제'가 파시즘과 뉴딜을 규정하는 상위 개념이라고 한다면 '총력전체제'는 세계사적으로 형성된 보편적 국가·정치체제를 뜻할 것이다. 그렇다면 '총력전체제'는 보편적 국가·정치체제에 부합하는 역사성을 가진 구체적인 체제이념과 국가·정치체제의 내용을 가져야 할 것이다. 그러나 '시스템사회론'에서 구사되고 있는 '총력전체제'의 실상은 이러한 체제 개념을 담고 있는 것이 아니다. 山之內 자신도 '총력전체제'를 '시스템사회' 성립의 "중요한 경과점"이라고 파악하고 있듯

---

56) 일본파시즘론 측이 山之內의 소론에 대해 일종의 불쾌감을 가지고 비판하고 있는 것이 연구사 정리 문제이다(赤澤史朗·高岡裕之·大門正克·森武麿, 앞의 「總力戰體制をどうとらえるか」, 22쪽 ; 高岡裕之, 위의 글, 44~45쪽 ; 高岡裕之, 앞의 「ファシズム·總力戰·近代化」, 60~61쪽). 곧 山之內가 비판 대상으로 삼은 일본현대사의 기존 통설은 주로 '천황제파시즘론'이나 특히 시민사회파의 영향 아래 있는 1970년대 전반 이전의 성과에 국한되고 있으며, 전술한 1970년대 후반 이래 일본파시즘론의 성과와 '파시즘=총력전체제론'의 모색은 전혀 논외에 부치고 있다(이는 山之內靖, 위의 글, 주 1)에 잘 나타나 있다).

이,57) 이 용어의 함의는 '사회혁명' 과정으로 간주된 '강제적 균질화'의 계기와 동력, 그리고 이에 따른 사회적 변화상 이상의 의미는 아니다. '시스템사회론'에서 강조하는 '총력전체제'의 세계사적 동시성은 이러한 동력과 변화상의 일반적 양상을 강조하는 것이지 보편적 국가·정치체제로서의 개념화를 수반한 것은 아니다. '시스템사회론'에서 파시즘형과 뉴딜형을 구분한 것도 사실상 무의미한 구분이지만, 일종의 선험적 이념형으로서 '총력전체제'를 양 유형의 상위 개념으로 설정한 데 '시스템사회론'의 자의적인 용어 사용과 역사상 인식 방법의 문제가 잘 드러나고 있다.58)

　'시스템사회론'의 이러한 용어법과 개념 구사는 '총력전체제'를 매개로 한 사회이행론과 관련해서 더욱 심각하게 노정되고 있다. 곧 근대사회와 현대사회로 규정된 '계급사회' 및 '시스템사회'의 개념 지표 문제가 그것이다. 상식적 차원의 논의이지만 한 시대를 규정하는 사회체제의 개념은 구성적 지표를 요구한다. 근대사회를 '계급사회'라는 초역사적·초시대적 용어로 개념화한 것도 무의미할 뿐 아니라, 근대사회의 핵심 지표를 '국민국가' 내부에 존재하는 계층성·신분차별성에서 찾고 이를 근거로 '계급사회'로 지칭하는 것도 극히 비역사적 시대상 인식이다. 그러면 전근대사회는 무슨 사회이고, 그 핵심 지표는 무엇인가. 또한 '총력전체제'가 기능주의적으로 조직된 '시스템사회'라는 현대

---

57) 山之內靖, 앞의 글, 12쪽.

58) 세계대전의 역사적 특성을 상징하는 '총력전'이란 용어에 보편적 체제 개념을 부여하고자 하는 시도 자체가 어색하고 부자연스러운 것이지만, 이러한 자의적 용어법과 역사상 인식의 극한을 보여주고 있는 것이 小林英夫의 '총력전체제론'이다. 小林은 '총력전체제'를 "20세기 초에 일어난 제1차 세계대전으로부터 시작하여 20세기말의 동서 냉전 종언으로 끝난 글로벌한 정치체제"라고 규정하고, "세계제국의 실현을 향해 국민국가의 총력을 군사력 증강으로 향하게 한 이 체제는,……양 대전기에 일독이에서는 파시즘형, 영미에서는 뉴딜형의 총력전체제를 형성하고, 전후는 미소의 세계패권을 둘러싼 항쟁 속에서……글로벌한 냉전형 총력전체제를 이루었다"고 하여 '총력전체제'를 냉전형으로까지 확대시키고 있다(小林英夫, 앞의 책, 1쪽).

사회의 규정 역시 사회체제 개념으로서는 구성적 지표가 불명확하고, 무엇보다 권력의 제도화, '국민국가'의 통합을 부조적으로 절대화시켜 현대사회의 실상을 현실과 다르게 이념화하고 있다. 과연 전시·전후의 현대사회는 이러한 전 사회적 제도화와 통합을 통해 계급대립과 차별구조가 제도화되어 '계급사회'로부터 벗어난 사회인가. '시스템사회'는 곧 '비계급사회'를 말하는 것인가 아니면 계급은 존재하지만 계급투쟁조차 제도화됨에 따라 계급의 존재가 무의미해진 사회인가. 이러한 개념상의 문제는 특히 '전체주의론'을 '탈근대론'과 결합하여 현대사회 일반에 적용하는 데 잘 나타나듯이 '시스템사회론'이 권력의 제도화와 국민통합에 내재한 모순과 균열구조를 중시하지 않고 제도화와 통합을 근대 합리성 실현의 극한까지 추론함으로써 전시·전후의 국가와 사회상을 마치 '매트릭스' 세계와 같이 정태적 이념형으로 추상화한 데 연유한다. 이에 따라 그 권력의 제도화와 국민통합 이면에 이와 끊임없이 긴장관계를 유지하고 있는 제반 민주주의 원리의 관철 양식과 그 주체의 역동성에 대한 역사적·실천적 의의는 무시되고, 다양한 저항과 투쟁의 역사상은 일거에 화석화되고 있는 것이다.

둘째, 이러한 자의적 개념 구사와 불가분의 관계 속에 입론된 '총력전체제'의 세계사적 보편성 인식 문제이다. '총력전체제'에 의한 '강제적 균질화'와 사회시스템의 기능주의적 재편성 과정이 세계사적 동시성과 불가역성을 본질로 한다는 것은 '시스템사회론'의 핵심 논지로서, 이에 의해 파시즘체제와 '뉴딜체제'의 차이는 완전 상대화되고 파시즘의 역사상은 '시스템사회'로 재구성되고 있다. 이러한 보편성 인식은 근대화론에 입각한 파시즘 인식 곧 독일파시즘을 '사회혁명' 과정으로 인식하는 다렌도르프류의 '파시즘=총력전체제'론을 미국 뉴딜정책의 옹호 논리인 파슨스의 기능주의적 '시스템론'[59]과 결합시켜 뉴딜정책

---

59) Talcott Parsons, *The Structure of Social Action*, 2 vols, New York : Free Press, 1968 ; Talcott Parsons and Neil J. Smelser, *Economy and Society. A Study in the Integration of Economic and Social Theory*, Glencoe, Ⅲ. :

기의 미국사회를 '총력전체제=시스템사회'로 파악한 데 근거한다. 상호
상반된 문제의식에도 불구하고 '시스템사회론'의 보편성 인식이 일본
파시즘을 부정하는 '전시체제론'의 상대주의적 세계사 인식과 대단히
흡사한 모습을 취하는 것은 이러한 인식 기반의 동질성에 기인한다.[60]

　그러나 '시스템사회론'의 보편성론은 파시즘과 뉴딜 양 체제의 질적
차이와 양 체제와 '총력전' 사이의 상호 연관성의 중요한 차이를 무시
한 채 기능적으로 공통된 일면을 상호 연관시켜 일반화한 전형적인 부
조적 인식에 기초하고 있다. '전시체제론' 비판에서 이미 언급한 바와
같이 1930년대 국가권력의 강화·집중과 국민동원을 통한 체제통합은
제국주의 세계 각국의 공통된 현상이다. 문제는 이러한 제국주의 국가
의 새로운 변화를 가져온 계기와 동력을 '총력전'에서 찾고 있는 데 있
다. 결론적으로 말하면 이러한 변화를 가져온 본질적 계기와 동력은
'총력전'이라는 전쟁체제가 아니라 대공황으로 표출된 자본주의체제의
일반적 위기와 이에 대한 제국주의 국가의 타개 정책이다. 자본주의체
제의 질적 변화 과정을 수반한 이러한 타개 정책은 제국주의 진영간의
경쟁과 군사적 긴장을 강화하면서 세계대전으로의 레일을 타고 있었
던 것은 사실이다. 그러나 제국주의 국가에게 이러한 정책 추진을 불
가피하게 강요한 근본 요인은 전쟁 수행이 아니라 자본주의체제의 모
순과 체제 위기였다. 세계대전은 그 체제위기 타개의 한 과정이자 산
물로서, 이러한 정책 수행과 체제 변화를 더욱 촉진하는 요인이었다.

　또한 이러한 정책과 전쟁 사이의 상호 관련성도 제국주의 국가나 진
영간에 현저한 차이가 있다. 독일·이탈리아와 일본 사이에도 그 시차

　　Free Press, 1956 ; Talcott Parsons, *Structure and Process in Modern
　　Societies*, Glencoe, Ⅲ. : Free Press, 1960.
　60) 다만 '시스템사회론'이 근대 비판의 문제의식과 관련하여 이러한 보편성 인식
　　을 '국민국가론', '탈근대론'에 의해 재투사하고 있는 점에서 '전시체제론'과
　　질적 차이가 있는 바, 이러한 점에서 '시스템사회론'을 파슨스의 '근대화론=시
　　스템론'의 '네가판'(陰畵)이라는 高岡裕之의 지적은 적절하다고 생각한다(赤
　　澤史朗·高岡裕之·大門正克·森武麿, 앞의 글, 22쪽).

와 양상에 많은 차이가 있지만 파시즘 진영은 전쟁을 체제위기 타개의 직접적이고도 유력한 방안으로 간주하여 노골적으로 침략전쟁을 준비한 반면, 미국의 뉴딜정책은 이와 기본적으로 성격을 달리한다. 국가 내부의 자본주의 운영원리에 대한 수정과 제도개혁을 통해 자본주의 체제의 회생을 도모한 뉴딜정책은 전쟁을 위기 타개의 중심에 두지 않았다. 국가권력의 강화와 제도화 및 국민통합의 과정은 양 진영간에 공통되지만, 그 정책의 성격과 그것이 실현되는 논리는 질적 차이를 가지고 있다. 여기에 중요한 의미를 갖는 것이 이러한 질적 차이 형성의 기본 동인이 되는 양 진영간 국가·체제 이데올로기의 차이이다. 뉴딜정책이 체제 위기를 타개하기 위해 조합주의·협조주의 이데올로기 아래 국가권력의 통제 강화와 제도개혁을 통한 자본주의 운영원리에 중대한 수정을 추구하였지만, 그것은 기본적으로 자유주의 가치관과 부르주아민주주의 정치이데올로기가 견지된 가운데 추진된 '진보주의' 개혁정책이었다. 파시즘체제의 전체주의 이데올로기와 미국 뉴딜정책의 민주주의 이데올로기는 양 진영의 국가정책과 제도화 과정의 질적 차이를 규정하는 핵심 요소로서, 양 진영의 체제적 차이를 표상하고 있다. 이러한 차이를 무시하고 그 변화상을 기능주의적으로 접근하여 동질성만을 부각시키는 것은 주객이 전도된 역사상 인식이며, 사실과도 부합되지 않는 논리이다.

전시·전후의 연속성 문제 역시 이러한 연장에서 파악되지 않으면 안된다. 1930년대 이래 제국주의 각국의 변화는 자본주의 운영원리의 중요한 수정과 제도개혁을 수반한 체제 재편 과정이라는 점에서 실제 자본주의체제의 세계사적 전환으로서의 성격을 지니고 있다. 따라서 이 체제 변화의 불가역성을 주장하는 것은 기본적으로 정당하다. 그러나 체제 변화가 전후 어떠한 방식으로 연속되는가는 파시즘체제와 '뉴딜체제' 양 진영 사이에 근본적인 차이가 존재한다. 전술한 바와 같이 전쟁과 무관하게 자본주의 운영원리의 수정과 제도 개혁을 추진한 미국의 경우 개혁을 완료하지 못한 채 '전쟁체제'에 돌입하여 전쟁에 규정을 받는 가운데 변화가 진행되었고, 그 변화된 국가체제와 경제·사회정책의 원리는 전후 일정한 조정 과정을 거치면서 제도적으로 정착되었다. 그러나 파시즘국가의 경우 패전의 대가와도 관련하여 이와 전혀 다른 양상을 취하였다. 전체주의 이데올로기에 입각한 파시즘 국가·정치체제, 그리고 이에 의한 '강제적 균질화'와 국민통합의 폭력성·비합리성·반민주성은 승전국의 '전후개혁'에 의해 기본적으로 해체되었다. 그 균질화·통합의 기능주의적 측면과 자본주의체제의 여러 구조적 특질들은 전후에도 지속되었고, 특히 일본의 경우 '전후개혁'의 불철저성과 관련하여 파시즘체제의 유산과 일본적 특질의 연속성이 강하게 나타나지만 그것은 기본적으로 파시즘체제의 해체를 전제한 것이었다. 말하자면 그것은 파시즘체제가 광의의 미국식 '뉴딜체제', 곧 '민주형' 국가독점자본주의체제에 편입되는 과정으로, 이로써 전후 세계자본주의는 체제적 동질성을 형성하였다.[61]

요컨대 '시스템사회론'은 전후 파시즘체제의 해체와 단절이 지니는 역사적 의미를 의도적으로 평가절하하고 미국 사례를 중심으로 추출된 전시·전후의 연속성 인식을 파시즘국가에 기능주의적으로 적용하는 가운데 '총력전체제'의 보편성을 주장하고 있는 것이다. 전후 고도성장의 원류를 찾는 데 주안점을 두고 일본의 전시·전후 연속성 문제를 부각시키고 있는 여타 '총력전체제론'의 경우 이러한 역사상 인식의 착종은 더욱 심하게 나타나고 있다. 곧 파시즘체제하의 일본자본주의의 질적 수준을 전후 고도성장기의 일본자본주의의 그것과 선험적으로 동일시함으로써 전시 '총력전체제'를 '일본근대'의 성숙을 반영하는

---

61) 이러한 점에서 냉전 해체 이후 세계자본주의의 현실과 미래의 변혁 전망에 대한 이론적 설득력이 크게 저하되고 있음에도 불구하고 파시즘체제와 '뉴딜체제'를 포괄하는 1930년대 이후의 세계사적 변화 과정을 자본주의체제의 질적 변화 과정으로 설명하는 '국가독점자본주의론'이 아직은 역사적 실상에 부합하는 '현대' 인식틀이라고 생각한다.

고도성장의 역사상으로 분식하고 있는 것이 그것이다. 이는 '전후개혁'
의 의의나 '한국전쟁' 등 고도성장을 가능케 한 1950년대에 이르는 전
후의 역사적 조건을 과소평가하고 파시즘체제에 의한 '강제적 균질화'
와 전후 고도성장의 질적 차이를 무시하는 전형적인 부조적 인식이다.
'총력전체제론'의 경제사 인식에 대한 비판이 '총력전체제'의 고도성장
을 확인하는 데 급급하여 단절과 연속의 측면을 통일적으로 파악하지
못하고, 더 나아가 '총력전' 이전 시기까지 포괄하는 장기적인 발전사
속에서 일본자본주의의 단계적 특질을 설명하는 체계성이 부족하다는
데 집중되는 것도 이러한 이유에서이다.62) 전전·전후의 단절성을 절
대화하여 '전후개혁'과 민주화 과정을 과장·미화한 시민사회파의 역
사인식이나 전전 일본자본주의의 후진성·전근대성을 강조한 과거 강
좌파의 '아시아적 특질론' 등은 분명 문제가 있지만, 그간 일본학계가
축적한 방대한 경제사 연구 성과를 근거없이 외면하고 그 역을 절대화
하거나 전시 일본경제의 성장을 일면적으로 과장하는 것은 역사상에
부합되지 않는다.63)

셋째, 이상과 같은 '총력전체제'의 보편성 인식과 결부되어 있는 식
민지·동아시아 역사상 인식의 문제이다. 한국사연구의 입장에서 일본
파시즘론의 추이와 '총력전체제론'을 문제삼는 기본적인 관심사는 결
국 여기에 있다. 그러나 山之內의 '시스템사회론'은 '총력전체제'와 식
민지·동아시아의 상호 연관성 문제에 대해서는 이론적 분석을 결여
하고 있다. 말하자면 '시스템사회론'은 물론 '총력전체제론' 일반이 제
시하고 있는 체계적인 식민지·동아시아 인식틀은 아직 불명확한 상
태다. 일제 본국과 달리 식민지 민족을 일본 '국민'으로 통합하고 규율
화하는 것 자체가 구조적으로 불가능하다는 점을 염두에 둘 때,64) '총

---

62) 주 42)의 大石嘉一郎, 原朗, 森武麿 등의 글 참조.
63) 전전·전시 일본자본주의의 구조적 취약성과 생산력확충의 한계, 그리고 '전
   후개혁'과 일본자본주의의 재편 과정의 성격에 대해서는 大石嘉一郎이 연구
   사적 요약을 통해 잘 설명해 주고 있다(大石嘉一郎, 위의 글).

력전체제' 구축을 위한 '강제적 균질화'와 국민통합의 논리를 식민지 사회에 단순 적용하는 데에는 많은 무리가 따른다는 점에서 이러한 동향은 충분히 이해가 가는 일이다. 다만 문제제기 수준이지만 山之內의 소론에 입각하여 전후 일본과 동아시아 역사의 전개를 전시 '총력전체제'와 식민주의의 연속으로 파악할 것을 주장한 中野敏男의 제언이 '시스템사회론' 입장의 식민지 · 동아시아 인식 방식의 일단을 보여주고 있다.[65]

中野의 문제제기는 시민사회파가 주도한 '전후 민주주의'론이 전시와의 단절을 강조하여 전쟁책임을 회피하고 전후 일본이 아시아 주변국 특히 한국의 전쟁 상황 위에서 이루어진 것을 외면한 일국사적 관점이라는 비판적 시각에서 '총력전체제'와 식민주의의 연속성 문제를 강조한 것이다. 곧 일본 '전후 민주주의'는 한국의 '군사독재'와 구조적 상호 보완관계를 갖는 미국 패권하의 신식민주의적 지역 지배질서이며, 양자가 강조한 국민동원 이데올로기로서의 '국민적 주체' 이념은 전시 '총력전체제'와 식민주의의 산물이라는 점에서 일본의 '전후 민주주의'와 동아시아 전체는 '총력전체제'(전시동원체제) 및 식민주의 사상구조와 연속관계에 있다는 것이다. 여타 '총력전체제론'과 달리 일본의 전쟁책임을 환기하고 미국의 신식민주의 동아시아 지배질서의 일

---

64) 마쯔모토 다케노리(松本武祝), 앞의 글, 367쪽.

65) 나카노 도시오, 앞의 책(특히 「한국어판 서문」 참조) ; 中野敏男, 「總力戰體制と知識人」, 『岩波講座 近代日本の文化史 7 總力戰下の知と制度』, 東京 : 岩波書店, 2002. 이와 더불어 '시스템사회론'과 문제의식의 결을 달리하면서도 '동아협동체론'으로부터 사회변혁 가능성을 발견하고자 했던 일본과 조선의 전향 사회주의자들의 언설을 통해 '총력전체제'의 근대성 · 합리성 문제를 부각시키고 있는 일련의 '탈근대론 · 탈식민론' 입장의 사상사 연구가 '총력전체제'와 결부된 식민지 · 동아시아 인식의 한 흐름을 보여주고 있다. 이들 연구에 대한 소개와 성격에 대해서는 이준식, 「파시즘기 국제 정세의 변화와 전쟁 인식」, 방기중 편, 앞의 책, 98~99쪽 ; 윤건차, 「지식인의 '친일의식'을 어떻게 생각하는가?」, 『일본제국주의의 지배와 일상생활의 변화』, 한국사회사학회 2005년도 특별심포지움 발표요지문의 비판적 정리가 참조된다.

환이라는 일본 '전후 민주주의' 지배질서의 체제적 본질을 적시한 점에
서 이는 정당한 지적이다. 또한 일본정치의 전반적인 우경화 경향과
함께 '대동아전쟁'의 망령을 되새기며 전쟁책임을 회피하고자 하는 '역
사수정주의'가 기승을 부리는 현실을 생각할 때 한국사연구 입장에서
기본적으로 공감할 수 있는 유의미한 문제제기이다.

　그러나 그 문제제기 기저에는 식민지 · 동아시아 역사인식과 관련하
여 간과할 수 없는 몇 가지 문제가 존재한다고 생각한다. 우선 무엇보
다 문제가 되는 것은 '시스템사회론'의 인식틀과 불가분의 관계에 있는
역사인식의 협애성이다. 곧 전후 '신식민주의'와 연속성을 갖는 전전
'식민주의' 지배질서 · 사상구조 문제를 일제의 식민지배와 동아시아
침략 전체상으로부터 접근하는 것이 아니라 '총력전체제'의 문제로 귀
일시키고 있는 것이 그것이다. 이는 '식민주의' 문제를 '강제적 균질화'
를 통한 규율화와 국민통합의 시스템 실현 문제로 왜소화시키는 것에
다름 아니다. 中野가 '총력전체제'와 '식민주의' 유산의 핵심 키워드를
국민동원 이데올로기로서의 '국민적 주체' 이념에 초점을 맞추고 있는
것도 이러한 협애성의 반영이다. 그러나 '식민주의'와 전후 유산 문제
는 근대적 규율화나 국민통합의 시스템 문제로 한정되는 것이 아니며,
또한 '총력전체제' 시기로 국한되는 것도 아니다. 그것은 일본제국주의
의 형성과 발전사 전 과정 속에서 파악될 문제이며, 이러한 전제 위에
파시즘단계의 '총력전체제'가 요구한 '식민주의'의 시기적 특질이 인식
되어야 할 것이다. '식민주의'에 대한 이러한 종합적 · 계통적 인식은
식민지를 경험한 한국사의 입장에서 더욱 중요한 의미를 지닌다.

　나아가 이러한 협애한 시각은 20세기 전반, 또는 1930년대 이후 동
아시아 역사상을 일본 중심의 '총력전체제'의 역사상으로 대체할 위험
성이 다분하다. 본질적으로 '시스템사회론'의 '총력전체제' 개념은 지배
질서의 근대화 · 합리화에 주안점을 두는 동시에 철저히 제국주의 본
국을 중심으로 하는 인식틀이기 때문에 '총력전체제론'에 입각한 식민

지・동아시아 인식은 당연히 '총력전체제'의 외연 확장 과정으로 파악
될 것이다.66) 따라서 이 인식틀에서는 일제의 블록 지배에 완전 편입
되지 않은 중국은 물론 일제의 식민지・점령지를 포함한 동아시아 전
체의 대립전선・모순구조의 역동성과 그것이 '파시즘=총력전체제'에
어떠한 영향을 주는가 하는 점을 시야에 넣기 어렵게 된다. 중국을 중
심으로 하는 강력한 항일전선과 일제 식민지・점령지 내부의 끊임없
는 저항과 일탈이야말로 일제 '파시즘=총력전체제'를 내부로부터 동요
하게 만들고 그 근대적 시스템화와 국민동원의 폭력성・비합리성을
촉발시키는 기본 동인이었다. 그러나 '시스템사회론'을 포함한 '총력전
체제론' 일반의 식민지・동아시아 인식은 이러한 역동적 역사상을 시
야에 넣을 수 있는 문제의식과 논리구조를 갖고 있지 못하다. 이 논리
에서는 근대적 규율화와 제도적 국민통합・체제통합이 실현된 '총력전
체제'라는 지배질서 공간이 선험적으로 상정되고, 그 공간에 편입된 식
민지・동아시아 민족이 '총력전체제'에 의해 어떠한 영향과 충격・변
화를 경험하게 되며, 근대적 규율과 국민통합의 이데올로기를 어떻게

---

66) 이러한 경향은 일제 '파시즘=총력전체제'의 원형을 이루고 일제 본국의 '파시
즘=총력전체제'를 추동한 것으로 평가되는 만주국 연구에 잘 나타나고 있다
(小林英夫, 앞의 책 ; ルイース・ヤング(Louise Young), 『總動員帝國 — 滿
洲と戰時帝國主義の文化』, 東京 : 岩波書店, 2001, 영어판 원서는 1997). 특
히 '총력전체제' 개념을 받아들여 만주국 건설을 '총동원제국'이라는 개념으
로 설명하고자 한 Young의 연구가 그 대표적인 경우이다. '총동원제국'이란
만주국 건설 과정이 곧 일제 본국의 재편 과정이라는 관점에서 일제 본국과
식민지의 상호관계・동원관계의 일체성과 여기에 드러나는 '근대성의 성숙'
에 주목한 개념이다(Young의 연구에 대해서는 高岡裕之, 앞의 「'十五年戰
爭'・'總力戰'・'帝國'日本」, 49~50쪽 ; 森武麿, 앞의 「戰時日本の社會と經
濟-總力戰論をめぐって-」, 709~710쪽 참조). Young의 연구는 일제 '총력
전=총동원체제' 구축 과정과 그 성격을 만주국이 갖는 추동력과 연관시켜 설
명한 점에서 여러 흥미있는 논점을 제기하고 있지만, 결국 그 '총동원제국' 건
설 주체가 일제 파시즘 세력의 중핵인 군부 통제파와 '혁신관료'라는 점에서
식민지・동아시아 역사상을 '총력전체제'의 외연 확장 과정으로 파악하는 '총
력전체제론'의 인식틀에 기반을 둔 것이다.

훈련받고 그 경험이 어떻게 기억되는가 하는 점이 주 인식 대상이 된다.

전후 한국의 '국민적 주체' 이념의 연원을 '총력전체제'로부터 구하는 中野의 발상법은 기본적으로 이러한 인식틀에 바탕을 둔 것으로, 요컨대 '총력전체제론'에서의 식민지 조선인은 철저히 일제 '총력전체제'에 규정된 피동적·정태적 존재로 인식되고 있는 것이다.[67] 그러나 한국인의 근대성과 '국민적 주체성'의 자각은 파시즘기 일본 국민이 됨으로써 비로소 체득된 '총력전체제'의 산물이 아니다. 그것은 19세기 후반 이래 근대국가 수립 노력과 그 좌절 과정을 통해, 또한 식민지시기 전 과정을 통한 여러 형태의 민족운동·사회운동과 '신국가' 건설에 대한 이론적·실천적 모색 속에서 경과적으로 형성된 것이다. 그리고 그 자각은 이민족의 차별과 억압을 경험하는 가운데 민족의식·저항의식과 강하게 결합되고 내면화된 것이다. '파시즘=총력전체제' 시기 '황민화정책'과 '총후총동원체제'라는 극단의 억압구조·동원체제 속에서 강요된 식민지 경험과 기억의 특수성은 그 자체 중요한 인식 대상이지만, 그것은 이상과 같은 기본 축을 전제하고 이와 유기적인 관련 속에서 음미할 때 의미가 있을 것이다. 일국사적 인식을 비판하는 '시스템사회론' '총력전체제론'은 제국주의 본국을 중심으로 지배질서의 근대적 시스템화 문제에 시야를 한정하는 입론의 성격상, 그 비판적 문제의식과는 달리 오히려 식민지·동아시아 역사상을 역동적·능동적으로 인식하지 못하고 그것을 일제·일본 중심의 정태적·피동적인 시각 속에서 파악하는 방법론적 모순과 한계를 내포하고 있다.[68]

---

67) 中野의 연속성 인식이 그 문제의식의 중요한 차이에도 불구하고 흔히 박정희 정권의 개발독재체제와 국민동원 이데올로기의 연원을 일제 '총동원체제'에서 찾고 양자를 무매개적으로 연결시키는 일부 '근대화론'의 연속성 인식(예컨대 エッカート, カーター·J.,「植民地末期朝鮮の總力戰·工業化·社會變化」,『思想』841, 1994를 볼 것)과 상통하는 면을 보이게 되는 이유가 여기에 있다.
68) 이러한 의미에서 앞서 거론한 '탈근대론·탈식민론' 입장의 사상사연구(주 65

4. 글을 맺으며

'총력전체제론'에 비판적 입장을 취하는 一橋大의 경제사가 森武麿
는 최근 일본 역사학계의 동향을 과거 주류적 위치를 점했던 맑스주의
역사학을 중심으로 시민사회파 역사학을 포함하는 '전후역사학', 포스
트모던 역사학을 중심으로 역사인구학·세계체제론·국민국가론·탈
식민론 등 기타 다양한 조류로 구성된 '현대역사학', 그리고 '신자유주
의사관'을 내걸고 국가주의를 창도하는 '역사수정주의' 등 세 계통의
역사학 조류가 상호 대항·병존하고 있는 "四分五裂·迷走狀態"의 상
황으로 정리한 바 있다.[69] 이 설명이 얼마나 적실하게 일본학계의 현
황을 반영하고 있는지 모르겠지만 이를 그대로 받아들이면 이 글은
'역사수정주의'와 연결된 '전시체제론'과, 국민국가론과 결합된 포스트
모던 역사학의 '시스템사회론' '총력전체제론'을 주 비판 대상으로 삼았
다는 점에서 본의 아니게 '전후역사학'을 지지하는 입장을 취한 셈이
된다.

그러나 본고가 '전후역사학' 입장을 옹호하거나 그 역사상 인식의 정
당성을 대변하는 데 목적이 있는 것은 물론 아니다. 일본 지배체제와

참조) 역시 시야를 '총력전' 지배질서라는 한정된 체제내적 공간에 고정시키
고 있는 식민지·동아시아 인식을 벗어난 것이 아니다. 또한 최근 일본 중심
의 일국사적 관점의 탈피와 '중심'(일본)과 '주변'(식민지·점령지)의 문화적
상호작용과 통합의 의미를 부각시키고 있는 '제국론' 입장의 문화사연구도 일
제 지배영역권과 같은 의미인 '제국일본'이라는 개념을 동아시아 역사상으로
대체하고 '주변'의 능동성을 주목하는 문제의식과 달리 기본적으로 '주변'의
역사상을 '제국' 지배질서라는 체제내적 공간에 가둠으로써 '제국주의와 식민
지' 관계의 본질과 모순구조를 희석화하고 결국 일본 중심적 시각으로 회귀
하고 있다는 점에서 '총력전체제론'과 상호 보완성을 갖는 식민지·동아시아
역사상 인식이라고 생각된다('제국론'과 관련해서는 駒込武, 「'帝國のはざま'
から考える」, 『年報·日本現代史 10 帝國と植民地』, 2005 ; 戶邊秀明, 「帝國
後史の痛覺」, 같은 책 ; 岡部牧夫, 「帝國論によせて」, 같은 책 등 참조).
69) 森武麿, 앞의 글, 705~706쪽.

우경화 현실에 대한 '전후역사학'의 비판적 역사인식은 여전히 일본사회의 건강성을 유지하게 하는 지적 기반이 되고 있지만, 그 학문적·실천적 영향력이 현저히 감소하고 있는 현실 상황에 잘 반영되어 있듯이 '전후역사학'의 역사인식 체계와 학문적 방법론은 급변하고 있는 세계사적 현실과 미래의 변혁 전망을 설득력 있게 설명하는 데 많은 한계를 노정하고 있다. '전후역사학'이 집중 공격을 받는 서구중심주의나 일국사적 관점, 특히 전전 일본의 후진성을 숙명적인 역사성으로 인식한 '아시아적·일본적 특질론' 등의 문제는 이제 많이 극복되었다고 하지만 여전히 여러 형태로 영향을 미치며 작동하고 있다. 森이 지적한 일본학계의 현황도 기본적으로는 주류 역사학으로서의 '전후역사학'에 내재한 이러한 문제점에 연유한 바 적지 않다. 말하자면 현재 '전후역사학'은 과거의 성과와 역사상 인식에 안주하는 방어적 자세가 아니라 변화된 현실과 미래를 정합적으로 설명할 수 있는 사회구성체 역사이론·연구방법론의 발전과 역사상 인식의 확장을 능동적으로 모색해야 하는 당면 과제에 직면해 있다. 본고의 검토 대상인 일본파시즘론과 관련해서는 더욱 그러하다. '천황제파시즘론'의 한계를 극복하고 일본파시즘론의 이론 체계와 인식 방법을 한 차원 높인지 4반세기가 지났지만 당시의 성과와 수준에서 특별히 더 성취한 것이 있다고 생각되지 않기 때문이다.

그럼에도 본고가 '전후역사학'에 연대의식을 분명히 드러낸 것은 한국사 연구자 입장에서 일본파시즘, 일제 파시즘체제에 대한 '전시체제론'과 '총력전체제론'의 인식을 심각하게 받아들였기 때문이다. 일본파시즘, 일제 파시즘체제의 역사상을 어떻게 이해하는가 하는 문제는 20세기 전반 동아시아 역사상, 특히 일본의 식민지배를 경험한 한국의 근현대 역사상을 구성하는 데 핵심 사안일 뿐 아니라, 일국사적 틀을 넘어선 동아시아 차원에서 평화와 민주주의 질서라는 미래 지향적 역사인식의 소통관계를 구축하는 데 결정적 시금석이 되는 문제이다. 그러나 '전시체제론'과 '총력전체제론'의 주장은 일본파시즘의 역사성을 부정하거나 무의미하게 하면서 1930년대 이후 동아시아 역사상 인식을 심각하게 착종시키고 있다. 본고에서는 검토 대상을 일본학계에 한정하여 문제삼지 않았지만 한국에서도 이러한 인식 경향이 여러 형태로 분식되면서 적지 않게 유포되고 있다는 것은 주지하는 바와 같다.

'총력전체제론' 가운데 신자유주의나 일본 고도성장을 예찬하는 입장을 제외하면 '전시체제론'과 '총력전체제론'은 상호 연구의 문제의식과 논점을 크게 달리하고 있으며, 특히 '전시체제론'과 '시스템사회론'은 상호 역사인식의 대립성도 가지고 있다. '전시체제론'은 철저한 반공주의 입장에서 파시즘론을 '선악사관' 논리로 치부하고 파시즘 부정을 통해 일본파시즘의 침략성·폭력성과 전쟁책임 문제를 은폐하면서 '역사수정주의'의 내밀한 참모본부 역할을 하고 있다. 이에 반해 근대 비판에 주안점을 두고 있는 '시스템사회론'은 원론적으로 파시즘 개념을 인정하고 일본파시즘의 침략성과 전쟁책임 문제를 시야에 넣고 있으며, 국가주의와 '국민국가'를 넘어서는 '새로운 사회운동'을 추구하고 있다. 또한 '전시체제론'은 전전 정치사 인식에 주안점을 두고 역사인식의 시각과 실증적 해석 문제를 제기하고 있는 데 반해, '시스템사회론'을 비롯한 '총력전체제론'은 '총력전'을 매개로 한 전시·전후의 연속성 인식에 초점을 맞추고 있다는 점에서 그 주장의 강조점에도 상당한 차이가 있다.

그러나 이러한 차이에도 불구하고 '전시체제론'과 '총력전체제론'의 역사인식 상호간에는 중요한 공통성이 있음을 확인하였다. 양 견해는 모두 상대주의적·기능주의적 역사인식의 관점을 가지고 제2차 세계대전을 전후한 역사적 전환기의 세계사적 대립·모순구조의 특질과 일제 파시즘체제의 역사상을 희석화·형해화시키는 데 보조를 같이하고 있다. 또한 철저히 일제·일본 중심의 지배질서 공간인 '전시체제'의 혁신성·효율성, '총력전체제'의 근대성·합리성을 강조함으로써 식

민지·동아시아의 역동적 역사상을 왜곡하거나 배제시키는 문제점을
보이고 있다. 이를테면 이들 양 견해가 '전후역사학'에 대해 전전·전
후의 사상적 연속성을 망각함으로써 '선악논리'를 주장하고 '전후 민주
주의'를 미화할 수 있었다고 비판하고 있는 그 이면에서 파시즘의 역
사상을 해체시키고 그 경험과 기억을 분식하는 또 다른 망각이 합리화
되고 있는 셈이다. 그리고 이러한 합리화는 각기 표방하는 문제의식과
관련하여 그 정도와 함의에 일정한 차이가 있지만, 부정적·비합리적
이미지와 중첩되어 있는 파시즘체제의 역사상을 근대적·합리적 '사회
변혁' 과정으로 재인식함으로써 고도성장으로 표상된 현대 일본의 자
기정체성의 내재적 연속성을 확인하고자 하는 욕구를 반영하고 있다.
　이와 관련하여 여기에 특별히 환기하고 싶은 것은 이러한 역사인식
의 공통성과 불가분의 관계에 있는 자의적인 개념 조작과 이에 근거하
여 현상과 본질을 전도하고 일면적·부분적 사실을 일반화시키는 부
조적 역사인식 방법의 문제점이다. 급변하고 있는 세계사적 현실 속에
서 역사상을 재해석하고 새로운 소재를 개발하고자 하는 노력은 말할
것도 없이 역사인식의 지평을 확대하는 데 가장 중요한 추동력이다.
기존의 역사상 인식에서 간과·무시되거나 해석되지 못한 여러 사실
과 현상을 재인식하기 위해 그것을 적절한 용어로서 개념화하고 논리
화하는 작업은 매우 중요한 의미를 갖는다. 그러나 그 개념화·논리화
는 전체 역사상과의 유기적인 관련 속에서 역사적 사실과 부합하는 동
시에 개념적·논리적 일관성을 가져야 한다. 일반적·수사적 용어인
'전시체제', '총력전체제'에 자립적 체제 개념을 부여하고 있는 데 상징
적으로 나타나듯이 '전시체제론'과 '총력전체제론'은 역사상의 특수한
일면과 부분적 현상을 강조하기 위해 그 개념과 논리에 자의적·선험
적으로 너무 많은 의미를 부여하여 역사상 인식을 전도시키거나 그것
을 역사상 일반으로 환치하였다. 특히 역사인식의 이념성을 노골적으
로 드러내는 '전시체제론'의 경우 이러한 자의성이 상대적으로 단순하

다고 할 수 있지만, '총력전체제론' 특히 현실비판적 문제의식을 부조적으로 부각시키고 있는 '시스템사회론'은 역사상 자체를 일면적 개별 '담론'으로 대체하고 있다는 점에서 더욱 심각한 문제를 가지고 있다고 생각한다.

역사상 인식의 특정 관점과 소재를 부각시키는 개별 '담론'들이 전체 역사상과의 상호 연관성이 고려되지 않은 채 분절적·고립적으로 추구된다면 개별 '담론'의 성급한 일반화와 수많은 '담론'의 백화점식 나열이 지속될 것이며, 우리는 현재 그것을 이른바 '현대역사학'의 동향에서 보고 있다. 역사상은 본시 종합적·구성적 본질을 갖는 것으로서, 수많은 개별 '담론'으로 해체되는 것도, 수많은 개별 '담론'의 기계적 총합도 아니다. 이러한 의미에서 미력하나마 본고가 역사연구의 본령이 연구자의 특정 관심과 연구소재를 해결하기 위한 기능적인 개별 '담론'의 경쟁에 있는 것이 아니라 생생한 역사적 현실에 기초한 체계적이고 논리적인 역사상 인식의 생산에 있다는 것을 다시금 반추하고 이를 함께 고민하는 계기가 되기를 기대하면서 독자제위의 엄정한 질정을 바란다.

제 1 부
'식민지 파시즘'의 유산과 극복의 과제

'식민지 파시즘'의 유산과 극복의 과제
─인종주의를 중심으로─

이 준 식[*]

1. 머리말

대한민국은 지구상에 존재하는 주요 국가 가운데 차이나타운이 존재하지 않는 극소수의 나라 가운데 하나이다.[1] 더 나아가서는 중국인을 멸시하고 차별하는 것이 일반화된 나라이기도 하다. '짱꼴라, 떼놈' 등 중국인을 비하하는 용어가 하나둘이 아니고 이러한 용어의 사용이 남녀노소, 각계각층을 막론하고 일상화되어 있는 것이 한국 사회 안에 만연된 중국인에 대한 차별 의식을 단적으로 보여준다. 심지어 중국인이 이 땅에서 화교 사회를 형성한 지 100년이 넘었음에도 불구하고 화교에게 영주권이 부여된 것조차 최근의 일이다. 화교는 대한민국에서 오랫동안 잊혀진 존재였던 셈이다.[2]

한편 '재외동포의 출입국 및 법적 지위에 관한 법률'(이하 재외동포

* 연세대학교 국학연구원 연구교수, 사회학

1) 山下淸海, 『東南アジア華人社會と中國僑鄕─華人・チャイナタウンの人文地理學的考察』, 古今書院, 2002, 117쪽 ; 양필승・이정희, 『차이나타운 없는 나라─한국 화교 경제의 어제와 오늘』, 삼성경제연구소, 2004.

2) 松田利彦, 「近代朝鮮における山東出身華僑─植民地期における朝鮮總督府の對華僑政策と朝鮮人の華僑への反應を中心に」, 千田稔・宇野隆夫 編, 『東アジアと'半島空間'─山東半島と遼東半島』, 思文閣出版, 2003, 314쪽.

법)이라는 법이 1999년 8월 국회를 통과했다. 이름 그대로 재외동포에게 내국인에 준하는 지위를 부여하는 것을 핵심으로 하는 법이다. 그런데 정작 이 법의 중요한 내용 가운데 하나는 중국과 구소련에 거주하는 동포에 대해서는 재외동포의 범주에서 제외한 데 있었다. 이 법이 국회를 통과한 날 미국 로스앤젤레스에서는 동포 사회의 오랜 숙원이 해결되었다고 축하 파티가 열렸다. 그리고 그 며칠 뒤 서울의 명동성당에서는 이 법에 반대하는 재중동포3)를 중심으로 '동포 사회를 분열시키는 불평등한 법'의 철회를 요구하는 집회가 열렸다.4) 그리고 재중동포들은 헌법재판소(이하 헌재)에 재외동포법 위헌소송을 제기했다. 2001년 11월 29일 헌재는 재중동포 등을 배제한 재외동포법은 헌법에 위배되므로 2003년까지 시한을 두고 문제가 되는 조항을 개정할 것을 정부에 권고하는 헌법불일치 결정을 내렸다.

앞에서 화교와 재중동포를 이야기한 이유는 다른 데 있는 것이 아니다. 양자의 공통점은 중국을 끼고 있다는 것이다. 중국은 주지하듯이 동구 공산권 해체 이후 미국과 더불어 세계 질서의 헤게모니를 다투는 유일한 나라이다. 그럼에도 불구하고 한국인의 의식 저변에는 중국을 여전히 오랑캐의 나라, 짱꼴라의 나라로 보는 생각이 잠재되어 있다. 조선 시대까지만 하더라도 中華를 사모하고 급기야는 小中華를 자부하던 것과 비교해보면 이해가 되지 않을 정도로 현재의 한국 사회에는 중국을 낮추어보는 경향이 강하게 자리를 잡고 있다. 이러한 중국에 대한 차별 의식 또는 우월 의식은 언제 어디에서 연유한 것일까? 필자는 그 답의 하나를 일제 '식민지 파시즘'의 유산에서 찾을 수 있다고 생각한다.

우리 민족이 일제로부터 해방된 지도 벌써 60년이 되었다. 그동안

---

3) 중국에 거주하고 있는 우리 동포를 흔히 중국 조선족이라고 부르지만 여기서는 중국뿐만 아니라 세계 여러 나라에 흩어져 사는 한민족을 재외동포로 부르는 맥락에서 재중동포라는 표현을 쓰기로 한다.

4) 『문화일보』 1999. 8. 28.

일제의 식민지 지배에 대한 연구는 양적으로나 질적으로 상당한 성과를 거두어 왔다. 특히 지난 20여 년 동안의 연구 성과는 괄목할 만한 것이었다.5) 그러나 그런 가운데서도 "우리에게 일본은 과연 과거, 현재, 미래를 통해 어떠한 존재인가?" 또는 "일제의 식민지 지배는 우리에게 무엇을 '유산'으로 남겼는가?" 하는 물음에 진지하게 답하는 소리는 별로 들리지 않는 것이 우리 학계의 현실이다. 이와 관련해 앞으로의 일제 강점기 연구는 일제 강점의 35년이 한국 사회의 변화와 발전에서 어떠한 의미를 갖는지를 밝히는 데도 관심을 기울여야 할 것이다. 식민지 이전, 식민지 시기, 해방 이후를 함께 묶어 거시적으로 파악하는 연구가 이루어져야 한다.

그런데 일제가 효율적인 식민지 지배를 위해 경제, 법, 정치, 교육, 문화 등 사회의 제반 영역에 걸쳐 이식시킨 '근대'는 해방이 된 지 반세기가 지난 오늘날에도 우리의 삶과 의식에 부정적인 영향을 미치고 있다. 1945년의 해방을 계기로 왜곡된 근대성을 청산하는 데 실패했기 때문에 그로 인한 부정적 유산은 지금도 작용하고 있다. 이러한 의미에서 오늘날 우리 사회가 안고 있는 여러 구조적 문제의 뿌리를 밝히는 작업이 앞으로 일제의 식민지 지배에 대한 연구의 주요 과제가 되어야 한다.

해방 60주년이 되는 시점에서 일제 식민지 지배의 잔재를 청산해야 한다는 것은 어쩌면 진부한 논의일 수도 있다. 그러나 반세기가 지난 오늘날에도 그러한 문제가 거론될 정도로 일제의 식민지 지배가 남긴 폐해는 막심하다. 일제의 식민지 지배가 남긴 부정적 유산은 단지 자원 수탈, 문화재 약탈, 민족 문화의 말살, 각종 악법 제정 등에 국한되지 않는다. 오히려 이러한 유산은 우리의 노력 여하에 따라 의식적으로 극복될 수 있는 것이다. 이보다 더 큰, 그러면서도 우리가 의식조차

---

5) 비록 10년 전의 것이기는 하지만 당시로서는 최근의 연구 성과까지 정리한 한국역사연구회 엮음, 『한국역사입문 3』, 풀빛, 1996 볼 것.

하지 못하는 문제는 바로 우리 스스로가 일제가 남긴 식민주의에 **빠져** 있다는 사실이다.

이 발표는 이러한 문제 의식을 바탕으로 일제 파시즘기에 나타난 인종주의의 논리 곧 인종을 기준으로 '우리'와 '남'을 구분한 뒤 남을 차별하는 것이 정당하다고 생각하는 경향에 초점을 맞추려고 한다. 일부 논자들은 이러한 차별의 논리가 한국 사회의 전통에 내재되어 있었던 것으로 파악하기도 한다.6) 곧 혈통과 가족에 따라 차별하는 것이 한국 사회의 전통이었다는 것이다. 그러나 최근 한국 사회에서 나타나고 있는 인종 차별, 민족 차별은 좀 더 복잡한 양상을 띠고 있다. 이를테면 같은 혈통의 한민족임에도 불구하고 재미동포와 재중동포를 차별하는 현상은 어떻게 설명할 수 있을까? 이 글의 문제 의식은 이러한 물음에 대한 답을 찾는 데서 출발한 것이다. 일제 파시즘기 아류 제국주의의 입장에서 중국을 바라보는 시각과 화교나 재중동포에 대한 차별의 문제를 이어서 설명함으로써 '식민지 파시즘'의 유산이라는 문제를 이해하려고 한다. 이와 관련해 우리가 중국인을 가리킬 때 흔히 사용하는 짱꼴라라는 비하어가 일본에서 유래했다는 것7)이야말로 일제가 남긴 인종 차별의 유산을 이해하는 데 출발점이 될 수 있을 것이다. 일제가 우리 민족을 지배하는 동안에 사용한 차별의 논리가 사람들의 의식 속에 각인된 후 집단적 경험으로 전승되어 오늘날에는 어떻게 다시 실제의 차별로 구체화되고 있는지를 살펴보는 것은 식민지적 경험으로부터의 탈각(탈식민화)이라는 과제의 해결에 하나의 단초를 마련할 수 있을 것이다.

---

6) 최봉영, 『한국인의 사회적 성격』, 느티나무, 1994 ; 최준식, 『한국인에게 문화는 있는가』, 사계절, 1997 등을 볼 것.

7) 金起林, 「間島紀行」, 『朝鮮日報』 1930. 6. 13~26(소재영 편, 『간도 유랑 40년』, 조선일보사, 1989, 125쪽).

2. '식민지 파시즘'의 특질

파시즘의 일반적 특질로는 전체주의, 국가주의, 비합리주의, 지도자에 대한 맹목적 복종, 배외주의, 인종차별주의, 단일정당, 반공주의, 국가사회주의, 남성 위주의 가부장주의, 전쟁과 힘에 대한 숭배, 피·땅·국어·향토에 대한 애착 등이 꼽힌다.[8] 여기에 일제 파시즘만이 보인 고유한 이데올로기적 특질로는 가족국가관, 농본주의, 대아시아주의 등을 들 수 있다.[9]

'식민지 파시즘'에 대한 기존의 연구 시각은 단지 식민지에 일제 파시즘이 이식된 것으로 보려는 경향을 보여 왔다. 만주의 경우 '파시즘의 실험장'이라는 성격을 갖고 있었음을 지적한 연구도 있었지만[10] 식민지 조선의 경우 일제의 전쟁 수행과 관련해 동원의 대상으로만 인식하는 것이 학계의 주류였다. 곧 '식민지 파시즘'이라는 시각에 입각한 연구는 거의 이루어지지 않았던 것이다.[11] 최근 한국 학계에서도 이 시기 일제의 지배 정책과 민중의 생활에 대한 연구가 한층 진전되고 있지만[12] 파시즘의 유산이라는 문제 의식에 입각한 연구는 극히 드문 실정이다. 이는 곧 '식민지 파시즘'이 한반도에 남긴 유산과 관련해서도 인적 희생, 물질적 약탈만을 강조하는 경향으로 직결된다. 식민지 조선의 민중이 단지 동원의 대상에 그친 것은 아니었다. 의식했든 의식하지 않았든 스스로 일제 파시즘의 침략 전쟁에 적극 편승함으로써

---

8) 알리 미셸, 정성진 옮김, 『파시즘』, 탐구당, 1984, 11~22쪽.

9) 마루야마 마사오, 김석근 옮김, 『현대 정치의 사상과 행동』, 한길사, 1997 ; 마루야마 마사오, 신경식 옮김, 『현대일본정치론』, 고려원, 1988.

10) 岡部牧夫, 「植民地ファシズム運動の成立と展開-滿洲靑年聯盟と滿洲協和黨」, 『歷史學硏究』 406호, 1974.

11) 일본에서의 파시즘 연구 동향을 정리하고 있는 글로 안자코 유카, 「일본파시즘론 연구 동향-일제 말기 식민지 조선과 관련하여」, 『역사문제연구』 6호, 2000 볼 것.

12) 대표적인 보기로 방기중 편, 『일제 파시즘 지배정책과 민중생활』, 혜안, 2004 볼 것.

제국주의의 주체가 되려고 한 조선인이 적지 않았다. 필자는 이를 아류 제국주의라고 규정한 바 있다.[13]

이 글에서 '식민지 파시즘'과 관련해 필자가 주목하려는 것은 인종주의이다. 특히 일제가 내세운 인종의 위계화 전략이다. 파시즘이 인종주의적 성격을 내포하고 있었다는 것은 주지의 사실이다. 그러나 일제의 '식민지 파시즘'에서는 인종주의가 좀 더 복잡한 양상을 띠고 있었다. 곧 백인종 대 흑인종 또는 황인종의 관계라는 측면에서만 인종주의가 나타난 것이 아니었다. 여기서 우리는 일찍이 마루야마(丸山眞男)가 지적했듯이 대아시아주의 곧 아시아 여러 민족의 해방(백인종 지배로부터의 해방)과 연대를 내걸고 일제가 침략 전쟁을 일으켰다는 점에 주목할 필요가 있다. 이는 독일 나치즘과 이탈리아 파시즘의 경우 다른 민족이나 인종의 해방이라는 관념 자체가 존재하지 않았다는 점과 비교된다.

그러나 백인종 지배로부터의 황인종의 해방이라는 구호는 구호였을 뿐 일제 파시즘의 대아시아주의 안에는 다시 철저한 지배와 복종의 관계가 내재되어 있었다. 대아시아주의는 일본을 맹주로 한 아시아 여러 민족의 연대를 내세우고 있었다. 곧 지도자와 추종자의 관계가 지도 민족(또는 국가)과 피지도 민족(또는 국가)의 관계로 전환된 것이다. 결국 대아시아주의란 천황(곧 일본)을 정점으로 한 아시아의 연대에 지나지 않은 것이었다. 일제는 식민지 조선의 민중을 전쟁에 동원하기 위해 아시아 안에서의 위계를 서열화·위계화하는 전략을 사용했다. 대아시주의의 최종판이라고 할 수 있는 대동아공영권 구상 자체가 이러한 성격을 내포하고 있었다. 대동아공영권은 일제의 침략 전쟁의 추이에 따라 가변적이었고 그 안에서의 지역 구분이 반드시 인종의 위계화와 일치하는 것은 아니지만 상당한 정도의 관련성을 갖고 있었다.

---

13) 이준식, 「파시즘기 국제 정세의 변화와 전쟁 인식 : 중일전쟁기 내선일체론자들을 중심으로」, 『일제하 지식인의 파시즘체제 인식과 대응』, 혜안, 2005.

중일전쟁 개시 이후인 1938년에 육군이 작성한 『國防國策案』에 따
르면 대동아공영권의 구조는 자존권(일본, 북중국, 몽고), 방위권(시베
리아, 중국 본토, 미얀마 동쪽의 아시아, 자바, 스마트라, 동경 170도 서
쪽의 북태평양 해역 및 도서를 포함하는 지역), 경제권(생산적 자원 공
급 지역으로 인도, 호주까지 포괄하는 광대한 지역)으로 구분되었다.
이어 대동아공영권의 구상이 국책의 형태로 더 구체화된 『基本國策要
綱』에서는 중핵권-소공영권-대공영권이라는 동심원적 위계 구조가
설정되었다. 대동아공영권의 피라미드형 구조 안에서 일본은 핵심, 만
주와 중국은 근간, 그리고 다른 지역은 지엽으로 규정되고 있었다. 그
리고 1942년 제국의회 연설에서 수상이던 도오죠(東條英機)는 대동아
공영권을 내부적 중핵(일본, 조선, 만주, 중국, 타이, 베트남), 일본의
직할령(홍콩, 말레이반도), 독립 예정 지역(필리핀, 미얀마), 반항하면
군사적으로 정복할 지역(네덜란드령 인도네시아, 호주, 중국 중경) 등
으로 구분했다.14) 곧 일제는 일본을 핵심으로 하는 대동아공영권 안에
서 몇 개의 위계를 상정하고 있었던 것이다.

대동아공영권의 위계적 구도에서도 알 수 있듯이 일제 파시즘의 핵
심 이데올로기이던 대아시아주의는 황인종 안에서의 인종주의를 내포
하고 있었다. 일제는 역사적으로나 문화적으로 깊은 관계를 갖고 있던
조선을 식민지로 지배했을 뿐만 아니라 한때는 중화를 자부하던 중국
(만주를 포함)을 반식민지로 만들고 있었다. 그리고 침략 전쟁의 확대
과정에서 식민지는 물론이고 점령지의 민중을 전쟁에 동원할 필요성
이 절대적으로 고조되고 있었다. 그리하여 일제는 다른 파시즘 국가에
서는 나타나지 않던 식민지 종주국과 식민지의 일체화라는 구호를 내
세우게 된 것이다.

---

14) 安部博純, 「大東亞共榮の圈實體構造」, 『ナショナリズムの動態 : 日本とアシ
    ア』, 彩光社, 1980, 7쪽 ; 河原宏, 「大東亞共榮圈構想」, 『昭和政治思想研究』,
    早稻田大學出版部, 1979, 120쪽 ; 김정현, 「일제의 대동아공영권 논리와 실
    체」, 『역사비평』 1994년 가을호, 71쪽.

식민지 조선의 경우 그것은 내선일체로 구체화되었다. 그러면서 조선인은 이등 臣民으로 규정되었다. '아시아인에 의한 아시아의 건설'을 표방한 대동아공영권 논리를 내세우며 일제는 여러 인종간의 협화를 강조했다. 그러나 일제가 말한 협화란 각 인종 집단 사이의 평등에 기초한 것이 결코 아니었다. 일본인을 정점으로 각 인종 집단에는 뚜렷한 위계 질서가 존재했다. 일제는 조선에 대해 일본에 이어 두 번째 자리를 부여하는 듯한 언설을 구사했다. 그리하여 조선인은 실제로 이등 臣民이 된 것도 아니면서 허구의 이등 臣民으로서의 유산을 떠안게 된 것이다.15) 이미 일본 제국주의의 일부가 되고 내선일체의 구호 아래 일본 '국민'이 되었다고 생각되던 조선인과 일본에 맞서 싸운 적이 있거나 싸우고 있는 문제 국가 중국 및 중국인, 그리고 더 나아가서는 일제에 의해 새로 점령된 동남 아시아 및 태평양 지역의 '토인'과의 차별성이 강조되기 시작했다. 그러면서 일부 조선인 사이에는 일제가 설정한 인종의 위계 구조에 따라 아시아의 다른 인종, 다른 민족에 대해 우월 의식을 갖는 경향이 나타났다. 그 가운데 하나가 바로 중국인을 차별하고 멸시하는 것이었다.

3. '식민지 파시즘'과 인종주의

1) 아류 제국주의의 등장

한국의 인종주의는 언제 처음으로 등장했고 언제부터 대중적인 차원에서 발현되었는가? 이 문제에 대해 한국 학계가 관심을 기울이기 시작한 것은 최근의 일이다. 그런데 한국의 인종주의에 대한 기존의 연구는 주로 개항 이후 제국주의 침략과 관련해 지식인들의 인종주의 언설을 분석하는 데 초점을 맞추는 경향을 보인다.16) 곧 19세기 말과

---

15) 한홍구, 「단일민족의 신화를 넘어서」, 『황해문화』 35호, 2002.

20세기 초의 인종주의 인식을 오늘날 한국 사회에서의 인종주의와 연
결시키고 있는 것이다. 특히 박노자의 경우가 그러하다. 이러한 생각은
일면 타당성이 있다. 당시 지식인들의 언설에서 인종주의적 요소를 찾
아내는 것은 어려운 일이 아니다. 그렇지만 그러한 언설이 대중적으로
어떤 영향을 미쳤는지를 검증하는 것은 결코 쉬운 일이 아니다. 필자
가 여기서 관심을 갖는 것은 일부 지식인들의 언설로서의 인종주의가
아니라 그것의 대중적 발현의 문제이다. 한국의 인종주의를 이해할 때
중요한 것은 몇몇 지식인이 아니라 대중의 문제로서의 인종주의이다.
그리고 이러한 의미에서 인종주의가 대중 차원에서 급격하게 확산된
계기로서 일제 파시즘기에 주목해야 한다고 생각한다.

　일제 파시즘기에 조선도 제국주의 체제 안에서 주역 노릇을 할 수
있다고 보는 아류 제국주의의 환상이 지식인들 사이에서 등장했다.[17)
만주사변에서 중일전쟁으로 이어지는 일제의 대륙 침략 전쟁을 통해
중국 대륙으로 진출함으로써 조선 민족의 활로를 개척하자는 생각을
갖고 있던 지식인은 결코 적은 숫자가 아니었다. 이러한 생각을 더욱
부추긴 것 가운데 하나가 京城帝國大學 교수이던 스즈키(鈴木武雄)가
주장한 '北鮮 루트론' 또는 '대륙 루트론'이었다.[18) 스즈키에 따르면 조
선의 북부 지방은 일제의 대륙 침략에 결정적으로 중요한 의미를 갖는
다는 것이었다. 대륙 루트론과도 관련해 일제의 대륙 침략이 조선인에

---

16) 전복희, 『사회진화론과 국가사상』, 한울, 1996 ; 박성진, 「일제하 인종주의의
　　특성과 적용형태」, 『한국근현대사연구』 5집, 1996 ; 박노자, 「한국적 근대 만
　　들기 I 우리 사회에 인종주의는 어떻게 정착되었는가」, 『인물과 사상』 2002
　　년 1월 ; 박노자, 「한국적 근대 만들기 II 인종주의의 또 하나의 얼굴 ― 일제
　　시대의 범아시아주의」, 『인물과 사상』 2002년 2월.
17) 이하 아류 제국주의에 대한 논의는 이준식, 앞의 글을 바탕으로 한 것이다.
18) 이에 대해서는 鈴木武雄, 「所謂北鮮ルートに就いて」, 『朝鮮貿易協會通報』
　　21호, 1937 ; 鈴木武雄, 「北鮮ルート論」, 『京城帝國大學法文學會第一部論集
　　朝鮮經濟の硏究 第三』, 岩波書店, 1938 ; 鈴木武雄, 「大陸ルート論」, 『アジア
　　問題講座 第三卷 政治・軍事篇(三)』, 創元社, 1939 등을 볼 것.

게도 대륙에 진출할 기회를 확대시킬 것으로 보는 인식이 널리 확산되고 있었다. 당시 발간되던『三千里』,『朝光』등의 잡지에 중국에 진출한 조선인의 동향이나 조선인의 추가 진출 가능성을 따지는 글이 집중적으로 실리고 있던 것이 이를 잘 보여준다.19)

실제로 滿洲建國大學의 교수로 재직하고 있던 崔南善은 "조선인의 발전력……을 수용할 곳은 만주 이외에 다시 어디 가서 찾는다 하랴"20)고 주장했다. 그에 따르면 역사적으로나 현실적으로나 조선인이 대외 진출을 할 수 있는 가장 유력한 곳이 만주라는 것이었다. 만주에 대한 崔南善의 생각은 일종의 '잃어버린 고향'론 또는 '故土'론이라고 할 수 있다. 곧 조선인이 만주에 진출하는 것은 한때 잃어버렸던 민족의 영토를 다시 찾는 의미를 갖는다는 것이었다. 이러한 생각을 개진한 것은 崔南善만이 아니었다. 1930년대에 만주 진출을 꿈꾸고 이를 대중에게 고취시키고 있던 지식인들이 거의 공통적으로 거론한 것이 고토로의 회귀라는 주장이었다.

이제 만주는 먼 옛날부터 마치 조선 민족을 위해 존재하는 공간인 것으로 규정되었다. 과거에 선조들이 만주를 지배했듯이 20세기의 조선 민족도 적극적으로 만주에 진출해 만주를 조선 민족의 공간으로 만들어야 한다는 것이었다. 좀 더 구체적으로는 이제까지 농민을 중심으로 만주국에 이주하던 것을 반성하는 가운데 "지식 계급이 많이 가서 지도하고 자본가들이 또 여기 협력하야 산업 기관을 설치하고 또한 조선인의 교육 기관을 설치하야 영구히 살아 나아갈 도리"21)를 만들어야

---

19) 보기를 들어『三千里』에만 韓相龍,「北京新政府訪問記」,『三千里』10권 5호, 1938 ; 洪陽明,「大陸進出의 朝鮮民衆」,『三千里』11권 1호, 1939 ; 金璟載,「戰時下의 上海」,『三千里』12권 3호, 1940 ; 洪陽明,「朝鮮農民과 滿洲國開拓」,『三千里』12권 3호, 1940 ; 林學洙,「北京의 朝鮮人」,『三千里』12권 3호, 1940 ; 柳相根,「武漢의 朝鮮同胞의 現狀」,『三千里』12권 5호, 1940 등의 글이 실린 바 있다.

20) 崔南善,「滿洲가 우리에게 있다」,『在滿朝鮮人通信』1937년 11월호.

21) 咸尙勳,「朝鮮內와 有機的 關係를」,『在滿朝鮮人通信』1939년 2월호.

한다는 주장이나 "만주국 군대가 현재 15만이라고 하는데 其中에 조선인이 얼마나 있느냐 하면 심히 빈약한 상태이라 하니 국가에서 투철한 역량을 가지려면 국방력에 가담하여야 될 터이니 25만 중에 삼분지일은 적어도 조선인이 되어야 할 것"22)이라는 주장 등이 제기되었다.

더 나아가서는 일제의 점령지에 조선의 자본이 적극적으로 진출해야 한다는 주장도 활발하게 나오고 있었다. 보기를 들어 朝鮮殖産銀行의 全承範은 경제적인 측면에서 일본 제국주의 체제 안에서 조선의 지위가 격상된 것으로 파악했다. "북방권은 '제1차적 공영권'으로서 공영권의 중심이 되여 자주적 입장에서 동남아권을 배양할 새로운 책임을 담당하게 된 것에 큰 의의가 있다"는 것이었다.23) 곧 일제가 주장한 대동아공영권의 핵심이 북방권이며 그러한 북방권의 수장이 조선이라는 것이었다. 경성방직의 金季洙가 "일본군이 파죽지세로 상해와 남경 등지를 점령하자……이 무렵부터 만주에서 인기를 꿀고 있던 不老草표 광목이 이번에는 화북 일대로 그 세력을 뻗쳐 경성방직은 크게 신장하게 되었다.……이대로 전진만 한다면 경성방직은 이제 조선의 경성방직이 아니라 동양의 경성방직이 되는 날도 그리 멀지 않을 것만 같았다"고 회고한 것도 같은 맥락에서 이해될 수 있다.24)

그러나 일본 제국주의에 편승해 조선 민족이 대외적으로 발전할 수 있다는 것이 단지 만주나 중국에만 국한된 것은 아니었다. 궁극적으로는 일본 민족과 더불어 세계를 지배하는 민족이 될 것이라는 희망을 피력한 지식인들이 적지 않았다. 李光洙는 그러한 희망을 "대동아공영권 건설에 조선인은 황국 臣民으로 주인이 되고 지도자가 되는 것이다. 동아 제민족의 導師가 되는 것이다"25)라는 말로 표현한 바 있다.

---

22) 金東煥, 「義務를 充實히 하라」, 『在滿朝鮮人通信』 1939년 2월호.
23) 全承範, 「北方建設과 朝鮮工業」, 『朝光』 8권 4호, 1942.
24) 한국일보사 편, 『財界回顧 제1권 원로기업인 편 1』, 한국일보사, 1981, 94쪽.
25) 李光洙, 「新時代의 倫理」, 『新時代』 1941년 1월호(이경훈 편역, 『춘원 이광수 친일문학전집 Ⅱ』, 평민사, 1995, 152쪽).

"蒙回藏을 지도하면서, 중앙 및 북부 아시아의 제 민족을 구원"[26]하는 존재, "(동아시아의 : 인용자) 중추 핵심을 구성하여 爾余의 諸民族에 대하여 지도적 지위"[27]를 갖는 존재, "앞으로……세계를 지배하고 그 광영을 누리"[28]는 존재로 조선 민족을 규정한 것도 같은 맥락에서 이해될 수 있다. 이러한 인식의 기저에는 제국주의 체제 안에서의 위계 서열이 자리를 잡고 있었다. 그리고 그 서열에서 1위인 일본 민족에 이어 2인자의 위치에 오르는 것을 조선 민족이 갱생하는 길이라고 인식하고 있었던 것이다.

물론 그러한 지위가 그대로 주어지는 것은 아니다. 거기에는 중요한 전제 조건이 있었다. 그것은 "內鮮 양족이 일체가 되"는 것[29]이었다. 내선일체를 통해 조선 민족이 일본 민족과 하나가 되고 더 나아가서는 세계를 지배하는 민족이 될 수 있다는 것을 가장 극적으로 표현한 것은 玄永燮이었다.

玄永燮은 궁극적으로 "일대 가족으로서의 인류"를 꿈꾸고 있었다. 그런데 그가 인류 역사 발전의 최종 귀착지로 설정한 "전 세계의 민족이 일 민족, 일 국가를 형성"하는 데 주체가 되는 것은 어디까지나 일본 제국이다. 그리고 그 안에서 조선 민족은 "內鮮 구별이 없는 일대 민족"이 되어 "세계에 가장 우수한 신 일본 민족"이 된다는 것이다.[30] 곧 일본 제국의 확대로서의 세계 국가의 주체가 되는 것은 일본인 그리고 일본인과 하나가 된 조선인으로 설정되어 있었다.

玄永燮이 "반도의 완전한 일본화"를 통해 조선인도 "약소 민족이 아니라 웅대한 세계 통일자"가 될 수 있다고 주장한 것[31]이나 "완전히

---

26) 愼甲範, 「世界史の東洋的轉回」, 『東洋之光』 1940년 1월호.
27) 車載貞, 「넷 同志에게 告함」, 『三千里』 10권 11호, 1938, 114쪽.
28) 金文輯, 「朝鮮民族의 發展的 解消論」, 『朝光』 5권 9호, 1939, 256쪽.
29) 車載貞, 앞의 글, 114쪽.
30) 玄永燮, 「'內鮮一体'와 朝鮮人의 個性問題」, 『三千里』 12권 3호, 1940, 40쪽.
31) 天野道夫, 「內鮮聯合か內鮮一體か」, 『內鮮一體』 2권 1호, 1941, 40~41쪽. 아마노(天野道夫)는 玄永燮의 창씨명이다.

일본화한 조선인 중에서 재상이 나오는 그 찬란한 날"을 꿈꾼 것[32]도
같은 맥락에서 이해될 수 있다. 물론 그가 말하는 재상이 조그만 섬나
라 일본의 수상을 가리키는 것은 아니었다. 세계를 지배하게 될, 제국
주의 체제의 중심으로서의 일본 제국을 통치하는 조선인을 玄永燮은
꿈꾸고 있었던 것이다.

일제 강점 말기로 갈수록 많은 내선일체론자들이 일제의 대아시아
주의에 편승해 조선 민족이 아시아 민족 더 나아가서는 세계 민족의
지도자로서의 '新生'을 이룰 수 있다는 생각을 드러냈다. 이러한 맥락
에서 일본 제국과 일체화된 것은 단지 지배와 피지배의 관계에서 벗어
난다는 소극적 의미만을 갖는 것이 아니라 조선인도 제국주의자 곧 세
계를 지배하는 민족의 일원이 된다는 적극적 의미를 내포하는 것이었
다. 제국주의의 주체로서의 조선 민족의 재생이 내선일체론자들이 꿈
꾸던 최종 목표였던 것이다.[33]

2) 아류 제국주의와 중국에 대한 인종적 우월 의식

아류 제국주의에 대한 환상은 지식인의 언설에서처럼 정교화된 것
은 아니지만 대중의 일상 생활에서도 등장하고 있었다. 특히 일제의
침략 전쟁이 확대되는 과정에서 한반도 밖(특히 만주나 중국)으로 진
출하고 조선인보다 열등한 존재로 규정된 중국인과 접촉하던 사람들
사이에서 더욱 그러했다.

여기서 한 가지 간과해서 안 될 사실은 이 시기에는 모든 합법 매체
에 대한 일제의 통제가 극에 달해 비판 언론으로서의 성격이 탈각되고
있었다는 점이다. 일제의 입맛에 맞는 기사와 논설만이 등장하는 경향
은 일제의 침략 전쟁이 확대되는 과정에서 더욱 강화되었다. 따라서

32) 玄永燮,「新生朝鮮の出發」,『新生朝鮮の出發』, 大阪屋號書店, 1939, 13쪽.
33) 李昇燁,「朝鮮人內鮮一體論者の轉向と同化の論理－綠旗連盟の朝鮮イデオ
    ローグを中心に」,『二十世紀研究』2, 2001, 34~35쪽.

대중은 적어도 합법 매체를 통해서는 일제의 침략 전쟁을 옹호하는 논리만을 접할 수밖에 없었다.

먼저 京城帝國大學 교수였던 시가타(四方博)의 회고를 언급하는 것으로 이 문제를 생각해보기로 하자. 그에 따르면 "대동아 의식이 만주사변 이래 조선인 속에서도 생겨났다고 생각한다. 그 이전은 피정복자 조선인과 정복자 일본인의 대립이었지만 만주사변 이후 또 하나의 피정복자가 생겨나 조선인 자체 속에서도 어느 정도는 정복자의 입장에 기대려는 사람이 나오게 되었다"[34]는 것이었다. 곧 시가타는 일제의 침략 전쟁 과정에서 조선인들이 만주, 중국, 동남 아시아라는 점령 지역의 주민들에 대해서 일종의 우월감 내지는 제국주의 의식을 갖게 되었다는 점을 지적하고 있는 것이다.

새롭게 피정복자가 될 민족에 대한 이미지의 대표적인 보기로 당시 언론 매체에서 가장 큰 비중을 차지하고 있던 중국을 들어보자. 먼저 1920년대 말까지 국내 언론에 등장하던 중국에 대한 이미지는 두 가지였다.

하나는 반제 민족 혁명으로서의 국민 혁명과 관련된 이미지였다. 당시 신문과 잡지에는 중국에서 국민 혁명이 성공하면 그것이 조선의 민족 해방 운동에도 긍정적인 영향을 미칠 것이라는 기대 아래 국민 혁명을 소개하는 글이 다수 발표되고 있었다. 시기에 따라 다소의 변화가 있기는 했지만 전반적으로는 국민 혁명의 가능성을 낙관하는 분위기였다. 이러한 상황에서 많은 사람들이 朝中 연대의 필요성을 절감하고 있었다. 따라서 중국은 배척의 대상이 아니라 연대의 대상이었다.

또 하나는 중국인 노동자 위협론과 관련된 이미지였다. 조선인 노동자보다 임금 수준이 낮고 작업 능률은 높은 중국인 노동자(쿠리 : 苦力)들이 조선인의 노동 시장을 위협한다는 기사가 당시 신문에 자주 등장하고 있었다.[35] 특히 조선인 노동자들이 쟁의를 일으킬 때 중국인

34) 旗田巍,『シンポジウム 日本と朝鮮』, 勁草書房, 1969, 54쪽.

노동자들이 자본에 이용되는 현상에 대해 비판하는 분위기가 나타나고 있었다. 그러나 여기서 중요한 것은 중국인 노동자 위협론이 배척론으로까지 이어진 것은 아니었다는 점이다. 오히려 중국인 노동자 위협론은 다른 한편으로는 중국인 노동자의 조선 진출은 묵인하면서 조선인 노동자의 일본 진출은 규제하는 일제의 정책에 대한 항의의 성격을 갖고 있기도 했다. 중국인을 조선에서 몰아내야 한다는 식의 극단적인 모습은 1930년대 이전만 해도 나타나지 않았다.

일부 지역에서는 중국인과 조선인 사이에 충돌이 일어나기도 했지만 그것은 문화의 차이 때문에 일어나는 일반적 수준의 대립 이상은 아니었다. 조선인은 상술이 뛰어난 화교에 대해 대국인이라고 부르고 있었으며 중국 상인에 대해 거부감을 보이지 않았다.36) 궁극적으로 조선인과 중국인 사이에는 일제의 만주 침략 때까지는 민족적 이해가 대립되는 면이 없었다. 오히려 공통되는 면이 더 많았다고 하는 것이 정확할 것이다. 그러나 일제는 대륙 침략의 과정에서 조선인과 중국인을 서로 적대시하도록 부추겼고, 연대해야 할 중국·조선의 피압박 민족을 서로 이간시켰다. 일본은 조선인과 중국인을 분리하고 차별하는 정책을 취함으로써 양자에게 반목의 씨를 뿌렸다.37)

이러한 의미에서 중국인 및 중국에 대한 인식에 일대 전기가 마련된 것은 1931년이었다. 만주 침략의 기회를 노리고 있던 일제는 만주에 진출한 조선인과 중국인의 대립을 이용해 만주에 대한 군사적 개입을 시도했다. 그것이 1931년 5월 萬寶山 사건으로 표출되었다. 이 사건은 1931년 5월 하순부터 만주 長春 근교의 萬寶山에서 조선인 농민과 중국인 농민 사이에 수로 개설 문제를 둘러싸고 일어난 분규이다. 인명 피해 없이 끝난 이 사건을 『朝鮮日報』가 조선인이 다수 피해를 입은 것으로 7월2일 밤과 3일 새벽에 오보함으로써 인천, 평양을 비롯해 중

35) 자세한 것은 松田利彦, 앞의 글 볼 것.
36) 『東亞日報』1926. 2. 15.
37) 尹健次, 「植民地日本人の精神構造」, 『思想』777, 1989.

국인이 많이 거주하고 있던 도시 지역에서 폭동이 일어나 중국인에 대한 무차별적인 테러와 방화가 잇달았다.[38]

그 결과 중국인이 입은 피해는 엄청났다. 조선총독부 경무국의 발표로는 사망 100여 명에 부상자 190명, 국제연맹에 제출된『리튼 보고서』에 의하면 사망 127명, 부상 393명, 재산 피해 250만원, 중국 쪽 자료에 의하면 사망 142명, 실종 91명, 중상 546명, 재산 손실 416만원이었다. 폭동 직전인 1930년 말 화교의 총인구는 6만 9천여 명이었으나, 폭동과 그에 뒤이은 1931년 9월18일 일제의 만주 침략의 여파로 중국으로의 귀환자가 속출하여 1931년 말에는 5만 6천여 명, 1933년 말에는 3만 7천여 명으로 급감했다.

이 사건은 외국인에 대한 배타 의식이 처음으로 대중 차원에서 나타났다는 점에서 중요한 의미를 갖는다. 그런데 바로 이 사건 직후 일제가 만주를 침략했다는 것은 더 중요한 의미를 갖는다. 이 사건은 일제가 파시즘 체제로 전환하는 시발점에 바로 그 일제의 책동에 의해 일어났다는 의미를 갖고 있었다. 이 사건에서 일제 파시즘의 인종주의를 읽어내야 하는 이유도 바로 여기에 있다.

사실 중국 민족과 조선 민족은 모두 일본 제국주의 침략에 희생되고 있는 약소민족의 일원이었다. 만주사변이 일어나고 만주국이 성립되는 과도기에는 만주에서의 일제 침략 전쟁의 승전 가능성을 높게 보지 않는 경향도 존재했다. 이 경우 만주나 중국의 조선인은 중국인과 연대해 일제에 맞서 싸워야 하는 존재로 규정되었다. "만일 이 천하에 중국민의 번영과 향상을 가장 절실히 기원하며 중국민과 가장 따뜻한 친선관계를 맺기를 충심으로 희망하는 엇더한 민족이 잇다면 그는 오직 조선 민족이라고 단언할 것"이라는 李晶燮의 글에서 이러한 분위기를 잘 읽을 수 있다. 그런데 이 글이 발표된 것은 만주사변이 일어나기 전

38) 이 사건에 대해서는 叢成義,「1931年韓國排華慘案與日本」, 張啓雄 編,『東北亞僑社網絡與近代中國』, 中華民國海外華人硏究學會, 2002 ; 한홍구, 앞의 글 볼 것.

인 1931년 초였다. 곧 일제의 만주 침략이 현실화되기 이전만 해도 李
晶燮은 조선인과 중국인의 연대에 의해 일제의 침략 전쟁을 저지해야
한다는 문제 의식을 간접적으로나마 드러내고 있었던 것이다. 李晶燮
은 여기서 한 걸음 더 나아가 "사실상 재만 조선 동포의 多部分은 생
존경쟁의 열패자"라고 규정했다.[39] 여기에는 중국인에 대한 우월 의식
이 전연 보이지 않는다. 중국인과 조선인을 모두 약소민족으로 파악하
고 약소민족 사이의 유대를 강조하는 것은 일제의 침략 위협에 직면한
중국의 국가 권력을 인정하는 것으로까지 이어졌다.[40]

　적어도 1930년대 초반까지는 그랬다. 萬寶山 사건을 전후한 시기 재
만 조선인 국적 문제를 둘러싼 일련의 논란이 이를 잘 보여준다. 만주
사변 직후에 발간된 『東光』 1931년 10월호의 '재만동포 문제' 특집[41]
을 통해 당시의 상황을 유추해 볼 수 있을 것이다.

　이 특집에서 나름대로 재만동포 문제의 해결책을 제시한 사람들은
대부분 귀화 입적 곧 중국 국적의 취득을 선호하는 입장을 보였다(李
順鐸, 金章煥, 金璟載, 李舜基, 李瀅宰, 崔元淳, 咸尙勳, 李晶燮, 薛義
植 등).[42] 심지어 중국 국적의 취득과 관련해 이중 국적 상태로부터의
이탈 곧 일본 국적으로부터의 이탈을 해결책으로 제시한 경우(朴浣,
崔元淳, 咸尙勳 등)도 있었으며 더 나아가서는 중국 국적을 취득하는

---

39) 李晶燮, 「在滿百萬同胞를 위하야 中國國民政府에 抗議함」, 『別乾坤』 37호,
　　1931, 2~3쪽.

40) 「내가 본 在滿同胞問題 解決策」, 『東光』 24호, 1931, 12~3쪽.

41) 「太平洋會議는 어떠케 利用할까 在滿同胞는 어떠케 해야 살까」, 『東光』 26
　　호, 1931.

42) 李仁의 경우 다른 글에서는 중국 국적 취득과 일본 국적으로부터의 이탈을
　　재만동포 문제 해결의 한 방법으로 제시한 바 있다. "중국의 외국인 토지소유
　　금지가 해제 완화되지 못한다면 최후의 유일한 구제방법은 재류 조선농민으
　　로 하여금 중국 국적을 취득케 하고 조선국적을 이탈함에 잇스며 幾10年來
　　재류100만 이상의 조선농민의 열망함도 여기 엇다.……조선인은 비록 외국의
　　허가로 귀화하고 말엇드래도 일본 국적을 이탈치 못하고 여전히 일본 국민이
　　되고 만다."(李仁, 「朝鮮人의 國籍問題」, 『別乾坤』 32호, 1930, 23~25쪽).

것이 반제국주의 곧 반일의 한 방편이라는 점을 강조한 경우(金明植)
도 있었다. 특히 나중에 내선일체론자가 되는 金明植이 제국주의에 편
승하는 것의 위험을 경고한 것이 주목된다. 金明植은 일본 제국주의의
힘에 의존하는 것은 결국 재만 조선인의 고립화를 초래할 것이라고 인
식하고 있었다. 같은 맥락에서 치외법권 철폐를 요구하는 중국의 입장
을 적극 지지하자고 주장하기도 했다. 중국 국적의 취득이나 일본 국
적의 포기는 모두 친중 반일 의식을 반영하는 것이었다. 여기에 자치
제도의 실시(李仁), 영세 중립국 운동(玄相允)을 주장한 경우까지 합
하면 이 무렵까지만 일제의 만주 침략에 대해 많은 지식인들이 부정적
으로 인식하고 있었음을 잘 알 수 있다.

"고국에 있어서 나날이 생활의 파멸을 당하고 쫓겨나는 무산 대중의
살길을 찾는 곳도 만주 벌판이라 할 것이며 남다른 의지와 포부로 고
국을 떠나는 志士의 찾는 活舞臺도 이 만주 황야라고 하지 않을 수 없
는 것"43)이라는 글에서도 알 수 있듯이 만주사변 이전만 해도 조선의
지식인들이 갖고 있던 만주의 이미지는 두 가지였다. 하나는 경제적으
로 몰락한 농민들이 살길을 찾아 마지막으로 건너가는 곳이라는 이미
지였다. 그런데 그런 조선인을 기다리는 것은 중국인과 일본인에 의한
차별과 억압이었다. 이 가운데 힘든 일상 생활을 영위하는 조선인을
그린 글들이 1920년대까지만 해도 만주를 다룬 글의 주된 흐름을 이루
고 있었다. 다른 하나는 민족 운동 기지로서의 만주라는 이미지였다.
한반도 안에서 독립 운동이 좌절된 이상 더 큰 미래를 위해 좀 더 활
동의 여지가 넓은 곳으로 선택된 것이 만주였다. 그리하여 만주는 민
족 해방 운동의 중요한 무대로 등장했다.44)

만주사변과 만주국의 성립 이후 중국과 만주에 대한 이미지는 크게

43) 李鍾鼎, 「滿蒙踏査旅行記」, 『朝鮮日報』 1927. 10. 15~12. 2(소재영 편, 앞의
    책, 72쪽).
44) 김경일 외, 『동아시아의 민족이산과 도시─20세기 전반 만주의 조선인』, 역사
    비평사, 2004, 346쪽.

바뀌었다. 변화의 계기는 일제가 내세운 인종주의 논리에 있었다. 다소 뒤늦은 시기에 발표된 글에서 金文輯이 "세계 지배적 광영은 우리가 천황 폐하의 충신이 된다는 사실 하나로써 지극히 쉽게 체득할 수 있는 것이다.……폐하에의 충성은 절대 總節的인 조선의 목적론이다. 이 목적론은 만주인이나 중화인에게는 허여되지 않는 조선의 특권이다"45)라고 주장한 데서 이러한 정황을 읽어낼 수 있다. 일본인·조선인을 하나의 묶음으로 그리고 만주인·중국인을 질적으로 다른 또 하나의 묶음으로 인식하고 더 나아가서는 두 묶음 사이에 특권의 차이가 있는 것으로 인식하게 된 것이 중국관, 만주관의 변화에 작용하고 있었던 것이다.

먼저 중국에 대한 이미지는 세 가지로 나타났다. 그 하나는 봉건적 상태에서 벗어나지 못한 채 서구 제국주의의 반식민지로 전락한 중국의 이미지였다.46) 다른 하나는 문화의 노쇠함과 국가 의식, 민족 의식의 희박함으로 그려지는 중국의 이미지였다.47) 이상의 두 이미지는 내선일체를 주장하던 지식인들의 글에 자주 등장하는 것으로 그나마 과거에 중국이 아시아의 종주국 역할을 했다는 사실에 대해서는 인정을 하는 공통점을 갖고 있었다. 이보다 더 천박한 수준의 중국 이미지는 역사에 대한 고려 없이 일제와 전쟁을 벌이고 있는 중국을 다음의 인용문에서 단적으로 드러나듯이 그저 더럽고 낙후된 나라로 그리는 것이었다. "갑판에 홀로 서서 점점 멀어지는 香港을 지키고 섰는 나의 마음은 왜 그런지 상해서 양자강의 흙탕물을 바라볼 때와 같이 맑게

45) 金文輯, 「朝鮮民族의 發展的 解消論」, 『朝光』 5권 9호, 1939, 257~258쪽.
46) 印貞植, 「汪精衛氏에 묻하는 書, 東亞 繁榮과 貴下의 責務」, 『三千里』 12권 4호, 1940 ; 印貞植, 「我等의 政治的 路線에 關해서 同志諸君에게 보내는 公開狀」, 『三千里』 10권 11호, 1938 ; 白鐵, 「時代的 偶然의 受理」, 『朝鮮日報』 1938. 12. 2~7 등을 볼 것.
47) 崔南善, 「東方民族의 中原進出과 歷史上으로 본 亞細亞 諸民族의 動向」, 『在滿朝鮮人通信』 1937년 10월호 ; 如菴(崔麟), 「時局認識을 철저히 하자」, 『新人間』 1937년 9월호 등을 볼 것.

개이지를 않는다. 街頭에 넘치는 헐벗은 支那人, 더럽기 짝이 없는 支那人街……왜 저들은 남과 같이 살지 못할가."[48] 그동안 조선인에게 중화의 대접을 받던 중국의 이미지가 이럴진대 이미 중국 문화에 비교하기 힘든 수준의 문화를 보유한 다른 민족에 대한 이미지는 정복을 당해도 마땅한 것으로 설정될 수밖에 없었다.

이미 많은 조선인들이 거주하고 있던 만주의 경우에는 이미지의 변화가 더욱 크게 나타났다. 1930년대 이후 쏟아져 나온 만주에 관한 글에서는 아편과 타락의 소굴, 범죄가 횡행하는 위험한 곳이 일제의 진출에 의해 문명의 공간으로 바뀌고 있다는 이미지가 빈번하게 등장하고 있었다. 1930년대 중반 이전만 해도 만주와 관련된 글은 만주를 야만, 비문명, 무법천지, 마굴, 비적, 학대, 압박 등으로 묘사하는 것이 일반적이었다. 보기를 들어 만주개척총국의 申基碩은 1930년대 중반 "아즉도 조선내에서는 만주라면 비적의 소굴이요 원주민에게 학대와 압박을 받으며……이민이라면 생활 전선에 참패하여 남부여대하고 눈물을 흘리며 강을 건너가는 패퇴적 생각을 가지는 것이 보통"[49]이라고 적은 바 있다. 그런데 만주국의 성립 이후 상황이 바뀌었다는 것이다. 이는 다음의 인용문에서 알 수 있듯이 농촌과 도시의 이분법, 그리고 시에서도 구시가기와 신시가지의 이분법에서 단적으로 드러난다.

> "圖們에서 牧丹江까지는 보통 급행으로도 7, 8시간이 걸린다. 그동안에 대소의 하천이 많으나 하나도 조선같이 맑은 시내는 없다. 모두 다 흙탕물이요 구정물이다.……이런 광경만 내다보다가 牧丹江을 들어가보니 넓은 벌판에 일대 문화 도시가 전개된 중에 조선인도 어깨를 견주어 시가지의 한복판을 차지한 것이 우선 마음이 든든해 보였다."[50]

---

48) 金森茂原, 「南方旅行記, 憧憬의 常夏樂土」, 『大東亞』 14권 3호, 1942, 134쪽. 가나모리(金森茂原)는 金昌集의 창씨명이다.
49) 申基碩, 「朝鮮人開拓民의 前途」, 『朝光』 7권 3호, 1935, 312쪽.

"(牧丹江) 역 부근 일대의 신시가는 대도시로서의 면목을 가졌으나 구시가는 의연히 천편일률의 잡연한 만주식 시가다."[51]

"新京의 신경된 소이는 그 신시가에 있다. 신시가는 곧 國都 건설 계획으로 새로이 된 거리를 말함이니, 이것은 순전히 계획적으로 수행된 것이라고 한다. 그것이 계획적인 이상 이상적이 아닐 수 없으니 무엇 하나 우리의 눈을 놀라게 하지 않은 것이 없다. 도로만 보아도 최대 간선 도폭이 60미터이다.……가로는 말할 수 없이 맑고 깨끗하다. 이상적이란 이를 두고 하는 말이려니 홀로 감탄하다."[52]

일제를 통해 수용된 야만과 문명의 이분법이 일본 대 조선의 관계를 벗어나 조선 대 만주로 전환하고 있었던 것이다. 만주사변 이전은 야만, 만주사변 이후는 낙토로 규정되었다. "'만주로 간다' 이 말이 만주 사변 전엔 조선서 쫓겨 가는 불쌍한 농민들이 바가지를 꿰차고 보따리를 든 초라한 모양을 연상했지만 만주 건국 이래 6년의 세월이 흐른 금일에 있어서는 만주로 간다는 말이 '일을 하러 가고 희망을 갖고 간다'고 할 수 있게끔 되었다"[53]는 咸大勳의 지적이 이러한 변화를 상징적으로 보여준다. 그리고 이와 같이 만주가 낙토로 바뀐 이유는 일본 제국주의의 지도 아래 만주국이 수립되었다는 데 있었다. 낙토로서의 만주라는 이미지가 등장하면서 일제의 이등 臣民인 조선인은 야만의 공간을 정화하는 존재로 그려지기 시작했다.

이러한 이미지는 바로 정복되고 개척되어야 할 공간으로서의 만주라는 이미지로 연결되었다. 만주는 이른바 처녀지였다. 1930년대에 발

---

50) 李箕永, 「大地의 아들을 차저」, 『朝鮮日報』 1939. 9. 26~10. 3(소재영 편, 앞의 책, 299~300쪽).

51) 安龍淳, 「北滿巡遊記」, 『朝鮮日報』 1940. 2. 28~3. 2(소재영 편, 앞의 책, 318쪽 재수록).

52) 安龍淳, 앞의 글(소재영 편, 앞의 책, 314쪽).

53) 咸大勳, 「南北滿洲遍歷記」, 『朝光』 5권 7호, 1939, 261쪽.

표된 만주를 다룬 글에는 깃발을 꽂는 사람이 주인으로 그려졌다. 1930년대 이후의 "만주로 가자" 또는 "만주 가면 돈을 번다"는 식의 만주 붐의 배경에는 이러한 생각이 자리를 잡고 있었던 것이다.[54] 만주사변과 만주국의 건국으로 이어지는 일본 제국주의 체제의 확립을 계기로 만주국의 실질적 소유자인 일본 제국주의에 편승하자는 인식이 널리 확산되기 시작했다. 보기를 들어 李晟煥은 1936년 『三千里』에서 주최한 좌담회에서 다음과 같이 주장했다.

  "잇때 것 우리는 '만주로 가는 사람은 조선 내에서 살 수가 업스니까 그저 만주 벌판으로 방랑의 길, 유랑의 발로, 정처 업시 막연한 길을 떠난다'라는 생각을 가지고 보내고 가고 하엿습니다. 그러나 이 생각은 지금부터 아조 머리속으로부터 뽑아 내 던져야 합니다. 그 대신으로 우리는 지금부터는 "만주로 가는 것은, 우리 선조가 살든 古土로 돌아간다"라는 생각을 각각 가져야 합니다. 거기를 가면 이웃에 살든 사람, 친척들과 가티 살 수 잇다는 생각을 가지고 가도록 하여야 합니다. 즉 밧구어 말하면 '간도연장주의로써' 가는 것이외다. 간도는 일즉부터 우리 동포가 집단하여 몃 백년을 살어오기 때문에, 교육기관, 치안, 통신, 교류 기타 모든 방면이 고토와 조곰도 달음이 업는 만큼 간도로 간다는 것은 맛치 경상도 사람이 함경도로 살너 가는 폭 밧게 아니 녀겻습니다."[55]

  이러한 李晟煥의 발언에 대해 모임에 참석한 사람 가운데 아무도 이의를 제기하지 않았다. 심지어 너도 나도 간도연장주의라는 말을 사용하면서 간도=조선이라는 인식을 드러내고 있었다. 실제로 이 시기에는 간도는 조선인의 고토이며 조선의 연장이라는 내용의 글이 수도 없

54) 1930년대 초반의 만주붐에 대해서는 지수걸, 「1930년대 전반기 부르주아 민족주의자의 '민족경제 건설전략」, 『국사관논총』 51집, 1994 볼 것.
55) 「滿洲가서 돈 벌나면? 諸 權威 모혀 圓卓會 열다」, 『三千里』 8권 8호, 1936, 131쪽.

이 지상에 발표되고 있었다.

이러한 간도연장주의에 입각해 압록강이 만주국과의 국경선이라는 엄연한 사실을 부정하는 글이 발표되기도 했다.56) 압록강이 만주국과의 국경이 아니라는 생각은 만주 대륙이 조선의 연장 곧 일본 제국주의의 영토라는 생각으로 이어지는 것이었다. 만주국이 아무리 일제의 괴뢰국가였다고 하더라도 노골적으로 만주국의 존재를 무시하는 글이 등장하고 있었다는 사실에 주목할 필요가 있다. 1930년대 중반까지의 간도연장주의가 1940년을 전후한 시기에는 이제 만주연장주의로까지 확대되고 있었던 것은 아니었을까? "벌서 간도는 조선인의 연장으로 되어 장차 만주를 간도화하려는 기세를 보히고 있다"57)든지 "동만은 어느덧 조선의 연장으로 되어 장차 전만을 조선화하려는 기세를 뵈이고 있다"58) 또는 "조선인의 용감한 개척적 발전은 벌써부터 간도에서 벗어나가서……일찍 간도를 조선화하듯 장차 만주를 간도화하려는 기세를 보여왔다"59)는 글이 이러한 상황을 짐작케 한다.

이와 같이 만주가 조선인을 위해 존재하는 공간 더 나아가서는 아예 조선의 식민지60)라는 듯이 생각하는 데는 일본인과 조선인을 제외하고는 만주국의 구성 요소인 다른 민족 곧 漢族, 만주족, 몽고족이 모두 후진 민족으로 규정된 것이 결정적 영향을 미쳤을 것이다. 실제로 당시 만주 관련 글에는 만주국 안에서의 조선인의 지도자적 위치를 강조하는 내용이 대거 등장하고 있었다. 보기를 들어 申基碩은 "만주 건국의 중심이 되어서 후진 민족을 끄을고 나가겠다는 자부와 노력이 있어야 할 것이다"61)라고 언급한 바 있으며 安龍淳도 "민족간 문화의 우열

---

56) 沈貞燮, 「鮮滿國境通信」, 『朝光』 5권 10호, 1938, 196쪽.
57) 崔興雲, 「躍進間島開拓村」, 『朝光』 6권 3호, 1940, 140쪽.
58) 李鶴城, 「東滿과 朝鮮人」, 『朝光』 7권 3호, 1941, 306쪽.
59) 崔南善, 「間島와 朝鮮人」, 平山螢澈 編, 『半島史話와 樂土滿洲』, 滿鮮學海社, 1941, 145쪽.
60) 보기를 들어 崔南善은 만주가 "조선의 식민지인지 오래"라고 적은 바 있다. 崔南善, 위의 글, 144쪽.

이란 어떻게 말할 수 없이 불쾌한 것이다. 그러나 또 생각해 보면 어찌할 수 없는 일이다"라고 적은 바 있다.[62] 무수히 많은 글 가운데 몇 가지 보기만 들어보자.

"조선은 동양에 있어서 지리적으로나 인적 질로 보든지 大和 민족에 합체되면 아세아 재건설에 넉넉히 지도자될 소질을 갖고 있다고 볼 수 있다."[63]

"협화 운동은……일본 정신을 정치, 문화, 교육에의 주입을 기조로 하지 않을 수 없는 필연성이 있기 때문에 자연 일계가 그의 지도에 임하게 되며 따라서 선계는 보필의 임에 당하게 된다. 그러므로 건국 인상의 달성은 이 협화 운동의 모체인 일계와 선계가 근간이 되지 않으면 않이 되는 것이다."[64]

"滿系 국민에 비하면 조선인은 30여 년이나 일본 정신하에 교육도 받고 통치도 받은 만큼 문화 정도가 고등하므로 선진 민족으로 취급을 받고 있으며 따라서 존경을 받을 처지에 있다. 그러나 철없는 우월감을 가지고 그네들을 없수히 여기며 그네들과 알력을 하지 말고 그네들과 잘 협화하여 나아가야 한다."[65]

"대개 만주에는 5족이 잇는데, 만주족, 몽고족, 또 大和族, 조선족인데 이 5족 중에서 만주족은 문제도 아니되고 몽고족은 극소수오, 漢族은 孫文 당시에 '山東苦力'로 대이민을 한 것인데, 수로 보아 가장 다수입니다. 그러나 그들이 이민될 당시는 신상, 혹은 대재벌을 배경

61) 申基碩, 앞의 글, 317쪽.
62) 安龍淳, 앞의 글(소재영 편, 앞의 책, 318쪽).
63) 韓永昌,「滿蒙開拓과 東亞新秩序－移住朝鮮農民의 役割 重大」,『春秋』2권 4호, 1941, 34쪽.
64) 金庚恩,「奉天과 朝鮮人의 現狀」,『朝光』6권 3호, 1940, 143쪽.
65) 清原雄吉,「在滿朝鮮人 歷史的 使命과 指導問題」, 平山瑩徹 編, 앞의 책, 627쪽.

으로 하고 모든 공작을 하든 것이 사변이 잇슨 후는 대 변화가 생겨
서 그 배경을 일키 때문에 지금은 세력이 줄고 맛치 '渡り鳥'와 가튼
형태로 전전합니다. 그래서 그네들은 언제나 고토로 들어가랴는 생각
이 잇서 돈을 모흐든지 못 모흐든지 간에 '한번은 가고야 만다'는 심
적 작용을 가지기 때문에 그 세력은 점점 감소하여 갈 것입니다. 그
러면 남어지 문제는 大和族과 朝鮮族인데 大和族으로 논하면, 생활,
문화, 기타 모든 사정으로 보아 수준이 맛지 안키 때문에 만주에서
영주하랴는 생각이 업습니다. 성공을 하면 물론이지만 실패를 하더래
도 돌아갑니다. 이 사실은 과거로나 현재로 조선으로의 이민 상황을
보아도 잘 알 것입니다. 그러니 이것 역시 문제는 아니 되니까. 그 다
음에 남은 것은 우리 조선족인데 기후, 풍토, 지리 기타 모든 방면으
로 보아 그 땅의 주인격입니다. 더구나 만주는 역사상으로 보아 고토
이엇스니까, 자기 고토에서 살어간다는 생각 밧게 날 것이 업지오. 더
욱 농업 이민으로 논하면 가장 우리 동포가 우월합니다. 기술로든지,
수전개간 작법 모든 것이 우수한 만큼, 단연 좃습니다. 국가란 토지와
인민이 2대 요소인데, 그 토지에 적합성이 가장 만흔 조선 사람이 우
세할 것으로 보아 장래는 낙관이라는 결론을 내리고 십습니다."[66]

이는 1920년대만 하더라도 조선인 이민과 일본인 이민의 존재 양태
의 차이를 강조하는 것이 일반적인 현상이었다는 것과 대비가 된다.[67]
심지어 앞에서 인용한 李晟煥의 발언에서 알 수 있듯이 일본인까지 제

66) 이는 李晟煥의 발언이다. 「滿洲가서 돈 벌나면? 諸 權威 모혀 圓卓會 열다」,
『三千里』 8권 8호, 1936, 140쪽.
67) 보기를 들어 李鍾鼎은 "물론 이주민이라고 하는 말은 결코 조선 민족에게만
한하여 있는 것은 아닐 것이다. 그러나 그네들은 배후에 금력도 있으며 병력
도 있고 따라서 정치적으로나 경제적으로나 보호받고 있는 행운아들이라고
하겠다. 그러나 우리 만주 이주 형제들로 말하면 이와 같은 보호는커녕 도리
어 날이 가면 날이 갈수록 해가 가면 해가 갈수록 간 곳마다 얻는 것은 고생
뿐이요 박해뿐이다. 어찌 그뿐이겠느냐? 어떠한 때에는 수십 수백의 동포가
한꺼번에 慘虐을 당할지라도 아무 호소조차 할 길 없는 약하고 설움 많은 민
족들이 아니냐?"고 적은 바 있다. 李鍾鼎, 앞의 글(소재영 편, 앞의 책, 82쪽).

치고 만주의 주인이라는 의식을 드러내기도 했다. 만주가 일제 침략 이전만 해도 오랫동안 중국의 영토였다는 역사적 사실에 대한 인식은 전혀 결여되어 있었던 것이다. 이는 전형적인 제국주의 의식이었다. 이러한 의식이 만주국의 주인으로서 행세하려는 경향으로 이어지는 것은 어찌 보면 자연스러운 일이었는지도 모른다.

여기서 조선총독부의 외사과장이던 다나카(田中武雄)의 언급에 주목할 필요가 있다. 그에 따르면 "만주사변 이후 재만 선인이 일본국 臣民이라는 특권만을 휘둘러 교만한 태도로 나와, 자중하지 않고 겸손치 못한 불손한 행동을 함으로써 본래의 만주국인과 다른 민족과의 사이에 사사건건 분쟁을 야기했기 때문에 조선인은 비난 혹은 기피 대상으로 되는 일이 많았다"는 것이다.[68] 재만 일본대사관 조선과장이던 미즈노(水野)는 "재만동포가 일본 臣民으로서 지위가 향상되었다고 우월적인 태도를 보여 일계 혹은 滿系 등과의 사이에서 좋지 않은 일이 일어나서는 안 된다"[69]고 지적했다. 이러한 지적은 단지 일본인 관리에게서만 나온 것이 아니었다.

같은 조선인 가운데서도 다른 민족에 대해 우월감을 가지면 안 된다는 경고는 수없이 등장했다. 보기를 들어 협화회 奉天시지부의 한 조선인 간부는 "우리가 오족협화를 급속 실현하여 건국 정신을 완전 발양하려면 滿系 대중에게 깊이 드러가……종래까지의 헛된 우월감을 없이 하지 않으면 않이 된다"[70]고 언급했으며 만주국의 관리이던 金東進도 "만주국의 정신인 민족 협화와 조선인 관계는 조선인이 만주인에 대하야 우월감을 갖인다는 데 대해서 여러 가지 비난이 많읍니다. 이는 일본 내지인이 오족 구성의 핵심이 되어 지도적 입장에 있슴으로 같은 일본인인 조선인도 일본인으로 자처하고저 함에서 이러나는 문

---

68) 田中武雄, 「在滿朝鮮人同胞に寄す」, 『全滿朝鮮人民會聯合會會報』23, 1935, 1쪽.
69) 『滿鮮日報』 1942. 7. 2.
70) 金東恩, 앞의 글, 143~144쪽.

제"71)라고 보았다.

그런데 우월감을 없애야 한다는 이야기는 역으로 조선인이 만주인에 비해 우월한 존재라는 인식을 전제로 하는 것이었다. 여기서 당시 조선인 사이에서 널리 퍼진 이등 국민(공민)의 담론에 다시 주목할 필요가 있다. 최근 연구72)에서 지적되었듯이 실제로 조선인이 오족 가운데 이등 국민으로서의 지위를 누리고 있었던 것은 아니었다. 객관적으로는 중국인과 조선인 사이에 특별한 제도상의 혜택의 차이는 없었다. 그러나 중요한 것은 많은 조선인과 중국인들이 객관적 사실 여부와 무관하게 조선인이 이등 국민이라고 믿고 있었다는 사실이다. 그리고 일본인이 암암리에 이를 조장하고 있었다는 사실이다. 민족을 분리해 일제의 지배 정책 때문에 이등 국민과 非이등 국민 사이에 우월감이 개재할 가능성은 얼마든지 있었던 것이다. 실제로 조선인이 일본인 행세를 하는 내면의 심리에 대해 安龍淳은 다음과 같이 적고 있다.

"동경이나 경성이나 新京이나 무어 다를 것이 없다. 경성에 조선인 시가가 있고 新京에 만주인 시가가 있는 것이 다를 뿐이다. 그밖에는 다 마찬가지다. 언어나 행동에 있어서 내지식이기만 하면 만사가 오케다. 하등 불편이 있을 까닭이 없다. 그러므로 조선 사람도 내지인 행세를 하는 모양이고 비록 조선 사람끼리라도 그러는 모양이다. 무어 만주에까지 와서 내가 조선 사람이라고 뻗대일 것도 없을 것이니까."73)

위의 인용문에서 또 하나 흥미로운 것은 조선인 사이에서도 일본인 행세를 하는 현상이 나타나고 있었다는 사실이다. 아마도 먼저 만주에 건너온 이민자들과 만주국 성립 이후 건너온 이민자들 사이의 차별 의

71) 金東進, 「建國 十年의 滿洲國과 朝鮮人 近況, 朝鮮內 資本의 進出과 人物의 集散 等」, 『三千里』 12권 9호, 1940, 68쪽.
72) 윤휘탁, 「'만주국'의 '2등 국(공)민', 그 실상과 허상」, 『역사학보』 169집, 2001.
73) 安龍淳, 앞의 글(소재영 편, 앞의 책, 316쪽).

식을 가리키는 것으로 보인다. "처음 조선서 만주에 온 사람이 흔히 만주에서 성장한 사람을 경멸하는 경향"[74]이 보인다는 당시 신문의 보도는 이와 관련해 의미가 있다. 일찍이 일본 제국주의 체제 안에 편입되었고 그 결과 일본 제국주의의 영향을 조금이라도 더 받은 조선인과 그렇지 않은 조선인 사이에도 위계 구조를 설정하는 사람이 있었다는 이야기이기 때문이다. 하물며 중국인에 대해서야 더 말할 것이 있었겠는가?

그렇다면 이러한 위계화된 서열 의식이 드러나기 시작한 것은 언제부터였을까? "奉天이나 哈爾賓 등지에서 조선사람 중 일부분이 공연히 만주국인을 함부로 멸시하여 각금 불화를 이르켜 놋는 일이 잇나봅데다"라는 李光洙의 말[75]에 비추어 볼 때 늦어도 1933년이면 조선인의 우월 의식이 만주국에서 하나의 사회 문제가 될 정도로 가시화되고 있었음을 알 수 있다.

물론 중국인 및 만주인을 열등 인종으로 보는 이러한 우월 의식이 조선인 이주자 모두에게 해당되는 이야기는 아니었을 것이다. 그러나 또한 적지 않은 사람들이 일제 파시즘에 적극 편승하려는 모습을 보이고 있었던 것도 사실이었다. 신문 잡지의 논설, 기행문, 문학 작품 등을 통해 유포된 중국·만주의 이미지는 한반도 안에 살고 있던 조선인에게도 적지 않은 영향을 주었을 것이다. "만주에 가면" 또는 "중국에 가면"이라는 꿈은 대중도 제국주의 한 주체가 될 수 있다는 환상을 갖는 것으로 이어지지 않았을까? 제국주의에 대한 환상은 필연적으로 인종주의와 직결되었다. 만주와 중국의 꿈은 열등한 다른 인종, 민족을 지배할 수 있다는 꿈과 별개의 것이 아니었기 때문이다.

이러한 현상은 단지 만주에만 국한되지 않았다. 중국에서 대만에서 심지어 동남아에서도 현지 주민을 야만인으로 멸시하고 스스로 제국

---

74) 『滿鮮日報』 1940. 3. 20.
75) 「'在滿同胞 問題' 座談會」, 『三千里』 5권 9호, 1933, 48~49쪽.

주의자 행세를 하는 모습이 나타났다. 중일전쟁과 태평양전쟁으로 일
제의 침략 전쟁이 확대되고 그 와중에서 일본군이 진주한 점령지도 증
가하자 이들 지역에 조선인이 적극적으로 진출할 것을 선동하는 글이
대거 등장했다. 처음에는 중국의 화북, 상해, 남경 등지가 대상이었지
만 나중에는 홍콩, 말레이시아, 태국, 남양까지 확대되었다. 한 논자의
말을 빌리면 "세력이 허하는 범위까지 우리는 해외로 발전"해야 한다
는 것이었다.[76]

4. '식민지 파시즘'의 유산

앞에서 살펴본 일제 파시즘의 유산 곧 제국주의 체제에 먼저 편입된
선진 민족이 그렇지 않은 후진 민족을 지배하는 것이 당연하다고 여기
는 인종 차별, 민족 차별의 유산은 해방 이후 한국 사회에 어떤 영향을
미쳤을까? 당연히 먼저 생각해야 할 문제는 한국 사회에서 가장 오래
된 외국인 집단인 화교의 문제이다.

화교가 한국 정부 및 한국인 일반에 의해 차별의 대상이 되었다는
것은 새삼스러운 이야기도 아니다. 화교 사회 형성 이후 한 세기가 지
났음에도 불구하고 화교에 대한 학계의 연구 성과 하나 변변히 나오지
않았다든지[77] 인터넷에서 화교에 대해 검색을 하면 여전히 짱꼴라 의
식에 사로 잡혀 있는 수많은 글을 접할 수 있는 데서 화교에 대한 차
별 의식의 일단을 읽을 수 있다.

해방 이후 한 때이기는 했지만 화교 경제가 크게 부각된 적도 있었

---

76) 李相昊, 「北支와 朝鮮人」, 『朝光』 5권 9호, 1939, 217쪽.
77) 보기를 들어 한국사 분야에서 화교에 대한 연구는 극소수에 불과해 전우용,
「한국인의 화교관-자가당착적인 민족서열의식」, 『실천문학』 63, 2001 ; 전우
용, 「한국 근대의 화교 문제」, 『한국사학보』 15, 2003 정도를 꼽을 수 있을 뿐
이다.

다. 그러나 이승만 정권이 화교를 규제하는 다양한 정책을 도입하면서
화교 경제는 크게 위축되었다.[78] 특히 한국전쟁 이후 적성국으로서의
'중공' 오랑캐의 이미지가 고착되면서 화교의 상황은 더욱 어려워졌다.
외환 거래 규정, 무역 규정, 토지 소유 규정 등에서의 경제적인 제재는
강압에 가까웠다. 첫째, 화교들은 외환 거래에서 공식 환율을 적용받지
못하고 서너 배 비싼 암시장을 통한 거래만 할 수 있었다. 둘째, 1950
년의 창고 봉쇄령으로, 한국인 무역업자보다 물건 보유량이 현저하게
많던 화교들이 치명적인 손해를 입었다. 셋째, 외국인이 한국에서 경제
활동을 하려면 무역법 제8조에 의하여 상공부 장관의 허가를 받아야
하는 까다로운 조건 때문에 화교들은 한국인을 사장으로 영입하는
한·중 합자 회사를 세워 무역업을 지속해야 했다.

  박정희 정권 시기에 화교에 대한 규제는 더욱 엄격해졌다. 1961년에
시행된 화폐 개혁은 현금 보유량이 많은 화교들에게 큰 타격이었다.
같은 시기의 토지규제법도 화교 경제의 몰락을 가속화했다. 박정희 정
권은 외국인의 토지 소유를 금지했는데 이때 규제의 주요 대상은 화교
였다. 따라서 화교는 집과 토지를 빼앗길 위기에 처할 수밖에 없었
다.[79] '긴 칼 차고 싶어' 만주군관학교에 지원했고 만주국군의 장교로
복무한 적이 있던 박정희[80]가 권력을 잡고 난 후 화교에 대한 차별이
더욱 강력해진 것은 우연의 일치일까? 만주에서 중국인을 열등 민족으
로 간주하는 문화적 세례를 받은 바 있던 박정희로서는 화교는 반공
전선의 동반자라기보다 늘 배제되고 억압되어야 하는 인종으로 간주

---

78) 이하 한국 정부의 화교 정책에 대한 서술은 박은경, 「한국인과 비한국인 : 단
   일 혈통의 신화가 남긴 차별의 논리 (1)」,『당대비평』19, 2002에 입각한 것이
   다.
79) 장수현, 「한국 화교의 사회적 위상과 문화적 정체성」,『국제인권법』 4호,
   2001, 6쪽.
80) 박정희의 만주 경력과 박정희 정권의 지배 이데올로기의 관련에 대해 논의하
   고 있는 이준식, 「박정희 시대 지배 이데올로기의 형성 : 역사적 기원을 중심
   으로」, 이완범 외,『박정희 시대 연구』, 백산서당, 2002 볼 것.

된 것은 아니었을까?

일제 파시즘이 한국 사회에 남긴 인종 차별의 유산을 더 잘 보여주는 것은 화교 문제가 아니라 최근 불거진 재외동포 문제인지도 모른다. 재외동포법의 제정81)과 개정 과정에서 우리는 인종 차별의 흔적을 찾아낼 수 있다. 재외동포법의 제정 과정에서는 한국 정부는 혈통주의의 배제를 공식화했다. 인권이라는 보편적 차원에서 혈통이라는 요소를 배제한 것이라면 나름대로 진보적 의미가 있다. 그러나 문제는 다른 데 있었다.

1998년 8월부터 '재외동포의 출입국과 법적 지위에 관한 특례법'(이하 재외동포특례법으로 줄여 씀)의 제정 움직임이 있었다. 재외동포특례법의 주요 내용은 그동안 논란이 되어오던 재외동포에 대한 출입국, 부동산 취득 등의 제약을 대폭 완화한다는 것이었다. 애초에 재외동포특례법을 발의한 것은 법무부였다. 그런데 외교통상부가 다른 나라(특히 중국)와의 외교 마찰 가능성을 내세워 반대 입장을 밝히자 재외동포법으로 바뀐 것이다. 수정의 핵심은 재외동포의 범주를 정할 때 혈통주의 대신 과거국적주의를 채택함으로써 중국과 구소련의 동포를 법의 적용 대상에서 배제한 데 있다. 곧 재외동포 가운데 외국 국적 동포의 범위를 "한민족 혈통을 지닌 자로서 외국 국적을 취득한 자"에서 "대한민국 국적을 보유했던 자"로 축소한 것이다. 이러한 규정에 따라 정부 수립 이전에 해외로 이주한 재중동포와 구소련의 동포는 물론 '조선 국적'82)을 갖고 있는 재일동포도 법의 적용대상에서 제외되었다.

81) 이하 재외동포법의 제정 과정 및 그것이 갖는 의미에 대한 논의는 이준식, 「세계주의에서 열린 민족주의로 : 재중동포 문제를 통해 본 한국의 민족주의」, 『담론 201』 5호, 1999를 바탕으로 한 것이다.
82) 재일동포는 2차 대전 직후만 하더라도 '일본 국적'을 갖고 있었다. 그러나 일본 정부는 1947년의 외국인 등록령과 1952년의 샌프란시스코 강화 조약에 따라 재일동포에 대해 외국인으로 등록할 것을 강요했다. 그러자 많은 재일동포가 외국인으로 등록할 때 반드시 적게 되어 있던 국적 난에 '조선'이라고 적었다. 이때 '조선'은 가공의 나라였다. 1965년 이후 일본 정부가 한일조약에

재외동포법의 제정 과정에서 특히 논란이 된 것은 재중동포였다. 김
대중 정권은 '폐쇄적 민족주의'의 소산인 혈통주의가 세계적 추세에 맞
지 않는다는 것과 중국과의 외교 마찰을 피하기 위해서는 재중동포를
재외동포에서 배제할 수밖에 없었다는 점을 강조했다. 그런데 국적법
의 측면에서 볼 때 현재 세계에는 속인주의(곧 혈통주의)를 택하고 있
는 국가가 속지주의(곧 출생지주의)를 택하고 있는 국가보다 많다. 속
인주의나 속지주의를 택하는 것은 개별 국가의 문제이지 국제법으로
강제하는 사항이 아니다. 더 심각한 문제는 과거국적주의가 한국의 역
사나 법에 비추어 보았을 때 모순이라는 데 있다.[83]

재외동포법에서는 정부 수립 이후 한국 국적의 취득 여부가 재외동
포의 기준으로 설정되었지만 1948년에 제정된 한국의 국적법에는 최
초의 국적 소지자가 누구인지에 대한 규정이 빠져 있다. 1948년 이전
에 국외로 이주한 동포를 국적 소지자에서 제외할 하등의 법적 근거는
없는 것이다. 따라서 현재 중국, 독립국가연합에 거주하는 재외동포도
한국 국민으로서의 권리를 갖는다고 해석될 수 있다. 그러므로 과거국
적주의에 따라 재외동포를 규정하고, 더 나아가 '과거 국적'의 취득 시
점을 1948년 한국 정부 수립으로 삼는 것은 역사적으로나 법률적으로
나 큰 오류라고 할 수 있다.[84]

재외동포법의 제안 목적은 'IMF 위기' 아래 "재외동포의 모국 투자
를 촉진하고 경제 회생 동참 분위기를 확산"시킨다는 것이었다. 따라

입각해 한국 국적을 가진 사람에게만 협정 영주권을 부여하자 많은 재일동포
가 현실상의 이익 때문에 국적을 한국으로 바꾸었다. 그런 가운데서도 상당
수의 재일동포는 통일의 염원을 포기할 수 없다는 이유에서 '조선 국적'을 고
수함으로써 스스로 무국적자가 되는 길을 선택했다. 서경식, 「'재일조선인'의
위기와 기로에 놓인 민족관」, 『역사비평』 1996년 여름호.

83) 노영돈, 「우리나라 국적법에 관한 몇 가지 문제에 관한 고찰」, 『국제법학회논
총』 41권 2호, 1996 ; 최두훈, 「우리 국적법에 있어서 몇 가지 문제점 : 북한주
민과 재외동포를 중심으로」, 『법정논총』 49, 2000.
84) 이종훈, 「재중동포정책의 변화 과정과 향후 방향」, 『민족발전연구』 4, 2000.

서 법의 초점도 잘 사는 나라 재외동포의 자본을 국내로 끌어들이는 제도적 장치를 마련하는 데 있었다. 이러한 관점에서 보면 재중동포나 구소련의 동포는 자본 유치에 아무런 도움이 되지 않는 이등 동포에 불과했다. 일등 동포와 이등 동포를 단지 한 민족이라는 이유로 동등하게 대할 이유는 전혀 없었던 것이다. 따라서 재외동포법은 같은 민족 안에서의 차별과 배제를 국가가 법으로 공식화했다는 점에서 특별한 법이다.

기왕이면 같은 민족의 이름을 빌어 자본을 유치하겠다는 발상에 입각해 제정된 재외동포법은 '재미동포법', '제외동포법', '동포차별법', '절름발이법', '민족분열법'이라는 비판에 직면했다.85) 일부 시민 단체도 반대 운동에 가세했다. 여기에 언론도 대통령의 거부권 행사와 법 개정을 요구하는 등 비판적이었다.

그런데도 정부는 재외동포법의 입법을 강행했고 국회는 재적 의원 265명 가운데 255명의 찬성으로 이 법을 통과시켰다. 상식으로는 이해가 되지 않는 법을 정부와 국회가 밀어붙일 수 있었던 이유는 무엇이었을까? 거기에는 한국 사회 내부에 잠재해 있는 재외동포 특히 재중동포에 대한 몰이해, 더 정확하게 말하자면 '식민지 파시즘'으로부터 물려받은 인종주의의 유산이 작용하고 있었을 것이다. 말없는 다수의 대중이 중국에서 온 가난한 동포를 '우리'의 범주에서 배제하려는 의식을 암암리에 갖고 있었기 때문에 표를 의식하는 정치인들이 압도적 다수로 재외동포법을 통과시켰을 것이다.

실제로 많은 한국인이 재중동포를 차별받아 마땅한 가난한 나라에서 온 사람들로 인식하고 있었다. 한국인들은 단순히 핏줄만을 중시하는 것이 아니라 잘사는 국민과 못사는 국민을 구분하여 잘사는 사람들에게는 우호적이거나 심지어는 굴종적인 태도를 취하는가 하면 같은

85) 『경향신문』 1999. 9. 3 ; 『국민일보』 1999. 8. 19 ; 『대한매일』 1999. 10. 14 ; 『문화일보』 1999. 8. 28.

동포라고 하더라도 그들이 못하는 국민에 속해 있을 경우 사실상 경제적으로 못사는 외국인과 같이 취급한다.

일제 파시즘의 대아시아주의가 백인종을 아시아에서 배제할 것을 주장할 때 내건 것이 백인종의 제국주의였다는 데 다시 주목할 필요가 있다. 대아시아주의가 문제로 삼은 것은 서구의 제국주의였다. 서구의 '실력'에 대해서는 문제를 삼지 않았던 것이다. 일본인의 대아시아주의란 어떤 의미에서 서구에 대한 열등 의식의 발로이기도 했다. 대아시아주의는 늘 차별을 아시아 안으로 돌리려는 경향을 보이고 있었다. 조선과 대만이 차별의 대상이 되었고 나중에는 만주와 중국, 그리고 동남 아시아가 차별의 대상으로 확대되는 양상을 보였다. 결국 지금 우리가 병역 문제와 같은 민감한 사안만 아니라면 재미동포나 일부의 재일동포에 대해 내국인으로서의 권리를 부여하는 데 별 거부 반응을 보이지 않으면서도 재중동포에 대해서는 혈통주의가 차별이라느니 국내에 들어온 재중동포가 한국 사회에 별 기여한 바 없이 사회 분위기를 흐리기만 하는 존재라느니 하는 반응을 보이는 것도 일제가 우리에게 심어준 중국 차별 의식, 열등한 황인종 차별 의식과 무관하지 않을 것이다.

재중동포에 대한 여론 조사를 보면 공식적으로 같은 민족이기 때문에 차별을 해서는 안 된다는 생각이 압도적이다.[86] 그러나 문제는 일상 생활에서 나타나는 재중동포에 대한 무관심이나 차별이다. 우리의 내면에는 '우리'와 다른 존재로 재중동포를 인식하는 경향이 강하게 잠재되어 있다. 말없는 다수의 한국인들이 재외동포의 문제를 '우리'의 문제가 아니라 열등한 '남'의 문제라고 인식하고 있었기 때문에 차별과 분열을 내용으로 하는 법이 만들어질 수 있었다. 재중동포를 한국의 변두리에 위치한 주변인으로 보는 경향이 만연되어 있는 것이다. 오죽

---

86) 보기를 들어 지구촌동포청년연대(KIN), 「불법체류동포 문제, 전면적인 합법화가 유일한 대안」, 2004 볼 것.

하면 한 재중동포 교수는 "한국과 조선족의 만남이 처음에는 감격으로, 다음에는 부담으로, 이제는 보고 싶지 않은 존재로" 바뀌어 가는 것으로 보고 있을까?[87]

여기서 우리는 재중동포에 대한 시각을 구분해 볼 필요가 있다. 그 가운데 하나는 일종의 공식 담론이고 다른 하나는 사람들이 저변에 갖고 있는 대중 정서이다. 한국 사회는 재외동포에게 필요하면 같은 민족이고 그렇지 않으면 열등한 이방인이라는 잣대를 적용해 왔다. 다른 말로 하자면 공식 담론상으로는 같은 민족, 실제로는 열등한 이방인으로 재외동포를 간주한 것이다. 한국보다 경제적으로 뒤쳐진 나라로 간주된 중국과 구소련 동포의 경우 더욱 그러했다.

먼저 재중동포는 한국이 안고 있는 여러 문제를 해결하는 데 활용될 수 있는 도구로 간주된다. 특히 재중동포를 세계화와 통일의 발판으로 활용해야 한다는 생각[88]은 재중동포와 관련된 지배 담론이다. 이러한 시각은 노태우 정권이 중국과의 수교를 추진하는 과정에서부터 나타나기 시작해 정부의 재중동포 정책의 기조가 되었다. 더 나아가서는 시민 단체 가운데서도 재중동포와의 교류를 자본주의와 사회주의로 이질화한 남북을 완충시켜 줄 수 있는 '통일의 예행연습'으로 보는 경향이 나타나고 있었다. 다른 한편 국내 자본이 한중 두 나라의 언어와 문화에 모두 익숙한 재중동포가 중국 시장으로의 진출에서 중개자의 역할을 할 수 있을 것이라고 기대한 것[89]이나 심각한 공급 부족 현상을 겪고 있던 국내 노동력 시장의 문제를 해결하는 방안으로 간주한 것도 재중동포를 도구로 파악한다는 점에서는 동일한 의미를 갖는다. 특히 후자와 관련해 실제로 1992년 8월 중국과의 수교를 전후해 상당

87) 해외교포문제연구소, 『제1회 국내외 해외동포문제전문가 대토론회(1999년 12월 8일~9일) 정책보고서』, 해외교포문제연구소, 2000.
88) 이종훈, 「재중동포 정책의 재정립 방향」, 『입법조사연구』 243호, 1997.
89) 김태홍·김시중, 『한중 경제협력과 재중국 동포의 역할』, 대외경제정책연구원, 1994.

수의 재중동포가 합법적으로 또는 미등록 상태에서 노동력의 부족 현상을 겪고 있던 국내 일부 업종에 취업하기 시작했다. 이후 국내에 취업하는 재중동포 노동자는 계속 늘어나 1996년 말에는 전체 외국인노동자의 3할에 해당하는 6만 명 정도에 이르는 것으로 추정되기도 했으며[90] 현재도 그 비율에서는 큰 변화가 없는 것으로 보인다.

이러한 도구적 시각과는 달리 재중동포를 같은 겨레이기는 하지만 가난한 나라 중국에서 불법적으로 입국한 '식민지인, 이등 민족, 거지, 약장사, 범죄 집단' 심지어는 '빨갱이'로 보는 시각도 존재한다. 재중동포는 일시적으로 한국에 들어와 주로 3D업종에서 저임금·단순 노동에 종사하는 최하층의 노동자 집단에 불과했다. 재중동포를 최하층 노동자로 간주하는 계급적 편견은 다시 인종적 편견을 심화시켜서 재중동포를 같은 민족이지만 민족으로 인정할 수 없는 대상으로 만들었다. 재중동포는 가난한 중국 사람, 더럽고 힘든 일을 하는 하층 노동자, 그리고 낙후된 사회주의 국가의 성원이었고 따라서 한국인과 구별되는 집단으로 규정되었다.[91] 이러한 시각에서 재중동포를 볼 때 거기에는 당연히 차별과 배제의 의식이 따를 수밖에 없다. 이러한 차별은 말하자면 일상적 차별이라고 할 수 있다.

1990년대 이후 정부와 국내 동포 모두 한국이라는 입장에서 편향된 시각으로 재중동포를 대한 결과 재중동포 사회는 '또 하나의 분단 현장'이 되고 말았다. "이제 만약 전쟁이 다시 한번 난다면 난 총을 들고 제일 먼저 한국으로 와서 한국 놈들을 쏴 죽이겠다"[92]라는 말이 나돌 정도로 재중동포의 분노는 위험 수위에 도달해 있다. 일부 재중동포의 경우 오히려 중화 민족으로서의 정체성을 확인하는 계기가 되기도 했

---

90) 설동훈, 「외국인 노동자와 한국사회의 상호작용」, 송병준 외, 『외국인 노동자의 현실과 미래』, 미래인력연구센터, 1997.
91) 이현정, 「조선족의 종족 정체성 형성 과정에 관한 연구」, 『비교문화연구』 7권 2호, 2001.
92) 김재국, 『한국은 없다』, 민예당, 1997.

다. 한 재중동포의 말을 빌리면 "왜 미국이나 캐나다에서 온 동포들은
친절한 대접을 받고, 조선족은 같은 민족으로 인정받지도 못하는가?
내가 얻은 결론은 중국이 가난한 나라이기 때문이라는 것이다.……중
국이 강대하기 전에는 조선족은 한국에서 대우받을 수 없다. 돌아가면
중국이 잘 살도록 노력할 수밖에 없다"93)는 것이다.

헌재의 위헌 판결 이후에도 재중동포의 집회와 농성은 계속 이어졌
다. 신문과 방송에도 심심찮게 재중동포의 움직임이 보도되었다. 결국
헌재가 정한 시한을 넘긴 2004년 2월 9일 중국과 구소련의 동포까지도
포괄하는 내용을 담은 재외동포법 개정안이 국회를 통과했다. 그러나
법 개정 이후에도 정부의 소극적 움직임은 계속되었다. 재중동포들이
국가인권위원회에 "재외동포법 시행령 개정을 추진하지 않아 심각한
차별 행위와 인권 침해가 조장되고 있다"는 내용의 진정서를 제출할
정도였다.94) 왜냐하면 재외동포법의 개정 내용이 시행령에 반영되지
않으면 재중동포는 실질적으로는 여전히 법의 적용 대상에서 배제되
기 때문이었다.

재외동포법의 개정 과정을 통해 다시 확인된 사실은 일부 시민 단체
와 재중동포의 호소나 언론의 우호적인 보도에도 불구하고 재중동포
문제에 대한 일반의 관심이 여전히 낮은 수준에 머물러 있다는 것이
다. 재중동포 사회가 만들어진 역사성이나 현재 재중동포의 삶이 한국
사회에 던지는 의문에 대해 진지한 고민을 하는 한국인은 그다지 많지
않다. 재외동포법의 개정이냐 폐지냐를 놓고 정부와 시민 단체·학회
사이에서 논란이 벌어져도, 그리고 간간이 이러한 상황이 매스컴에 보
도되어도 사람들이 재중동포 문제에 대해 주목하는 일은 거의 없다.
기껏해야 몇몇 활동가의 문제로만 인식하고 있을 뿐이다.

5. 맺음말

민족주의의 이름을 빌린 배타적 인종주의는 빈부 또는 야만과 문명
이라는 기준에 따라 가난한 미개국의 다른 민족에 대해 차별하고 멸시
하는 의식과 태도를 낳는다. 우리의 경우 일제의 식민지 지배의 유산
인 인종주의가 1960년대 이후 경제 성장 과정에서 배태된 경제주의,
국가주의 논리와 결합해 한편으로는 민족적 팽창주의로 다른 한편으
로는 못사는 나라와 민족에 대한 우월감과 차별 의식으로 귀결되었다.

한국과 일본 사이에는 일종의 합병증이 있다. 곧 현재 한국 사회가
안고 있는 문제점을 거울처럼 그대로 보여주는 것이 바로 일본 사회인
것이다. 우리는 일본의 역사 교과서 왜곡 문제가 대두할 때마다 일본
제국주의에 의해 자행된 다른 민족에 대한 차별과 억압, 나아가 학살
을 왜곡했다고 비판한다. 그러나 일제 강점기 식민지 조선에서도 우리
민족에 의해 화교에 대한 압박과 차별이 이루어진 바 있었다. 오늘날
에도 우리가 소리 높여 외치는 단군 할아버지의 후예라는 구호 아래에
는 다른 민족에 대한 억압과 차별의 의식이 숨어 있다. 그리하여 이방
인에 대한 차별에 관한 한 한국은 일본보다 훨씬 심하다는 지적도 나
오고 있다.[95] 다른 민족에 의해 식민지 지배를 받은 피해자로서의 쓰
라린 역사를 갖고 있지만 거기에서 교훈을 얻지 못한 채 어느새 가해
자의 입장에 서게 된 우리는 우리보다 처지가 못한 다른 민족 또는 우
리보다 낙후된 나라에 사는 재외동포에게 민족 차별을 전가하는 경향
이 있다. 그러한 경향은 한국 경제가 어느 정도 발전한 1990년대 이후
10여 년에 걸친 짧은 기간에 나라 안팎에서 우리보다 경제적으로 뒤쳐
진 다른 나라의 노동자를 차별하는 것으로 구체화되었다.

일본인이 갖고 있는 '억압 이양의 원리'라는 독특한 정신 구조는 식

---

95) 박경태, 「한국사회의 인종차별 : 외국인노동자, 화교, 혼혈인」, 『역사비평』
    1999년 가을호 ; 김동춘, 「자민족중심주의(ethnocentrism)」, 『실천문학』 63,
    2001.

민지 지배를 받는 이민족에 대한 배타적 태도, 멸시 의식을 더욱 강화하는 요인으로 작용한 바 있다. 여기서 '억압 이양의 원리'란 일상 생활에서 상위자로부터의 억압이 하위자에게 차례로 옮겨짐으로써 전체적인 균형이 유지되는 것을 의미한다.[96] 이러한 설명에 따르면 사회의 서열 체계에서 최하위에 놓인 하층 민중의 경우 지배 계급의 억압에 대한 탈출구로 식민지 지배를 받고 있는(또는 받은 바 있는) 이민족에 대해 광적인 배외주의에 사로잡히게 된다. 그리하여 일본 민족 전체가 상하의 구분 없이 민족 차별과 억압을 정당화하는 독특한 의식을 갖게 된다는 것이다.[97] 일제의 식민지 지배 아래 일제가 우리 민족에게 행한 극심한 민족 차별 또는 민족 말살의 정책도 이러한 관점에서 설명할 수 있을 것이다. 그러나 정작 더욱 중요한 것은 '인종 차별'이라는 일본 제국주의의 유산이 일제의 식민지 지배를 받은 바 있던 '피해자'로서의 우리에게서도 나타나고 있다는 사실이다. 못사는 나라의 국민이라는 점에서는 같은 민족의 경우도 예외는 아니었다.

일본의 식민지 지배는 우리 근현대사에 큰 영향을 끼쳤다. 이를테면 1990년대 이후 한국 사회에서의 외국인 노동자(재중동포를 포함한)에 대한 차별 문제는 단순히 급격한 경제 성장의 과정에서 나타난 부수적인 문제가 아니다. 그것은 지구상에 유례가 없던 일본 제국주의의 식민지 지배의 한 유산이다. 우리가 일본에 대해 떳떳한 자세를 취하기 위해서는, 식민지 지배에 대한 일본 정부의 사과와 반성을 요구하기 위해서는, 일본 정부로부터 법적·경제적 보상을 받아내기 위해서는 '피해자적 입장'만을 되풀이해 강조하는 데서 한 걸음 더 나아가는 것이 필요하다. 그 첫 걸음은 바로 우리 스스로가 우리 내부에 깊이 스며든 식민지적 의식에서 벗어나는 것이어야 한다.

96) 丸山眞男, 『日本の思想』, 岩波書店, 1961.
97) 윤건차, 『현대일본의 역사의식』, 한길사, 1990.

사상통제정책의 역사성
—반공과 전향—

전 상 숙[*]

1. 머리말

1945년 일제로부터의 해방은 잃었던 국가 주권의 회복을 의미하는 것이었다. 그것은 근대 국가 성립의 기초가 되는 구성원 개개인의 포괄적인 의미의 자유의 회복과 복권을 의미하는 것이기도 하였다. 해방 이후 일제하 한국인의 민족 주권과 자유에 대한 염원은 민주주의 정치체제의 수립으로 이루어졌다.

그러나 한국 민주주의 정치체제의 수립은 독자적으로 독립을 이루지 못하고 해방을 맞이하게 된 상황과 해방을 가능하게 한 연합국의 전후 이데올로기적 대립 구도가 맞물리며 분단체제와 반공의 정치사회적 구조화를 동반하며 이루어졌다. 전후 미·소의 대결구도는 일제하 민족해방운동선상의 이데올로기적 분화와 직·간접적으로 연관되어 분단체제로 귀결되었다. 그리고 분단체제의 수립은 여순사건을 계기로 '국가보안법'을 제정하여 국가의 안보를 반공과 직결시키는 법체계를 만들어 냈다.

국가보안법은 국가의 안보를 특정 이데올로기와 직결시켜 그에 대한 제한과 규제를 통해서 안보를 공고히 한다는 것이었다. 그러한 취

---

* 연세대학교 국학연구원 연구교수, 정치학

지는 기본적으로 사상의 자유조차도 제한하고 통제할 소지가 많은 것
이었다. 국가보안법은 결국 지배세력, 특히 집권층의 정치적 정당성에
도전하거나 저항하는 세력을 억제하고 처벌하는 식으로 자의적·조작
적으로 적용·실시되었다. 전후 국내외적인 조건을 배경으로 지배세력
이 반공을 통치이데올로기화한 것이었다. 반공의 통치이데올로기화는,
지배세력이 그에 비판하거나 저항하는 세력 일반의 사상을 문제시하
여 통제하는 한편 권력의 힘으로 지배체제를 인정하는 전향을 강제했
다. 이는 민주주의의 기본 전제인 개인의 자유를 근본적으로 침해하는
것이었다.

　해방 이후 민주주의 정치체제를 수립한 한국 사회에서 자행된 그러
한 기본권의 침해는 국가보안법을 제정하여 실시한 지배체제의 문제
라고 할 수 있다. 그러나 그러한 기본권의 침해는 일제 파시즘기를 거
치며 공고화된 일제 식민정책의 경험이 반영된 것이기도 했다. 해방
이후 한국 사회의 정치문화는 지배체제의 안정을 위하여 반공을 이념
화하고 그것을 지키기 위하여 법규를 제정하여 국민의 기본인권을 임
의로 규제할 수도 있다고 생각하는 지배세력과, 그에 저항하면서도 필
요에 따라 부분적으로는 통제를 인정하고 원하는 듯하기도 한 국민적
정서가 함께 만들어낸 것이라고 할 수 있다. 이는 민주적이라고 하기
에 적합하지 않은 것이었다. 그러한 정치문화는 일제 식민지 시기의
경험과 밀접한 관계가 있다. 억압적인 권위주의적 통제와, 그의 길항적
인 관계 속에서 생존의 여지를 모색하는 편의적인 양상이 일제시기의
전철을 답습하고 있는 것이다. 그러한 현상은 특히 일제 파시즘기 사
상통제정책의 핵심에 자리하고 있던 치안유지법과 치안유지법의 시행
과정에서 정책적으로 강제된 전향을 통해서 보면 일제 파시즘기의 정
치적인 맥락과 특성을 같이 하는 성격을 발견할 수 있다. 겉으로 드러
나는 현상뿐만 아니라 실제적인 특성까지 닮아 있다.

　해방 이후 국가보안법이 일제하 치안유지법을 답습했다는 것은 기

존 연구를 통해서 이미 지적된 사실이다. 그런데 기존 연구는 대개 반공이데올로기를 중심으로 한 국가보안법의 폐해를 지적하며 이를 청산해야 할 당위성이나 식민지 유산이라는 측면에서 언급했다.[1] 이들 연구는 대부분 국가보안법과 일제하 치안유지법과의 현상적인 유사성을 전제로 하고, 두 법의 사회적 의미의 유사성을 논하는 경향이 있다.[2] 두 법이 구체적으로 무엇이 어떻게 유사한지에 대해서 구체적으로 지적하고[3] 그 의미를 규명하고자 한 글은 거의 없다. 다른 한편, 법률이 제정되고 시행된 역사적 배경을 고찰하여 법규의 특성과 체계 및 역사성을 규명하는 법사학 분야에서는 입법의 다양한 측면에서 두 법규의 유사성이 논의되기도 했다.[4] 그러나 일제하 치안유지법의 역사적

---

1) 강경성, 「반공주의」, 『역사비평』 통권47호, 1999 여름 ; 김민배, 「국가보안법·반공법과 한국인권 50년」, 『역사비평』 1999 봄 ; 김종서, 「냉전의 청산은 국가보안법 철폐로부터」, 『실천문학』 통권6호, 2000 겨울 ; 김진경, 「분단 이후 반공교육의 전개과정」, 『실천문학』 통권9호, 1988 ; 모리 요시노부(森 善宜), 『한국과 국제정치』 5권 2호, 1989 ; 박상환, 「한국전쟁과 철학/철학자의 선택 -반공이데올로기의 자기검열」, 『문화과학』 통권23호, 2000 가을 ; 박현채, 「분단 43년, 반공이데올로기와 민중의식」, 『역사비평』 통권3호, 1988 ; 정용욱, 「제휴와 배제의 이중주」, 『한국사회사상사연구』, 서울 : 나남, 2003.
2) 박원순, 『국가보안법연구 1·2·3』, 서울 : 역사비평사, 1992 ; 「특집 반민주적 법률의 개폐를 위한 공개토론 : 국가보안법의 개폐문제」, 『법과 사회』, 1989 ; 유재일, 「한국전쟁과 반공이데올로기의 정착」, 『역사비평』 통권16호, 1992 ; 정영태, 「일제말 미군정기 반공이데올로기의 형성」, 『역사비평』 통권16호, 1992.
3) 조국, 「한국 근현대사에서의 사상통제법」, 『역사비평』 1988 여름.
4) 한상범, 「한국 법학의 계보와 표절의 병리」, 『사회비평』 27집, 2001 봄 ; 한상범, 「일제시대의 법학이 한국법학에 미친 영향」, 『고시계』 제40권 제4호, 1995. 4 ; 한상범, 「일제시대의 법학이 한국 법학에 미친 영향-특히 1930, 40년대의 파시즘화의 분위기와 관련하여」, 『한국교육법연구』 2권, 1995 ; 한상범, 「사상·양심의 자유 짓밟아온 일제 치안유지법의 잔재」, 『역사비평』 통권21호, 1993 여름 ; 한상범, 「한국법학계를 지배한 일본법학의 유산-1940~50년대 동경대학 법학부 교수들의 이론과 학설을 중심으로」, 『역사비평』 통권15호, 1991 겨울 ; 한인섭, 「검열과 자유와 책임」, 『철학과 현실』 통권32호, 1997 봄 ; 한인섭, 「권위주의적 지배구조와 법체제」, 『계간 사상과 정책』 1989

특성에 주목하여 이를 국가보안법 제정의 정치사적 성격과의 상관성을 고찰함으로써 두 법이 갖는 역사적, 정치·사회적인 특질의 동질성을 밝히고 문제점을 고찰한 글은 없다고 할 수 있다.

이 글은 그러한 측면에 주목하고자 한다. 해방 이후 국가보안법과 일제하 치안유지법의 역사적, 정치·사회적인 특질의 유사성을 고찰하여 이를 '사상통제정책의 역사성'이라는 관점에서 규명하고자 한다. 해방 이후 국가보안법을 통해서 '반공'이라는 이름으로 행해진 현대 한국사회의 사상통제의 기원과 특성을 고찰하여 현재까지 영향을 미치고 있는 일제하 파시즘기의 유산을 재조명해 보고자 한다. 국내외적으로 친일문제청산과 역사교과서를 비롯한 일본에 대한 전후책임 문제 등 일제시기의 경험과 관련된 문제들이 현재 다시금 재조명되고 있다. 그러나 다양한 논의는 많은 반면, 그 시기의 실상에 대한 실증적인 고찰이나 그것이 현재 우리 사회에 어떻게 남아 어떠한 영향을 미치고 있는지 밝히고 잘못된 부분을 정정하려는 실증적인 모색은 미흡한 것 같다.

이 글은 그러한 의미에서 해방 이후 한국 현대사에서 지배이데올로기로 작동하며 민주화의 대극점과 같이 자리하였던 '반공'의 사상통제정책의 의미와 역사를 고찰하여 일제시기 경험이 얼마나 영향을 미쳤는지 재고하고자 한다. 이러한 연구는 차후 일제시기 경험의 역사성을 규명하여 한국 근현대사의 맥을 잇는 일제시기의 경험이 드러난 현상뿐만 아니라 한국인의 삶과 의식의 문제에까지 어떻게 영향을 미치고 있는지 이해하는 데 일조할 것이라고 생각한다. 또한 당시의 경험이 미친 영향을 밝혀 개선의 방향을 모색하기 위한 실증적 논의의 기반을 구축하는 데 일조할 수 있을 것이라고 본다.

이러한 의도에서 이 글은 국가보안법의 변천과정과는 별도로, 제정 국가보안법과 일제하 치안유지법을 중심으로 그 역사적 특성의 전철

가을.

과 재현적 성격에 주목하여 고찰하고자 한다. 이를 위해 먼저, 일제 파시즘기 치안유지법을 통해서 실시된 사상통제와 반공의 의미를 재고하고, 그것이 주어진 해방의 공간인 미군정기를 거치며 집권하게 된 부르주아 지배세력에 의하여 구조화된 상황을 재조명할 것이다. 이를 배경으로 반공의 지배이데올로기화를 결과한 사상통제 입법으로서의 국가보안법의 특성을 고찰할 것이다. 그리고 이를 다시 일제 파시즘기 치안유지법의 사상통제와 반공의 의미·특성과 비교하여 국가보안법이 치안유지법의 체제와 내용뿐만 아니라 시행상의 특성까지 답습한 일제 파시즘기의 유산임을 논하고자 한다.

2. 일제 파시즘기 사상통제와 '반공'의 의미

일본이 근대 법치국가가 보장하는 개인의 기본권에 속하는 사상의 자유를 문제시하여 사상범죄의 차원에서 공식화한 것은 1925년 5월에 제정한 '치안유지법'에서였다. 그 내용을 보면 알 수 있는 바와 같이 치안유지법의 중점은 결사의 조직과 가입에 대한 처벌에 있었다.

제1조 國體 또는 政體를 변혁하거나, 사유재산제도를 부인하는 것을 목적으로 결사를 조직하거나, 또는 사정을 알고 이에 가입하는 자는 10년 이하의 징역 또는 금고에 처한다.
제2조 前條 제1항을 목적으로 이의 실행에 협의한 자는 7년 이하의 징역 또는 금고에 처한다.
제3조 제1조 제1항을 목적으로 이의 실행을 선동한 자는 7년 이하의 징역 또는 금고에 처한다.
제4조 제1조 제1항을 목적으로 소요·폭행 및 그 밖의 생명·신체·재산 상 위해한 범죄를 선동한 자는 10년 이하의 징역 또는 금고에 처한다.
제5조 제1조 제1항 및 前 3조에 해당하는 범죄를 교사할 목적으로 금

품 또는 기타 사상의 이익을 공여하거나 이를 신청·약속한 자는 5
년 이하의 징역 또는 금고에 처하며, 사정을 알고도 공여를 받거나
이를 요구·약속한 자 역시 동일하게 처벌한다.
　제6조 전 5항에 해당하는 죄를 범한 자가 자수했을 때는 그 죄를 감
경 또는 면제한다.
　제7조 본법은 누구를 막론하고 본법 시행구역 밖에서 죄를 범한 자에
게도 적용된다.5)

그러나 그 단속은 실질적이고 구체적인 활동에 대해서 뿐만 아니라
조직과 가입을 위한 결사행위와 관련된 모든 혐의를 대상으로 했다.
치안유지법은 결사행위뿐만 아니라 그와 관련된 전반적인 혐의 일체
를 처벌의 대상으로 함으로써 사상처벌 입법의 성격을 갖는 것이었
다.6) 더욱이 제2조에서 제4조까지는 결사 행위와 직접적으로 관계되지
않아도 일어날 수 있는 행위 일반에 대한 처벌을 규정하고 있어 "사상
탄압을 위한 耳懸鈴鼻懸鈴의 구실"을 하기에 충분했다.7) 뿐만 아니라
제6조에서는 자수한 자에 대한 혜택까지 규정함으로써 사상처벌법의
효과를 극대화하고자 했다. 이러한 치안유지법의 근본 특질은 "사상범
죄에서의 사상은 단순히 이론적·추상적 사상이 아니라 실천적인 사
상이며 이른바 이론과 실천이 불가분의 관계로 결합되어 있으며, 이론
임과 동시에 수단이고 수단임과 동시에 조직"이라는 철저한 사상탄압
의 관점에 입각하고8) 있다는 점이다.
　그러한 치안유지법의 제정을 통해서 공식화된 사상범죄는 제1조에
명시된 바와 같이 국체 또는 정체 다시 말해서 일본 지배체제가 기초
하고 있는 천황제를 변혁하거나 사유재산제도를 부인하려는 움직임과

5) 我妻榮 編, 『舊法令集』, 有斐閣, 1968, 451쪽.
6) 鈴木敬夫, 『법을 통한 조선식민지 지배에 관한 연구』, 고려대학교 민족문화
연구소, 1989, 220쪽.
7) 김준엽·김창순, 『한국공산주의운동사』 2, 청계연구소, 1986, 343쪽.
8) 池田克, 『治安維持法』, 日本評論社, 1938, 23쪽.

논의 일체를 포괄하는 것이었다. 사상범죄는 다름 아니라 지배체제에
대한 일체의 저항과 공산주의적 활동, 그리고 그 사상을 회포하고 논
하는 행위를 말하는 것이었다. 그것이 사상범죄로 입법화된 근거는 일
본 지배체제가 기초하고 있는 천황제를 위태롭게 할 위험성에 있었다.
사상범죄가 성립되는 요체는 곧 기존의 지배체제를 불안하게 하거나
그에 비판 또는 저항하는 데 있었다. 그러한 요소가 있다고 판단되는
일체의 논의와 사상을 처벌하는 것, 지배체제에 순응하지 않는 경우
사상에 대해서까지도 탄압할 수 있도록 공식화한 것이 곧 치안유지법
이었다.

일제가 그러한 치안유지법을 제정하게 된 것은 이른바 '자유주의의
대고양'(大正 데모크라시)을 배경으로 사회운동, 특히 맑스주의적 사회
운동이 대세가 되자 이를 제어할 필요를 느꼈기 때문이었다. 제국주의
국가의 일원으로서 자본주의적 발전에 박차를 가하고 있던 일제에게
국제공산당과 한인 사회주의자들과의 연계 아래 활성화되고 있던 무
산계급운동은 가장 심각한 사회불안 요인이었다. 공산주의 선전·선동
의 고리를 차단할 필요를 느낀 일제는 당시 진행 중이던 소비에트 정
권과의 국교정상화 협상을 적극 활용했다.9) 일제의 의도는 국교정상화
를 통해서 체제의 안정을 도모하려는 소비에트 정부의 목적과 맞물려
1925년 1월 20일 소·일 기본조약이 체결되었다. 소·일 기본조약은
제5항에서 상호 선전금지를 명시하여 공산주의의 확산을 막으려는 일
본의 기본 의도를 충족시켰다.10) 다른 한편으로 일제는 소비에트 정권

9) 鹿島平和研究所 編, 『日本外交史』 15, 鹿島平和研究所出版會, 1970, 93~94
쪽.
10) 그밖에도 일본은 소비에트 정부를 승인함으로써 석탄 및 석유에 관한 사할린
일소권리협약(1925. 12. 14), 일소어업조약 조인(1928) 등을 이끌어내어 경제
적 이익도 충족시켰다. 한편 소비에트 측에서는 시베리아 철병 이후에도 북
사할린에 남아있던 일본군을 모두 철수시키고 그에 따라 반혁명세력에 대한
일제의 지원을 규제할 수 있게 됨과 동시에 열강과의 외교를 통해서 소비에
트 정권의 안정을 유지시킬 수 있는 기반을 마련하게 되었다(池井優, 앞의

을 인정하는 기본조약의 체결로 공산주의자들과 코민테른의 선전활동
이 더욱 활성화될 가능성 또한 재고하여[11] 그에 대한 대책을 강구했
다. 1925년 5월 제정되어 칙령으로 식민지 한국에도 신속하게 실시된
치안유지법이 그것이었다.[12]

    치안유지법의 실시는 사회운동의 대세를 장악하고 본격적으로 조직
활동을 전개하기 시작한 공산주의운동에 대한 대책이었다.[13] 공산주의
운동은 일본 지배체제가 근거하고 있는 천황제와 자본주의적 성장에
대한 변혁을 목표로 한 가장 큰 위협이었다. 실리를 추구한 소련과의
국교정상화와 함께 제정 실시된 치안유지법은 소련을 필두로 한 공산
주의적인 모든 것에 대한 '방공'과 '반공'의 입법이었다. 반공의 입법은
일본 지배체제에 대한 일체의 저항이나 그와 관련된 이념은 천황제를
위태롭게 하는 것이고, 그것은 곧 범죄라는 논리로 정당화되었다. 그것
은 기존의 천황제 지배체제에 순응하지 않는 일체의 사상에 대해서 국
체 또는 정체를 변혁할 위험 사상이라 하여 탄압할 수 있도록 한 사상
통제의 입법이었다.

    그러한 치안유지법의 특질은 일제가 일본 공산당에 대한 전국적인

글, 1986, 143~45쪽).

11) 실제로 일제는 "일로국교회복이 조선치안에 미친 영향"을 분석하면서, 국외
    의 사회주의자들을 사주하여 간접적으로 국내 사회주의자들과 연락을 취하
    는 식으로 "조선적화의 소지를 배양"하던 코민테른이 1925년 국교수립 이후
    직접 국내의 사회주의자들과 교통하는 식으로 적극적으로 선전활동에 개입
    하고 있다고 판단하였다(『治安狀況』, 1930. 10(不二出版株式會社 복간,
    1984), 138~42쪽 ; 「日露國交回復後の國境治安に及した影響」, 朝鮮總督府
    警務局保安課, 『治安狀況』, 1927, 12쪽 ; 朝鮮總督府警務局, 『最近に於ける
    朝鮮治安狀況』, 1936. 5, 71~74쪽).

12) 1925년 4월 21일, 법률 제46호로 일본에서 공포된 치안유지법은 5월 12일부
    터 제175호 칙령으로 식민지 조선에서도 실시되었다(「치안유지법 조선에도
    시행!」, 『東亞日報』 1925. 5. 9).

13) 第50回 帝國議會, 「治安維持法案議事速記立委員會議錄」, 姜德相·梶村樹
    水 編, 『現代史資料』 第45卷, 1982, 51쪽 ; 「治安法의 解釋에 대하야」, 『東亞
    日報』 1925. 5. 16.

일제 검거(3·15사건)14)를 계기로 치안유지법을 일층 강화·개정한 데서 분명하게 드러났다. 개정된 치안유지법은15) '국체'변혁의 결사는 곧 공산당이라는 것과 치안유지법의 최대 가치는 '국체'변혁에 대한 처벌에 있다는 것을 세간에 분명히 인식시켰다.16) 이때 국체는, 일본은 군주(천황)가 통치하는 군주국이라는 것과 일본의 국체는 건국 정신과 분리될 수 없는 위정상의 根本義에 의해 정해진 것이므로 타국과 달리 '萬世不易'의 특성을 갖는다는 것이었다.17) 이러한 국체에 대한 인식은 제정 치안유지법 제1조에서와 같이 政體에 대한 인식과 혼재된 것으로 명료하지 않아 논란의 여지가 많았다.

국체에 대한 인식이 명확하게 된 것은 1935년 2월 제67의회에서 문제시된 미노베(美濃部達吉)의 天皇機關說사건을 통해서였다.18) 이 사건을 계기로 일본 정부는 '國體明徵'을 성명하고 국체명징운동을 전개하였다. 이는 종래 헌법에 대한 정통적인 해석으로 인정되던 것을 부

---

14) 일제는 치안유지법 제정 이후 천황제를 근간으로 하여 이에 대한 도전이나 변혁의 의도가 있다고 판단되는 불온사상, 공산주의운동에 대하여 "형벌" 위주의 엄격한 처벌 정책을 시행하였다. 그럼에도 불구하고 공산주의운동이 끊이지 않자 공산주의운동에 대한 전국적인 일제 검거를 단행하였다(「警察部長に對する中村高等法院檢事長訓示」(1929. 5), 齊藤榮治 編, 『高等法院檢事長訓示通牒類纂』, 148쪽).

15) 치안유지법은 1928년 6월 29일 칙령 제129호 긴급칙령으로 개정되었다. 개정된 치안유지법은 사상범(공산주의자)에 대하여 '목적수행죄'를 도입하여 아직 구체적인 행동으로 나가지 않은 잠재적인 사상범에 대해서도 처벌할 수 있도록 하였으며 그 처벌의 형기를 사형까지 높인 개악이었다(伊藤憲郎, 「治安維持法第一條の構成及び解釋」, 『警務彙報』 272, 1928. 12, 33~34쪽 ; 伊藤憲郎, 「治安維持法所定の目的要件」, 『司法協會雜誌』, 1929. 12, 249~50쪽 ; 泉二新態, 「改正治安維持法」, 『司法協會雜誌』, 1930. 9, 62쪽).

16) 荻野富士夫, 『特高警察体制史-社會運動抑壓取締の構造と實態』, 1984, 576~79쪽.

17) 泉二新態, 「改正治安維持法」, 『司法協會雜誌』, 1930. 8, 78쪽.

18) 동경대 헌법학자이며 귀족의원인 미노베(美濃部達吉)의 헌법이론이 헌법을 자유주의적으로 해석하여 천황을 국가의 일 기관으로 간주한 것은 反국체사상이라 하여 문제시한 사건이었다.

정하고,[19] 정부가 제시하는 '국체'관을 유일·절대적인 것으로 명징한 것이었다. 정부가 제시한 국체관은, 神武천황의 계통을 이어 건국 이래 일본을 통치해온 천황의 만세일계 황통의 불변성을 강조하며 일본은 그러한 천황을 받드는 제국이라는 것이었다. 그러한 국체는 '정체'와는 그 차원을 달리하는 일본 사회의 특수한 본질을 의미하는 신성불가침한 것이므로 수호해야 할 존재라는 것이었다. 그런데 정부의 국체명징으로 신성불가침한 수호해야 할 것이 된 국체는, 국체명징운동을 통해서 국체를 명징한 지배체제 곧 정체와 불가분의 관계로 인식되었다. 국체명징은 곧 국체와 정체의 일체화를 통해서 지배체제를 공고히 한 것이었다. 그것은 지배체제에 대한 어떠한 도전도 용납하지 않는다는 의미였다.

그러한 국체의 명징은 1931년 만주사변을 도발하여 파시즘화를 촉진한 군부 파시스트세력이 천황제 국체를 이용하여 입헌주의의 이념과 정당정치를 부정하고 그들 중심의 정치지배를 공고히 하기 위해서 행한 것이었다. 만주사변을 필두로 국내 정치체제 개편 움직임을 본격화한 군부 파시스트 세력은 구미열강에 대한 근대적 산업 성장의 열세와 경제공황으로 인한 난관 그리고 국민의 불만을 극복하고 전진해 가기 위하여 '국민통합'을 위한 이데올로기적 통제에 박차를 가했다. 그러나 국민통합은 정치적 슬로건에 불과했다. 군부 파시스트 세력의 이데올로기적 통제의 실상은 본격적으로 추진하기 시작한 군부 파시즘 지배체제를 구축하고 이를 공고히 하는 것이었다. 파시즘화와 더불어 강화된 국민통합의 이데올로기적 통제는 천황제·국체를 근간으로 하여 만주를 중심으로 이권을 대립하고 있는 소련과 국내외 반제·사회혁명운동을 촉진하는 공산주의에 대한 엄격한 취체와 사상을 통제하는 체제를 구축하는 방식으로 전개되었다.

---

19) 쓰루미 슌스케, 「국체에 관하여」, 『일본제국주의 정신사 1931-1945』, 서울 : 한벗, 1982, 46쪽.

군부 파시스트세력은 제정 당시부터 사상통제 입법으로서의 특질을 갖고 있던 치안유지법을 정치적 지배를 공고히 하기 위한 이데올로기적 통제체제를 구축하는 데 적극 활용했다. 그들은 만주사변 직후부터 치안유지법 개정의 필요를 제기했다. 치안유지법 개정안은 1934년 2월 제65의회에 제출되었다. 당시 두 차례에 걸쳐 의회에 제출된 치안유지법 개정안은 부결되었다. 그러나 국체명징 이후 분명하게 각인된 국체관에 입각하여 시행된 1936년 5월 29일 법률 제29호 사상범보호관찰법으로 그 주요 내용 대부분이 시행되었다. 그리고 1941년 3월, 중일전쟁 직후부터 전개한 국민정신총동원운동을 강화하는 한편으로 국가총동원법 등 파시즘 체제의 국가총동원을 위한 비상시 입법을 제정하면서[20] 치안유지법을 전면 개정했다. 이를 통해 군부 파시스트세력은 만주사변 직후부터 제기하였던 치안유지법 개정의 목적을 달성했다.[21]

1941년 3월에 개정된 치안유지법의 주요 내용은 사상범에 대한 형벌을 강화하고 그와 함께 예방구금제도를 도입한 것이었다.[22] 예방구금제도는 사상범을 형기 만료 후에도 사실상 계속 구속하는 제도였다.[23] 예방구금은 위험성이 있다고 판단되는 사상범을 특별히 설치된 예방구금소에 수용하여 사회로부터 격리시키는 것이었다.[24] 그 목적은 사상범과 접하게 될 일반인이 그들로부터 위험한 영향을 받지 못하도록 예방하기 위해서였다. 범죄 예방의 의미는 아직 발생하지 않은 그

---

20) 大竹第三課長,「支那事變二關スル臨時法律」; 京城地方法院檢事局 朝鮮總督府檢事 長崎祐三,「第十回思想實務家會同參列報告書」, 京城地方法院檢事局,『思想實務家會同參列報告書綴』, 1937 참조.

21) 사상범보호관찰법이나 개정치안유지법의 주요 내용인 예방구금제도는 1934년 2월 제65의회에 제출되었던 치안유지법 개정안에서 형사수속의 편의화와 함께 이미 제시되었던 것을 실시한 것이었다(荻野富士夫,『特高警察体制史 社會運動抑壓取締の構造と實態』, せきた書房, 1984, 241쪽).

22) 相原宏,「豫防拘禁制度論」,『司法協會雜誌』, 1942. 7, 664~67쪽 참조.

23) 위의 글, 669쪽 참조.

24) 위의 글, 769쪽.

러나 만의 하나 발생할 수도 있는 사상범죄를 원천적으로 차단하는 것
이었다.

이 제도는 사상범을 보호한다는 명목으로 사상범의 사상과 행동을
관찰하는 사상범보호관찰법의 확대·강화판이었다.[25] 사상범보호관찰
법은 단순히 범죄를 예방한다는 소극적인 것이 아니라 국체명징으로
분명해진 국체관에 입각하여 사상범이 '국체'에 대한 명확한 인식을 갖
도록 적극적으로 강제하는 것이었다. 이를 위해 사상범들에 대한 물심
양면의 충분한 보호를 제공하여 생활을 안정시켜 그들이 국체관을 인
식한 국민으로서의 정도로 복귀할 수 있도록 하여 확보하는 것이었다.
이는 왕성한 생활력을 갖게 된 사상범이 적극적으로 전력을 국가생활
에 경주할 수 있도록 하기 위해서였다.[26] 그에 따라 사상범죄 전과가
있는 사람은 항상 경찰의 보호와 관찰의 대상이 되었다. 사상범보호관
찰법의 제정은 사상범을 국체사상으로 전향할 것을 강제하고, 그 결과
변화된 정신 곧 황국민이라는 인식을 확보하여 군부 파시즘 지배체제
에 협조하도록 하는 제도적 장치를 법체계 속에 확립한 것이었다.[27]
여기서 더 나아가 개정 치안유지법의 예방구금제도는 지배체제와 일
체화된 국체관에 입각하여 현행 법률·사회제도 등 정부기구에 불만
을 품고 이를 개혁하는 것이 선이라고 확신하고 비합법 행위에 나선
자 일반을 대상으로 그들을 일반인과 사실상 격리시키는 제도였다. 일
제는 이를 중대한 시국에 순응한 사법적 참여라는 차원에서 시행했
다.[28] 그 실상은 군부 파시즘 지배체제의 국체관을 지배의 공고화를
위한 이데올로기적 도구로 적극 활용하여 사상통제체제를 구축한 것

---

25) 사상범보호관찰법 제2조, 『保護觀察制度の槪要』, 京城保護觀察所, 1941, 6
    쪽, 30쪽.
26) 위의 책, 7쪽.
27) 전상숙, 『일제시기 한국 사회주의 지식인 연구』, 서울 : 지식산업사, 2004, 227
    쪽.
28) 위의 글, 677쪽.

이었다.

그 결과 개인주의와 자유주의는 부정되어야 할 것이 되었고, 국체는 군부 파시즘의 지배 이데올로기이자 군부 파시즘 지배체제 그 자체가 되어 파시즘 지배체제를 공고히 하는데 장애가 되는 일체의 사상과 행위를 처벌하는 준거가 되었다. 반파시즘은 곧 국체변혁이라는 논리가 개발된 것이다.[29] 따라서 '국체에 대한 변혁'은 군부 파시즘 지배체제에 대한 일체의 도전과 저항을 의미하는 것으로 포괄적으로 해석되어 처벌의 대상이 되었다.

이와 같이 군부 파시스트 세력은 제정 당시부터 사상통제 입법으로서의 특질을 갖는 치안유지법을 정치적으로 이용하여, 반공과 함께 천황제 국체관을 근거로 사상범죄를 규정하고 처벌했다. 그것은 파시즘 지배체제를 공고히 하기 위한 사상 통제체제를 구축한 것이었다. 법규를 통해서 구축된 사상통제는 국체명징 이래 보존해야 할 것이 된 국체 곧 지배체제에 대한 일체의 도전이나 변혁할 위험이 있는 사상 일반을 탄압하고 처벌하는 것이었다. 치안유지법을 제정한 목적이었던 반공은 국체명징 이후 체제변혁의 위험이 있는 사상 일반에 대한 방비를 의미하는 것으로 확대되었다. 요컨대 국체관에 입각한 반공은 군부 파시스트 지배체제에 대한 어떠한 비판과 반대도 용납하지 않는다는 사상탄압의 상징이었으며, 치안유지법은 그러한 사상탄압의 제도적 장치였다.

3. 주어진 해방과 반공의 구조화

해방으로 국가의 주권과 자유를 갖게 되었으나 분단체제로 귀결된 한국 민주주의 정치체제는 일제하 민족해방운동을 견인한 공산주의

---

29) 荻野富士夫 編, 앞의 책, 1996, 642~44쪽.

대 민족(민주)주의 이데올로기 사이의 갈등으로부터 자유로울 수 없었다. 따라서 일제하의 이데올로기적인 갈등을 극복하고 근대국가 건설을 위한 국민통합의 정당성을 확보하는 것이 중요했다.

그러나 일제시기에 연원하는 정치 이데올로기의 갈등을 극복하고 국민통합의 정당성을 확보하는 일은 그리 간단한 문제가 아니었다. 무엇보다도 일제 파시즘기를 거치며 '친일' 또는 '반민족' 대 '민족'의 문제로 공고화되어 해방된 한국 사회에서 국민적 요구가 된 친일파를 청산하는 문제와 결부되어 있었다. 또한 파시즘기에도 그 명맥을 유지한 공산주의 민족해방운동과 그로 인한 대중의 공산주의에 대한 호감과 분리해서 볼 수 없는, 공산주의 정치체제를 수립한 북한에 대한 입장을 정립하는 문제와 결부되어 있었다. 이러한 문제가 복합적으로 결부되어 간단치 않은 것은 해방 이후 수립된 민주주의 정치체제의 지배세력이 이른바 일제하 민족부르주아세력이기 때문이었다.

그들은 근대적 산업화를 이룬 일제에 대한 실력·힘의 열세를 극복하지 않으면 식민지 현실을 근본적으로 바꿀 수 없다는 이른바 실력양성론에 입각하여 일제 파시즘 지배체제의 경제적 팽창에 자발적으로 동승·협력하는 모습을 노정했었다. 그러한 그들의 정향은, 부르주아 민주주의를 매개로 해방 후 국제적인 냉전과 미국의 동북아 방위체제 구상 아래 취해진 미군정의 행정적 편의를 위한 선택과 제휴하여 집권했다. 그러므로 지배세력이 국민통합의 정당성을 확보하기 위해서는 친일의 문제와 항일 독립운동에서 일정한 의의를 갖는 일제하 공산주의자들과 공산주의 북한과의 관계를 정립하는 것이 필수적이었다.

전자는 1948년 9월 22일에 공포된 반민족행위처벌법과 반민족행위특별조사위원회의 구성을 통해서 추진되었다. 그러나 1948년 11월에 발생한 여수·순천반란사건을 계기로 1948년 12월 1일 법률 제10호로 공포·시행된 국가보안법은 사실상 반민특위의 활동을 제어하는 기재로 작동하여 친일 문제를 청산하는 일은 실효를 거두지 못하고 말았다. 국가 방위와 치안을 책임진 군에서 남로당 출신 군인이 일으킨 여순사건은 대한민국을 타도의 대상으로 설정하고 '인민공화국 지지'를 외치는 좌익 손에 전남 동부지방이 순식간에 넘어갔다는 점에서 큰 충격이었다.[30] 지배세력은 이 사건을 공산주의자와 극우주의자의 연합으로 발생한 반란으로 규정하고[31] 그에 대한 대책을 강구했다. 사실 체제에 대한 위법적인 반란행위는 당시 적용되던 구형법상의 내란죄로도 처벌할 수 있었다. 그러나 지배세력은 국가보안법을 제정하여 구체적인 위법행위로 표출되지 않은 남로당 외곽조직과 당시 합법적으로 존재하던 기타 좌익 결사에 대해서까지 처벌할 수 있도록[32] 했다.

국가보안법은 기존의 법체계에 따라 처벌할 수 있는 것을, 드러난 행위를 근거로 예측 가능한 유사한 행위를 촉발시킬 수 있는 이념과 사상에 대해서까지 처벌하는 입법을 행한 것이었다. 이는 곧 자유민주주의의 기본권의 하나인 사상의 자유를 억압하는 것이었다. 그리고 사상의 자유에 대한 억압과 그에 대한 법률에 의한 처벌은 곧 인권의 문제로 연계될 소지가 많았다. 그러한 입법의 근거는 민주주의 정치체제에 대한 반란행위였다. 국가보안법은 곧 민주주의 체제의 수호를 근거로 민주주의의 기본권인 자유, 사상의 자유를 공권력으로 억압하여 민주정치체제에 대한 현실적인 비판과 저항을 '반공'의 이름으로 처벌하는 반공의 입법이었으며 동시에 사상통제의 입법이었던 것이다.

당시 국가보안법을 제정한 것은 단선·단정수립 반대 활동을 주도한 좌익세력이 분단체제의 문제를 지적하며 민심을 동요케 함으로써 체제의 안정을 위협한다고 판단한 데 따른 대응이었다고 할 수 있다.

---

30) 서중석, 『한국현대민족운동연구』 2, 역사비평사, 1996, 168쪽.
31) AMERICAN MISSION IN KOREA, *Report on the Internal Insurrection After April, 1948*, made by Minister of National Defense, Lee Bum Suk(노영기, 「여순사건과 군-육군을 중심으로-」, 『여순사건 : 실태조사 보고서 제3집』, 사단법인 여수지역사회연구소, 2000, 209쪽 재인용).
32) 박원순, 『국가보안법연구』 1, 역사비평사, 1989, 80~81쪽.

그런데 그것은 반민특위가 본격적으로 활동하던 1949년 5월 18일에 발생한 국회프락치사건을 통해서 알 수 있듯이, 반공을 근거로 정권의 반대파를 제거하는 기능을 수행했다. 국가보안법의 범죄행위를 규정한 제1조와 법 제정 당시 "민족적 양심을 가진 애국지사가 이 법망에 걸려서 불순도배의 손에서 쓰러지리라는 것을 역력히 앞날을 보는 것으로 생각"[33]한다는 반론에서 예상되던 국가보안법 시행에 대한 우려는 시행 직후부터 그대로 실제화되었던 것이다.

> 제1조 국헌을 위배하여 정부를 참칭하거나 그에 부수하여 국가를 변란할 목적으로 결사 또는 집단을 구성하는 자는 좌(左)에 의하여 처벌한다.
> 1. 수괴와 간부는 무기, 3년 이상의 징역 또는 금고에 처한다.
> 2. 지도적 임무에 종사한 자는 1년 이상 10년 이하의 징역 또는 금고에 처한다.
> 3. 그 정을 알고 결사 또는 집단에 가입한 자는 3년 이하의 징역에 처한다.
> 제2조 살인, 방화 또는 운수, 통신기관, 건조물 기타 중요시설의 파괴 등의 범죄행위를 목적으로 하는 결사나 집단을 조직한 자나 그 간부의 직에 있는 자는 10년 이하의 징역에 처하고 그에 가입한 자는 3년 이하의 징역에 처한다. 범죄행위를 목적으로 하는 결사나 집단이 아니라도 그 간부의 지령 또는 승인 하에 단체적 행동으로 살인, 방화, 파괴 등의 범죄행위를 감행한 때에는 대통령은 그 결사나 집단의 해산을 명한다.
> 제3조 전2조의 목적 또는 그 결사, 집단의 지령으로서 그 목적한 사항의 실행을 협의, 책동 또는 선전을 한 자는 10년 이하의 징역에 처한다.
> 제4조 본법의 죄를 범하게 하거나 그 정을 알고 총포, 탄약, 도검 또

---

33) 대한민국 국회 제1회 속기록 중 「제105차 회의록」, 948쪽, 노일환 의원 발언 (박원순, 위의 책, 84쪽 재인용).

는 금품을 공급, 약속 기타의 방법으로 자진방조한 자는 7년 이하
의 징역에 처한다.

제5조 본법의 죄를 범한 자가 자수를 할 때에는 그 형을 감경 또는
면제할 수 있다.

제6조 타인을 모함할 목적으로 본법에 규정한 범죄에 관하여 허위의
고발, 위증 또는 직권을 남용하여 범죄사실을 날조한 자는 당해 내
용에 해당한 범죄규정으로 처벌한다.

민주주의 정치체제를 수립하고 국가보안법을 제정·시행한 지배세
력이 당면한 가장 긴급한 일은 앞에서 언급했듯이, 이데올로기적 갈등
을 극복하고 민주적 국민통합의 정당성을 확보함으로써 체제의 안정
을 도모하고 신생 민주공화국의 기초를 공고히 하는 것이었다. 그러나
국가보안법의 시행은 친일문제 청산을 어렵게 한 것은 물론, 북한과
일제하 항일 독립운동에 기여한 사람들조차도 민주체제에 대한 적으
로 규정하여 탄압·배제함으로써 이데올로기적 갈등과 균열을 심화시
키게 되었다. 오히려 체제안정에 필요한 국민통합에 역행하는 반작용
과 이데올로기적 갈등을 내재화시키는 결과를 초래하였다.

그것은 이승만과 김성수의 추종자로 구성된 보수적 성향의[34] 지배
세력의 특성과 무관하지 않았다. 지배세력은 앞에서 언급했듯이 친일
의 문제로부터 자유로울 수 없었다. 이는 곧 친일과 단정을 문제시하
는 좌익을 비롯한 비판세력과의 갈등을 의미하는 것이었다. 또한 일제
하 민족해방운동을 견인하는 한편 신분제적 구체제에 대한 근대적 신
사회에 대한 상을 인식시킨 공산주의에 대한 대중적 호감에 대한 부담
도 있었다. 그러한 지배세력에 비판적인 위협 요인을 제어하고 정치적
지배를 공고히 하는데 활용된 것이 곧 여순사건을 계기로 제정된 국가
보안법이었다.

국가보안법은 새로이 수립된 민주정치체제의 당위성을 전제로 그에

---

34) 조순승, 『한국분단사』, 형성사, 1983, 177쪽.

대한 비판과 대항 이념인 공산주의적인 일체의 활동과 이념에 대한 반
공의 사상통제입법이었다. 그러한 입법은 일본이 패함으로써 전쟁이
종식되고 해방을 맞이하게 된 가운데 한반도에 미·소 양군의 진주로
상징되는 국제적 냉전이 전개된 것과 밀접한 관계가 있다. 소련군에
대하여 38선 이남에 미군을 진주시킨 미국의 목적은 한반도에 "공산주
의에 대한 방벽을 형성"하여[35] 전후 동북아 구상을 실현하는 것이었
다. "인민의, 인민을 위한, 인민에 의한" 민주주의 정부를 건설할 때까
지 과도기의 임시정부임을 선언한 미군정의[36] 역할은 미국에 우호적
인 정부를 수립하여[37] 미국의 동북아 방위체제를 구축하는 것이었다.
   미군정은 여운형을 비롯한 항일 공산주의운동세력 일체를 소련과
직결된 공산주의자들로 판단하여 배제했다. 반면, 식민지 하에서 친일
또는 민족운동에 소극적이었던 한민당 관계자들을 가장 믿을만한 집
단으로 여겨[38] 행정고문에 임용했다. 이보다 앞서 미군정은 군정의 헌
법적 역할을 하게 된 포고들을 통해서 건국준비위원회 등 자발적으로
치안임무를 수행하던 각종 단체의 활동을 금지시키는 한편 일본인 정
부 고용인들을 현직에 유임하게 했다.[39] 그리고 해임한 일본인들을 '행
정고문'이라는 이름으로 미군의 직무수행을 지원하게[40] 함으로써 해방
에 대한 한국인들의 기대를 실망시켰다. 한민당계는 일본인 행정고문
을 대신하여 임용되었다.

---

35) E. Grant Mead, *American Military Government in Korea,* New York :
    King's Crown Press, Columbia University, 1951, p. 52.
36) 『시사자료 광복30년사(1945-1975)』, 세문사, 1976(송남헌, 『해방3년사』 I, 까
    치, 1985, 100쪽 재인용).
37) 조순승, 앞의 책, 136쪽.
38) Benninghoff to Secretary of State, September 15, 1945, Foreign Relations of
    United Nations(FRUS) 1945, Vol. VII, p. 1, 049-1, 053 ; Benninghoff to
    Secretary of State, September 29, 1945, p. 1 061-1, 065, 061, 063.
39) 맥아더 미 태평양 육군총사령관 포고 제1호, 「조선 인민에게 고함」(송남헌,
    앞의 책, 97쪽 재인용).
40) HUSAFIK, Vol. I, Ch. 4, p. 36 ; Ch.7, p. 17.

이후 미군정은 그러한 미군정에 대한 한국인들의 반감을[41] 고려하여 진보적인 세력을 중심으로 한 입법기구 수립을 시도하기도 했지만 대내외적인 이데올로기적 갈등구도 속에서 미국의 실리를 달성하는 데는 제한적일 수밖에 없었다.[42] 미국의 동북아안보 구상 속에서 수행된 미군정의 '민주주의 정부'의 건설이라는 목적은 '민주주의'의 실질적인 내용보다는 미국과 뜻을 같이 하는 민주주의 정치체제의 건설에 있었기 때문이다. 결국 UN 감시하에 실시된 총선거를 통해서 단정으로 수립된 민주주의 정치체제는 그러한 미군정기의 기초 위에서 구축된 것이었다.

그 결과 대부분 친일로부터 자유롭지 못한 일제하 민족부르주아세력은 미군정기를 거치며 국민적 합의와는 무관하게 친일의 문제를 청산하지 않은 채 민주 부르주아 지배세력으로 재생되었다. 따라서 전후 국제적인 냉전구조와 일제하 민족운동 선상의 이데올로기적 분화가 맞물려 수립된 민주주의 정치체제의 집권자가 된 민주 부르주아세력의 가장 중요한 가치는 민주주의의 수호라는 명분으로 지배체제를 안정적으로 유지하는 데 놓이게 되었다. 그것은 그들에게 면죄부를 주고 그들의 실존과 집권을 정당화해주는 현실적인 근거였다. 그러나 이는 민주 정치를 접한 바 없는 한국 사회에서 그 실질적인 내용을 구체화시켜 제도적으로 실천함으로써 민의에 기초한 실질적인 민주주의 체제를 구축하는 것과는 거리가 있었다. 그러한 지배세력에 의하여 민주 정치체제를 근거로 한 반공의 입법으로 제정된 국가보안법은 지배체제의 안정을 위한 사상통제의 입법으로 활용되어 '반공'을 사회 전반에 구조화시키며 국민의 자유를 구속하게 되었다.

41) 여운형이 고문직을 수락하지 않은 것을 비난한 미군정장관 아놀드 소장의 비난문에 대하여 많은 한국인들이 분노했으며, 거의 모든 신문이 반박하였다. Benninghoff to Atcheson, October 9, 1945, FRUS(1945), Vol. Ⅵ, p. 1, 069.
42) 전상숙, 「미군정의 대한정책과 중도파의 정치세력화」, 한국사회역사학회, 『담론201』, 2002년 봄·여름호 참조.

4. 반공의 지배이데올로기화와 일제하 전향정책의 유산

국가보안법과 같은 사상처벌의 법제화는 근대 국가 성립의 기초가 되는 보호되어야 할 구성원 개개인의 포괄적인 의미의 자유를 제한하는 것이다. 사상의 문제 곧 사상의 자유는, 단지 내심의 정신적인 것에 국한하는 것이 아니라 사회적 존재인 인간의 사회적 생존의 조건을 따지는 것이다.[43] 근대 이래 자유주의와 민주주의의 발달은 그러한 인간의 기본권을 제도적으로 정립해온 과정이었다고 할 수 있다. 따라서 포괄적인 사상처벌의 법제화는 곧 자유민주주의의 기본 전제인 개인의 기본권을 근본적으로 침해하는 것이다.

국가보안법은 입안 당시부터 일제하 치안유지법의 재현이라고 비판된[44] 바와 같이 치안유지법과 그 체제와 내용을 거의 같이 한다. 가장 중요한 점은, 모두 실제적이고 구체적인 행위 자체만이 아니라 그와 관련된 전반적인 혐의 일체를 처벌의 대상으로 하는 사상처벌의 성격을 갖는다는 것이다. 차이라고 한다면, 처벌의 대상을 치안유지법이 "국체 또는 정체를 변혁하거나 사유재산제도를 부인하는 것을 목적으로 결사를 조직하거나 또는 사정을 알고 이에 가입한 자"로 하였고, 국가보안법은 "국헌을 위배하여 정부를 참칭하거나 그에 부수하여 국가를 변란할 목적으로 결사 또는 집단을 구성하는 자"라고 한데 있다. 치안유지법이 천황제 지배체제에 대한 내란죄와 공산주의운동을 직접적인 대상으로 한 것이었다고 한다면, 국가보안법은 내란죄를 주요 대상으로 한 차이라고 할 수 있다.

제정 당시부터 반공과 국체를 기본으로 한 사상통제 입법으로서의 특질을 갖고 있던 치안유지법은, 앞에서 보았듯이, 군부 파시스트세력에 의한 국체명징을 통하여 국체와 일체화된 정체 곧 지배체제에 대한 반대나 저항은 곧 국체변혁이라는 논리로 군부 파시즘 지배체제를 수

---

43) 한상범, 「사상·양심과 종교의 자유」, 『고시계』 제26권 제4호, 1981. 4 참조.
44) 「국가보안법을 배격함」, 『새한민보』 제2권 제20호, 1948. 12.

호하는 첨병으로서 기능했다. 국가보안법에 대하여 치안유지법의 재현
이라는 비난과 함께 정치적 악용의 가능성을 우려한 반대가45) 있었던
것은 바로 그러한 이유에서였다. 치안유지법이 지배세력에 의하여 천
황제 국가체제의 정당성을 근거로 파시스트체제의 안보를 위하여 정
치적으로 악용되었듯이, 사상통제의 국가보안법은 국헌을 근거로 지배
세력이 정치적으로 악용할 소지가 많았기 때문이다.

무엇보다 구형법상의 내란죄로도 처벌 가능한 여순사건을 계기로
국가보안법을 제정한 것은 직접 행위로 표출되지 않은 좌익 결사 일반
을 처벌의 대상으로 했다는 점에서 논란의 여지가 컸다. 그것은 사상
처벌의 입법으로서 민주주의가 보호해야 할 개인의 기본권을 침해한
다는 원론적인 문제에 그치는 것이 아니었다. 남북으로 분단된 체제를
수립한 민족의 문제 곧 통일의 문제와 이를 위해 정립해야 할 북한과
의 관계라고 하는 현실적인 문제와 밀접히 관련된 것이었다. 이러한
문제는 곧 남과 북의 분단체제가 각기 그 정당성을 공고히 하여 통일
의 주도권을 획득하려 하는 체제 경쟁과도 연관되는 것이었다. 그리고
각 분단체제는 각기 그 체제를 안정시키는 데서부터 경쟁은 이미 시작
되고 있었다.

미군정기를 통해서 재생된 지배세력이 제정·실시한 국가보안법은
'국헌'이 명시한 '민주공화국' 다시 말해서 수립된 민주주의 정치체제의
정당성을 근거로 하여, 그에 대한 일체의 저항과 비판을 처벌의 대상
으로 한 것이었다. 국가보안법은 반공산주의를 명시하지는 않았지만
제1조에서 명시한 범죄행위로 처벌된 것은, 여순사건의 처리 과정에서
드러난 바와 같이, 실제로는 공산주의 정치체제를 수립한 북한과 공산
주의와 관련될 수 있다고 판단되는 것에 대한 것이었다. 그것은 사상
의 자유라는 원론적인 차원을 넘어서 국민적 열망인 민족통일을 전망
할 북한과 관련된 일체의 것을 대결적으로 적대시한 것이었다. 친일의

45) 박원순, 앞의 책, 27~30쪽 참조.

문제와 더불어 분단으로 인한 국민의 실망과 이와는 반대로 일제하 공산주의에 대한 국민의 호감은 지배세력에게 큰 부담이 아닐 수 없었다. 여순사건은 지배세력에 대한 가장 격렬한 비판세력인 좌익세력을 처벌하고, 좌익 활동이 국헌을 교란하는 불법행위로서 처벌의 대상이 된다는 것을 세간에 인식시킬 좋은 계기가 되었다고 할 수 있다. 국가보안법을 제정한 이유는 여기에 있다고 할 수 있다.

국헌에 의거한 체제를 교란하는 내란행위를 다스려 체제의 안정을 도모하는 일은 국방과 함께 근대국가의 중요한 임무의 하나이다. 따라서 국가보안법 제정의 계기가 되었던 여순사건 등 체제를 위협하는 행위에 대한 처벌의 근거를 제정하는 것에 대해서는 근본적으로 이의가 제기될 수 없다. 그러나 국가보안법이 정치적으로 악용될 소지를 우려한 반대 의견은, 국가보안법의 사상처벌의 특성으로 인하여 지배세력에 의한 정치적 사상통제와 탄압의 기제로 활용될 가능성 때문이었다. 공산주의 정치체제를 수립한 북한과 공산주의와 관련된다고 여겨지는 것에 대한 사상처벌의 국가보안법은 곧 '반공'의 입법이었다. 그 반공은 민족통일을 전망할 북한과 관련된 일체의 것을 적대시하는 것이었다. 그러므로 일제하의 이데올로기적 갈등을 청산하고 민족통합의 새로운 이념적 모색을 원천적으로 차단하는 것이었다. 따라서 분단체제의 문제와 이념적 갈등 청산의 문제를 공론화하여 모색하기보다는 억압함으로써 갈등을 내재화시키는 것이었다. 요컨대 지배체제의 수호를 위해서 그에 대한 변혁은 물론 잠재적인 저항이나 비판적인 사상까지도 제어하는 것이었다.

국회프락치사건은 국가보안법에 대한 우려가 기우가 아니었음을 증명했다. 국가보안법이 적용된 국회프락치사건으로 검거된 의원들은 반민족행위처벌법의 제정과 반민족행위특별조사위원회의 활동에 적극적인 사람들이었다. 그들은 국가보안법의 제정에 반대한 것은 물론, 도지사와 각급 의회의 경선, 직선제 주장, 철저한 농지개혁 등을 요구하며

지배세력의 정책을 앞장서서 비판했던 소장파 의원들이었다.46) 그들은
사사건건 정책을 비판하며 퇴진을 요구했기 때문에 지배세력에게는
눈의 가시와도 같은 존재였다.47) 이들 국회의원들이 남로당의 프라치
로 활동했다는 국회프라치사건은 국가보안법 제정 반대조차도 남로당
의 지시에 의한 것은 아닌가 하는 의구심을 낳는48) 한편으로, 지배세
력에 대한 비판세력은 누구라도 국가보안법에 의거하여 처벌의 대상
이 될 수 있음을 상징적으로 보여주었다. 그러므로 국가보안법의 시행
은 반공을 지배세력의 지배이데올로기로 사실상 공식화한 것이라고
할 수 있다.

　반공의 지배이데올로기화는 국가보안법의 운용을 통해서 체제의 수
호와 정권의 안보를 동일시하는 것이었다. 이는 일제시기 군부 파시스
트세력이 국체이데올로기를 통해서 천황제 국체와 파시스트체제를 일
체화시켜 정권을 수호하는 제도적 장치로 치안유지법을 활용했던 바
와 같은 것이었다. 치안유지법과 체제와 내용을 같이 하는 국가보안법
의 제정은 그 실행면에서도 일제 파시즘기의 전철을 답습한 것이다.
그러한 국가보안법의 일제 파시즘기의 유산은 그 "구체적인 운영대책"
으로49) 사전심사제도와 중점적극수사체제의 확립에 더하여 '엄벌주의'
와 '교화·전향운동의 전개', '보류처분제의 신설' 등을 실시하도록50)

46) 국회의원들에 대한 남로당 프라치 혐의로 국가보안법을 적용한 국회프라치
　　사건의 수사기록에 대하여는 한옥신, 『사상범죄론』, 최신출판사, 1975, 132~
　　73쪽 참조.
47) 서병조, 『주권자의 증언』, 모음출판사, 1963, 68쪽.
48) 박원순, 앞의 책, 85쪽.
49) 국가보안법의 구체적인 운영대책은 일제하의 경력에도 불구하고 해방후
　　1946년 사법시험을 통해 서울지방검찰청 검사로 임관하여 사상검사·반공검
　　사로 명성을 날린 오제도의 『국가보안법실무제요』(남광문화사, 1949)에 제시
　　되어 있다. 위의 실무제요는 국가보안법 제정 전후 그의 사상검사로서의 이
　　력과 법무부 장관의 추천의 말, 그리고 내무부 장관의 서문 등으로 미루어 볼
　　때 현직 검찰청 검사 개인의 의견이라기보다는 당시 국가보안법을 집행하는
　　일종의 지침서와 같은 역할을 한 것으로 보인다.

한 데서 더욱 분명해진다. 그러한 운영대책은 "사상범은 확신범죄이기 때문에 이를 방지·근절하는 데는……일반범에 비하여 가일층 일벌백계의 최엄벌주의로 임하는 동시에 그 사상의 시정·교화 즉 전향시키는 데 있다는 것을 십분 명심"해야51) 한다는 취지에서 제시되었다. 국가보안법의 처벌 대상이 된 자는 '사상범'이고 그들을 전향시켜야 한다는 사상통제입법의 기본 관점과 의도가 분명하다. 이 역시 일제하 치안유지법이 입각하고 있는 사상탄압의 관점과52) 같다.

그러한 사상탄압 입법의 운용은 지배권력에 대한 비판과 도전세력을 처벌하는 데 그치지 않고, 나아가 그들을 지배에 순응하고 협조하도록 '전향'시킬 것을 꾀하게 된다. 사상탄압 자체가 기본적으로 지배권력을 공고히 하는데 목적이 있기 때문이다. 국가보안법 운영대책은 그러한 지배권력의 입법의지를 충분히 반영하여 사상범에 대한 전향시책을 구체화했다. 그에 따르면, 교화·전향운동은 "대한민국의 국체관념과 본법의 근본 입법정신을 주지 납득할 수 있도록 선전 계몽하며 특히 본법 위반자 중 불기소(기소유예)처분을 받는 자 또는 刑餘者에 대해서 그에 소속반장, 동반장, 기타 유지와 最奇警察署와 긴밀한 연락을 하여 내심으로 완전 전향함과 동시에 우리 民國을 절대지지 육성할 수 있게 할 보호지도기관을 급속히 국가예산으로 전국적으로 방방곡곡에 설치"하는 것이다.53) 이와 함께 보류처분은 "일정한 기간 본인의 지위를 불확정상태에 두고 관계기관으로 하여금 감시·선도하여 그 반성을 구하므로서 재범을 방지할 수 있는 방법을 수립"하는 것이다.54)

---

50) 오제도, 『개정증보 국가보안법실무제요』, 남광문화사, 1951(초판 발생은 1949년 8월 15일), 33~38쪽 참조.
51) 위의 책, 37쪽.
52) 앞의 각주 4) 참조.
53) 오제도, 앞의 책, 37쪽.
54) 오제도, 앞의 책, 38쪽.

 그러한 보류처분의 시행은 국가보안법의 시행으로 대량구속사태가
발생하자[55] 검·경 인력은 물론 형무소 등 제반 시설 능력을 초과하게
된 데 따른 대책이었다. 이것은 1949년 12월 19일의 제1차 국가보안법
개정(법률 제85호)으로 보도구금제와 보도구금소 설치로 도입되었다.
보류처분은 국가보안법의 실시로 인한 사상범의 대량구속사태에 대처
해야 할 현실적인 필요에서 제안된 것이었다. 그러나 근본적으로는 사
상범죄자를 과잉 양산하는 사상통제법을 실행해야 할 정권의 필요와
의지에서 비롯된 것으로, 제1차 국가보안법 개정에서 제도화되었다.
이러한 국가보안법의 보류처분과 그 제도화는 일제하 유보처분의 개
발과 법제화를 그대로 답습하고 있다. 일제는 치안유지법의 엄격한 시
행에도 불구하고 사상범이 급증하자 그에 대한 행정적 편의와 효율성
의 필요에서 유보처분을 개발하여, 법적인 수속을 유보하는 동안 검사
가 피의자에게 압력을 가하여 위험사상을 버리게 하는 조치를 취했다.
이는 전향하고 석방된 사람들에 대한 의심과, 재범 및 사상범죄 예방
을 위한 형사소송 수속을 간소화하기 위해서였다.[56] 그것은 1936년 12
월 제령 제16호로 공포된 조선사상범보호관찰령과 조선총독부 보호관
찰소제, 조선총독부 보호관찰심사회관제로 12월 21일부터 국가적 사상
범 관찰제도로 실행되었다.[57] 그러나 이미 유보처분을 전후로 사상범
을 감시·통제할 제도적 장치의 필요에서 소도회·백악회·대동민우
회와 같은 이른바 사상범 보호단체가 설립되어 자체적으로 운영되고
있었다.[58] 이 역시 국가보안법 제1차 개정으로 보도구금제와 보도구금
소 설치가 도입되기 전인 1949년 4월 21일 국민보도연맹이 결성되어,

55) 조국, 「한국 근현대사에서의 사상통제법」, 『역사비평』 1988년 여름, 332쪽 참
조.
56) 전상숙, 「식민지 사회주의자들의 전향」, 『한국정치학회보』 31집 4호, 1997 겨
울, 71쪽 참조.
57) 전상숙, 「전향, 사회주의자들의 현실적 선택」, 방기중 편, 『일제하 지식인의
파시즘체제 인식과 대응』, 혜안, 2005, 332쪽.
58) 위의 글, 332~33쪽 참조.

전향자에 대한 의심과 재범 예방을 위한 좌익 사상범에 대한 감시·통제 장치가 제도적으로 운용되고 있던 사실과 궤적을 같이 한다.

보도연맹의 결성과 보류처분의 제도화는 사상통제입법으로서의 국가보안법이 지배권력에 반대하거나 비판하는 사상범을 처벌하는 데 정치적으로 악용되어 그들을 처벌하는 데 그치지 않는다. 그것은 사상범을 전향시켜 지배권력을 공고히 하는데 동원하는 지배이데올로기화된 반공의 제도적 장치를 만들어 냈다는 의미를 갖는다. 이 역시 일제하에 실시된 사상범보호관찰법의 취지와 실행면의 효과를 그대로 답습하고 있다. 좌익 전향자 단체를 표방한 보도연맹의59) 실상은, 전향자와 남로당 탈당자를 계몽·지도하여 명실상부한 대한민국 국민으로서 멸사봉공의 길을 열어준다는 취지로60) 내무부 주관 아래 법무부·검찰청·국방부가 참여하여 조직한 국가적 사상범 관찰제도였다.61) 그러한 사실상의 국가적 사상범 관찰제도를 시행하고 이를 국가보안법의 개정을 통해서 제도화한 것은 국가보안법을 통한 반공의 지배이데올로기화를 공고히 하고 이를 위한 체제를 정비한 것이라고 할 수 있다.

5. '대한민국 국체관'으로의 전향과 정권 수호와 체제 안보의 동일시

국가보안법의 제정·시행을 통해서 반공을 지배이데올로기화한 지

---

59) 오제도, 『붉은군상』, 희망, 1951, 15쪽.

60) 오제도, 『공산주의 ABC』, 삼훈출판사, 1984, 143쪽 ;『동아일보』 1949. 4. 23.

61) 보도연맹 결성 후 개최된 내무·법무·국방부 3장관회의에서 결정된 보도연맹 운영방침은 3부 장관이 책임지고 운영방침을 수립하고 이를 검찰청에 지시하여 실시하기로 하였다(『동아일보』 1949. 11. 27). 보도연맹의 구체적인 조직과 가입자에 대하여는, 한지희, 「국민보도연맹의 조직과 학살」,『역사비평』 통권35호, 1996 겨울 ; 김선호, 「국민보도연맹의 조직과 가입자」,『역사와현실』 통권45호, 2002. 9. 참조.

배세력이 국가적 사상범 관찰제도를 구축하고 전향을 강제하여 지배
정권의 공고화에 활용한 근거는 '대한민국의 국체관'이었다. 기본적으
로 사상탄압의 특성을 갖는 국가보안법을 실시한 지배세력의 지향은
전향시책을 통해서 드러난다고 할 수 있다. 법제를 통한 지배세력의
전향시책은 국가보안법의 사상탄압의 특성을 드러내는 것이며, 또한
사상탄압 입법·시행은 지배세력의 지배권력 공고화의 의지를 드러내
는 것이라 할 수 있다. 그러므로 그러한 지배권력의 지향과 입법의지
를 반영하여 제시한 국가보안법의 구체적인 운영대책의 핵심은 전향
에 있다고 할 수 있다.

　일제하 사법당국이 만든 조작적 개념이라 할 전향은 당국이 바르다
고 생각하는 방향으로 개인의 사상을 바꾸는 것을 뜻한다.[62] 그러한
전향은, 일제 파시즘기 일본 천황제 국체와 일체화시킨 군부 파시즘
지배체제가 국체의 지배이데올로기화를 통해서 군부 파시즘 지배체제
에 반하는 것은 모두 반국체라 하여 처벌의 대상으로 하며 군부 파시
즘 지배체제의 국체관을 강제한 역사적 특성을 갖는다. 국가보안법을
통한 반공의 지배이데올로기화와 그에 따른 전향의 강제는 그러한 역
사적 특성을 재현하는 식민지 파시즘 유산 극복의 가장 중요한 과제라
고 할 수 있다.

　일제 군부 파시스트 정권이 국체명징을 통해서 정권과 천황제 국체
를 일체화시킨 국체관으로의 전향을 강제한 데 대하여, 국가보안법은
'대한민국 국체관'으로의 전향을 강제했다. 국가보안법 운영대책에서
제시된 전향은 "대한민국의 국체관념과 본법의 근본 입법정신을 주지
납득할 수 있도록 선전 계몽"하여 "선량한 국민으로 잘 보호 선도교화
하여 내심으로 완전 전향"하게 하는 것이었다.[63] 국가보안법의 입법정
신은 제1조에 명시된 "국헌을 위배하여 정부를 참칭하거나 그에 부수

---

62) 전상숙, 앞의 책, 268~69쪽 참조.
63) 오제도, 앞의 책, 37쪽.

하여 국가를 변란할 목적으로 결사 또는 집단을 구성하는 자"는 처벌한다는 것을 말하는 것으로, 국헌의 수호를 의미한다. 국헌의 수호는 곧 국헌에서 명시된 대한민국의 국체관념을 인정하고 수용하는 것을 뜻한다. 국가보안법 제정시 가장 논란이 된 것은 그러한 내용을 규정한 제1조에 대한 것이었다. 국가보안법 제1조는 그에 대한 해석과 적용의 문제를 야기했다. 가장 문제가 된 것은 '국헌'이 무엇을 말하며 그것이 법률로 실시될 때 그 해석과 적용은 어떻게 될 것이냐는 점이었다.64) 국민은 언제나 국가와 국민의 이익을 위한 사회 발전적 정책을 추구한다. 그런데 이른바 '국헌'을 근거로 이를 참칭하거나 그에 부수한 행위를 처벌한다는 것은 당연히 정치적으로 악용될 소지가 많았다.

그러한 논란을 뒤로 하고 제정된 국가보안법의 운영대책에서 제시된 전향은 앞서 언급한 바와 같이 국헌에 의거한 대한민국의 국체관념을 인정하고 수용하는 것이었다. 이때 '국헌'은 "대한민국의 근본조직을 규정하는 헌법을 지칭한다." 그리고 정부란 "행정부뿐만 아니라 입법부 사법부를 포함한 광의의 정부를 말한다." 또한 국가란 "대한민국의 국체 즉 아국의 기본조직을 지칭"하고, 그 통치권의 범위는 헌법 제4조("대한민국의 영토는 한반도와 그 부속도서로 한다")에 규정된 바와 같다.65) 이때 국체란 "헌법 제2조 대한민국의 주권은 국민에게 있고 모든 권력은 국민으로부터 나온다"는 것으로 "민주공화국 국체"를 말한다.66) 국가의 정치형태를 말하는 국체 곧 대한민국의 국체는 민주공화국이며, 민주공화국의 본질은 주권재민에 있다는 것을 의미한다는 것을 확인할 수 있다.

이것은 주지하듯이 국가존립의 기초와 형식이 국민 전체의 의사와 뜻에 기초하고 있음을 표현한 것으로 누구나 납득하는 것이다. 그러나 문제는 헌법의 법치정신도 그 요지에서 이탈되지 않을 것이니 국가보

---

64) 「국가보안법을 배격함」, 『새한민보』 제2권 제20호, 1948. 12.

65) 오제도, 앞의 책, 41쪽.

66) 위의 책, 42쪽.

안법의 국헌도 이를 지칭한다고 하여[67] 이의 집행을 당연시 하는데 있다. 그러한 태도는 곧 분단체제로 수립된 대한민국 통치권의 범위를 한반도 전체로 규정하고 국가보안법의 제정을 "자위상 불가피한 법의 제정"으로, 그 시행은 "국가를 보안하는 법"이 발동된 것으로 여기는 한편, 그 처벌의 대상자는 대한민국의 독립 국가 관념이 결여된[68] 자로서 독립 대한민국을 위태롭게 하는 자로 일반화시켜 적대시 하는데 문제가 있다. 그것은 국가보안법이 반대여론을 무릅쓰고 제정되어 실제로 반체제 비판세력을 탄압하는 근거로 활용된 바와 그 맥락을 같이 하기 때문이다.

그러한 입장은 국가보안법 상의 입법정신과 국헌의 수호는 곧 분단의 대한민국체제를 민주공화국의 형식과 실질을 완성한 것으로 하여 이를 인정하고 받아들여야 한다는 것을 의미한다. 이것이 곧 국가보안법의 국체관이었다. 이러한 국체관은 민주공화국을 표방하며 수립된 대한민국 분단체제의 정당성을 근거로 민족 분단의 문제와 이를 극복할 민족통합의 방안을 모색하는 것조차 제한하는 것이었다. 따라서 보도구금제와 보도소가 목적으로 하는 사상범의 완전한 전향이란 "다시 국민으로서 선량한 국민으로 복귀"하여 "완전무결한 사람으로 인정"받는 것,[69] 다시 말해서 위의 국체관의 수용을 확인받는 것을 의미했다. 분단의 대한민국을 인정하지 않거나 그에 대해 비판 또는 저항하는 것은 '선량한 국민'이 아닐 뿐만 아니라 대한민국이 독립국가라는 국가 관념이 결여된, 문제가 있는 사람이라고 전제한 것이었다. 그러므로 그러한 문제를 벗어나 선량하고 완전무결한 국민이 되는 것이 곧 전향이었다. 전향은 대한민국 분단체제의 정당성에 대하여 일체 이의를 제기하지 않고 있는 그대로 받아들이고 그 지배에 순응하는 것을 의미했

67) 양봉학, 「국가보안법 해석에 대한 일고찰」, 『법정』 4-4호, 1949. 4, 20쪽.
68) 오제도, 「국가보안법해설 (一)」, 『법정』 4-7호, 1949. 7, 16쪽.
69) 제헌국회 제5회 「제56차 회의록」, 1383쪽, 권승렬 법무부장관 발언(박원순, 앞의 책, 110~11쪽 재인용).

다.

해방 이후 수립된 대한민국의 기초와 형식이 주권재민의 민주공화국이어야 한다는 데 이의를 제기할 사람은 없다. 그러나 문제는 대한민국이 분단정부로 수립된 데 있었다. 분단 체제의 수립은 국제적인 냉전구도와 맞물려 해방을 맞이한 가운데 자력으로 해결할 수 있는 문제가 아니었다고 하더라도, 그것을 극복하고 통일 민족국가를 수립할 의지와 방법을 모색하는 것은 자연스럽고 당연한 지향이다. 그럼에도 불구하고 민주공화국 체제의 정당성을 근거로 국민의 그러한 지향 자체를 제한하는 것은 민주공화국의 본질을 의심하지 않을 수 없게 한다. 그러한 국체관에 입각한 전향의 강제와 이를 제도화하여 실행한 국가보안법의 논리는 곧 지배 권력의 수호가 민주공화국 체제의 안보라는 등식을 초래한다. 주권재민에 따라 여야가 언제든 전도될 수 있는 민주주의 정치체제에서 집권 세력의 수호가 곧 정치체제의 안보와 직결될 수 없는 것은 당연한 이치이다. 그럼에도 불구하고 국가보안법을 통해서 반공을 지배이데올로기화함으로써 지배 권력의 수호를 체제의 안보로 일체화시켜 전향을 강제한 것은 앞에서 언급한 지배세력의 특성에서 기인한 심각한 한계이자 문제였다. 민주공화국 국체를 수호해야 할 지배세력이 그 형식은 물론 실질을 훼손하는 것이기 때문이다. 그러나 앞에서 언급했듯이, 친일로부터 자유롭지 못한 지배세력에게는 그 지배를 안정화시키는 것이 곧 그들의 실존과 집권을 정당화해 주는 것이었으므로 무엇보다 중요했다. 그러한 지배세력의 반공이데올로기를 통한 정권의 수호와 체제 안보의 동일시는 북한의 남침에 의한 한국전쟁을 통해서 형성된 반북한·반공산주의적 정서의 공감을 배경으로 더욱 공고화되었다.

이와 같이, 일제 치안유지법의 체제와 내용을 답습한 국가보안법은 그 실행면에서도 대한민국의 국체관을 근거로 전향을 강제하여 일제 파시즘기의 전철을 답습하여 시행되었다. 그리하여 지배이데올로기화

된 반공을 통해서 정권의 수호를 체제의 안보와 동일시하고, 그에 입
각하여 일체의 반정부적인 것을 탄압하는 지배행태를 고착시키는 제
도적 장치로 활용되었다. 그러한 국가보안법의 시행은 분단체제의 이
데올로기적 갈등을 극복하고 민족통합의 방향을 모색하는 것을 제한
함으로써 국민통합에 역행하는 반작용과 이데올로기적 갈등을 내재화
시키게 되었다. 그 결과 민주공화국 체제의 형식은 물론 실질을 훼손
하는 지배세력에 대한 민주화의 요구가 항상적으로 제기되었다.

6. 맺음말

해방 후 수립된 분단 체제는 일제하의 이데올로기적 갈등을 극복하
고 근대국가 건설을 위한 국민통합의 정당성을 확보하는 것이 급선무
였다. 미군정기를 거쳐 민주주의 정치체제를 수립하고 집권한 지배세
력은 이를 위해 무엇보다도 국민적 요구인 친일의 문제를 청산하는 것
이 필요했다. 또한 항일 독립운동에 기여한 공산주의자들과 북한과의
관계를 정립하는 한편으로 분단상황을 극복하고 통일 국가를 건설할
기반을 구축하는 것이 필요했다. 이는 당시 민족적 요구로서 헌법에
명시된 민주공화국의 본질인 주권재민의 뜻이었다.

그러나 지배세력은 일제 치안유지법과 체제와 내용은 물론 그 실행
면에서도 특성을 같이하는 국가보안법을 제정하여 시행함으로써 국민
의 열망을 이반하고 말았다. 국가보안법을 통해서 대한민국의 국체관
을 근거로 전향을 강제한 것은 반공의 지배이데올로기화를 통해서 지
배 권력의 수호를 체제의 안보와 동일시하며 지배세력에 대한 일체의
비판과 저항을 억압하는 것이었다. 국가보안법의 정치적인 악용은 지
배체제의 안정을 위하여 일제하에서 연원하는 이데올로기적인 갈등을
극복하고 분단체제로 수립된 민주공화국의 정당성을 구축하여 국민통
합의 방향을 모색하는 것을 제한하는 것이었다. 오히려 국민통합에 역

행하는 반작용과 이데올로기적 갈등을 내재화시키는 지배행태였다. 그 결과 지배세력은 헌법의 민주공화국 체제의 형식은 물론 실질을 훼손하는 세력으로 인식되었고 그에 대한 민주화의 요구가 항상적으로 제기되어 정부와 반정부간의 비민주와 민주의 갈등관계를 조성했다. 국가보안법을 통한 반공의 지배이데올로기화와 그에 따른 전향의 강제는 치안유지법의 역사적 특성을 재현하는 식민지 파시즘 유산 극복의 가장 중요한 과제라 할 수 있다.

일제하의 이데올로기적인 갈등관계가 해방 후에도 상존하게 된 데에는, 국제적인 냉전구도를 배경으로 미군정기를 거치며 일제하 민족부르주아세력이 민주부르주아세력으로 재생되어 집권한 것이 중요한 요인이었다. 일제하의 친일로부터 자유롭지 못한 지배세력은 친일의 문제를 청산하여 스스로 자유로워지기보다는 정치적으로 지배권력을 공고히 함으로써 사회적 실존과 권력의 정당성을 보호하고자 했다. 때문에 친일의 문제는 청산되지 않은 현재로 남겨져 지속적으로 지배세력을 속박하는 족쇄와 같은 존재로 남겨지게 되었다. 지배세력의 친일문제의 미청산은 항일 독립운동에 대한 평가와 북한과의 관계를 정립하는 한편으로 분단 상황을 극복할 기반을 구축하기 보다는 억압하는 결과를 초래했다. 그리하여 일제하에서 연원하는 이데올로기적 갈등을 북한과의 관계에서 뿐만 아니라 체제 내에서도 내재화시키게 되었다. 내재화된 이념적 갈등은 또한 분단극복을 위한 국민통합의 모색조차도 제한하는 지배세력에 의해 더욱 증폭되었다.

그러므로 이와 같은 갈등관계를 극복하기 위해서는 일제시기의 역사상에 대한 이해와 함께 친일의 문제가 먼저 해소되는 것이 필요하다. 청산되지 않은 현재로 남겨진 친일의 문제는 해방 후 한국 사회에서 항상 뜨거운 감자로 공론의 장 밖에 놓여 있었다. 그러나 상황이 바뀌어 공론의 장 한가운데로 꺼내어졌음에도 여전히 그것은 뜨거운 감자이다. 해방 이후부터 현재까지 친일의 문제로 집약될 수 있는 식민지 유산을 청산하는 문제가 현실의 정치적 역학관계에 따라 국가의 이름으로 행해짐으로써 국민적 합의를 이루지 못했기 때문이다. 그 결과 친일의 문제는, 지배층과 피지배층 간에는 물론이고, 지배층 간에도, 피지배층 간에도 서로 다른 입장과 의견이 분분할 뿐 합의를 도출하기 어려운 실정이다. 문제는 각기 현재의 실질적인 입장에서 정치적인 태도를 취하는 듯하다는 점이다. 따라서 그러한 친일의 문제를 해소하기 위해서는 정치적 입장을 탈각한 실증적인 친일과 일제시기에 대한 연구가 이루어져야 한다. 그 위에 공과에 대한 이성적인 판단과 그에 따른 반성과 사과, 그리고 용서와 화해가 이루어져 국민통합의 기반을 조성해야 할 것이다.

또한 북한과의 관계와 더불어 일제하에서 연원하는 이데올로기적 갈등이 극복되지 못하고 내재화되게 된 것은 민주공화국의 실질적인 내용이라 할 주권재민의 정치적 정당성을 결여한 지배세력의 지배이데올로기화된 반공이데올로기를 통한 억압적 지배 때문이라고 할 수 있다. 이는 일제시기 특히 파시즘기 유산의 성격이 강하다고 할 수 있다. 현재 지배세력의 문제는 민주화운동을 통해서 이른바 절차적 민주주의가 제도화됨으로써 해소되었다고 할 수 있다. 그러나 반공의 문제는 한국전쟁과 국가보안법, 그리고 북한과의 관계 속에 여전히 남아있다. 이데올로기의 문제는 신념의 문제이고, 이는 사상과 자유의 문제라고 할 수 있다. 그러나 해방 후 한국 사회에서 그것은 분단과 실제적인 정치행위와 맞물려 정치적인 것이 되고 말았다. 이른바 절차적 민주주의가 제도화된 현재, 반공의 문제 역시 재고될 필요가 있다. 그것은 현실정치의 분단상황을 배제하고 개인의 기본권이라는 근원적인 차원에서만 다루어질 수 없는 것이 사실이다. 자유민주주의의 중성국가의 원리가 지켜져야 할 당연한 것이라는 사실을 재인식하는 것이 중요하다. 또한 현실적으로 북한과의 관계를 분단을 극복하고 민족통일을 지향하는 국민통합의 관점에서 적극적으로 정립해가는 자세가 필요하다고 하겠다.

전시경제체제의 유산과 한국자본주의
-경제정책론을 중심으로-

이 경 란[*]

1. 머리말

일제시기에 대해 사람들은 저마다 다른 경험을 지니고 있었다. 징용이나 종군위안부로 강제연행되어 수모와 수탈을 경험했던 이들, 공출 때문에 항상 식량은 부족했고 늘 수탈을 당했다고 생각하는 이들, 자작농창정 덕분에 처음으로 자기 땅도 가져보고 전시상황에 맞춰 당국이 시키는 대로 구황작물을 재배해서 수익을 본 사람들, 행정기관이나 금융기관의 말단에서 정책실행의 필요성을 설득하면서 일했던 사람들, 기업을 경영해서 돈도 벌고 새로운 땅인 만주에서 기틀을 잡은 사람들, 공장에 취직하기 위해 고향을 떠난 노동자들, 세상의 변화를 꿈꾸었으나 그 생각을 굽히거나 숨기면서 살 수밖에 없던 사람들……이들 모두 식민지에 대한 기억, 그리고 마지막에 경험했던 전시체제에 대한 이해와 느낌이 다를 것이다. 그렇게 사람들이 다르게 느끼고 기억하고 깨달았던 것들이 해방 후 새로운 사회를 만들어가는 데 어떤 영향을 미쳤을까?

당대 사람들이 겪었던 다른 경험이라는 문제, 그리고 그에 따른 이해관계의 차이라는 문제는 깊게 검토해 보아야 할 주제이다. 무엇을

* 연세대학교 국학연구원 연구교수, 국사학

중심으로 당대를 경험했는가는 이후 무엇이 유지되고 바뀌어야 하는 가에 대한 다른 결론을 낳았다. 그러므로 새로 만들어지는 사회는 당연하게 이런 각기 다른 경험을 하고 이해관계가 다른 집단 간의 의견 충돌과 갈등, 대립이 일어날 수밖에 없었다. 그렇기 때문에 오히려 그런 갈등과 대립을 어떻게 조정하면서 국가와 사회에 대한 비전을 만들어갔는가라는 '과정'의 문제가 그 사회의 성격을 이해하는 데 중요한 검토대상이 될 것이다. 새로운 시작임에도 불구하고, 그것을 풀어가는 주체는 그 이전부터 가지고 있던 경험과 인식의 틀 속에서 그 문제를 풀어가고자 하는 한계를 지닌다. '유산'의 문제를 생각할 때 반드시 짚고 넘어가야할 과제일 것이다.[1] 그렇다면 해방 후 분단체제가 형성되고 권위주의적 사회경제구조를 갖게 된 이유는 무엇일까? 어떤 경험들과 경제인식구조가 해방 후 남한 자본주의사회의 형성과정에 영향을 미치는 것일까?

이를 검토하기 위해서는 일제하 전시경제체제를 바라보는 시각에 대해서 먼저 살펴보아야 할 것이다. 이 시기는 통제적이고 강제적인 전시수탈체제였으며, 수많은 조선인들이 수탈과 피해를 입고 있었다는 현실로서 이해하기도 한다. 강제연행과 종군위안부, 농민과 노동자의 생활상에 기초하여 그 시대를 재현하려는 방법이다.[2] 이는 그 시대가

---

1) 분단체제의 형성에서 미국과 소련이라는 냉전의 당사국의 영향이 결정적으로 작용했음을 간과할 수는 없다. 그렇지만 그런 속에서 남한과 북한의 정치경제를 이끌어갔던 것은 그 주민들이며, 이들의 대응과 지향이 미국과 소련의 정책결정과정에 영향을 미쳤다고 본다.

2) 강제연행이나 군위안부 문제 등의 연구에서 가장 잘 드러난다. 대표적으로 김대상, 『일제하 강제인력수탈사』, 정음사, 1973 ; 김민영, 『일제의 조선인노동력 수탈 연구』, 한울, 1995 ; 한국정신대대책협의회 정신대연구회, 『강제로 끌려간 조선인 군위안부들』, 한울, 1993, 1997, 1999, 2001 ; 한국정신대대책협의회 정신대연구회, 『중국으로 끌려간 조선인 위안부들』, 한울, 1995 ; 한국정신대문제대책협의회 진상조사연구위원회, 『일본군 '위안부'문제의 진상』, 역사비평사, 1997 ; 강제연행생존자증언집편집위원회, 『채인돌』, 창녕박물관, 2000 ; 정혜경, 『일제말기 조선인 강제연행의 역사-사료연구』, 경인문화사,

갖고 있는 폭력성을 여실히 드러내고 있다는 점에서 한국인들의 정서
적 경험세계를 이해하는 데 중요한 시사점을 제공하였다. 그렇지만 '피
해'라는 면에 초점이 가 있기 때문에 일제전시체제가 조선인들의 생활
양식을 근저에서 변화시키던 자본주의사회였고, 그것의 식민지적 전개
과정이었음이 잘 드러나지 못하였다. 따라서 그 속에서 조선인들이 피
해만 입은 게 아니라 자본주의적 변화에 따라 다양한 경험을 했다는
사실이 잘 드러나지 않는다.

이런 시각의 반대편에, 일제하 전 과정을 통해서 특히 1930년대 이
후 공업화를 통해서 조선경제체제는 자본주의사회로 개편되었으며, 그
토대 위에서 해방 후 남한 사회가 자본주의로 성장할 수 있었다는 연
구가 있다.[3] 식민지에서도 제국주의에 의해 전개되는 자본주의 산업화
가 이루어질 수 있으며, 식민지 조선사회가 자본주의 근대화과정을 겪
고 있다는 사실을 밝혀냈다는 의의를 지니고 있다. 그렇지만 자본주의
의 체제적 승리라는 입장에서 접근함으로써[4] 일제하 조선의 자본주의
및 해방 후 남한 자본주의의 성격에 대해서 치밀하게 분석하지 못하는
한계를 지니고 있다.

이런 성과들에 기초하여 이 시기에 대한 인식이 일정하게 진전되었
다. 식민지 조선은 자본주의사회로 개편되었으며, 그 속에서 일정하게
경제성장이 이루어졌으며 사회구성이 변함에 따라 조선인들의 대응양
식과 사회인식도 전환되었다는 것이다.[5] 또한 일제하 경제정책이나 기

2003 등을 들 수 있다.
3) 이 경향의 연구는 조선시대의 성격론에서부터 일제하의 토지조사사업, 수리
조합사업, 공업화와 노동문제, 그리고 해방 후 경제상황에 이르기까지 일관된
논지를 전개하고 있다. 최근에는 수리통계작업을 통해서 한말부터 현재에 이
르는 경제성장의 양상을 검토함으로써 이 논지를 보강했다. 최근의 대표적인
연구인 안병직 편, 『한국경제성장사』, 서울대 출판부, 2001에서 이런 경향성
이 잘 드러난다.
4) 『한국경제성장사』의 입장이 기본적으로 그러한데, 그 중에서도 이를 명확하
게 명시하는 글이 차명수의 「우리나라의 생활수준」이다.

구 연구들을 통해서 기존의 수탈성에 대한 논의를 넘어 그 기구의 식
민지적 근대성과 그것이 조선인들의 생활에 미친 영향을 파악하고자
하는 노력이 진행되고 있다.6) 이는 경제적으로 일제하의 사회가 자본
주의사회였느냐 아니냐의 문제로 그 사회성격을 논의할 것이 아니라,
자본주의사회로 전환되고 있는 또는 전환된 사회로서 그 성격이 어떠
한가가 논점이 되어야 한다는 문제의식을 지닌 접근이다. 자본주의 그
리고 식민지 자본주의사회는 어떤 성격인가, 그리고 30년대 이후의 사
회성격은 어떻게 규정할 수 있을까에 대해서 고찰하고 있다. 하지만
이런 인식은 새로운 것이 아니다. 이는 당대부터 조선인들이 사회를
인식했던 방법과 긴밀하게 연결되어 있다. 제국주의가 지배하는 식민
지의 경험을 통해서 일제하의 지식인들은 자본주의 사회로 변화되어
가는 조선 사회가 일정하게 극복해야할 갈등과 모순을 지닌 체제라는
인식을 공유하였고, 해방 후에 본격적으로 새로운 국가와 사회를 만들
어가는 과정에서도 공감했던 사실이었다. 그러므로 당대인들은 기존

5) 제국주의의 정책과 식민지민의 대응이라는 문제는 식민지 근대화를 주장하
는 경우에도 관심을 기울이는 부분이다. 최근에 식민지민과의 상호관계와 독
립 후의 연속성문제를 다룬 글로는 박섭, 「식민지기 한국의 경제성장 : 제국
주의 정책과 식민지민의 상호작용」, 『식민지근대화론의 이해와 비판』, 백산
서당, 2004가 있다.
6) 이런 시도는 1990년대 들어서부터 제출된 사회경제사 연구 성과 속에서 잘
드러난다. 홍성찬, 『한국 근대 농촌사회의 변동과 지주층』, 지식산업사, 1992
; 정연태, 『일제의 한국 농지정책』, 서울대 박사학위논문, 1994 ; 최원규, 『한
말 일제초기 토지조사와 토지법 연구』, 연세대 박사학위논문, 1994 ; 정태헌,
『일제의 경제정책과 조선사회-조세정책을 중심으로』, 역사비평사, 1996 ; 변
은진, 『일제 전시파시즘기 조선민중의 현실인식과 저항』, 고려대 박사학위논
문, 1998 ; 이경란, 『일제하 금융조합 연구』, 혜안, 2001 ; 우대형, 『한국근대농
업사의 구조』, 한국연구원, 2001 ; 이상의, 『1930-40년대 일제의 조선인노동력
동원체제 연구』, 연세대 박사학위논문, 2002 ; 김영희, 『일제시대 농촌통제정
책 연구』, 경인문화사, 2003 ; 이송순, 『일제말기 전시 농업통제정책과 조선
농촌경제의 변화』, 고려대 박사학위논문, 2003 ; 정병욱, 『한국근대금융연구
-조선식산은행과 식민지 경제』, 역사비평사, 2004 등을 들 수 있다.

사회가 가지고 있는 문제점들을 극복하고자 여러 가지 모색을 했다.

그런 역사적 사실을 근저에 둔다면 해방 후 전개된 남한자본주의의 전개과정을 단순히 경제성장이라는 관점에서만 볼 수 없게 된다. 당대인들이 고민하고 갈등했던 지점의 핵심을 잡아내고, 그것이 어떻게 해결되었는가를 살펴보는 것이 필요할 것이다. 특히 일제하와 해방 후 그리고 현재까지의 연속성의 문제, 또는 유산이라는 문제를 염두에 두고서 바라볼 때는 더욱 그러하다.

본 연구는 그동안의 성과에 기초하여 일제하 전시 체제를 식민지 파시즘 체제로 보고, 그 경제구조 및 경제인식이 해방 후 어떻게 영향을 미치는가를 살피려 한다.[7] 특히 일제하 식민지 파시즘의 국가주의적 노자협조 이데올로기가 균등경제에 대한 지향과 경제성장에 대한 지향을 국가주의적으로 통합하고자 했던 방법론의 하나였다는 사실에 주목하고자 한다. 파시즘 체제는 1930년대 대공황 속에서 자본주의사회의 모순이 극대화되어 사회적 갈등이 체제위기로까지 치닫는 상황을 국가적 통제와 계획을 통해 조정·극복하려 했던 세계자본주의의 대응방식 중 하나였다고 보기 때문이다. 특히 자본주의 체제를 유지하면서 문제를 해결하려고 하는 파시즘의 경우에는 자본주의 내부의 갈등을 완화시키기 위한 사회개혁과 국가주의적 조정시스템을 구축하고자 했다. 그리고 그것을 통해서 자국 국가경제의 성장과 대외적 확장을 기도했던 것이다.[8] 이는 내부의 갈등을 일정한 사회개혁과 외부로의 전환을 통해서 해소시키고자 했기 때문이었다. 따라서 파시즘 경제체제를 대변하는 논리는 자국 경제의 성장을 추구하는 팽창의 논리와 그것을 내적으로 유지하게 해주는 사회개혁의 논리가 결합되어 있다.[9]

7) 방기중 편, 『일제 파시즘 지배정책과 민중생활』, 혜안, 2004 ; 방기중 편, 『일제하 지식인의 파시즘체제 인식과 대응』, 혜안, 2005 참조.
8) 앙리 미셸, 유기성 옮김, 『세계의 파시즘』, 도서출판 청사, 1978 참고.
9) 長幸男, 住谷一彦, 「ファシズムと戰時統制下の經濟思想」, 『近代日本經濟思想史 Ⅱ』, 東京 : 有斐閣, 1971 ; 大野信三, 『日本經濟の新體制』, 東京 : 白楊

그런데 전쟁이 진행되면서 두 개의 논리는 통합되지 않고 갈등관계를 형성하는데, 이때 양자의 논리가 어떻게 구조화되는가를 살필 필요가 있다. 파시즘은 성장을 위해 균등경제적 요소를 도입한 체제이기 때문이다. 따라서 각국에서는 전쟁이 장기화됨에 따라 전쟁수행과 독점자본의 요구에 따라서 균등경제적 요소 즉 노동자와 농민의 안정화에 대한 측면은 없어져 가고 말았다. 그 과정은 천황제와 일본 제국주의에 반대하는 사상과 행동 모두를 배제해 가면서 진행되었다. 조선에서도 이런 파시즘의 내적 논리가 식민지적인 형태로 전개되었다. 1930년대 우가키 총독 때부터 시작되었으며, 장기적인 전쟁체제로 조선경제를 개편하고 전쟁동원체제로 재편성하는 과정에서 실현되었다.

　이런 사회를 경험했던 한국인들은 해방 후 사회를 어떻게 재구성하고자 했을까? 그리고 그 과정에서 식민지 파시즘의 경험세계는 어떤 영향을 미쳤으며 또는 재현되었을까? 이는 그 체제를 반대한다고 해도 반대하는 과정에서 내면화되어 재현되는 요소들이 존재하며, 그 체제를 동조하거나 순응했을 경우에는 더욱 그러하기 때문이다.

　다 아는 바와 같이 해방 직후 조선인들은 일제 잔재와 반봉건적인 유산, 그리고 일제가 구축해 놓은 자본주의사회의 문제점을 동시에 해결하고자 했다. 그렇지만 이런 '동의'의 내면에는 균열이 잠재해 있었다. 한국현대사의 경과과정은 이를 잘 보여준다. '동의'의 요소였던 균등경제적 사회개혁의 방향이 남한자본주의의 형성과정에서 왜 성장중심적 경제개발론으로 흡수되어 버렸는가가 본 연구의 주요 관심사이다. 그 경과과정에서 나타나는 '배제'의 논리, 그리고 균등경제적 사회개혁론과 성장중심적 개발론이 후자를 중심으로 구조화되는 양상은 식민지 조선에서 경험했던 파시즘의 전개과정과 같았다. 이는 해방 후 한국경제가 파시즘이냐 아니냐의 문제를 떠나서 한국인들 속에 내면

　社, 1940 참고.

화되었던 파시즘적 사고구조가 재현되는 것이라고 볼 수 있다.

본 연구에서 대상으로 하는 시기는 1950년대까지로 한다. 본격적으로 한국자본주의의 성격 또는 파시즘적 경험의 재현이라는 문제를 두고서 논할 때 주로 1960년대 이후를 대상으로 한다. 그렇지만 본 연구는 그 경과와 논리화 과정에 초점을 맞추고 있으며, 최근의 1950년대 연구성과를 바탕으로 하여 1950년대가 60년대 이후의 경제개발계획이 성립될 수 있는 토대를 마련했던 과정이었음을 검토하는 것이기도 하다.

2. 일제하 식민지 파시즘 경제체제의 특징

1930년대 이후 식민지 조선에서 전개된 경제체제는 대륙으로 전쟁을 확대하기 위한 토대를 구축하고 전쟁을 수행하려는 후방체제로 재편성되었다. 1930년대 세계적인 차원에서 전개된 경제체제의 국가주의적 속성 또는 경제통제, 통제경제가 파시즘 체제로서 도입되었다. 그러는 한편 조선에서는 일본보다도 먼저 총독 우가키에 의해서 '자주통제' 방식으로 독자적인 파시즘 체제로의 전환이 이루어졌다.10) 경제적으로는 농공병진정책으로 표현되는데 한편에는 공업화, 한편에는 농업의 안정과 생산력 확충이라는 두 방면으로 진행되었다.

이러한 체제의 전환을 이루는 데 기초가 된 것이 두 가지 있다. 하나는 노자협조론이며, 또 하나는 그것을 가능하게 했던 대응세력에 대한 폭력적 '배제'작업이다. 노자협조 이데올로기는 자본주의의 모순이 심각해져 노자간의 갈등이 심해지는 상황에서 제기된 것이었다. 특히 파시즘기의 노자협조론은 대공황 이후 전개된 산업합리화정책이 노동강화를 통해 생산성을 확충하려 했을 때, 노동자를 일방적으로 착취해서

---

10) 방기중, 「1930년대 조선 농공병진정책과 경제통제」, 『일제 파시즘 지배정책과 민중생활』, 혜안, 2004.

는 소기의 목적을 달성할 수 없으므로 노동자를 포용하기 위한 여러 사회정책을 실시했던 것과 관련되어 있다.[11] 자본주의 발달에 부수하는 사회모순을 수습하기 위해 제기된 사회정책으로서 자본주의 국가 일반이 표방하는 것이었다. 그런데 대공황 이후 이 논리는 파시즘 이데올로기와 결합하였다. 사회주의의 위협이라는 체제적 위기에 놓여있던 후진 자본주의사회에서 노동자와 농민층의 체제이탈을 막지 않는 한 체제를 유지할 수 없다는 위기의식 속에서 이 논리가 더욱 강조되었다. 그러므로 사회 전체적으로 개혁 논리가 강화되었다. 예를 들어 일본의 경우, 이 시기 일본의 경제정책에서 개혁적 요소가 많이 드러나는데, 이런 정책을 추진했던 관료들을 혁신관료로서 주목하는 것도 그 때문이었다.[12]

이런 배경을 갖고 있는 노자협조 이데올로기는 식민지 조선에서도 다양한 부문에서 드러났다. 우선 농업부문을 보도록 하자. 1910년대부터 전개된 지주중심적 농업정책에서도 표방하고 있던 이데올로기는 지주와 소작농간의 계급조화였다.[13] 이때는 중심주체가 지주로 설정되고, 지주는 스스로 농사개량에 참여하여 생산력을 증진시키는 한편 소작인을 과도하게 수탈하지 않는 온정을 가지며, 합리적인 경영방식으로 소작인을 지도하는 위치로 설정되었다. 그래서 피폐해진 농촌을 구

---

11) 이상의, 『1930-40년대 일제의 조선인노동력 동원체제 연구』, 연세대 박사학위논문, 2002, 39~40쪽.
12) 혁신관료로서 보는 입장으로는 米谷匡史, 「戰時期 日本の 社會思想-現代化の 戰時 變革」, 『思想』 1997. 12 참고. 이 시기 일본의 농업정책은 어느 면에서는 1920년대의 농정이 모습을 바꿔가며 이어진 것으로도 보인다. 자작농 창정정책이나 소작관계 정책이 그러한데, 이는 대공황으로 그 실패가 드러난 것이었다. 그것이 전시체제하에 들어서 1938년 농지조정법이나 1939년 소작료통제법과 같은 형태로 다시 등장하여 추진되었다. 1920년대 사회개량정책으로 추진되었던 일련의 정책이 다시 파시즘체제로의 전환과 더불어 국가주도하에서 전개된 것이라고 볼 수 있다(暉俊衆三, 『日本農業史』, 東京 : 有斐閣, 1985 참고).
13) 이경란, 『일제하 금융조합 연구』, 혜안, 2002, 79~84쪽.

제하는 해법으로서 지주와 소작인이 협조하는 공동체질서를 추구하는 것이었다.[14] 그러나 이는 농민을 설득하고 지주를 농사개량에 끌어들이기 위한 논리였을 뿐 실제 경제는 지주중심적인 방향으로 전개되어 지주와 소작인간의 모순과 갈등이 첨예화되어 갔다. 따라서 새로운 논리가 필요했다. 1930년대에 들어서 실시되는 지주제의 모순으로 인해 심화되는 농촌사회 갈등을 완화하기 위한 자작농창정사업이나 소작령 등의 소농안정화를 추구한다는 정책 방향은 기존의 논리가 한단계 발전한 것으로서, 산업합리화론에 의거하는 노자협조론에 기반했었다.[15] 특히 전쟁기에 들어서 제기되었던 경제신체제 하의 농촌재편성정책은 일본에서와 마찬가지로 1930년대 전반기의 자작농창정정책이나 소작문제에 대한 정책이 좀더 강화된 언사로 표현되었다.[16]

노동문제와 관련해서는 그 양상이 더욱 잘 드러난다. 1930년대 조선에서도 '공장법'의 도입 논의가 일어났다. 이미 일본에서는 1911년에 공장법이 제정 공포되었고, 1916년부터 시행되었으며, 1923년과 1926년에 개정되어 그 범주가 점차 확대되고 있었다.[17] 이를 알고 있던 조

---

14) 暉俊衆三, 앞의 책, 37~38쪽 ; 長幸男, 「ナショナリズムと'産業'運動」, 『近代日本經濟思想史 Ⅱ』, 113~123쪽.

15) 1930년대 농업정책 연구에서 농촌진흥운동의 성격에 대해서 사회정책적 성격(대표적으로 鄭然泰, 『日帝의 韓國 農地政策』, 서울대 박사학위논문, 1994) 또는 농민경제 안정화 정책의 성격(鄭文鍾, 『1930年代 朝鮮에서의 農業政策에 관한 硏究』, 서울대 박사학위논문, 1992)을 지녔다고 보고 있다. 그런데 이는 파시즘농정의 성격을 지녔다고 볼 수 있다. 그러므로 1930년대 후반부터 행정체계에 의해 농촌말단까지 통제체제로 재편성되는 과정은 30년대의 연속선상에 있었다. 이 시점에서 행정, 유통, 금융망 등 농촌사회를 둘러싼 정치 경제 사회관계가 일원화되어 일관된 생산성확충과 물자와 노동력동원체계로 편성되고 만다(이경란, 「총동원체제하 농촌통제와 농민생활」, 『일제 파시즘 지배정책과 민중생활』, 혜안, 2004 참고).

16) 정연태, 앞의 책, 참고. 인정식과 久間健一의 저작에서도 잘 드러난다.

17) 일본의 공장법은 14세 미만자는 공장 고용 금지, 16세 미만자를 고용 시 관리와 근무시간 문제, 16세 미만자와 여성의 휴일문제와 업무종류 제한문제 등의 내용을 포괄하고 있다. 주로 미성년자와 여성노동자에 대한 관리와 휴가

선인들은 1920년대부터 공장법 시행의 필요성을 주장하였다. 이런 분위기 속에서 총독부의 일각에서 공장취체규칙 등이 논의되기 시작했으나 1930년대까지 조선에서 공장법은 시행되지 않았다. 그렇지만 이러한 논의가 일어나는 현실은 조선인들로 하여금 불만을 갖게 하는 요소가 되는 동시에 노동현실이 개선될 가능성이 열리리라는 기대를 갖게 했다.[18]

그 실행 여부와 관계없이 또는 그 실행이 어느 정도 확실히 전개되는가의 문제와 별도로 이데올로기적으로 보아 사회개혁의 성격이 사회표면에 부각되는 시점이었다. 즉 노동문제의 안정화를 위해서는 노동자의 권익을 보장하고 노동과정의 문제를 보호해주는 '공장법' 또는 '노동법'의 도입이 필요하다는 사실, 그리고 농업문제를 해결하기 위해서는 최소한 소작농의 보호나 소작농의 자작농화가 반드시 필요하다는 사실이 이 시점에서 정책적으로도 표명된 셈이었다.

다음, 파시즘 체제 하에서 노자협조론은 재등장하여 국가가 적극 주도하는 정책으로 표명되었다. 그런데 이면에서 그와 이해관계가 있는 각 세력에 대한 폭력적인 세력 재편성이 진행되었다. 독일이나 이태리, 일본에서 동일한 양상으로 진행된 사회주의자와 민주주의자들에 대한 구금과 테러, 법적 조치와 의회해산 등은 이를 잘 보여주는 내용들이다. 이 시기 노자협조 이데올로기는 이 폭력적 배제과정을 전제로 해서 성립되었던 것이다.[19]

배제에 기초한 노자협조론은 실제 경제정책 결정과정과 경제구조에서 어떤 정도의 영향력을 가지고 있었을까. 이는 노동자와 자본가의 세력균형에 관계가 있었다. 조선의 경우, 전쟁수행을 위한 기초토대로

위험업무 금지 등을 담고 있다. 이상의, 앞의 글, 42쪽 참고.

18) 일제하 공장법 논의와 관계해서는 이상의, 앞의 글, 42~54쪽 참고.

19) 독일이든 이태리든 파시스트가 집권한 뒤에 전개된 사회주의를 비롯한 다른 정치세력의 배제가 우선적으로 행해졌음에서 잘 볼 수 있다. 『세계의 파시즘』참고.

서 공업화를 추진하기 위해 총독부 권력은 일본자본 나아가 일본독점
자본을 협조대상으로 삼았다. 자본들은 일본에서 실시하였던 공장법
등의 노동자정책과 중요산업통제법의 법망을 피해서 상대적으로 사업
하기 수월한 조선을 선택하였고, 그런 이해관계에 맞춰 조선총독부는
그들을 유치하였다. 이것이 기본적으로 노자협조 이데올로기를 규정하
는 요소였다. 따라서 노자협조 이데올로기는 일본의 팽창이데올로기에
흡수되어 그 하위이데올로기로 기능할 수밖에 없었다. 특히 식민지 조
선의 경우에는 일본과 비슷한 정책이 실행되고 또는 논의되었다고는
하지만, 곧바로 그것은 전쟁동원체제의 도구로 전락해버리고 말았다.
즉 독점자본과 국가의 팽창이데올로기가 우선시된 것이다. 농업부문에
서도 마찬가지였다. 1940년대 농업정책의 핵심은 생산력확충과 저축운
동이었다. 생산력확충은 각 부락단위의 생산력을 총체적으로 파악하여
그 산출과 이용을 완전히 통제하면서 농민에게서 생산물을 공출하여
전쟁터로 보내기 위한 정책이었다. 저축운동은 강제저축을 통해서 농
민들의 재생산구조와 현금흐름을 통제하여 전쟁에 필요한 자금을 동
원하는 것이었다. 이 과정에서 농민들의 경제안정화를 위한 자금방출
이나 생산관계 재조정사업은 일부분에만 시행되었다.[20]

식민지 파시즘 체제는 노자협조 이데올로기를 이용하여 식민지의
민중과 자원을 동원하여 전쟁을 유지하려는 생산력확충체제이기도 했
다. 이를 위해서 사회를 통일적으로 지배하는 이데올로기인 천황제에
대항하는 민족적 또는 사회주의적 요소를 배제하였다. 이런 대항적 요
소가 배제된 상태에서 '노자협조' 이데올로기로 사회를 통합·통제하
고자 하였다. 사회내부에 갈등과 대립하는 존재 자체가 없도록, 국가와
천황제국체로서 그간의 대립했던 존재들이 통합되어야 한다는 것이다.
그리고 노자협조 이데올로기는 '노자일체' 이데올로기로 전환하였다.[21]

---

20) 이경란, 주 13)의 「총동원체제하의 농촌통제와 농민생활」 ; 이송순, 「일제말
기 戰時體制下(1937-1945) 조선에서의 米穀供出과 농촌경제의 변화」, 『史
叢』 44, 1995 참고.

즉 식민지의 대다수 주민들은 일본독점자본과 군부가 주도하는 전쟁
을 수행하기 위해 요구되는 노동력과 물자, 식량의 생산력을 최대한
끌어올리는 생산력 확충에 동원되었다. 즉 노자협조 이데올로기는 생
산력 확충을 위한 동원이데올로기가 되고 말았다.

3. 조선인들의 균등경제 지향22)

식민지 파시즘 체제가 구축되어 전개되는 과정을 경험하면서 조선
인들은 각자 자신이 처한 위치에서 그것에 대해 판단하고 대처해갔다.
이미 1920년대와 1930년대를 거치면서 조선인들은 사회주의사상을 받
아들이거나, 자본주의사상을 받아들이되 일본제국주의하의 사회모순
을 직시하면서 식민지에서의 해방과 동시에 자본주의 사회구조, 특히
식민지 사회구조에 대한 전면적인 재편성과 개혁이 필요함을 강조해
왔다. 이는 농업부문에서는 반봉건적 농업구조의 해체를 의미하는 토
지개혁과 협동적 농민경제 안정화의 방안으로 제기되었고, 산업구조에
서는 자본가의 무자비한 수탈을 국가의 힘으로 일정하게 제어하는 국
가주도적 산업운영구조를, 그리고 노동자에 대한 노동권의 보장이 필
요하다는 인식에 대해서 공감하는 수준이었다. 이런 상황에서 국가가
자본주의의 내부 모순을 일정하게 통제·제어해가고, 공장법이 논의되

---

21) 이상의, 「일제지배 말기의 파시즘적 노동관과 '노자일체론'」, 『동방학지』 118,
2002. 3.

22) 이 시기 노동자 농민의 경제안정화를 꾀하는 입장에 대해서 좌익과 우익에서
사용하는 용어가 달랐다. 좌익에서는 이를 '민주경제' '민주사회'라는 표현으
로서 반제반봉건민주주의혁명의 일환으로서 설명하였다. 그에 비해서 우익측
에서는 지향하는 사회에 대해서 '균등경제' 또는'균등사회'라는 표현을 썼다.
본 연구에서는 전반적으로는 좌익과 우익을 포괄하는 개념으로서 사용하기
는 하나, 주로 남한사회를 대상으로 하기 때문에 남한 내부의 경향성인 우익
내부의 균등사회를 지향하는 세력, 경제론을 대변하는 용어로 '균등경제'라는
말을 사용하였다.

고, 소농적 정책이 실행된다는 파시즘기의 정책은 조선인 지식인들에게 영향을 미칠 수밖에 없었다.

사회주의운동에 대한 폭력적인 탄압이 가해져 공개적으로 저항하기가 불가능해진 상태에서, 사회주의자들은 반봉건적 토지소유의 문제를 해결해야 한다고 그동안 주장했던 것이 반영될 소지가 보인다거나, 국가가 계획적으로 통제해서 산업합리화를 이뤄낼 수 있다는 부분은 매력적인 논지였다. 이는 사회주의자의 전향하는 내적 맥락이 되기도 했다. 통제경제에 대한 조선인 지식인들의 인식에 관한 연구를 보면, 사회주의자였던 김명식 같은 이는 조선에서 시행되고 있던 '자체통제'는 독점자본의 이익을 보장하는 것이고 민생과 직결된 '국가통제'를 실시하지 않는다는 점을 비판하면서 자체통제를 폐지하고 일만지블록에 조응한 일원적 통제원칙에 입각해서 경제통제를 강화하라고 주장했다. 이는 동아신질서의 정치·경제 이데올로기로 부각되었던 공익우선의 전체주의·협동주의 이념을 경제혁신의 논리로 받아들였기 때문이었다. 공익우선의 원리를 자본주의 체제변혁 논리의 일환으로 받아들여, 자본과 생산에 대한 국가통제를 강화하고, 계획경제를 실현시켜 독점자본주의 구조와 반봉건적 농업기구를 해체시키고 농공 양면에서 분배문제를 해결할 수 있는 대안으로서 인식했다는 것이다.[23]

또한 그동안 지속적으로 공장법의 도입과 토지개혁의 주장을 해오던 민족자본주의 계열의 경우도 자작농창정계획과 공장법 논의는 이들을 이끌어 들이는 요소로 작용했다. 1930년대 농촌진흥운동이 시작

---

23) 방기중, 「조선 지식인의 경제통제론과 '신체제' 인식」, 『일제하 지식인의 파시즘체제 인식과 대응』, 혜안, 2005, 45~69쪽. 방기중은 대동사업체를 운영했던 이종만에 대한 연구에서도 이런 경향성을 추출하고 있다(방기중, 「일제말기 대동사업체의 경제자립운동과 이념」, 『한국사연구』 95, 1996. 12). 이수일의 인정식에 관한 연구에서도 인정식이 1940년대 일제의 농촌재편성운동에 대해서 반봉건 농업구조의 개혁에 대한 가능성을 찾고 있는 모습이 잘 드러난다(이수일, 「일제말기 사회주의자의 전향론-인정식을 중심으로」, 『국사관논총』 79, 1998).

되자 이들은 상당수 이에 동조하였고, 기독교와 천도교계열의 농민운동세력은 농촌진흥운동에 흡수되어 갔다.24) 체제 바깥에서 일본의 조선지배에 반대하는 입장을 표명했던 이들의 경우도 그러했던 만큼, 일제 지배체제 안에서 실무적 일을 하던 체제 내의 경제전문가들에게서도 동일한 기조를 발견하는 것은 어렵지 않다. 예를 들어 농촌말단에서 일제의 농정을 지원하는 기구로 활동하던 금융조합의 조선인 이사들의 현실인식도 그러했다. 그들은 대개 좋은 직장으로서 금융조합을 선택하기는 했지만, 금융조합이 당시로서는 유일하게 농민들에게 금융대부를 하고 농민생활을 개선하려고 활동한다는 것에 대해서 자부심을 갖고 있는 사람들이었다. 이들이 자작농지설정사업이나 고리채정리사업 또는 식산계사업을 추진할 때 가졌던 기쁨과 자부심은 대단했다. 지주제의 모순을 완화하고 토지를 농민이 소유할 수 있도록 한다거나, 농업금융을 완화시킨다거나, 농업생산을 협동화하여 농업경영을 합리화시켜야 한다는 그들의 생각은 당시 일본의 산업조합주의자들과 동일했다. 이들 일본의 산업조합주의자들이 전시체제하에서 일본파시즘과 결합하여 그 하위로 들어간 것과 마찬가지로, 조선의 금융조합 이사들도 일제의 전시경제체제에서 강조하는 '공익'개념에 동조하면서, 국가가 통제하는 사회개혁의 가능성을 기대하고 있었다.25)

이렇듯 일제의 체제 안이든 바깥이든 조선인들의 상당수는 사회개혁의 필요성을 공감하였다. 이들은 일제의 지배논리에 편승하게 되었다 하더라도 그것을 통해서 조선사회경제의 개혁이 가능하리라고 기대했기 때문이었다. 이는 그동안 조선인 지식인들 속에서 새로운 사회를 지향했던 개혁논리가 지배적이었기 때문에 가능했던 부분이기도 했다. 그렇기 때문에 해방을 맞이한 후 조선인들이 내세운 사회개혁방

---

24) 정용서, 「日帝下 天道教靑年黨의 政治經濟思想 硏究」, 『한국사연구』 105, 1999 ; 장규식, 『일제하 기독교민족주의연구』, 혜안, 2001 참고.
25) 이경란, 「경제전문가 집단의 경제인식과 경제관−조선인 금융조합 이사를 중심으로−」, 『일제하 지식인의 파시즘체제 인식과 대응』, 혜안, 2005 참고.

안은 어떤 사회체제를 지향하는가와 관계없이 매우 비슷한 양상을 보였다. 해방 직후에는 다양한 세력의 체제방향에 관한 논의와 정책론들이 서로 정치세력화하면서 표면으로 떠올랐으며 아직 모든 것이 불확정적이었다. 일본제국주의와의 관계라는 측면에서 그에 가깝게 활동했던 인물들이 수면에서 가라앉아 있었기 때문에 방향은 민족해방의 기치를 들고 있던 사회주의적 경향성으로 흘러가는 듯 했다. 이런 경향성은 남북한에 모두 분단정부가 들어선 이후에도 지속되었다. 남한의 경우 헌법을 비롯한 많은 법률과 정책 속에서 사회개혁적인 균등경제를 지향하는 요소들이 지속적으로 강조되고 있음을 볼 수 있다. 이를 국가경제체제의 기초를 선언하는 헌법과 균등경제의 성격을 잘 살펴볼 수 있는 농업, 노동정책과 중요산업에 대한 조항을 통해서 살펴보도록 하자.

우선 남한 내부에서 아직까지 사회주의적 지향성이 공적으로 이야기될 수 있을 시기의 경제개혁방안의 양상을 보자. 1947년 제2차 미소공위가 임시정부 수립을 대비한 헌장과 정책을 만들기 위한 기초 작업으로서 수집했던 각 단체의 답변안에서 볼 수 있다.[26] 이때는 조선공산당과 인민당을 주축으로 하는 민주주의민족전선과 좌우합작세력으로 구성된 시국대책협의회, 그리고 한민당과 대한노총이 주축이 된 임시정부수립대책협의회가 각기 안을 냈다. 당시 현존하는 세력들이 거의 모두 안을 낸 것이라고 할 수 있다.[27]

---

26) 새한민보사 편,『임시정부수립대강 – 미소공위 자문안 답신집』, 1947 ; 서중석,『한국현대민족운동연구』, 역사비평사, 1991 ; 방기중, 『한국근현대사상사연구』, 역사비평사, 1992 ; 김남식,『남로당연구』, 돌베개, 1984 ; 홍기태,「해방후 헌법구상과 1948년 헌법 성립에 관한 연구」,『법과 사회』1, 1989.

27) 질의 내용은 다음과 같다. 1. 조선민주주의 임시정부 헌장(①인민의 권리 ② 임시정부의 체제와 성질 ③중앙정부의 행정 및 입법기구 ④지방행정기구 ⑤ 사법기구 ⑥임시헌장의 변경 및 수정방법) 2. 조선민주주의 임시정부 정책(①공민권 ② 일제잔재의 숙청 ③경제적 독점과 반민주주의자에 대한 대책 ④법률과 사법권) 3. 조선민주주의 임시정부 경제정책(①경제일반대책 ②토

<표 1> 미소공위 질의서에 대한 각 단체의 답변안

	민전	시국대책협의회	임시정부수립대책협의회
재산권		사회이익과 조화되도록 법률규정, 사유재산은 정당한 보상으로 공공복리를 위해 사용 가능	배타적 소유권
토지제도	사유(처분금지) 무상몰수/무상분배 농업협동조합	사유(처분제한) 무상몰수 유조건몰수 체감매상/무상분배	사유(처분제한) 유상배상/유상분배 농업협동조합
산업조직	1. 국가산업과 협동조합 산업을 기본으로 하고 소산업 개인 자본 장려 2. 소유구조 대산업 : 국유 중산업 : 국유 共有 소산업 : 대체로 사유 은행 : 국영 보험 : 국유 도매 : 국유 共有 소매업 : 共有 사유	1. 계획생산 계획분배 원칙 2. 농토자본의 산업자본 전환 3. 소유구조 대산업 : 국유 중산업 : 官民合辦 소산업 : 사유사영 중앙은행 : 국영 보통은행 : 사유사영 보험 : 국유공유 도매업 : 국가감독하의 사유사영, 일부 公有, 국영,	1. 산업 전체에 대한 국가의 계획통제정책 수립 2. 산업운영에서 개인의 창의 존중과 노자협조정신, 농토자본의 산업자본 전환 3. 소유구조 대산업 : 公有, 共有 중산업 : 사유사영 소산업 : 사유사영 중앙은행 : 公有共有 보통은행 : 사유사영 도매업 : 사유사영 소매업 : 사유사영
무역	국영	국가관리	국가관리
노동	최저임금제 1일 8시간제 위험노동은 6-7시간 단체조직 교섭 행동권	최저임금제 1일8시간제 단체조직 교섭권 노동자 생산발언과 이익 참여방법 설정	최저임금제 1일8시간제 단체 노조의 국가산업기획 참여를 위한 전국산업협의회 참가

자료 : 새한민보사 편, 『임시정부수립대강-미소공위 자문안 답신집』, 1947.

이들이 동일하게 제출했던 안은 첫째 토지개혁(농지개혁)으로서 경

지소유대책) 4. 산업조직 5. 노동 임금 사회보험 6. 통상과 물가 7. 재정 8. 교육문화정책으로 경제문제가 상당히 많은 부분을 차지하고 있다. 경제체제와 경제개혁의 방향성이 이 시기 사회성격을 규정하는 핵심 사안이었음이 잘 드러난다.

작농민에게 토지를 분배해야 한다는 것, 둘째 8시간노동과 최저임금, 단체조직과 교섭 등 노동자의 권리 보장, 셋째 중요산업 국유화 또는 공유화를 통해 국가가 산업에 대한 주도권을 가지고 자본축적을 이루고 자본주의적 사기업체제의 문제를 극복해야 한다는 것이었다. 일제 하부터 꾸준히 제기되어 오던 국가건설의 방안이 압축적으로 표현되었으며, 특히 해방 직전 사회주의계열과 민족자본주의계열에서 공통으로 제안되었던 방안이기도 했다.28) 즉 해방 직후 조선인들은 반제반봉건의 원칙 하에서 일제잔재와 반봉건적인 경제요소를 제거하며 노동자의 권리를 보장하여, 노동자 농민이 경제적·심리적으로 안정할 수 있는 토대를 마련하는 바탕에서 국가가 주도하여 산업화를 이뤄나가자는 열망을 표현하였다.

다음 1948년 7월 17일 공포된 대한민국 제헌헌법을 보자.29)

　가. (제2장 국민의 권리 의무) 제15조 재산권은 보장된다. 그 내용과 한계는 법률로써 정한다. 재산권의 행사는 공공복리에 적합하도록 하여야 한다. 공공 필요에 의하여 국민의 재산권을 수용, 사용, 또는 제한함은 법률의 정하는 바에 의하여 상당한 보상을 지급함으로써 행한다.
　나. (제2장 국민의 권리 의무) 제8조 모든 국민은 법률 앞에 평등이며 성별, 신앙 또는 사회적 신분에 의하여 정치적 경제적 사회적 생활의 모든 영역에 있어서 차별을 받지 아니한다. 사회적 특수계급의 제도는 일체 인정되지 아니하며 여하한 형태로도 이를 창설하지 못한다.

---

28) 강만길, 『민족혁명당과 통일전선』, 화평사, 1991 ; 강만길, 「1930년대 중국관내 민족해방운동의 통일전선론」, 『한국사연구』 90, 1995 참고.
29) 제헌헌법을 제정한 인물들과 그 경제적 성격에 대해서는 정치, 헌법, 경제정책에 관한 연구 등 다양한 연구주제와 관련되어 검토되었다(송남헌, 『해방3년사』, 까치, 1985 ; 홍기태, 「해방후 헌법구상과 1948년 헌법 성립에 관한 연구」, 『법과 사회』 1, 1989, 185쪽 ; 정진아, 「제1공화국 초기(1948-1950)의 경제정책 연구」, 연세대 석사학위논문, 1998).

다. (제2장 국민의 권리 의무) 제18조 근로자의 단결, 단체교섭과 단체행동의 자유는 법률의 범위 내에서 보장된다. 영리를 목적으로 하는 사기업에 있어서는 근로자는 법률의 정하는 바에 의하여 이익의 분배에 균점할 권리가 있다

라. (제6장 경제) 제86조 농지는 농민에게 분배하며 그 분배의 방법, 소유의 한도, 소유권의 내용과 한계는 법률로써 정한다.

마. (제6장 경제) 제85조 광물 기타 중요한 지하자원, 수력과 경제상 이용할 수 있는 자연력은 국유로 한다. 공공 필요에 의하여 일정한 기간 그 개발 또는 이용을 특허하거나 또는 특허를 취소함은 법률의 정하는 바에 의하여 행한다.

바. (제6장 경제) 제87조 중요한 운수, 통신, 금융, 보험, 전기, 수리, 수도 가스 및 공공성을 가진 기업은 국영 또는 공영으로 한다. 공공 필요에 의하여 사영을 특허하거나 또는 그 특허를 취소함은 법률의 정하는 바에 의하여 행한다. 대외무역은 국가의 통제 하에 둔다.

헌법에서 대한민국의 경제질서는 사회정의와 균등경제의 실현에 근본을 두며, 개인의 경제상의 자유는 이 한계 내에서 보장할 것이라고 명시하였다. 기본적으로 자유경제를 원칙으로 하지만, 그에 대한 일정한 규제가 필요함을 강력하게 표현하고 있다(가, 나). 특히 각 조문들속에서 그런 의지가 잘 표현되어 있다. 국민의 권리로서 노동자의 단결권 단체교섭권 단체행동권이 보장되었다(다). 또한 헌법 조문에 농지를 농민에게 분배하는 것을 명시하였다(라). 이는 그동안 조선인들이 강력하게 주장해오던 합의점이었기 때문이었다. 헌법에 명시할 만큼 이 두 가지 문제는 조선민중의 경제적 안정화에 대한 절절한 바람을 표현한 것이었다. 게다가 영리를 목적으로 하는 사기업은 노동자에게 이익균점권을 보장하도록 하였다. 이는 그 이후에도 많은 논쟁을 낳은 대목이다.

그리고 (마)와 (바)에서 보듯 자연력(지하자원, 수산자원, 수력)과 공

공성을 가지는 기업(운수, 통신, 금융, 보험, 전기, 수리, 수도, 가스)은 국영이나 공영으로 하고 사영기업은 국가의 긴급한 필요에 의해 국유 또는 공유로 이전할 수 있도록 하였다. 헌법조문에 노동자의 단결권과 농지분배, 중요산업 국유화의 원칙을 명시할 만큼 이 사안은 대다수 국민들이 원하는 바였고, 이를 통해 국민통합을 이룰 수 있을 것이라 고 여겼던 것이다.

구체적인 하위법률에서도 이런 지향은 잘 드러났다. 1950년에 발포 된 농지개혁법은 헌법에서 명시한 농지를 경작농민에게 분배하도록 한 규정을 하위 법률로 제정한 것이었다. 그래서 「농지개혁법」 제1조 에는 "헌법에 의거하여 농지를 농민에게 적절히 분배함으로써 농가경 제의 자립과 농업생산력의 증진으로 인한 농민생활의 향상 내지 국민 경제의 균형과 발전을 기함을 목적으로 한다"고 하여 '농가경제의 자 립', '농업생산력의 증진', 국민경제의 '균형'과 '발전'의 경제적 토대로 서 농지개혁을 실시하는 것이라고 하였다. 인구의 대다수를 차지하는 농민이 자신의 농지를 소유함으로써 경제적 안정을 찾고, 이들이 자발 적으로 생산성을 높이려고 노력하면 농업생산력이 커질 것이므로, 이 로써 국민경제는 균형을 이룰 수 있을 것이라고 보았다. 또한 이는 농 업생산력 확충과 더불어 안정화된 농민들의 구매력 확대를 통해 국민 경제의 내적인 균형과 발전을 이룰 수 있으리라는 전망을 품고 있었 다.30)

---

30) 농지개혁의 성과와 그 성격에 관해서는 많은 논의가 있어 왔다. 북한의 토지 개혁에 비해서 농민경제의 안정화에 주는 효과는 적었다는 농지개혁의 미흡 함에 대한 지적, 개혁의 속도가 늦어짐에 따라 나타나는 문제점, 개혁 이후에 진행했어야 할 협동조합법이나 농업금융, 유통체계에 대한 후속조치가 제대 로 되지 않아서 발생한 농민경제의 불안정성 또는 재생소작제 등 많은 문제 점이 제기되었다. 그러나 이런 문제점에도 불구하고 남한의 농지개혁은 북한 의 토지개혁과 마찬가지로 이 땅에서 지주제라는 반봉건적 농업구조를 일소 하고, 농민들이 토지를 소유하게 했다는 성과를 거두었다는 점에서는 모두 동의하고 있다. 농지개혁에 관한 연구사 정리는 한국근대사연구소, 『쟁점 한

1953년에 발포된 노동관련법을 보자.[31] 이 법은 이미 정부수립 이전에 강력한 힘을 발휘했던 전평이 몰락하고, 남한정부 수립 이후 대한노총이 노동자를 대변하는 유일한 기관이 되었던 시점에서 발포된 법이다. 헌법에 노동자의 권리로서 단결권, 단체교섭권, 단체행동권이 이미 명시되어 있으므로 이에 대한 실행법률로 제정되었다. 이때 제정된 노동법은 노사자치주의를 기본원칙으로 하며, 근로조건의 최저기준을 국가의 강행 법률로 정하고 그 이상의 근로조건은 노동조합을 통하여 실현하는 원칙을 채택하였다. 집단적 노동관련법에서는 노동조합의 자유설립주의, 노동조합의 대내적 민주성과 대외적 자주성의 확보, 단체협약에 의한 자치, 노동쟁의의 자주적 해결, 자유로운 단체행동권 행사 등을 원칙으로 하는 자유주의적 노사자치주의를 정립하였다. 이 법률적 규정은 최초로 노동운동에 법률적 기초를 마련했으며 민주적 노동법제를 갖추어 나가는 출발점이라는 역사적 의의를 지닌다는 평가를 받고 있다.[32]

1945년 해방 직후부터 남한정부가 세워지고, 한국전쟁을 거친 1953년 시점까지 남한사회 내부에서 농민경제의 안정화와 노동자의 권리보호라는 균등경제 지향의 원칙들이 지속적으로 논의되고 법률제정이라는 형식으로 표현되고 있었음을 알 수 있다. 이 속에서 나타나는 균등경제에 대한 지향은 경제성장과 대치되는 개념이 아니었다. 자본주

___

국근현대사』 제3호 참조.

31) 농지개혁법에 비해서 노동법은 늦게 정비되었다. 정부수립 이후 헌법 제정에 뒤이어 노동법 제정이 준비되었다. 1949년 5월말까지 사회부 노동국이 노동조합법과 노동쟁의법 초안을 작성하고 이를 정부안으로 확정했다. 국무회의의 의결을 거치고 국회로 회송되던 중 한국전쟁이 터졌다. 다음은 전쟁중 노동자측과 정부의 필요에 의해 다시 추진되어, 노동조합법안이 제출되었고, 이후 정부안, 사회보건위원회안과 함께 검토되어 1953년 3월 8일 법률로서 공포되었다(고려대노동문제연구소, 송종래, 『한국노동운동사 4-정부수립기의 노동운동』, 지식마당, 2004, 167쪽).

32) 1953년 노동법에 대해서는 '지나친 진보적 성격'이라고 부를 정도로 이후의 노동법과 비교해서 진보성을 띠고 있다고 평가한다(위의 책, 184~192쪽).

의가 자기의 위기 속에서 정상적인 경제성장과 안정을 구가하기 위한 기초로서 자본가에 대한 일정한 규제와 노동자와 농민 등 사회적 약자에 대한 경제적 안정화를 추구했었다. 이런 면에서 볼 때, 해방 후 조선인들은 그것이 자본주의든 사회주의든 성장의 전제조건으로서 균등경제적 요소, 사회개혁적인 지향이 결합되어야만 한다고 인식하고 있었다.

4. 균등경제론에서 성장중심론으로

1) '배제' 후의 '통일'

한국인들이 보편적으로 지향하고 있던 균등경제의 요소가 법률의 형태로서 1950년대 중반 경까지 지속적으로 언술되고 있음을 살펴보았다. 그러나 이런 지향은 전체 한국경제체제의 구조화 과정에서 점차 영향력을 상실해가고 있었던 것이 현실이었다. 원칙과 실제 정책수행 과정에서 나타나는 지향에는 제법 큰 간격이 있었으며, 이 간격이야말로 남한자본주의의 성격을 드러내는 핵심요소였다. '균등경제'의 요소로서 대표적인 부분이 농지개혁과 노동자정책이다. 각 정치세력들을 비롯해서 일반 국민들이 이런 균등경제적 지향을 보편적으로 수긍하고 열망했다면, 이 내용은 빠른 시기 내에 구체적인 법령으로 제출되고 현장에서 실행되었어야 했다.

그런데 그것들은 곧바로 실제 경제정책으로서, 시행방침으로서 농촌과 공장에서, 농민들과 노동자들 속에 실현되지 못했다. 이는 균등경제를 주장했던 여러 세력들이 남한정부의 수립과 정비 과정 속에서 차례차례 '배제'되었기 때문이었다. 냉전체제의 형성과 관련해서 조선경제의 향방에 경계를 긋는 선은 자본주의와 공산주의라는 이데올로기의 대립이었다. 대립이 커져가면서 남북한 모두 정책이 결정되는 순간순

간마다 조금씩 또는 대규모로 한쪽에서는 사회주의적 경향성을 보이는 인물군들이 또 한쪽에서는 자본주의적 경향성을 보이는 인물들이 정책결정집단에서 배제되었다. 그때 남한사회에서 이용된 배제의 도구는 '반공'이었다.[33]

미군정 시기에 남로당이 불법화되고, 9월 총파업과 관련해서 전평이 탄압을 받는 과정에서 이미 이 시기에 좌익으로 불리는 공산주의 지향의 세력은 월북하거나 투옥되면서 남한사회에서 배제되었다. 사회주의적 지향을 가지고 균등경제를 주장하면서 토지개혁과 노동자의 권리, 그리고 인민 정부를 주장하는 세력이 사라지고 말았다. 우익과 중도파로 구성된 남조선과도입법정부를[34] 지나서, 배제의 원리가 다시 크게 작동한 시기는 정부 수립기였다. 분단이 기정사실화되고 남한과 북한이 이데올로기를 기준으로 다른 정부를 수립함으로써 당해 정부와 다른 사상을 가진 세력은 철저하게 배제되고 말았다.

남한정부에 참가한 여러 세력은 자본주의 국가건설을 해나가야 한다는 점에 동의한 사람들이었다.[35] 이들에 의해 만들어진 1948년의 헌법은 분단국 헌법이었고, 민족통합이 실패한 결과인데도 전민족의 의사를 결집한 것이고 전국에 걸쳐 효력을 가진다고 선언함으로써 민족

---

33) 이 과정은 '이념청소'(ideological cleansing)로 설명되기도 한다(「축적체제의 제도적 창출과 발전 : 1970년대」, 『한국자본주의 발전모델의 형성과 해체』, 나눔의 집, 2001, 132쪽).

34) 과도입법의원의 구성은 민선의원 45명 전원이 우익인 한민당과 독립촉성국민회, 한국독립당, 우익에 동조하는 무소속 인물로 채워졌으며, 관선의원으로서 중도파가 31명이 들어가고, 나머지 14명은 우익세력이 차지했다(홍기태, 「해방후 헌법구상과 1948년 헌법 성립에 관한 연구」, 『법과 사회』 1, 1989, 185쪽).

35) 1948년 헌법제정에 직접적으로 관여한 인물들은 일제관료 중심의 모임인 행정연구회 회원들과 한민당과 밀접한 관계를 맺고 있던 유진오와 권승렬, 헌법기초위원장인 서상일을 비롯한 한민당 소속 의원들, 이승만과 그를 중심으로 한국독립촉성회 소속의원들이었다. 그러므로 좌파나 중간파의 진보적 내용을 실현시킬 세력은 단정노선과 함께 배제되었다.

적 기반의 결손을 부인하고 있다. 이렇게 분단국으로서 이데올로기적
으로 한쪽을 배제하고 성립한 국가 내부에서 다시금 배제의 원리가 크
게 작동했던 예가 조선민족청년단(이하 족청)과 이승만의 결별과정이
었다.

실제 '배제 후의 통일'을 잘 표현하는 논리체계가 바로 이승만의 일
민주의였다.[36] 일민주의를 가장 잘 설명한 문구가 다음의 글귀이다.

"하나인 민족으로서 무엇에고 또 어느 때고 둘이 있을 수가 없다.
계급이 없어야 하며 차등이 없어야 한다. 하나이거니 지역이란 무엇
이며 하나이거니 남녀란 무엇이냐. 국토도 하나요 정신도 하나요 우
리민족은 하나다 국토도 하나요 정신도 하나요 생활에도 하나요 대우
에도 하나요 정치상 문화상 무엇에고 하나다."[37]

이런 '하나'에 대한 강조는 계급과 성별과 지역의 차별이 없어야 한
다는 균등사회 지향을 내포하고 있는 논리이다. 이는 바로 족청의 이
념이기도 했다.[38] 이들은 친정부적이고 반공주의적인 입장을 가지고
국가보안법을 지지하는 입장이면서 민족주의 입장에서 개혁입법의 실
현에 적극 참여하였다. 이들은 제헌국회에서 민족자결권 획득, 민족통
일 획득, 민족균등생활 획득, 국방군의 확보 달성을 내세우면서 기존의
지주 자본가계급을 제재하지 않는 한 민족통일과 민족균등사회는 이
루어지지 않을 것이라고 주장하는 세력이었다.[39] 이런 측면이 초기 정

36) 일민주의의 파시즘적 성격에 대해서는 서중석, 「이승만정부 초기의 일민주
의」, 『진단학보』 83, 1997 참조.
37) 李承晩, 『一民主義 槪述』, 一民主義 普及會, 1949, 9쪽.
38) 일민주의의 대표자인 안호상과 양우정은 족청계열 인물이었고, 이들은 족청
이 배제됨과 동시에 이승만과 결별하였다(문정인·류상영, 「자유당과 경무대
-'정치사회'의 출현과 붕괴의 정치학」, 『1950년대 한국사의 재조명』, 선인,
2004, 24~26쪽).
39) 제헌의회에서 족청관련 의원은 약 20명 내외였고, 이들은 靑丘會로 모여 있
었다. 해방정국기 족청은 이범석을 중심으로 하여 일제하 광복군 출신이 간

부수립과정에서도 일정하게 반영되었다. 초대 국무총리인 이범석은 족청의 의사를 대변하였고, 농림부장관인 조봉암은 이후 진보당으로 표현되는 중간파의 의사를 대변하였다. 이들 세력은 국회 내에서도 농지개혁법과 헌법상의 노동관련 조항에서 서로 연합하여 개혁법안을 이끌어 냈다.[40)

일민주의의 또 다른 측면은 바로 거기서 의미하는 '하나'란 '배제'가 전제가 된 '통일'된 '하나'를 의미하였다는 점이었다.

> "하나가 미처 되지 못한 바 있으면 하나를 만들어야 하고 하나를 만드는 데 장애가 있으면 이를 제거하여야 한다. 누구든지 독자의 一舜이 일어날 때 이 하나에 위반되는 바 있거든 곧 버리라. 이 일념에서 민족이 깨어진다. 행여 분열을 가지고 일체에 더하려 말라."[41)

부층을 구성하였다. 이범석은 정부수립 이후 초대 국무총리와 국방장관을 역임하여 이승만 정부를 지탱한 인물이기도 하다. 이들은 해외에서 민족운동을 했던 경력을 지니고 있어 김구의 임정계열과 관련이 많고, 대종교의 영향을 받아 국수적 민족주의 인식이 강한 것을 평가받고 있다(이정은, 「제헌국회기 청구회·신정회의 정치활동과 노선」, 『학림』 25·26합집, 2005 참조).

40) 이정은, 위의 글, 117~118쪽. 이승만은 『일민주의 개술』, 19~20쪽에서 이러한 정책방향을 다음과 같이 풀어냈다. "빈부가 동등으로 구별없이 天造의 물질을 발전시켜 모든 복리를 누리며 동등권리를 가저서 부요한 자는 대대로 노동과 사역에 복종해서 노예나 우마같은 대우를 받던 폐단을 없이 하므로 다같은 복리를 누리자는 것이니, 부자가 재산세력만 믿고 노동 근로로만 생활하는 동포를 학대하는 폐단을 막으며 노동자가 재정가를 미워하는 태도를 가지지말고 평균한 리익을 누리도록 합동진행해서 서로 도우며 보호하기를 힘스자는 것이니 정부에서 이를 주장하는 관계로 지주들은 토지를 팔고 정부에서는 토지를 농민에게 유상으로 분배하여 그 소출로 대금을 갚은 후에는 다 각각 제 소유로 만들게할 것이며 지주는 그 대금으로 공장이나 혹은 다른 장구이익을 도모할 것이니 이 공업시대에 재산을 토지에만 넣지말고 자본을 다른 공업에 사용하면 개인이나 국가경제에 크게 이익일 것이요 공업과 상업상으로도 큰 재산가가 될 수 있을 것이니 이것이 곧 경제의 세 가지 기본되는 토지와 자본과 노동이 합작해서 서로 평균이익을 누리자는 유일한 계획일 것이다."

41) 이승만, 『일민주의 개술』, 10쪽.

일민주의는 민족을 하나의 단위로 보고 있고, 그것이 '하나'인 존재로서 의미를 지니고 있다고 생각하기 때문에 그 안에서 동일성과 통일성을 강조하며 개별의 독자성과 다원성을 인정하지 않았다.[42] 이는 정치적으로는 반대세력이나 저항세력을 인정하지 않는 논리였다. 이는 오히려 반대세력을 제거하는 것이 전체를 위하여 옳다고 여기는 사고이다.[43] 특히 이는 두 개로 분열되어 있는 민족의 통일을 위하여 공산주의를 멸망시키는 것이 절대적 사명이며 신성한 의무라는 반공의식에 기반하고 있다.[44] 그런데 이 일민주의의 배제의 논리가 족청 스스로를 겨냥하고 말았다. 이승만과 정치적으로 분리되면서 이승만은 족청을 배제하였는데, 그중에서 일민주의 이론가 중 하나인 양우정은 간첩혐의로 체포되었다. 반공정권의 파트너였던 족청계열조차 반공논리로 배제되는 과정이 잘 드러난다. 이런 상황과 더불어 족청이 견지했던 균등경제적 요소는 경제정책 결정과정에서 점차 희석되었다.[45]

2) 경제성장론으로 전환

---

42) "한겨레 한 백성에는 주의조차 하나라야 한다. 만일 한 겨레에 주의가 둘이라면 그 겨레는 두 조각으로, 주의가 셋이라면 세 조각들로, 주의가 열이라면 열 조각들로……그 겨레는 항상 싸움과 파괴만 있어, 멸망의 길 밖에 더없을 것이다. 그러나 이와 반대로 만일 우리 모두가 한 주의 밑에 산다면, 쪼개지고 잘라졌던 각 개인과 계급과 당파들은 서로 한데 뭉쳐 하나가 되어, 참된 평화와 건설로써 영원히 발전한다"(안호상, 『민주적 민족론』, 어문각, 1961(5판), 123쪽. 이 책의 1판은 1951년도에 출판되었다).

43) 김수자, 「이승만의 一民主義의 제창과 논리」, 『한국사상사학』 22, 2004, 463쪽.

44) 김수자, 위의 글, 464쪽.

45) 1952년부터 갈등관계에 들어선 두 집단은 1953년 9월 이승만의 「일제의 파당요소 제거」라는 특별담화에 따라서 족청은 파당분자가 되고 말았다. 그후 족청계의 신형식이 구속, 양우정은 간첩혐의로 구속, 내각에 참여하던 내부장관 진헌식, 농림장관 신중목, 상공장관 이재형은 파면되었다(문정인·류상영, 앞의 글, 24~26쪽).

사회주의자들에서 족청까지 균등경제 지향적인 정치세력들이 거세된 상황에서 남한의회와 정부를 이끌고 가는 인물들은 어떤 경제지향을 가지고 있었을까. 이것이 균등경제를 지향했던 대한민국 수립 초기의 의지가 이후 지속되어 현실 속에 자리잡고 실현될지를 가늠하는 주요 지표가 될 것이다. 결과적으로 보면 그 지향은 현실 속에서 제대로 발현되지 못했다.[46]

제1공화국 초기 정부는 중간파 세력과 족청세력 그리고 한민당과 상공회의소 세력으로 구성되었다. 이승만은 조봉암과 강진국 등의 중간파를 기획처와 농림부에 기용하여 농지개혁 등의 긴급한 과제를 해결하는 한편, 재무부와 상공부 등에는 김도연과 백두진 등의 경제전문가들을 기용하여 산업재건을 담당하도록 하였다. 이런 구성에 힘입어 이승만 정권은 농지개혁을 통해 지주제를 청산할 수 있었고, 산업계획을 추진할 수도 있었다. 그렇지만 정부 내에서는 대한민국이 건설해야 할 경제체제에 관해서 각기 다른 견해가 부딪치고 있었다.[47]

중간파 세력은 중소농과 중소자본가 노동자의 경제안정을 국가의 계획 하에 지원해야 함을 주장하였다. 농지개혁의 주무자였던 강진국이 구상했던 경제체제는 사적소유권을 보장하지만, 귀속재산을 비롯한

---

46) 1950년대 한국사회의 경제문제를 둘러싼 논의에 대해서는 정진아, 「제1공화국 초기(1948-1950)의 경제정책 연구」, 연세대 석사학위논문, 1998 ; 박태균, 앞의 글 ; 정진아, 「6.25전쟁기 '백재정'의 성립과 전개」, 『역사와 현실』 51, 2004. 3 ; 고려대노동문제연구소, 『한국노동운동사 4』, 2004 참고.

47) 제1공화국시기 관료들의 경제인식에 대해서는 정진아, 위의 글, 1998 참고. 정진아는 이승만이 중간파를 각료진에 기용했던 이유는 정치적으로 극우 정권이라는 이미지를 불식시키고 단정 참가를 거부한 중간파(남북협상파)를 견제하는 한편 경제적으로는 중간파가 제기했던 계획경제 논의의 일부를 수용해서 정부수립 초기에 당면했던 과제를 해결하고자 했기 때문이라고 보았다 (정진아, 위의 글, 1998, 13쪽). 실제 이승만은 『일민주의 개술』에서 강력하게 표현했던 것처럼 토지개혁문제에 대해서만은 매우 적극적으로 생각하고 있었고, 이것이 이념은 달리하지만 토지개혁을 실현시킬 정책의지가 있는 인물을 선택하였던 이유이기도 할 것이다.

중요산업은 국유화함으로써 국가경제 운영에 있어 국가자본의 주도성을 보장하여야 한다고 보았다. 그래야 그 기반 위에서 생산협동조합을 통해서 생산과 소비에 대한 종합적 계획을 전 산업분야에 관철시킬 수 있고, 생산력을 확충할 수 있다고 보았다. 이런 국가계획경제체제를 만들어가기 위해서 우선 농지개혁을 실시해서 농민을 자립화시키고 지주자본을 산업자본으로 이전한 후, 산업계획에 따라서 각 분야에 원조물자를 배분함으로써 자립경제를 이룬다는 계획을 세웠다. 이때 국가의 역할이 중요한데, 국가는 생산과 물동, 물가계획을 통해 산업 전분야를 통제하고, 협동조합을 매개로 국영기업과 중소농, 중소자본가, 노동자가 국가의 지도를 받아 생산을 증진한다는 '국가자본주의', '조합주의적 국가'를 지향한다는 것이다.[48]

이에 비해 재무부와 상공부측은 국가가 계획과 조정은 하되 기업이 주체가 되는 자본주의를 구상하였다. 이들은 경제관료의 주류였으며 미국과 긴밀한 관계를 맺었고, 이후 시기까지 영향력을 확대해갔던 그룹이었다. 백두진의 견해를 보자.

"아국의 필요한 것은 건국의 경제적 기반을 공고히 하고 굶주린 생명을 유지하기 위하여 흐터진 제 생산조건을 규합하고 생산을 증가하는 것 뿐이다. 이 생산요소의 규합은 자본의 주동하에 가장 용이하게 수행될 것이며 이 생산에 대한 가장 효과적인 인센티-부는 생산자에 관한 물적 급여이다. 이것은 우리가 선택한 자본주의 경제에 있어서는 자본가에게 그 자본능력이 미치는 한의 생산수단 소유를 허용하고, 그 효과적인 생산 제요소의 결합에 의한 자유로운 영리를 무한한 자본증식을 허여하는 자유경제로 환원하여야 한다는 것을 알게 될 것이다.……자유경제로의 전환에 의한 경제재건의 발족을 위하여는 먼저 생산을 통하여 자본의 자기증식이 가능한 기반을 확립되어야 할

48) 이들 중간파의 경제노선에 대해서는 방기중, 「해방정국기 중간파 노선의 경제사상-강진국의 산업재건론과 농업개혁론을 중심으로」, 『경제이론과 한국경제』, 최호진박사 강단50주년기념논문집간행회, 1993에 자세하다.

것이다."[49]

백두진은 기업이 중심이 되는 생산력 증진만이 한국경제의 기반을
구축하는 길이며, 그것은 계획경제나 통제경제가 아닌 자유경제를 선
택해야 한다고 보았다. 이런 견해는 그동안 상공회의소나 무역협회, 적
산관리인연합회, 물자영단과 같은 조직을 통해 정책에 압력을 행사할
수 있었던 자본가집단의 견해를 대변하는 것이었다. 기업이 생산 확충
의 주체가 된다고 설정함에 따라서 기업의 자유를 최대한 보장하고 이
들을 위한 자금과 물동계획을 구성하는 것이 주요 재정과 유통정책의
핵심이 될 수밖에 없었다.[50] 이를 위한 재원으로서는 국내자본의 동원
방법보다는 미국의 원조자금을 최대한 활용하여 기업을 육성하여 한
국의 경제개발을 이룰 수 있으리라고 구상하였다. 그리고 이를 위해서
국가가 할 역할은 이들에게 자본을 배분해주는 것만이 아니라 도로 철
도 항만 수도 전력 등의 사회간접자본의 확충에 관심을 기울였다.[51]
1950년대 ICA원조실적 중 전력에너지원 개발과 도로 철도 항만 등 사
회간접자본 건설을 위한 원조가 전체의 17.3%, 그리고 시설재 도입을
내용으로 하는 계획원조가 59.7%를 차지하였으며, 이를 통해서 강원
충북 경북의 북부지역을 연결하는 영암선 문경선 함백선 충북선 등 산

49) 백두진(임시외자관리청장), 「경제안정15원칙과 외자운영」, 『경제월보』 11,
    1950. 5. 7, 151쪽.
50) 당시 상공회의소와 무역협회는 상공부에 대해서 첫째 적산기업체는 불하하
    여 민영화, 둘째 무역은 계획적으로 실시하되 무역협회에 일임, 셋째 물자배
    급권을 일원화하여 상공단체인 물자영단에서 취급하게 할 것을 건의하였다.
    계획에는 동의하나 그 계획의 실행주체가 중간파가 주장하는 것처럼 협동조
    합에서 하는 것이 아니라 자본가 단체가 맡아서 자본가를 육성하는 방향으로
    진행되어야 한다는 주장이었다(정진아, 앞의 글, 1998, 30쪽).
51) 이대근은 1950년대 경제정책의 성과로서 사회간접자본의 확충이라는 부분을
    특히 강조하였다. 그리고 이는 1960년대 이후 공업화를 위한 기반조성이라는
    측면에서 높이 평가하였다(이대근, 『해방후 1950년대의 경제』, 삼성경제연구
    소, 2002, 512쪽).

업철도를 비롯해서 전쟁으로 파괴된 철도와 도로 교량의 개축, 수도와 통신사업 등이 정비되고 확충되었다.

이와 같은 자본가 위주로 정책방향이 잡힘에 따라서 균등경제적 지향은 희석될 수밖에 없었다. 농민에 대해서는 자가 부담에 의한 자본주의 질서 정착을 주장하면서 농민보호정책 또는 농업보호정책에는 관심을 많이 기울이지 않았다.[52] 농지개혁이나 노동법 등이 제정되는 과정에서도 그러했고, 제정된 이후에도 본래 의도대로 운영되기 어려웠다. 재무부는 농지개혁법안 처리과정에서 국가재정을 내세워 지주보상금과 농민상환금의 차액규정을 강경하게 반대하여 국회가 지주보상액과 농민상환액을 동률로 하게끔 압력을 가했다. 뿐만 아니라 농지개혁 이후 지주층의 입장에서 볼 때는 지주자본을 산업자본으로 전환시킨다는 방침은 제대로 실현되지 않았고,[53] 농민층의 입장에서 볼 때는 농민경제의 안정화를 위한 기구로서 논의되던 농업협동조합도 결국 표류하고 말았다. 농협법안은 재무부의 반대로 국무회의에서 반려되었고, 이후 안 자체가 폐기되고 말았다.[54] 또한 임시토지수득세로 인해 농민경제는 급격히 열악해져 갔다.[55] 그리고 헌법상 명시되었던 노동

---

52) 재무부장관 김도연은 일제하 이래로 조선경제의 핵심은 보잘 것 없는 조선인 경제의 분배문제가 아니라 생산문제이며, 생산능률을 향상하는 것이 "노자의 충돌 불평등적 분배 등의 문제를 해결함에 한 활로가 된다"고 보았다. 또한 생산력증강의 주체는 각 방면의 기업과 건전한 자본주의 윤리를 가진 기업가다라고 주장하였다(金度演, 「産業의 科學的 經營에 대한 考察」, 『우라키』 1, 1925, 101쪽/김도연, 『나의 인생백서』, 강우출판사, 1968, 126쪽 재인용 ; 정진아, 앞의 글, 18쪽).

53) 지주자본의 산업자본으로의 전환이 이루어지지 못했던 과정에 대해서는 이지수, 「해방후 농지개혁과 지주층의 자본전환문제」, 연세대 석사학위논문, 1994 참고.

54) 농협협동조합중앙회, 『한국농업금융사』, 1963.

55) 임시토지수득세는 당시로서는 단일 세종으로 가장 큰 세원으로 1951, 52, 53년 예산 상 총조세수입의 38.1%, 29.0%, 26.0%를 차지할 정도였다. 전시 인플레이션을 억제한다는 명분으로 금납제인 지세를 물납제로 바꿈으로써 전시 인플레를 고스란히 농민에게 전가하고, 이승만 정권은 그로써 막대한 전비를

자의 이익균점권은 하위법률이 제정되지 않아 사문화되었고, 이후 제3
공화국 때 삭제되었다. 또한 중요산업 국유화의 원칙은 너무 사회주의
적이어서 경제개발에 도움이 되지 않는다는 이유로 1954년 2차 헌법개
정시 삭제되었고, 이때 헌법에는 기업민영의 원칙 하에서 자유경제체
제로의 환원을 성문화하였다.[56] 이는 사회민주주의적 지향성을 가지는
중간파가 정부에서 제외되고, 국회프락치사건과 진보당사건을 통해서
배제되는 과정과 맞물려 있다.

이러한 헌법개정을 비롯한 움직임에 대해서 산업은행을 비롯한 자
유경제론자들은 "관리경제적 또는 통제경제적 제요소를 약화하고 종
래의 半자유적 半통제적 정책의 혼선을 지양하는 가운데 기업민영의
원칙하에서 자유경제체제에의 환원을 성문화"하려는 것이라고 보았
다.[57] 따라서 이후 진행되는 정부의 정책은 재무부와 상공부측의 방향
으로 나아갔으며, 1950년대에 걸쳐 이 방향은 더욱 강화되었다. 즉 헌
법을 비롯해 하위법률까지 균등경제적 요소, 노자협조적 지향을 표방
하고 있었지만 이승만 정권의 물적 토대는 대기업이었다. 경제논리로
기업을 중심으로 한 경제발전론을 내걸면서, 수출지원정책으로서의 특
혜외환제도,[58] 공정환율과 시장환율간의 차이 등을 이용하여 대기업이

조달할 수 있었다. 수득세 실시 후 농촌에서는 절량농가의 급증, 농촌고리채
의 급증, 나아가 분배받은 농지의 매각 급증이라는 연쇄적인 농가경제 몰락
양상이 현저해졌다(이대근, 『해방후·1950년대의 경제』, 삼성경제연구소,
2002 ; 김소남, 「1950년대 임시토지수득세법의 시행과정연구」, 『역사와 현실』
43, 2002 참고).

56) 홍기태, 앞의 글.
57) 한국산업은행조사부, 『한국산업경제십년사(1945-1955)』, 1955, 12쪽.
58) 특혜외환제도는 1951년 5월부터 1955년 8월까지 실시되었는데, 수출에서 차
지하는 비중과 채산을 고려하여 품목별 수출상여율(특혜외환)을 다르게 결정
하고, 특혜외환으로 도입할 수 있는 대상수입품목에 채산성 높은 물자를 포
함시킴으로써 수출을 간접적으로 지원하는 수출제도이다(최상오, 「이승만 정
부의 경제정책과 공업화 전략」, 『경제사학』 35, 2003, 144쪽). 김낙년은 이 시
기 공정환율과 시장환율의 차이문제가 렌트를 발생시키며, 이를 둘러싼 이해

급격히 성장할 수 있는 배경을 만들어 주었다.

표면상에 보이는 노자협조적, 균등경제적 요소와 상반되게, 이승만 정권은 대기업과의 연합을 통해서 한국경제를 자본가 중심의 경제구조로 편성해가고 있었다. 경제정책론과 별도로 1950년대 귀속재산 불하를 비롯한 경제적 자원의 이동경로를 살펴본 연구를 통해서 보면, 자유당의 경제적 지지기반의 형성과 신흥자본가계층의 형성은 긴밀한 관계를 지니고 있었다. 귀속재산 불하 시 정부는 자유당과 결탁하여 정치자금을 상납하는 기업하고만 수의계약을 맺었으며, 원조물자 배정도 정부관리들은 중요 시설업자와 사전 공모하여 외화를 횡령하거나 외국상사와 결탁하여 시설투자 도입비를 가로채기도 했다. 이런 특혜조치에 의해 신흥자본가들이 형성되어 선거 때 정치자금원으로 역할하는, 즉 강력하게 정경유착이 이루어져 있는 상태였다.[59] 정권과 대기업과의 유착관계는 이를 비판하며 등장한 민주당 정권에서도 여전히 지속되었다.

이런 배경 하에서, 이승만 정권과 대한노총 또는 대한농총이 관계는 이 시기 노자협조론의 허구적 성격을 잘 보여주는 대목이다. 국회 내에서 정치적 기반이 튼튼하지 못했던 이승만은 대중조직인 대한노총과 대한농총을 정치적 기반으로 삼은 대중정치를 추구하기 시작했다. 대한농총은 정치적으로 전국 각처에서 좌익과 투쟁하는 과정에서 사망자 7명, 부상자 56명을 냈을 정도로 반공적 정치활동을 하는 단체이자 농민적 이해관계를 반영하는 농업개혁을 추구했다. 이승만은 단독정부를 수립할 때 이들을 자신의 농촌기반으로 삼고자 했다.[60] 대한노

관계의 갈등과 대립이 크게 발생하므로, 외환정책이 1950년대 경제정책의 핵심이라고 설명한다(김낙년, 「1950년대 외환정책과 한국경제」, 문정인·김세중 편, 『1950년대 한국사의 재조명』, 선인, 2004).

59) 문정인·류상영, 앞의 글, 28~33쪽.
60) 대한농민총연맹의 농지개혁관과 이승만과의 관계에 대해서는 김성보, 「입법과 실행과정을 통해 본 남한 농지개혁의 성격」, 홍성찬 편, 『농지개혁연구』, 연세대학교 출판부, 2001, 148~150쪽 참고.

총 또한 전평이 노동운동의 중심이었을 때는 좌익과의 싸움을 전면에 내거는 반공우익단체로서 활동했으나, 전평의 몰락 이후 노동자계급의 이해관계를 대변하는 유일한 기관으로 자처하였다. 이승만 정권이 이 조직들과 관계를 맺는 방식은 이승만이 대한노총에서는 총재직을, 대한농총에서는 고문직을 유지하였고, 노총의 전진한 대표를 정부의 사회부장관으로 임명하여 양자간의 긴밀한 유대를 형성하였다.61) 여기서 농총은 농지개혁을, 노총은 노동자의 권익보호에 대한 법률적 보장을 얻어낼 수 있었으며,62) 이승만은 지지기반과 체제유지의 동원세력을 확보할 수 있었다.

이와 같은 대중조직과 정부기구와의 관계형식은 국가에 의한 노동자·농민단체 및 행정체계에 의한 노동통제라는 파시즘적 노동통제양식과 매우 유사하였다.63) 일민주의적 발상과 관련해서 본다면, 노동자의 존재는 자본가와 갈등하는 존재가 아닌 국가 내에서 서로 협력해야 하는 존재이므로 국가행정기관을 통해 양자 사이의 갈등을 통제하려는 것은 당연한 귀결일 수밖에 없었다.64) 이승만 정권은 한편으로는

---

61) 이들과 이승만의 관계는 족청과 이승만의 관계와 매우 유사한 모습을 띠고 있다. 족청의 경우 농림부장관으로 신중목이 중용되었고, 그 과정에서 실행협동조합조직이 확산될 수 있었으나, 신중목의 실각으로 농협은 재무부의 주도로 설립이 진행되기에 이르렀다.

62) 1948년 6월 대한노총은 '노농8개 조항'을 요구하며, 노동자의 권익보호를 주장하기 시작했다. 8개 조항은 노동3권, 근로자의 생존권, 중요 자연자원의 국유화, 근로자에 대한 이윤분배, 근로자 경영참가, 농지분배, 국가의 경제통제, 내각의 정책자문기구로서의 국민경제회의의 설치였다. 이는, '노동을 자본으로 간주하는 勞力出資의 원칙'에 입각한 노동헌장을 제정해야 하며, 새로운 법적 보호제도가 정립되어야 한다는 입장이었다. 이런 노자대등성의 원칙은 헌법상 노동자의 권리 보장, 그리고 이윤균점권이라는 형태로 보장되었다(고려대노동문제연구소, 『한국노동운동사 4』, 제3장 참고).

63) 이런 이승만 정권과 노동자조직간의 관계를 두고서 노정통합체제 또는 권위주의 코포라티즘으로 설명하기도 한다(고려대노동문제연구소, 『한국노동운동사 4』, 제3장 참고).

64) 원리상으로는 국가행정기관과 노동조합의 관계로 설명할 수 있지만, 실제로

노동자·농민과 연합하고, 한편으로는 귀속재산처리문제나 재정·외
환관리와 같은 면에서 대기업과 연합하는 노자협조를 이루는 존재로
나타났다. 이 과정에서 농지개혁과 노동법의 성립 등 그동안 한국경제
의 과제로 여겨졌던 균등경제적 지향이 일정하게 실현될 수는 있었다.
그렇지만 장기적인 안목에서 볼 때, 이런 요소들은 점차 대기업을 경
제기반으로 삼게 된 정권의 성격상 노동자 농민층을 수탈하고 억압하
는 구조로 바뀌어갈 수밖에 없었다.

　점차 성장 중심의 경제개발관은 한국경제구조로 자리잡았다. 거기에
는 한국경제를 담당한 관료들의 경제인식과 미국의 대한경제정책의
전환 즉 로스토우의 근대화론이 서로 결합되는 과정이 있었다.65) 케네
디 정부에 들어서면서 후진국에 대한 정책전환이 일어났고, 이는 한국
경제정책에 대한 미국의 관여 즉 원조정책에 대한 전환을 불러 일으켰
다. 이는 한국에서 벌어지고 있는 정치적 민주화와 민족주의적 경향성
에 대한 우려 및 한국 사회를 이끌어갈 강력한 리더쉽의 요구라는 정
치사회적 배경을 지니고 있다. 1950년대 후반 미국에서는 소련과 중국
의 후진국 지원에 대한 대응으로서 후진국에 대한 경제개발원조의 필
요성이 제기되었다. 특히 냉전체제의 보루인 한국의 정치적 경제적 안
정은 미국으로서 반드시 이뤄내야 할 과제로 떠올랐다. 이를 위해서
미국은 인플레의 억제를 위한 재정안정화정책에 중점을 두고 자금투
입이 요청되는 산업개발을 중시하지 않던 정책에서, 이제 어느 정도

　　는 이승만 개인과 대한노총의 개인적 관계라는 성격이 강했다. 서중석은 이
　　관계를 1952년 조선방직 파업 때 노동조합은 "우리는 대통령각께 직소할
　　기회만 얻는다면" 승리할 것이라고 주장하고 파업에 들어갔지만, 경찰에게
　　진압당해 버렸다는 사례로 이런 관계를 잘 표현하였다(서중석, 「이승만 초기
　　의 일민주의와 파시즘」, 역사문제연구소 편, 『1950년대 남북한의 선택과 굴
　　절』, 역사비평사, 1998 참고).
65) 미국의 대한경제정책 변화와 로스토우의 근대화론에 대해서는 박태균, 앞의
　　글과 정일준, 「미국의 제3세계정책과 1960년대 한국사회의 근대화」, 『1960년
　　대 한국의 근대화와 지식인』, 선인, 2004 참고.

인플레를 용인하는 경제개발을 위한 원조정책으로 선회하였다. 그 전제는 한국의 사회개혁과 일본과의 관계정상화였다. 이런 미국의 방향전환은 그동안 경제개발을 추진하려고 했던 한국의 경제관료들의 견해와 일치하는 것이었다.

그러나 이러한 선회는 기본적으로 한국 사회의 개혁을 전제로 하나, 민주주의에 대한 새로운 해석을 바탕에 깔고 있었다. 기존의 정책에서 미국은 서구 근대화에 의한 민주주의 개념을 사용하여 미국식 민주주의만을 이상적 모델로 상정하였다. 그러나 이 시점에 와서는 민주주의란 국가의 상황에 따라 상대적이며, 때로 독재도 민주주의로 합리화될 수 있다고 재해석을 하였다. 경제개발, 성장을 위해서는 그리고 그것이 냉전체제를 유지할 수 있는 기반을 마련하는 것이라면 독재체제도 지원하겠다는 선언이기도 했다. 이후 남한사회에서 전개된 양상은 경제성장이라는 가치를 위해서 노동자와 농민, 중소기업이 희생되는 방향으로 나아갔다.

5. 맺음말

일제 말기의 식민지 파시즘 체제와 해방 후 남한 자본주의 경제구조의 형성과정을 파시즘 경제이데올로기인 노자협조 이데올로기의 재현과정이라는 측면에서 검토해 보았다. 양자 모두 사회주의 또는 사민주의적 중간파를, 심지어는 정권파트너였던 족청세력까지 '적'으로서 배제한 토대 위에 노자협조 이데올로기로서 노동자와 농민층을 체재내로 끌어들이고자 했다. 초기에는 혁신적인 정책제안을 통해서 실제 농민층의 경제안정과 노동자의 권익보호가 실현될 수 있도록 법제화과정을 밟아갔지만, 실제 경제구조는 정권이 대기업·독점자본과의 유착관계 속에서 자본의 이해에 따라서 운영되었고, 민중들을 그를 위해 동원시키는 체제가 형성되고 말았다. 이러한 식민지 파시즘 체제 하의

노자협조 이데올로기가 수행했던 전쟁을 위한 동원정책과 같은 양상
이 해방 이후 1950년대까지의 한국 사회 속에서 재현되고 있었던 것이
다.

　물론 식민지와 해방된 국민국가는 기본적으로 전제가 다르다. 식민
지 파시즘 체제에서 부분적으로만 실시되고 이데올로기적 역할이 더
강했던 자작농창정과는 달리, 국민들의 토지개혁의 열망을 담아 농지
개혁이 실시되었고, 언급만 되었을 뿐 전혀 실시할 가능성이 없었던
공장법과 달리 노동3권이 보장된 노동법이 제정되고, 그것이 헌법에
명시되었다. 이는 일제에 의한 식민지를 거치면서 자본주의체제가 가
지고 있는 모순과 갈등을 해소하기 위한 사회개혁방안이 이미 한국인
들 속에 깊이 자리 잡았고, 반드시 수행해야 할 과제로 인식되고 있었
기 때문에 가능했다. 그렇기 때문에 농민과 노동자의 이해관계를 대변
하는 균등경제적 지향이 장기간 법률과 정책 속에 관철될 수밖에 없었
다. 그러나 냉전이 고착화되고 단독정부가 수립되면서 전개된 공산주
의, 사회주의자에 대한 '배제'와 자유경제적 입장을 가진 정부의 성립
을 통해서 균등경제적 요소는 점차 탈각하여 이데올로기로서만 작동
하게 되었다. 국가와 자본가가 주체가 되는 성장론이 한국경제정책의
주류로 자리 잡았고, 미국의 경제개발원조로의 정책선회는 이런 성장
론을 뒷받침해주는 결정적인 요소로 작용했다.

생활양식과 파시즘의 문제
-식민지와 그 이후-

권 명 아[*]

어쨌든 그는 아우슈비츠를 자기 자신의 삶에서 파악하려고 했어요.
그가 살아가는 일상생활에서 말이예요. 그는 파괴적인 힘과 살아남아
야 한다는 압박감 그리고 자기 자신에 대해 기계적으로 순응하도록
조절했어요. 그는 조절한다는 말을 사랑했죠. 마치 의사가 독약의 효
능을 입증하기 위하여 자신의 독약을 조절하여 짓는다는 것처럼 말이
예요.(임레 케르테스,『청산』중에서)

이제 싸워서 이길 거라고는 생각조차 하지 않는다. 오키나와 민족
은 자존의 대계를 세우는 것이다! 살아남는 거다! 살아남는 거다! 어
떤 일이 있더라도 살아남을 때까지 고민을 계속하는 거다! 민족이 멸
망해서야 되겠는가! 자존하자!(오키나와인 요시하마의 일기 중에서,
『전장의 기억』)

1. 생활양식과 파시즘의 문제
-'일상'은 동의의 공간인가?

파시즘의 시대 경험에 대한 연구는 논쟁의 과정을 거치면서 이제 막

---

[*] 연세대학교 국학연구원 연구교수, 한국문학

본 궤도에 진입하고 있다. 특히 파시즘 연구에 있어서 억압과 동의, 일상과 정치의 문제는 한국에서의 파시즘의 시대 경험을 규명하고 파시즘의 유산을 논의하는 데 현재 가장 논쟁적인 문제를 안고 있는 지점이다. 시기적으로는 주로 박정희 체제에 대한 평가에 논쟁이 집중되어 있지만 논의의 쟁점은 식민지의 기억과 박정희 체제의 유산을 둘러싼 양분화된 방식으로 진행되고 있다.1)

임지현, 조희연을 중심으로 한 박정희 체제와 파시즘의 유산에 관한 논의는 그간의 한국사 연구의 편향성을 지적하면서, 동시에 역사 인식(학문적 차원뿐 아니라 '한국인'들에게 내면화된 역사 의식을 포괄하

---

1) 파시즘의 유산과 일상, 억압과 동의 문제와 기억의 정치에 관해서는 최근 들어 활발한 논쟁이 전개되고 있다.

일상사적 문제 의식에 대해서는 안병직, 「과거청산과 역사서술-독일과 한국의 비교」, 『역사학보』 177집, 2003. 이에 대한 반론으로는 박찬승, 「'친일과 청산' 논쟁-안병직 교수를 비판함」, 『한겨레신문』 2002. 8. 31 ; 이진모, 「'과거청산' 독일과 맞비교는 위험」, 『한겨레신문』, 2002. 9. 14.

억압과 동의, 파시즘 체제의 유산과 한국 역사를 둘러싼 기억의 정치, 시대상에 관한 논쟁은 대표적으로 다음과 같은 것이 있다.

임지현・김용우 엮음, 『대중독재』, 책세상, 2005 ; 임지현, 『적대적 공범자들』, 휴머니스트, 2005 ; 임지현・이상록, 「대중 독재와 '포스트 파시즘'」, 『역사비평』, 2004년 가을호 ; 조희연, 「박정희 시대의 강압과 동의-지배, 전통, 강압과 동의의 관계를 다시 생각한다」, 『역사비평』, 2004년 여름호.

최근에는 한국사 전공의 연구자들이 가세하여 교차적인 논쟁이 진행중이다. 논쟁 관련 글은 다음과 같다. 이병천, 「임지현 교수의 '대중 독재론'을 비판한다-기억의 정치 결여, 대중은 무엇을 박탈당했는가」, 『교수신문』 2005. 3. 30 ; 박태균, 「'역사비평'의 임지현-조희연 논쟁에 부쳐-대중독재와 외세의 관계 중요, 실증 없어 주장만 대립」, 『교수신문』 2005. 3. 22 ; 임지현, 「대중독재와 기억의 정치학-조희연, 박태균, 이병천의 비판에 답한다」, 『교수신문』 2005. 4. 26 ; 조희연, 「탈구조적 비평으로는 복잡한 현실 해명못해」, 『교수신문』 2005. 5. 7.

임지현의 대중독재론과 적대적 공범관계라는 이론틀에 대한 본 연구자의 비판은 다음의 글을 참조 바란다. 권명아, 「임지현은 누구와 싸우는가」, 『고대대학원신문』, 2005년 4월 ; 권명아, 「탈신화화의 모호한 효과와 자기방어적 문학주의로의 휘귀」, 『문예중앙』, 2005년 여름호.

는)의 문제들을 집중적으로 문제시하고 있다. 예컨대 "식민지 시기와 파시즘 시대에는 극단적인 수탈과 억압만이 존재하여, 대중은 계속 못 살고 경제적으로도 고통받고 신음하는 상태에 있었다. 그 결과 대중은 적극적 저항을 하였다"는 식의 고정된 이미지가 연구자나 학생들 인식에 존재했던 것도 사실이다. 따라서 최근의 논점은 "체제에 대한 협력과 저항이라는 양 극단 사이에 존재하는" 다양한 지점들을 고찰하고, "권력의 통제가 미치지 않았던 일상의 영역, 강압 통치로만 환원될 수 없는 체제 동의의 측면 그리고 그 근거를 이루는 식민지 시기나 파시즘 시기 대중의 일상의 '긍정'적 경험, 식민지 시기 혹은 파시즘 시기에 대한 대중의 태도의 복합성, 한 개인의 인식에서 복합적인 측면들을 적절하게 분석"[2]할 수 있는 역사 연구 태도, 방법론, 자료 등에 관한 차원으로 활발하게 논의가 진전되고 있다.

또한 일상과 파시즘의 문제에 대해서 안병직은 일상사의 패러다임이 새로운 지점을 밝힐 수 있다는 논지를 펼친 바 있다. 그러나 안병직의 논의는 다양한 회색지대를 고찰해야 한다는 이론적으로 타당한 문제제기에도 불구하고 "일상=회색지대=작은 친일의 공간"이라는 기본 등식을 강조하고 있다. 또 나치 시대의 일상사에 대한 기존 논의 중 유독 광범위한 대중의 동의 기제에 대해서 강조하는 것도 일면적이다. 잘 알려진 포이케르트의 연구에서도 나치 시대의 일상이 동의의 공간과 동의어가 아니라는 점은 잘 드러나 있다. 한편 안병직의 입장에 대한 비판의 경우 독일의 경험과 한국을 비교할 수 없다는 태도여서 역시 한국사의 특수성론이라는 구도의 완강함을 재확인한 의미 외에는 별다른 논의의 진전을 보지 못했다.

이러한 논쟁의 과정에서도 확인할 수 있듯이 파시즘의 시대 경험을 연구함에 있어서 독일의 나치 시대의 경험과 일제 말기 식민지 파시즘의 경험에 대한 비교를 통해 구체적인 비교사적 주제들이 제출되어야

---

2) 조희연, 앞의 글 참조.

할 것이다. 안병직의 경우 독일과 한국의 비교는 주로 일상과 동의의
문제에 초점이 맞추어져 있다. 즉 안병직은 독일의 나치 체제하에서
일상이란 광범위한 탈정치적 공간이며 동의의 공간이라고 정의한다.
즉 "정치는 더 이상 그들의 관심거리가 아니었으며, 그들의 관심과 활
동은 직장, 가족, 여가 생활에 국한되었다. (중략) 각종 정책과 선전활
동을 통해 국민들의 일상적 욕구를 만족시키고자 하였던 나치의 시도
에 대해 대다수 국민들은 이른바 '유보적 수용'의 형태로 반응하였다"
(앞글, 228쪽). 물론 파시즘에 대한 매혹[3]은 파시즘 연구의 중요 주제
중 하나이며 이런 점에서 중요한 문제제기이기도 하다. 또한 나치즘과
문화, 일상, 라이프 스타일의 변화는 나치즘 연구의 중요 주제이기도
하다. 특히 문화, 일상, 라이프 스타일에서 나치즘의 정치학이 관통되
거나 비켜 나가거나 하는 방식 등에 대해서도 기존의 파시즘 연구는
중요 주제로 다루어 왔다. 그러나 이 주제는 유명한 벤야민의 명제인
'정치의심미화', '미학의 정치화'에서도 드러나듯이 상호적이고 불균등
한 기제를 강조함으로써 문화와 정치, 일상과 정치의 거리가 이른바
근대 체제의 역사적 성격과 파시즘 체제 하에서 어떤 변화와 동일성을
겪는가를 규명하였다. 그러나 안병직의 문제제기는 이러한 파시즘에
대한 고민들을 단순화하여서 일상과 동의 사이에, 문화와 정치 사이에
단일한 이분법적 경계를 상정하고 있다.

---

3) 매혹(fascination)은 욕망과 밀접한 관련이 있다. 따라서 이는 모든 개별적 행
  위를 주체의 자기 의식적 차원에 국한해서 논하는 방법과 기본적으로 구별된
  다. 욕망과 매혹의 문제는 파시즘을 '메타포'로 만들기 위해서가 아니라 의식
  적 차원에 대한 규명으로 해결되지 않는 복합성을 고찰하기 위해 중요하게
  대두되었다. 그러한 한국사와 관련해서 파시즘과 욕망의 문제를 논의하기 위
  해서는 너무나 먼 우회로가 필요한 것이 현재 논의의 수준이다. 파시즘과 모
  더니티, 그리고 욕망의 문제와 정치의 심미화에 대해서는 Andrew Hewitt,
  Fascist Modernism : Aesthetics, Politocs and the Avant-Garde(California
  : Stanford University Press, 1993) 참조. 일제 말기 파시즘과 욕망의 문제에
  대해서는 권명아, 「제국의 판타지와 남방 종족지」, 『상허학보』, 2005년 3월
  참조.

또한 독일의 경우 나치 체제에 의한 일상의 재조직화는 '대안적' 문
화를 창출하는 것, 여가 생활의 새로운 패러다임을 만들어내는 것과
관련된다.4) 동시에 나치 체제는 기존에 사생활의 독자적 영역으로 간
주된 지점에까지 간섭하고 침투함으로써 일상을 갈등적인 방식으로
'정치화' 한다. 이러한 지점이 파시즘 경험과 관련하여 일제 말기 조선
사회의 경우와 비교되어야 한다. 즉 일상의 정치화 문제와 대안적인
일상 문화의 창출이라는 문제가 조선의 경우 어떠한 패러다임으로 구
축되었는가가 규명될 필요가 있다. 뒤에서도 살펴보겠지만 조선의 경
우 일상에 대한 정치적 개입의 강도와 성격은 분명하게 변화되지만 대
안적 일상 문화의 프로그램이 실현되기보다는 주로 '개선'이라는 압박
으로 이어졌다. 즉 일제 말기하 조선인들의 여가 공간, 일상의 숨쉴 공
간은 '술, 담배, 마작, (국책) 영화 상영관' 정도에 국한된다. 따라서 일
상의 공간이 문화적으로 재배치된 나치 체제와 달리 조선의 경우 문화
정치의 기제는 그 수준과 방식에 있어서 많은 차이를 보인다.

파시즘의 유산과 일상을 둘러싼 논점은 이처럼 역사 연구 전반을 관
통할 만큼 매우 포괄적인 문제를 내포하고 있는 것이기도 하다. 그러
나 현재 주요한 논점은 파시즘의 시대 경험과 유산에 있어서 '억압과
동의의 기제'를 어떻게 판단할 것인가, '지배 엘리트와 대중'의 파시즘
경험의 복합성은 과연 무엇인가, 파시즘 시대에 일상을 영유한다는 것
이 과연 어떤 의미를 지니는가, 또한 독일의 파시즘 경험과 한국의 파
시즘 경험에 대한 대비를 통해 무엇을 얻을 수 있는가 하는 점들이다.
특히 이 논의가 학문적으로 제기하는 방법론 상의 문제제기의 수위에
비해 논쟁이 과도하게 과열되는 배경에는 이러한 문제제기들이 근본
적으로 좁게는 '과거청산' 문제와 넓게는 기억의 정치에 대한 문제들을

---

4) 파시즘 연구의 진전을 통해 이러한 경향성이 단지 독일에 국한된 것이 아니
라 양차 대전 이후 유럽이 전반적인 경향성이었다는 점이 규명된 바 있다.
Harold B. Segel, *Body Ascendant-Modernism and the Physical
Imperative*, The Johns Hopkins University Press, 1998 참조.

내포하고 있기 때문이다. 이러한 논점을 염두에 두면서도 보다 근본적인 문제라고 할 수 있는 지점은 뒤에서도 살펴보겠지만 파시즘 경험과 유산에 관한 논의는 상반된 입장을 전개하는 논자들 공히 '억압과 동의', '지배 엘리트와 대중', '일상과 정치'라는 이원화된 질문 방식에 강박되어 있다는 것이다. 파시즘의 경험과 유산에 대한 문제가 진전되기 위해서는 이러한 질문에 대한 여러 방식의 대답을 제출하는 문제보다 질문의 방식을 바꾸는 것이 필요하다.

억압과 동의에 대한 비판적 문제제기는 근대성 비판의 이론들을 통해 체계적으로 진행된 바 있다. 특히 젠더 이론에 있어서 국가, 모더니티, 억압과 동의의 기제에 대해서는 그 개념의 역사화를 통해 이론적 근거들이 체계적으로 비판된 바 있다. 일례로 근대의 계약론적 관계란 자유, 평등, 개인의 해방이라는 의미로 보편화되었지만 실제로 계약은 자유로운 동의를 통해 시민적 복종을 정당화한다는 비판이 페미니즘 이론을 통해 지속적으로 제기된 바 있다.5) 근대적 계약이론이 자발성

---

5) 근대적 계약이론이 자발성의 이름으로 지배와 종속을 정당화하는 기제들에 대해서는 사회주의, 페미니즘, 최근의 젠더 이론, 서발턴 이론들, 또 푸코로 대표되지만 이로 환원되지 않는 다양한 신체 정치에 대한 비판들에서 지속적으로 이루어진 작업이다. 허나 최근의 한국사회의 담론 구조에서는 자발적 동의와 억압적 지배의 문제에 대한 역사적 이론 구성물에 대한 상호 참조가 없이 논의가 진행되고 있다. 이러한 문제제기에 대해서는 캐롤 페이트먼, 『성적 계약』, 이후, 2004 참조.

   근대적 계약론을 비판하는 캐롤 페이트먼의 주요 논점 중 하나는 "계약론자들이 예속을 없애려하기는커녕 근대적인 시민 복종을 정당화했다"는 점이다. 물론 "계약론이 자유라는 이름으로 예속을 정당화하는 유일한 이론적 전략은 아니지만 그런 결론에 도달하는 출발점이 특별하다는 점에서 주목할 만하다." 이제는 상식에 속하는 계약론의 교의는 개인들이 자유롭고 평등하게 태어났다는 주장이다. 힘과 강제력은 더 이상 정치적 권리로 해석될 수 없었다. **계약론의 이야기에서 본성상 자유롭고 평등한 개인들은 반드시 다른 사람에 의해 지배되는 것에 동의해야만 한다. 시민적 지배와 복종을 만들어내는 것은 자발적이어야만 한다. 그러한 관계들은 오직 자유로운 동의를 통하여 성립될 수 있다.** 자유로운 동의에는 다양한 형태들이 있지만, 캐롤 페

의 이름으로 지배와 종속을 정당화하는 기제들에 대해서는 사회주의,
페미니즘, 최근의 젠더 이론, 서발턴 이론들, 또 푸코로 대표되지만 이
로 환원되지 않는 다양한 신체 정치에 대한 비판들에서 지속적으로 이
루어진 작업이다. 이러한 이론적 시도들을 통해 억압과 동의는 양분화
된 대칭적 기제로 더 이상 간주되지 않는다. 그런 점에서 파시즘의 시
대 경험에 대한 연구 역시 이러한 이론의 역사와 상호적인 문제 지형
을 공유할 필요가 있다. 또한 '협력'의 문제는 단지 '과거 청산'이나 식
민지 기억에 국한된 문제가 아니라, 국가, 사회, 준거 집단과 공동체에
대한 '충성(allegiance)'의 문제와 관련되며 이는 파시즘 체제에 국한되
지 않는 모더니티 전체를 관통하는 문제이다. 그런 점에서 '협력'의 문
제는 근대적인 '권력'론에 대한 근본적인 고민과 결부되어 있다.6) 파시
즘 연구가 진전되면서 파시즘과 모더니티의 문제가 주요한 이슈가 되
는 것은 이러한 맥락과 결부된다. 또 파시즘의 시대 경험은 독일 뿐 아
니라, 가깝게는 대만과 동남아시아와의 비교를 통해서, 해당 지역의 역
사적 경험에 대한 비교를 통해 그 특질이 검토되어야 한다.

　본고에서는 이러한 기존 연구들에서 제기된 논점을 토대로 일제 말
기 파시즘의 시대 경험에서 일상과 '억압과 동의'의 문제를 논의하고자
한다. 박정희 체제로 상징되는 해방 이후 파시즘 체제의 재생산은 일
제 말기의 파시즘의 유산과 밀접한 관련이 있다. 또한 파시즘의 경험

　이트먼은 "계약이 자발적 약속의 전형이 되었다"고 주장한다. 이러한 논지는
계약론자들의 이야기에서 **자연 상태와 시민 사회에 대한 강박적 분리를 통
해 자연 상태의 강압적 지배와 시민 사회의 계약적, 자발적 관계에 대한
분리를 통해 이루어진다. 또 가족과 시민 사회의 구별은 이러한 자연 상태
와 시민 사회 사이의, 전근대적인 강압적 지배와 시민 사회적인 동의에 입
각한 자유로운 상태라는 차별적 범주화의 반영인 것이다.**

6) David Joel Steinberg, *Philippine Collaboration in World War II*, Ann
　Arbor : The University of Michigan Press. 1967. 참조. 이외에도 협력과 관
　련한 대표적인 연구는 Alice Kaplan, *The Collaboration*, The University of
　Chicago, 2000.

과 유산에 대해서는 주로 박정희 체제를 중심으로 논의가 되고 있지만 일제 말기 파시즘의 경험과 유산은 해방기와 한국 전쟁의 경험과 연관해서 더욱 규명될 문제가 많다고 생각된다. 일제 말기와 한국 전쟁 경험의 관계는 일제 시대와 해방 이후를 연속의 패러다임으로 고찰할 때 비로소 시야에 들어올 것이다. 일본의 경우 '총력전' 체제에 대한 논의들은 이러한 '전전과 전후'의 연속성을 고찰하는 중요한 문제제기가 되었지만, 한국에서는 총력전 체제에 대한 논의는 이러한 지점보다는 일제 말기의 경험에 대한 평가, 즉 식민지 경험의 특수성론이라는 굴절된 시야로만 파악된다. 또 이후의 연구를 통해서 규명되어야 하겠지만, 일제 말기 전시 체제의 사회적 적대의 내재화는 일종의 '준 내전 체제'를 마련하였다는 점에서 해방기의 내부 갈등과 한국 전쟁 경험과 관련해서 보다 면밀한 연구가 필요하다고 보인다. 물론 일제 말기의 '준 내전 체제'가 이후 한국 전쟁의 직접적 기원이 되었다는 것이 아니라 이 시기 구성된 '준 내전 체제'가 한국 전쟁의 경험에서 두드러지게 나타나는 '증오'와 원한의 역사와 어떤 연계를 갖고 있는지가 규명되어야 할 것이다. 이에 대해서는 차후의 연구를 통해 규명해보고자 한다. 또한 이러한 적대적 갈등의 강화는 황민화가 '선택적 동화'의 방식으로 관철되고 있다는 점과도 밀접한 관련이 있다. 그런 점에서 이 문제는 식민성의 문제와 더욱 깊은 관련을 맺는다. 이 점은 대만의 경험과의 비교를 통해서 연구될 필요가 있다고 생각된다.[7]

억압과 저항, 동의의 내면화와 일상이라는 문제를 규명하기 위해서는 '이분법'을 넘어선 다양성, 복합성을 규명해야 한다는 데는 많은 연구자들이 동의하고 있는 부분이다. 그러나 막상 이 다양성과 복합성이 여전히 '회색지대'라는 비유적 용어로 표현되듯이 그 의미와 가치 평가

---

7) 대만의 경우 이러한 선택적 동화는 대만인과 중국인, '원주민' 사이에 인종 갈등을 심화시켰다. 이에 대해서는 Leo Ching, *Becoming "Japanese" : Colonial Taiwan and the politics of Identity formation*, Berkely : University of California Press, 2001 참조.

에 대해서는 이론적으로 진전된 규정 작업이 되지 못하는 실정이다. 다양성과 복합성이 지니는 역사적이고 실제적인 의미를 규명하기 위해서는 실은 당대의 역사적 갈등 구조들과 인간들이 부딪치는 결단, 고민, 저항, 거부의 지점들이 과연 무엇이었는가를 해명해야만 한다. 본고에서는 일제 말기 통제의 원리들이 내포한 갈등적 분산성에 대한 본 연구자의 기존 작업을 토대로 일제 말기 '일상'과 파시즘의 관계를 규명하고자 한다. 전시 동원 체제의 통제 원리상의 갈등적 분산성은 통제 공간 내부에서도 동일화되지 않는 이질적 균열과 긴장의 공간을 만들었다. 일제 말기 파시즘적 통제 체제는 이론상이나 정책상으로는 사회 전체에 대한 위계화된 조밀한 통제망을 구성하고자 했지만 통제 원리 바로 그 자체의 성격상 분산적이고 내적으로 갈등적인 통제 원리가 되었다. 이는 단지 통제원리의 분산성이 통제의 정도가 취약했다는 것을 의미하는 것은 아니다.8) 이러한 분산성과 내적 모순성은 파시즘적 통제가 사회적 적대를 무한하게 확장하고자 하는 정책의 모순적 결과였다. 따라서 이러한 통제의 원리적 성격은 통제 공간 내부에서도 통제 원리를 내면화하면서 그 원리에 완전히 동일화될 수 없는 모순적 구조를 만든다. 그러나 이러한 모순은 한편으로는 동일화되지 않는 틈새를 만들지만, 동시에 동일화되어야 한다는 강박관념(자발성의 기제)을 생산하는 이중적 효과를 지니는 것이다.

또한 파시즘 시기 '일상'의 문제는 단지 일상사가 제기하는 '작은 사람들'의 공간을 의미하지 않는다. 파시즘 시기 조선에서 일상은 이러한 통제 원리가 작동하면서 균열되는 복잡한 공간이었다. 파시즘적 통제

---

8) 조희연은 임지현이나 안병직이 동의 기반의 만연을 강조하는 것을 비판하면서 박정희 체제가 통제 기반이 매우 취약했으며 따라서 동의의 기반 역시 취약했다고 강조한다. 그러나 통제가 수미일관성을 갖지 못하다는 것이 통제 자체가 취약했다는 것을 의미하지는 않는다. 적어도 일제 말기의 파시즘 체제를 염두에 두고 볼 때 통제의 모순성은 취약성을 의미하는 것은 아니다. 오히려 이러한 모순성이 이 속에서 살아가는 인간들에게 미치는 모순적이고 갈등적인 효과를 분석하는 것이 더욱 중요하다.

는 모든 개개인의 일상적이고 개인적이고 실존적인 선택들을 '정치적'
인 문제로 만들었다. 이러한 문제에 대해서는 기존 연구들에서 거의
주목받지 못했다. 이렇게 일상이 정치적인 간섭과 통제의 공간이 되는
과정은 그 자체로 사회의 파시즘화의 중요한 경향을 보여주는 것이다.
이전 시기 이데올로기적 기구들의 작동 공간이던 일상은 이제 억압적
국가 기구의 통제와 간섭의 대상이 되며 이는 근대 체제 일반의 특성
과 구별되는 파시즘 체제의 특성이다.

파시즘의 시대 경험과 일상의 문제와 관련하여 본고에서는 주로 '골
치덩어리'들의 행위 양태에 주목하였다. 이들이 행위 양태는 저항이라
는 것을 집단적이고 의식적이고 조직화된 투쟁에 국한하여 논의하고
있는 기존의 연구에서는 의미 없는 행동 양태나 소극적이고 개인적인
거부감의 표현으로 간주된다. 일제 말기 이러한 골치덩어리들의 주요
한 행동 방식은 노동자들의 경우 직장에서의 이탈과 잦은 이직, 이리
저리 옮겨다니기, 지각, 출근 거부 등의 형태로 나타난다. 이 시기 골치
덩어리의 대표 집단 중 하나는 '불량 학생'들로 이들은 주로 땡땡이 치
기, 교외선 타고 놀러 다니기, 술 마시기, 마작 구락부에 드나들기, (학
교에서 권장하지 않는)영화 보러 다니기 등의 행태로 드러난다. 이러
한 불량 학생들의 행태에 대해서는 체제적인 통제가 이루어졌지만 결
코 근절되지 않았다.

이들의 행위 양태는 그 자체로서만 판단될 수 없는 성격을 지닌다.
이는 당대 파시즘적 통제 원리가 일상에 작용하는 방식, 혹은 이 시대
체제를 내면화한 이들의 행위 양태와의 비교를 통해서 그 가치와 의미
가 판단될 수 있다. 당대 지배적인 행위 양태와 통제 체제가 권장한 삶
의 방식은 안정되고 지속적이며, 경쟁 원리를 내면화하면서 보다 나은
미래를 위해 인생을 설계하는 것이었다. 따라서 '일류' 학생층들은 제
국 대학 입학을 목표로 입시에 골몰하였고, 계급적, 경제적으로 하층의
청년들은 직장과 강습소를 오가면서 일과 일어 공부, 목검 훈련과 후

배 교육에 열심이었다. 실상 이러한 성실하고 안정적이며 경쟁 원리를
자발적으로 체득하고 지위의 상승을 위해 노력하는 삶이 일제 말기 파
시즘 통제 원리가 개개인의 내면에 자리잡는 가장 지배적인 방식이었
다. 그런 점에서 불성실과 비아냥, 넌센스로 일관하는 불량 학생들의
일상은 지배적인 삶의 방식에서 가장 먼 거리까지 이탈해 있는 것이기
도 하다. 물론 이러한 행위 양식이 파시즘 체제를 결정적으로 무너뜨
리지는 못했으며 체제에 대한 목적의식적인 저항을 내포한 것은 아니
다. 중요한 것은 이러한 행위 방식이 위로부터 아래까지 수미일관한
통제를 지향했던 파시즘적 통제의 작동에 걸림돌이 된 내적인 저지선
이었다. 그리고 이러한 행위 유형은 분산적이면서 편재한(이러한 행위
유형은 일제 말기 만연해 있었다) 것이어서 일관된 통제가 불가능했
다. 그런 점에서 이러한 골치덩어리들의 넌센스적 이탈의 방식은 기존
의 저항 개념으로 환원되지 않지만, 기존 저항 개념에 입각하여 과소
평가 할 수 없는, 파시즘 통제 체제의 중요한 저지선이기도 했던 것이
다.

2. 통제원리의 분산적 통일성
―전시 체제와 '적대적 경쟁 체제'의 문제

　만주사변 이후 전시 동원 체제의 확립은 조선 사회를 이전 시기와는
다른 방식으로 강제적으로 재구획하였다. 이러한 억압적 시스템의 구
성 원리가 전시 동원 체제 이전과 이후 사이에 분명한 차별성을 보인
다는 것은 여전히 중요하다. 이른바 '통제 체제'의 확립은 일제 말기 조
선 사회를 물샐 틈 없는 통제 시스템 하에 놓였던 것처럼 기술하게 만
든다. 그러나 과연 그러한가. 물론 전시 동원 체제는 조선 사회를 이전
과는 다른 방식으로, 특히 사회적 적대를 강화하기 위한 다양한 통제

원리를 통해 강제적으로 재편하였다. 이러한 통제 원리의 재편을 물샐틈 없는 통제와 이에 대한 집단적 저항의 가능성이라는 구도로만 파악해온 것이 기존의 역사 연구의 태도였다. 일제 말기에 대한 주요한 연구들이 주로 통제 중심의 연구와 저항사 중심의 연구로 이원화되어 있는 것이 현실이다.

전시 동원 체제의 통제 시스템은 젠더화된 분리와 인종적 분리, 그리고 각 집단별 이해관계와 상이한 욕망에 의해 갈등하는 장이었다.9)

---

9) 이 주제에 대해서는 필자의 다음과 같은 선행 연구에서 다룬 바 있다. 이 장에서는 필자의 선행 연구를 토대로 간략하게 정리하였다. 권명아, 「전시 동원 체제의 젠더 정치」, 방기중 편, 『일제 파시즘 지배 정책과 민중생활』, 혜안, 2004 ; 「총후 부인, 신여성, 스파이-전시 동원 체제하의 총후 부인 담론 연구」, 『상허학보』, 2004년 2월 ; 「청년 담론의 역사화와 파시즘의 문제」, 『오늘의 문예비평』, 2004년 겨울호 ; 「대동아 공영의 이념과 가족 국가주의-전시 동원 체제하의 남방 인식의 변화를 중심으로」, 『동방학지』, 2004년 2월 ; 「총력전과 젠더-『군국의 어머니』를 중심으로」, 『성평등연구』, 2003년 12월 ; 「제국의 판타지와 남방 종족지」, 『상허학보』, 2005년 2월 ; 「식민지 경험와 여성 정체성-파시즘, 국가, 문학」, 『근대문학연구』, 2005년 5월 ; 「여자 스파이단의 신화와 좋은 일본인 되기-황민화와 국민 방첩의 상호관계를 중심으로」, 『동방학지』 2005년 6월 게재 예정 등의 논문을 참조.
본고는 이러한 선행 작업을 토대로 한 파시즘의 젠더 정치에 대한 중간 결산이자, 향후 과제에 대한 점검의 작업이다.
일제 말기 전시 동원 체제의 파시즘적 성격에 대한 본 연구자의 그간의 작업은 한국 전쟁의 경험과 박정희 체제로 이어지는 '독재체제'에서의 파시즘의 유산과 '전시 동원 체제'의 유산에 관한 기존 연구 작업의 연장선에 있는 것이다. 한국 전쟁의 경험과 파시즘의 유산에 대해서 필자는 다음과 같은 논문을 통해 규명한 바 있다. 권명아, 「모성 신화의 기원, 그 파시즘적 형식에 관하여」, 『현대문학연구』, 1998년 5월 ; 『가족 이야기는 어떻게 만들어지는가』, 책세상, 2000 ; 『한국 전쟁과 주체성의 서사 연구』, 연세대학교 국문학과 박사학위 논문, 2002 ; 「여성 수난사 이야기의 역사적 형식」, 『상허학보』, 2003년 2월 등의 논문을 참고할 것.
박정희 체제에서 식민지 기억과 한국 전쟁 경험에 대한 파시즘적 전유에 대한 필자의 견해는 다음 논문을 참조할 것. 권명아, 「수난사 이야기로 다시 만들어진 민족 이야기」, 「여성 수난사 이야기와 파시즘의 젠더 정치」, 『문학 속의 파시즘』(공저), 삼인, 2001 ; 「문예영화와 공유기억 만들기」, 『한국학연구』,

또한 파시즘 지배 체제의 내부 역시 단일한 갈등의 장이 아니어서 제
국과 총독부 사이에, 지배 엘리트들 사이에도 상이한 갈등의 경계가
존재했다.10) 일례로 남방 경영을 둘러싼 일본과 조선 총독부와 조선의
관료들과, 이해관계가 직결된 기업가들 사이에는 첨예한 갈등이 존재
했다. 또한 조선의 담론 공간에서 폭발하는 남방 열기는 총독부조차
감당하기 버거운 과잉된 열기를 형성한다. 이러한 면모는 파시즘 체제
와 '이른바 대중' 사이에 반사상이나 지배/저항 관계로만 환원되지 않
는 이질적이고 복합적인 갈등과 욕망의 경계선이 존재한다는 것을 의
미한다(이 경계선은 때로는 중첩되고 때로는 분리된다). 전시 동원 체
제의 파시즘 이데올로기는 조선인들 내부에 새로운 경계선을 그려내
는데, 이러한 경계선의 재배치 과정이 단지 위로부터 부과되는 것만은
아니었다. 이는 식민주의적 파시즘의 논리를 '적대적' 그룹에 대한 경
쟁, 배제, 살아남기의 논리로 내면화하는 파시즘의 체제 구성 원리와
밀접한 관련이 있다.

　모스가 지적한 바와 같이 파시즘 체제는 '적대 관계'를 일상화하고
강화하는 것을 특징으로 한다.11) 그러나 파시즘 체제의 이러한 일반적
성격은 해당 지역의 역사적 상황 속에서 구체적인 차별성을 지닌다.
조선의 경우 통제 체제의 변화와도 맞물리면서 만주국과 남방이라는
'제국내의 새로운 영토'가 수립되는 것이 제국 내부에서의 경쟁을 통한

　2003년 12월 ;「마지노선의 이데올로기와 가족, 국가」,『탈영자들의 기념비』,
　당대비평 특별호, 2003년 6월 등을 참조할 것.
　　향후 파시즘의 젠더 정치에 관한 연구는 일제 말기, 한국 전쟁, 분단 체제의
　확립 과정에 대한 역사적 종별성을 고찰하면서 각 역사적 시기 사이의 유산
　과 전유 방식을 고찰하는 일이 될 것이다. 이는 식민지와 해방 이후를 분리해
　서 연구하는 현재의 연구 관행을 넘어서는 일이기도 하다.
10) 총독부와 일본 제국, 총독들 사이의 입장 차이 및 갈등에 대해서는 방기중,
　「1930년대 조선 농공병진정책과 경제통제」,『동방학지』, 2003년 6월.
11) George L. Mosse, *The Fascist Revolution-Toward A General Theory Of
　Fascism*, Howard Fertig, New York, 1999 참조.

지위 상승과 안정된 위치(제2인자)를 차지하고자 하는 열망을 강화한
다. 이는 단지 위로부터 부과된 정책의 결과나 일방적인 제국에 대한
동경의 결과는 아니었다. 여기에는 새로운 지역(만주국과 남방)에 비
해 경쟁력이 떨어지고, 기존의 포섭된 지역과의 경쟁에서도 우위를 잡
지 못한(남방 거점으로서 대만과 비교할 때) 조선의 위치에 대한 불안
감과도 밀접한 관련이 있기 때문이다. 당대 식민 정책에 열렬히 환호
하는 논리 속에서도 이러한 열망과 불안은 복잡하게 얽혀 있다. 또한
인종주의적 적대감 역시 경쟁 논리와 밀접하게 결부되어서 조선의 경
우 '중국인'(본토 중국, 대만, 화교−만주, 조선, 남방 모두에서 우위를
잡기 위해서는 화교 경제와의 경쟁이 급선무였다−로 이어지는 연쇄
고리는 '지나'에 대한 공포를 더욱 강화할 수 있었다)을 둘러싼 갈등적
이고 히스테리컬한 적대적 경쟁심은 갈수록 격화되었다. 또 만주와 남
방에서 일본에 이은 2인자로서의 위치를 차지하고자 하는 열망/불안의
기제는 '만계'와 남방인을 열등한 종족으로 치부하는 인종주의적 우월
감을 생산한다. 즉 '중국', 만주국, 남방과 경쟁하면서 제국 내에서 2인
자를 차지하려는 경쟁심은 실은 식민지로서의 조선의 위치에 대한 불
안감과 관련되었다. 또한 이러한 불안감과 선망은 근본적으로 '제국의
경제' 속에서의 경제적 이해관계를 둘러싼(국책의 이해를 수혜 받을
수 있는 지위와 계급에 따라서 위계화 되고 착종된) 내적 갈등을 유발
하였다.

　특히 전시 동원 체제의 통제 원리가 폭력화될수록 사회적 적대감을
강화하는 다양한 정책이 실시된다. 1941년을 전후한 국민 방첩은 스파
이에 대한 경계를 통해 사회적 적대감을 일상화하고 내면화하는 기제
를 다양하게 생산한다. 특히 모든 법제를 초과하는 국방보안법의 시행
은 스파이에 대한 경계와 생활과 정치, 사적 영역과 정치적 영역, 개인
의 삶의 공간과 공적 공간 사이의 경계를 허물어뜨리는 전형적인 면모
를 보여준다. 또한 국방보안법은 해방 이후 형성된 국가보안법의 원형

으로서 파시즘의 유산과 사회적 적대를 통한 체제 유지 원리의 동일성을 검토하는 데 매우 중요한 문제이다.12)

즉 전시 동원 체제의 통제가 가속화될수록 시스템의 논리는 적대감의 강화와 경쟁, 경계심의 내면화라는 추이를 보여준다. 그런 점에서 파시즘 체제의 폭력적 구성 원리와 이를 내면화한 적대감, 경쟁 심리, 제국 선망, 인종주의의 기제 사이들을 억압과 동의라는 이분법적 구도로 분화하기 어려워진다. 이러한 구조를 저항과 수탈로 이분화하는 것이나 이에 대한 반대급부로서 억압과 자발적 동의의 내면화라는 반사상적 구조로 나누는 것은 표면적 논리로 파시즘 체제의 폭력성을 단순화하게 된다. 또한 남방에 대한 열기나 황민화를 지위 상승이나 기성 질서에 대한 도전으로 간주하게끔 만든 황민화의 젠더 정치는 피식민자에게 내적인 경쟁 논리로서 파시즘을 내면화시켰지만 동시에 포획된 공간 내부를 단일하지 않은 이질적 욕망과 갈등의 장으로 만들었다. 이것은 표면적으로는 전시 동원 체제의 장을 신분적 계서제의 구획화로 재배치하는 것이지만, 동시에 이질적 욕망과 상이한 이해관계, 파시즘 논리에 대한 반응 양식과 이해의 차이에 따라서 충돌하는, 혹은 교차되지 않는 틈새를 만들어내기도 한다.

---

12) 통상적으로 해방 이후 국가보안법은 일제하 치안유지법의 유산으로 평가되었다. 그러나 국가보안법은 41년 실시된 국방보안법과 더욱 밀접한 관련이 있다. 즉 치안유지법이 사상범 통제에 관한 법령이라면 국방보안법은 '적'에 대한 규정을 골간으로 한다. 적과 사상범은 그 존재 양태와 의미 규정상 큰 차이를 보인다. '적'은 전향의 대상이 아니며 절멸의 대상일 뿐이다. 그런 점에서 전향 및 사상 통제를 위한 치안유지법과 국방보안법 사이에는 통제 방식과 사회적 적대를 구성하는 방식에 차이가 존재한다. 이에 대해서는 권명아, 「여자 스파이단의 신화와 좋은 일본인 되기─황민화와 국민 방첩의 상호관계를 중심으로」(『동방학지』 2005년 6월)에서 이미 다룬 바 있다.

3. 파시즘의 유산과 '골치덩어리들'
─넌센스(nonsense)의 의미

다음에서 논하고자 하는 몇 가지 사례는 문서 자료로 확인되는 극히 일부분의 틈새 공간을 보여준다. 통제 체제에 대한 저항이나 집단적 거부라고 할 수 없는, 이러한 태도들은 개인적 거부감, 비켜서기, 움츠려들기, 혹은 조롱하기, 일탈적 태도, 무해한 유머 등 다양한 형식으로 드러난다. 이러한 태도가 파시즘 체제에서 어떤 의미가 있었는가를 이해하기 위해서는 이들이 체제에 대한 의식화된 저항 의식을 지니고 있었는가를 묻는 일보다는 이러한 행위 유형이 당대의 어떤 지배적 행위 유형과 갈등적이었는가를 묻는 것이 더 중요할 것이다. 이는 파시즘적 통제 체제에 대한 상이한 반응 양태의 전체상을 그려내는 작업을 통해 본격적으로 논의될 수 있을 것이다.

이러한 골치덩어리들의 행위 유형을 고찰함에 있어서 파시즘 통제와 일상과 관련하여 볼 때 두 가지 차원에 대한 규명이 필요하다. 첫째 이런 행위 양태나 넌센스적 일탈에서 통제가 일상과 동떨어진 정치의 공간이 아니라, 생활/일상과 직결된 문제가 된다는 점이다. 물론 이는 경제 통제와 물자 부족에 대한 불만의 표현일 수 있다. 그러나 넌센스적 일탈에서 중요하게 규명할 것은 정치적인 것과 일상적인 것, '국책'의 추상적 구호와 생활의 구체성이 분리되지 않는 방식으로 경험되고 기술된다는 문제를 검토할 필요가 있다. 둘째로는 독일의 경우 나치는 부르주아 문화(취미, 오락, 문화, 라이프 스타일까지)와 구별되는 나치적 문화를 만들기 위한 기획을 실현하였다. 독일의 '대중'이 정치와 무관한 일상에 침잠할 수 있었던 현실적 기반은 이러한 점과 무관하지 않다. 조선의 경우도 학교, 청년단, 강습소 등을 통해 검도, 신체 훈련 등이 광범위하게 시행되었고, 국책 영화와 공연도 활발하게 진행되었다. 이것이 당시 사람들의 일상과 여가와 라이프 스타일에 어떤 영향

을 미쳤는가 하는 문제는 차후 더욱 진전된 연구를 통해 규명되어야
한다. 그러나 거꾸로 뒤에서 살펴볼 일상, 여가, 라이프 스타일에 관한
불만이 이러한 공간 자체가 없다는 것으로 드러나는 점은 눈여겨 볼
필요가 있다. 통제 시스템에 대한 패러디와 조롱이 개개인들이 하루하
루의 삶에서 최소한으로 누릴 수 있는 것까지 규제하려는 시스템에 대
한 불만과 거부감으로 나타난다는 점은 매우 중요하다. 즉 현재로서는
독일과 달리 조선에서는 여가와 취미의 공간은 파시즘 통제 하에서 아
주 협소해지고, '술, 담배, 마작'으로 상징되는 최소한의 식도락 문화 외
에는 남지 않게 된 것이 이 시기의 상황으로 보인다. 또한 이는 기존에
존재하던 문화 공간조차 협소하게 만드는 것이어서, 문화의 황폐화와
협소화는 실감으로 더욱 느낄 수 있었다고 보인다. 물론 이러한 실감
역시 여러 집단들이 이전 시대에 누리던 문화 지표들과 밀접한 관련이
있는 것이다(부르주아 엘리트들에게 유럽과 미국의 영화를 볼 수 없던
것이 안타까움이었다면 학생층에게는 멋 낼 수 있는 신체적 조건조차
허락되지 않는 것, 댄디보이들은 후줄근한 '스파' 양복감으로 옷을 해
입어야 하는 것 등, 그 실감은 각 집단의 입장 차이만큼이나 차별적이
다).

　따라서 일상 공간을 둘러싼 파시즘적 통제와 개개인 간에 일어나는
갈등, 타협, 불만의 역학 관계는 이러한 지점들을 총체적으로 고찰하면
서 더욱 구체적인 의미를 얻게 될 것이다.

　기존 연구에서 이러한 이탈 공간의 편재 가능성에 중요한 단초를 주
는 작업들은 노동자층의 이탈 공간과 의미를 규명한 이상의와 변은진
의 작업을 들 수 있다.13) 이상의의 논문이 밝히고 있듯이 노동자들의

---

13) 일제 말기 이러한 방식의 '이탈'의 존재 방식에 대해서는 "노동자층의 이탈
　현상의 만연"이 지닌 '저항적' 의미를 규명한 이상의의 논문이 대표적이다.
　이상의, 「1930-40년대 일제의 조선인 노동력 동원 체제 연구」, 연세대학교 사
　학과 박사학위논문, 2002. 이외에도 저항과 수탈, 통제와 조직화된 저항에 중
　심을 둔 연구와 구별되는 분산적 저항과 대응의 방식을 규명한 연구로는 변

도주, 이탈, 이직은 너무나 만연하여서 총독부의 노무관리 정책에 큰 걸림돌이 되었다. 노동자층의 이탈은 전시 동원 체제 하에서 상당히 만연해 있었다. 즉 1942년 1월 평균 노동자의 이탈 비율은 "월평균 이 동률을 한 해 단위로 단순 환산할 경우 일년간 노동자 대부분이 이탈한다는 결론이 나올 정도"로 당시 노동자들의 도주, 이탈, 무단결근은 전시 동원 체제의 노동력 통제에 가장 큰 걸림돌이 되었다. 이러한 노동자의 현장 이탈에 대해 총독부에서는 "계절노동자, 즉 춘추의 호계절에 이동 배회하는 방랑벽이 있는 자와 농한기를 이용하여 일시 취직하는 잡역공들 때문으로, 그들은 국가의 관념과 시국 산업의 이념을 이해하지 않고 물질적인 만족만을 추구하는 자들"이라고 보았다. 즉 이처럼 비조직화된, 개인적 이탈의 방식은 총독부에게 골치덩어리들의 문제로 간주되었고 이 골치덩어리들을 안정적이고 지속적이고 체계적으로 노동 현장에 정착시키는 것이 가장 시급한 해결책으로 제시되었다.[14]

노동자들의 이탈은 집단적이고 조직화된 의식적인 저항을 중시하는 기존 연구 방법론에서는 파시즘의 시대 경험 양상에서 중요한 행위 유형으로 논의되지 못했다. 또한 계급적 특성상 조직화의 가능성이 높았던 노동자층과 다른 다양한 집단들에서 이러한 비 조직화된 일상적이

은진, 「일제 침략 전쟁기 조선인 '강제동원' 노동자의 저항과 성격 : 일본 내 '도주' 비밀 결사 운동을 중심으로」, 『아세아연구』 108, 아세아문제연구소. 이상의와 변은진의 문제제기는 공히 조직화된 저항과는 다른 방식의 이탈 공간의 가능성에 대해 많은 시사점을 준다. 실제적으로 두 논문은 공히 당시 비조직적이고, 개인적인 방식의 이탈 공간들이 얼마나 만연했는가를 살펴볼 수 있는 단초들을 제공하고 있다. 그럼에도 불구하고 논문 구성상 이러한 비조직적이고 개인적인 방식의 이탈 공간들이 지니는 역사적 의미와 파시즘 체제에서 지니는 특별한 의미에 대해서는 그다지 논의가 되고 있지 못하다. 또 논문 체제상 이러한 개인적이고 비조직적인 이탈의 의미가 집단적이고 의식화된 저항에 비해 부차적으로 기술되고 있다는 아쉬움이 있다. 이른 기존의 역사 연구 방법과의 갈등적 조율의 경향을 보여주는 것이기도 하다.

14) 이상의, 앞의 논문, 256쪽.

고 분산적인 이탈의 공간이 어떻게 편재하고 있는가를 규명하는 것이
향후 중요한 작업이라 할 것이다. 이러한 분산적 이탈의 행동은 '골치
덩어리'들의 영역으로 이들의 행위 방식은 통제 체제를 결정적으로 무
너뜨릴 수 있는 것은 아니었지만, 오히려 통제 체제의 일사 분란한 관
철을 저지하는 핵심적인 저지선이었다고 생각된다. 게다가 이러한 골
치덩어리들의 행위 방식은 분산적이면서 편재한(만연한) 것이어서 일
사 분란한 규제조차 어려운 영역이었다. 그런 점에서 이러한 골치덩어
리들의 행위 양식과 이탈의 공간은 일사불란한 통제의 원리에 틈새를
내는 방어선이기도 했다.15)

　　여기서는 몇 가지 사례를 통해 향후의 연구 작업을 위한 전제들을
밝히는 것에 국한하고자 한다.

　　(예문1)
　　貯金哀史
　　×월×일
　　이달부터 저금을 시작하기로 한다. 한달에 十圓式으로 年 百二十
圓이다.
　　×월×일
　　이달은 十圓이 짐不足 外套를 典當하였다. 今年겨울 같아서는 外
套가 불필요하다.
　　×월×일
　　五圓밖에 남지 않았다. K에게 꾸어서 했다.
　　×월×일

---

15) 일례로 조선인들의 정책에 대한 무관심은 총독부의 골칫거리였다. 50%를 넘
　　는 "관심없음"의 태도는 통제의 원리를 사회의 말단까지 관철하는 데 큰 걸
　　림돌이 되었다. 물론 독일의 경우 대중의 무관심이 유태인 학살과 같은 폭력
　　을 가능하게 만든 동력이었다는 점에서 이러한 무관심이 지닌 의미에 대해서
　　는 좀더 면밀한 규명이 필요할 것이다. 조선인들의 정치적 무관심에 대한 총
　　독부의 대응에 대해서는 최유리, 『일제말기 식민지 지배 정책 연구』, 국학자
　　료원, 1997 참조.

二錢이 남었다. 아아 이 무슨 幸運읽가. 길에서 十圓을 얻었다.

×월×일

최후의 五分間이다. 여기서 意志가 꺾겨서는 않된다. 寫眞機를 팔 었다.

×월×일

팔 것도 없고 꿀대도 없어졌다. 最後의 手段으로 保險金이 있을 뿐 이다.

×월×일

드디어 때는 왔다. 自殺하야 保險金을 貯金에 돌리자. 내 비록 너 머졌다 할지라도 初志를 徹貫했으니 웃지 決事가 아니랴.16)

(예문2)

意志薄弱居士日記

二月 一日(土)

오늘부터 斷然禁煙하다. 파이프도 담배갑도 개굴창 속에 던저버리 다.

二月 三日(月)

愛玩用으로 陶器製 파이프를 샀다. 絶對 愛玩用이다.

二月 四日(火)

愛玩用파이프로도 담배가 피워진다는 것을 發見하다. 發見을 위하 여서는 한번쯤 禁을 깨트리는 것도 不得己한 일일게다.

二月 八日(土)

오늘부터 나는 참으로 更生하였다. 니코징은 人類의 敵이다.

二月 九日(日)

예수 가라사대 「너의 敵을 사랑하라」 하였다. 아! 나 또한 나의 敵 을 사랑하자.17)

(예문3)

---

16) 「桃源境」, 『조광』, 1941년 2월, 188~199쪽.
17) 「桃源境」, 『조광』, 1941년 2월, 188쪽.

오분간 만담－실없는 친구

(중략)

A : 여보게 자네 말조심하게.

B : 정말이지 난 염려되어서 허는 소릴세. 그 자네가 그렇게 무지하게
쳐먹구 저렇게 꼭 돼지같이 살이 쪘으니. 그 식구대로 또박또박 타
오는 배급쌀을 가지곤 누군든지 하나 희생해야 될 게 아닌가.

A : 예끼, 이 실없는 친구같으니. 사실 우리들은 물건을 애껴써야겠
네. 종이 한장 실 한오래기라두.

B : 아암, 그야 이를 말인가. 資源愛護, 物資節約

A : 쉬잇!(입에 손을 대고)

B : 왜 그러나!

A : 말도 節約!

B : 귀에도 벽이 있다!

A : 뭐!

B : 아니 참. 壁에도 귀가 있다. 스파이를 경계하라.

A : 스파이를 경계하자!

B : 그리고 가만가만 다니고…….

A : 말 조심하고……

B : 앉을 때 주의하고

A : 어디를 가나 周圍를 살피고

B : 비 올때 우산없이 나가지 말구

A : 거기까지 뭐……

B : 「스파」를 주의하라!

A : 스파이를 경계하라

B : 「스파」를 애껴라!

A : 여보게 자네 지금 무슨 얘기하구 있나?

B : 나? 스파 얘기

A : 뭐? 어째? 스파이말야, 스파이. 즉 間諜 말야.

B : 아따 스파나 스파이나

A : 예끼 이 실없는 친구같으니.18)

위의 세 글은 각각 저축 장려, 금주 금연(생활 개선), 스파이 경계라는 신체제의 중요한 통제 규칙들을 패러디 하는 글이다. 농담과 유머의 형식을 띠고 있는 이러한 글들은 통제 체제에 대해 직접적인 비판의 글을 거의 볼 수 없는 담론 통제의 공간에서 특이한 존재 방식으로 나타난다. 『조광』과 같은 대중적인 잡지들이 1938년 이후 담론 통제의 철저한 대상이 된다는 것은 새삼 강조할 필요가 없다. 통제가 강해진 신체제 이후 특히 1941년에서 1942년 사이에 『조광』에는 미묘한 변화가 감지된다. 그것은 「도원경」과 같이 작고 눈에 띄지 않는 틈새에 새로운 코너를 만들어서 익명으로 쓰는 기사, 만담, 풍자 코너들이 곳곳에 포진한다는 점이다. 「도원경」이 대표적이고 「凹問凸答」, 「자투리」, 「5분간 만담-소식통」, 「無風圈」, 「원투쓰리」 같은 틈새 코너들이 그것이다. 이 코너들은 기사 사이사이에 작은 공간에 끼어 있거나 분량이 긴 글도 한 페이지씩 나뉘어서, 다른 기사들 사이에 실려 있어서 주의 깊게 보지 않으면 쉽게 지나칠 수 있는 코너들이다. 제목도 다소 저급해 보여서 큰 주의를 끌지 않는다. 이 코너의 내용들은 일상적 유머나 풍자, 농담에서 신체제 이념을 패러디하거나 조롱하는 글 등 그 형식과 내용이 다양하다. 이러한 틈새 코너들은 1943년 이후에는 그나마 사라진다. 이러한 틈새 코너들은 담론 통제의 중요 대상이던 『조광』과 같은 매체에서도 일종의 조롱, 풍자, 패러디의 공간으로 기능했다. 이러한 틈새 공간의 전략과 의미망이 무엇인지를 살피는 것이 파시즘의 시대 경험을 이해하는 데 매우 중요하다.

일단 이러한 종류의 담론은 당대의 통제 원리와 이념(물자 절약, 금주금연, 풍기 단속, 개조, 스파이 경계 등)을 넌센스로 조롱하고 풍자하고 패러디하는 것이다. 물론 넌센스라는 형식의 특성상 이러한 담론은 통제의 원리와 이념에 대한 전면적 비판을 보여주는 것이 아니다. 이는 주로 생활, 라이프 스타일과 관련된 문제로서 통제 이념과 원리에

---

18) 「오분간만담-실없는 친구」, 백산, 『조광』, 1941년 2월호, 198쪽.

대한 개인적 거부감, 심정적 반발심을 표현하고 있다. 물론 이러한 태도는 통상적으로 개인적 저항, 일탈적 조롱 등의 의미로(때로는 풍자의 의미로) 평가될 수 있을 것이다. 이러한 넌센스는 주로 라이프 스타일이나 삶의 질, 생활 방식과 관련된 불만 표출과 관련된다. 술을 못 먹게 하는 것에 대한 불만, 금연과 개조에 대한 불만은 기존의 라이프 스타일에 대한 간섭으로 불평거리가 된다. 또 스파이 단속과 경계는 '스파'에 대한 불만과 경험으로 환치된다(스파이와 스파의 관계는 뒤에서 고찰할 것이다). 이러한 넌센스가 주로 라이프 스타일, 취향(넌센스의 가장 많은 항목은 술, 담배에 관한 내용이다)에 대한 간섭과 이에 대한 불만의 차원으로 나타나는 것은 넌센스가 주로 일상적 문제에 대한 불만 표현이라는 것을 의미한다. 이탈 노동자 층의 불만과 불량 학생층, 넌센스 유머를 가로지르는 공통의 불만은 술과 담배에 대한 규제이다. 이러한 불평 담론에서 술과 담배는 '유일한 오락', 여가의 최후의 보루를 의미하고 있다. 즉 취향이나 오락거리, 라이프 스타일에 대한 규제는 개개인에게 쉬고 버틸 수 있는 최후의 여지조차 빼앗기는 박탈감으로 다가왔다. 이러한 박탈감과 거부감은 짜증, 비아냥 등의 감정으로 드러난다. 따라서 짜증과 비아냥과 투덜거리기는 집단적이고 의식화된 저항과는 분명히 다르지만 이와 대별되는 소극적이고 개인적인 반응에 '국한'되는 것은 아니다. 한편으로 이러한 비아냥과 짜증의 표현은 파시즘 체제가 개개인의 최후의 영역까지 침범해들어오는 것에 대한 반응이다. 그런 점에서 파시즘의 시대 경험에서 이러한 불평불만과 짜증의 감각은 일상에 침투해 들어가는 파시즘 체제의 원리와 그 반응이라는 차원에서 살펴볼 필요가 있다.

기존의 일제 말기 연구에서 이러한 문제들은 관심의 대상조차 되지 않았다. 이러한 넌센스는 말 그대로 의미가 없는 것으로 간주되기 때문이다. 즉 일제 말기의 파시즘화는 통제 원리상에서나, 일정한 영역에서 절멸의 위협과 이에 맞서는 절멸에 대항한 생존 투쟁을 과격화했다. 이러한 단일한 적대 구조는 주로 엘리트 층의 담론 구조를 통해 추출되는 것이다. 따라서 이러한 역사 서술 구조 하에서는 비엘리트 층(특히 사상사적 계보를 그려내는 데 의미가 없는)의 담론 구조는 의미 없는 것이나 저항에 이르지 못한 개인적 불만 표출의 차원으로 간주된다.

그러나 이러한 식의 넌센스가 의미하는 바, 혹은 일상적 거부감이 표현되는 다양한 방식들에 대한 연구는 강력한 통제와 절멸에 대항하는 투쟁이라는 일제 말기를 지속적으로 이미지화하는 특정한 역사 인식에 균열을 일으키는 것이다. 또한 일상적 거부감이나 개인적 일탈의 다양한 양식들은 특히 파시즘의 유산을 고민하는 데 매우 중요하다. 잘 알려져 있다시피 파시즘 정치학의 중요한 특질 중 하나는 일상, 사적 영역을 정치적으로(파시즘적으로) 전유하는 것이다. 위에서 제시한 넌센스의 담론이 익숙하게 보이는 것은 주로 1970년대 말에서 80년대 초에 확산된 풍자와 패러디, 조롱과 야유의 문법과 닮아있기 때문이다. 즉 이러한 통제 원리를 일상적 삶의 문제로서, 넌센스의 방식으로 비켜가는 태도는 일상과 사적인 영역으로 파시즘이 침투해 들어가는 것에 대한 특정한 반응 양식이기도 한 것이다. 그리고 이러한 반응 양식의 다양한 패러다임은 파시즘의 시대 경험을 이해하는 데 관건이 되기도 하는 것이다.

일제의 파시즘적 통제 요구에 대해서 사람들이 어떠한 태도를 취했는가 하는 것은 여전히 판단하기 어려운 일이다. 특히 위와 같은 방식의 넌센스, 유머, 비켜서기, 소극적 불만 표출의 태도들이 일정한 의식적 행위인가, 혹은 개개인이 놓여 있는 자신의 사회적 맥락과 일상의 경험이 지시하는 대로의 즉흥적이고 단순한 반응인가 하는 점은 상황과의 개별적 비교를 통해서만 판단가능하다. 데플레트 포이케르트가 지적하고 있듯이 파시즘에 대한 비순응적 행위들은 주로 이러한 사적인 공간에서 이루어진다. 즉 "그 어떤 체제도 규범을 위반하는 행위를

모두 처벌할 수는 없는 법이다. 그랬다가는 체제 자체가 멈추어버리게
될 것이기 때문이다. 요컨대 모든 체제에는 경찰이 간섭하는 문턱 아
래에 놓인 영역이 있기 마련이고 비순응적 태도의 대부분은 바로 그러
한 영역-보통 매우 사적인 공간-에 자리 잡고 있었다." 이러한 일상
공간 안에서 이루어지는 행위는 통상적으로는 비정치적인 행위이다
(위의 예문에서 술을 마실 것인가 말 것인가, 저금을 할 것인가 말 것
인가, 금연을 할 것인가 말 것인가 하는 결단이 통상적으로는 사적인
결심과 선택의 영역이듯이 말이다). 또는 이러한 행동들은 사적인 영
역에 머무는 한 최소한 용인된다. 그러나 포이케르트가 나치즘의 시대
경험을 통해서 밝힌 바와 같이 독일을 비롯한 파시즘 체제에서 그런
행위들의 객관적 의미가 변화한 것은 나치 체제가 그에 침투(간섭)했
기 때문이다. 위의 예문에서 기존에는 개인적 결단의 차원이었던 것,
혹은 개인의 취향이나 라이프 스타일의 문제였던 것이 정치적인 문제
로 변화되는 것처럼 말이다.19)

이러한 넌센스와 틈새 공간은 기존의 '정치적이고 조직화된' 투쟁과
저항의 담론과는 구별된다. 그러나 이러한 넌센스 속에 일상과 정치가
어떻게 결합되는가하는 점을 고찰함으로써 당대에서 이러한 넌센스의
공간이 지닌 의미를 규명할 수도 있다.

위 예문 1 "貯金哀史"는 생활 개선에 충실하는 것은 자살이라는 의

___
19) 데플레트 포이케르트, 김학이 옮김, 『나치시대의 일상사』, 개마고원, 2003,
120~122쪽. 포이케르트는 나치 체제에 대한 일상 영역에서의 반응들을 비순
응-거부-항의-저항으로 구별하였다. 포이케르트는 나치 체제가 사적 영역에
간섭, 침투해 들어감으로써 역설적으로 사람들로 하여금 비순응적 태도로부
터 시작하여 거부를 거쳐 저항으로 나아가도록 몰아가는 경향이 있었다고 진
단한다. 물론 이러한 사람들의 태도 변화가 나치 체제를 결정적으로 붕괴시
킨 것은 아니다. 나치 체제의 붕괴는 2차 대전의 성패로 결정된 것이지만, 적
어도 이러한 사람들의 반응 양태의 변화는 나치 체제가 자신의 의도와 정책
원리를 수미일관하게 작동시키지 못하도록 만들었고 일정한 타협, 교정, 보완
을 불가피하게 만들었다. 이러한 점은 일본의 파시즘 체제가 조선에서 작동
하던 방식에 대해서도 비교사적으로 검토해보아야 할 문제이다.

미를 표현한다. 즉 당대 중요한 생활 개선 항목이던 저축 장려는 계획적 삶, 성실, 국가의 미래를 위해 개인의 미래를 '저축'하는 것이라는 의미를 지닌다. 예문에서 생활 개선은 전당, 물건 내다팔기, 돈 빌리기, 그리고 궁극에는 자살로 귀결된다. 즉 생활의 개선은 곧 생활의 소멸, 정확하게는 자기의 소멸을 의미한다. 이러한 넌센스의 의미 규칙은 생활 개선에 대해 '생활은 없다', 혹은 생활을 소멸시키는 것이 곧 생활 개선을 의미한다는 것을 보여준다.

또한 예문 2 "의지박약거사 일기"는 말 그대로 금연, 금주와 같은 일상적 규율을 통해 갱생과 결단을 촉구하는 당대 논리를 갱생에 충실한 결과 '적을 사랑하게 되었다'(표면의 논리는 적인 담배를 사랑하게 되었다는 것이지만)는 유머로 귀결된다.

예문 3의 "오분간 만담―실없는 친구"의 경우는 물자절약, 스파이 경계 등 당대 국책의 이념을 조목조목 만담으로 희화화하고 있다. 특히 여기서 스파이 경계라는 준엄한 국책은 실패한 국책 사업인 '스파'의 의미로 환치됨으로써 이루어진다. 스파는 1938년부터 전시 물자 절약과 대체 용품 개발의 일환으로 대대적으로 선전된 스테이플 파이버를 말한다. 당시 통칭 '스파'로 불렸다. 중국과의 전쟁으로 면과 모의 수입이 근원적으로 제약을 받자 졸속으로 내놓은 대용품이다.[20] 스파의 탁월함에 대해서는 1938년 이후 대대적인 선전이 이루어진다. 大野 총감이 직접 스파 양복을 입고 나올 정도로 '시대의 꽃'이라고 선전되었다.[21] 그러나 이런 선전과 달리 스파로 만든 양복은 쉽게 늘어지고

---

20) "최근 신문지상에 보도되는 「스테이플 파이버」 약하야서 「스파」란 용어를 볼 수가 있다. 대체 이 「스테이플 파이버란 무엇인가」,(중략) 그런데 이 스테이플 파이버는 금차 일지사변으로 말미아마 생기하엿다는 것을 알 수 있으니 즉 근복적으로는 일본의 자원 문제와 관계가 잇다." 「스테이플 파이버란 무엇인가」, 『사해공론』 4권 4호, 1938년, 27쪽.

21) 「특집 기사―스테이플 파이버란 무엇인가―행주치마에까지도 스파가 석긴다」, 『每日申報』 1938. 3. 2 ; 「一石三鳥의 功德 大野摠監의 『스파』服」, 『每日申報』 1938. 8. 24 ; 「스파混用을 强化 販賣用手紡도 混用」, 『每日申報』

정전기가 심하고 빨면 급격하게 줄어들고, 보관이 어렵고 입고 있을 때 행동거지까지 조심하여야 했다.[22] 시기적으로 볼 때 스파가 황금시대를 구가하고 "시대의 꽃"으로 위용을 뽐낸 것은 2년이 채 못되었다. 스파는 품질뿐 아니라 생산 비용, 가격 폭등 등으로 끝없이 문제를 만들어내었고, 문제를 해결하기 위한 개선안이 나올 때마다 다시 새로운 문제가 이어졌다. '스파' 양복은 이런 맥락에서 보자면 당대인들에게 국책의 시한부적이고 실패를 거듭하는 한계를 실감의 차원에서 느끼게 한 상징이었다.[23] 스파라는 용어가 신조어로 유행하게 된 역사적 추이는 신기함에서 이상한 실패작이라는 의미를 거치며 지속된 것이다. 그런 점에서 스파이를 스파로 환치하는 예문 3의 넌센스의 의미는 스파가 당대 사람들에게 국책의 추상성을 생활의 실감으로 느끼는 복합적인 맥락과 닿아있는 것이다. 즉 스파이나, 스파나 신조어, 유행, 신기함, 이상한 실패작이라는 동일한 의미망으로 동일화되는 것이다. 위

1938. 9. 15 ; 「生産費昂騰으로 스파 最高價引上」, 『每日申報』 1938. 9. 6 ; 「스파混用을 强化 販賣用手紡도 混用」, 『每日申報』 1938. 9. 15 ; 「스파 史的 考察 처음으로 만드럿다」, 『每日申報』 1938. 3. 2 ; 「알고보면 훌륭한 스파의 옷감」, 『每日申報』 1938. 5. 14 ; 「時代의 花形『스파』」, 『每日申報』 1938. 8. 13 ; 「日益改良發達되는 國策纖維 스파」, 『每日申報』 1938. 7. 17.

22) 따라서 선전 담론의 이면에서는 스파 손질법이나 스파 혼용법 개발 중 등의 보완책들이 등장한다.
   「스파양복은 간수하는데따라오래가」, 『每日申報』 1940. 10. 29 ; 「잘 느러나는 「스파」「메리야스」」, 『每日申報』 1940. 11. 5 ; 「스파양복 손질하는법」, 『每日申報』 1939. 4. 5 ; 「스파 織物改正價」, 『每日申報』 1940. 2. 9 ; 「스파 人絹의 移入 統制組合을 設置」, 『每日申報』 1940. 10. 20 ; 「生産費昂騰으로 스파 最高價引上」, 『每日申報』 1938.. 9. 6 ; 「스 파人絹商組合 聯合會設置案」, 『만선일보』 1940. 3. 12 ; 「스파製品全廢方針」, 『每日申報』 1940. 2. 21.

23) 기존 연구에서 전시 체제하 의복 통제는 주로 국민복, 몸뻬, 민족 상징인 백색 옷에 대한 통제를 중심으로 이루어지고 있다. 그러나 당시 의복 통제는 '스파'의 사례에서도 드러나듯이 민족적 갈등 구조에서만 비롯되는 것은 아니다. 경제 통제의 산물로서 스파 양복은 오히려 기존의 양모 양복으로 자태를 뽐내던 댄디 보이들에게 더 강한 불만을 샀던 것이다.

에서 스파이 조심은 스파 양복을 입을 때 정전기나 늘어지거나 하는
것 때문에 매사 행동거지를 조심해야 했던 것과 동일한 맥락으로 비유
되는 것이다.

　그런 점에서 위의 몇 가지 사례를 통해서도 볼 수 있듯이 전시 동원
체제하에서 일상과 정치, 생활과 국책, 그리고 이에 대한 대응, 경험의
방식은 저항과 협력이라는 기존의 행위 방식에 대한 평가 규정으로도,
또 반사상이나 동의의 만연이라는 구도로도 설명되지 않는 역사적인
복합성을 지니고 있다. 다음에서는 이러한 일탈적이고 넌센스적인 담
론에서 가장 집중적으로 드러나는 불량학생들의 이야기를 살펴보고자
한다.

　○削髮슈이 나리던 날
　지난 十一月初旬 그러니까 벌서 昨年이요 햇수로는 二年이 되지만
新聞에는 學務局長의 이름으로 全朝鮮專門學校, 大學, 學生에게 一
切의 削髮하라는 명령이 나린 것이 發表되였다. 이것을 읽은 學生은
놀라움에 나머지 卒倒한 學生이 있었다는 消息은 듣지 못했으나 뜻
밖에 일이오 너무나 突發的인데다 어쨌던 머리에 關한 일인만큼 큰
충동을 주지아니치 못하였다. 至今거리에서 보는 바와같이 그 「하이
칼라」머리가 빡빡 밀어졌드려 중의머리가 되는 瞬間의 일이다.
　이튼날 電車간에서 서로 맞나서는 인사가 머리를 깎는 이야기이다.
그들의 충동받은 心理를 解剖해보건대 첫재가 中學生과의 區別이
없어진 일이다. 中學生과 區別된 것은 「세에루」洋服도 아니요 四角
帽子도 아니었다. 오즉 그 빡빡깍은 中學生머리에 比하야 하이칼라
로 갈러붙인 그 머리의 差異였다. 무슨 유독히 기름을 발러야 맛이
아니라 어찌했던 길게 넘어가기만 하면 그만이다. 그것은 머리를 기
름으로써 한 사람의 成年 或은 紳士의 地域에 屬할 수 있는것이었
다. 그것이 中學生과의 境界線을 分間할수없게 되였으니 문제가 크
다. 그러나 문제가 크면 컸을 뿐이지 學務局의 命令인즉 어찌할 道理
가 없이 일은 당하고 만것이다. 그들 중의 어떤 이는 그러면 수염을

기르자는 것이었다.

즉 머리에 난 털을 코밑과 턱아래로 移植하므로써 조금이라도 慰勞(?)하자는 생각인데 이것은 물론 明快한 생각은 못되였다. 왜냐하면 턱밑에 수염이 「톨스토이」만큼 길다 한들 결국 머리는 중머리에 변함이 없을터이니까.

新聞은 과연 歷史的 사명을 띄운 것이라서 그 記事가 夕刊에 실렸던 이튿날 아츰 卽時로 學校에서는 全學生에게 머리를 깎으라는 嚴令이 나렸다. 그 趣旨를 듣건대

「머리를 깎으면 精神이 나고 氣分的으로 學生의 覺醒을 喚起한다」大槪 이와 같은 것이다. 精神이 날것은 不問可知로 어떤 學生은 마침 立冬前後였던故로 지나치게 精神이 나 감기가 들린 학생도 적지 않다. 그러고 보면 머리는 일종 방한용이었는지 모른다. 따라서 여름에는 머리 없는 것이 冷頭的이므로 이것은 판정무승부가 된 셈이나 먼저도 말하였거니와 머리를 무슨 방한용으로 학생은 기른 것이 아니었다.

(중략)

그러면 大關節 머리를 깎는 것이 學生의 氣分을 明徵하다고 생각하는 당국자말고 학생들 당자에게 오는 걱정꺼리는 과연 무엇무엇인가.

그 후에 오는 것

무엇보다도 중머리로는 戀愛를 할 수 없는 것이다. 그러지 않아도 요즈음 여학생은 약어서 학생같은 것은 돌보지않게되였다. 봉구와 순영이(춘원의『재생』의 주인공)가 학생시대에 연애하던 일은 벌서 옛날일이고 그때에도 이미 순영은 봉구를 버리고 백가에게로 갔다. (중략)

얼마전까지도 학생은 일종의 동적 사회의 진보적 요소로서 기대를 받았으나 통제주의 사회에선 일률로 산업 준비군의 기대 이상을 기대할 수는 없게 되었다. 그런데 거기에 대한 희망조타도 보증할 수 없을진댄 학생의 신용이란 천에 하나 맞는 勸業債券과 같어졌다. 그들은 공부 그것보다도 취직을 생각해야하고 취직 다음에는(아아, 그들

은 역시 로메오다) 결혼의 상대자를 物色해야한다.(중략) 그러나 중
머리의 학생을 생각해보라.(그이가 보낸 독사진은 웨 늘 모자를 쓰고
박었을까) 양복에 먼지가 앉으면 빨어주고 싶고 양말이 빵구가 났으
면 새양말 하나를 사다주고 싶건만 머리가 없는 것은 대체 무엇으로
써 어떻게 한담. 「로버트텔러」는 고사하고 「쪼 E 뿌라운」도 가운데서
갈러붙인 그 머리가 어찌하야 그이에게는 없을까.24)

　

이 글은 전문대생, 대학생에 대한 삭발령과 학생에 대한 음주, 흡연
금지령 등 학생에 대한 풍기 단속 조치에 관한 학생들의 반응의 일단
을 보여준다. 삭발령과 금연, 금주령은 대학생으로서의 구별의 표지들
(주로 스타일의 문제이다)과 관련된다. 또한 이러한 구별의 표지를 박
탈당하는 것은 학생들이 '산업예비군'의 한 단위로 재편된 신체제의 이
념에 대한 불만의 표현이기도 하다. 산업예비군으로 전락한 신체제 학
생들의 불만에 찬 내면은 중머리로 어찌 연애를 하나, 중머리가 되면
중학생이랑 뭐가 다르냐, 제복과 제모를 착용하지 않을 때 폼이 나지
않는다는 식의 빈정거림으로 표출된다.

일상 공간에 대한 간섭과 침투에 대한 불만은 유난히 학생층의 담론
에서 많이 발견된다. 이는 여타의 집단과의 비교를 통해 좀더 그 의미
를 파악할 필요가 있다. 그러나 이러한 점은 학생층의 일상에 대한 간
섭과 침투가 여타의 영역과 달리 이른바 계몽적인 교육의 이념과 배치
되지 않으면서, 동시에 교육 제도를 통해 체계적으로 이루어질 수 있
었기 때문으로 보인다. 또한 동시대의 독일의 경우 학교-청년단-기
성 세대(부모, 교사, 교육 감독관) 사이의 갈등이 학생층들에게 이질적
으로 대립하고 있었다면, 조선의 경우 학생층이 부딪치는 문제는 주로
정부 당국-학교-기성 세대간의 '협력'과 이들에 대한 반항의 기제로
구성된다. 또 아래 글에서도 보이듯이 학생층의 파시즘 통제에 대한
거부감은 그간 학생 집단이 누려왔던 기득권에 대한 박탈감과도 관련

24) 조풍연, 「삭발령과 학생-학생과 오락」, 『조광』, 1938년 1월호, 237~245쪽.

된다. 이미 1930년대 초반부터 학생층의 생활 지도가 체제적으로 운영
된 것 또한 일상 통제에 가장 민감한 층으로 학생층이 대두하게 되는
것과 관련된다고 보인다.

학생층에 대한 일상 통제와 간섭은 1933년 보도연맹이 발족하면서
공식화된다. 초기 보도연맹의 주 역할은 1. 유곽, 카페, 음식점등에 제
복제모를 착용하고 출입하는 것을 금하고 痴態醉姿를 단속하는 것. 2.
불량행위, 마작구락부 출입 단속. 3. 병을 빙자해서 학교를 조퇴하거나
활동사진을 보러가는 행위를 단속하는 것. 4. 공원, 신사, 불각, 遊技場
등에서 풍속을 해치는 행위를 방지하는 것이었다. 또한 보도연맹의 주
요 사찰 지역 중 하나는 교외선 열차로 이러한 단속 공간은 주로 학생
층의 일탈 공간과 일치한다.[25]

통제의 체제화는 역으로 일탈 공간의 '체계화'를 보여주는 것이기도
하다. 전시 동원 체제가 확립되면서 이러한 일탈 공간과 일탈 행위에
대한 통제는 극대화되는 데 이에 대한 거부감은 주로 라이프 스타일에
대한 침해, 취향에 대한 간섭, 오락 거리가 부재한 상황에서 그나마 학
생층의 주요한 오락거리였던 행위들을 규제하는 것에 대한 반발심 등
으로 복합적으로 드러난다.

물론 학생층이 파시즘적 통제 원리에 대해 반응한 양식이 상이하다
는 점 또한 중요하다. 즉 일제 말기 파시즘 통제 원리에 대한 상이한
반응 태도는 이 시기에도 여전히 '입시'에 전념하면서 성실한 학교 생
활에 만족했던 엘리트 층의 소위 '일류' 학생들과[26] 교외선 열차에서
시시덕거리고 마작구락부를 드나들던 학생층의 차이만큼 현격한 격차

---

25) 「京城保導聯盟結成ノ動機及經過」, 『保導月報』, 1933년 창간호.
26) 일제 말기 소위 일류 학생들의 파시즘 시대 경험에 대해서는 김경미의 논문
    에서 맨 처음 다루어졌다. 경기고등학교 학생들의 식민지 기억을 다룬 김경
    미의 논문은 일류 학생들의 파시즘 체제에 대한 경험과 기억이 주로 입시를
    중심으로 이루어지고 있다는 것을 규명한 바 있다. 김경미, 「식민지교육 경험
    세대의 기억-경기공립중학교 졸업생의 일제 파시즘 교육체제하의 경험과
    기억을 중심으로」, 『한국교육사학』 27-1, 2005. 4, 1~28쪽.

를 지니는 것이기 때문이다. 또 노동자 집단에서의 개인적 이탈 집단
의 행위 방식은 장기적이고 지속적으로 노동 현장에 '정착'하면서 직업
에 대한 만족을 느끼던 보다 고위직 노동자들과 대비되는 시대 경험의
양식을 만든다. 그런 점에서 파시즘의 시대 경험의 현격한 차이는 입
시에 매진하면서 학교생활의 시스템에 적응했던 성실한 학생층과 학
교 바깥을 떠돌던 불량 학생들 사이의 간극, 노동 현장에서 직급과 월
급의 상승을 위해 경쟁적 노동 현장에 정착한 성실한 노동자들과 이리
저리 떠돌던 '방랑벽'이 있는 노동자들 사이의 간극을 이해하는 일이기
도 하다.

또한 이러한 점에서 파시즘의 폭력적 시스템은 많은 부분 자본주의
적 경쟁 체제와 규율화되고 제도화된 삶의 방식 속에서 관철된다. 파
시즘의 폭력과 유산을 고민하는 것은 그런 점에서 경쟁 논리를 지탱하
는 "살아남아야 한다"는 강박관념과, 규율화와 제도화된 삶을 지탱하
는 "제도화된 삶 속에서 살아간다는 것"이라는 근본적인 문제를 고민
하는 것이기도 하다.

4. "살아남아야 한다"는 것의 의미
―파시즘의 마지노선, 자본주의와 근대적 규율화

1938년 6월 23일 목요일
오전 9시 30분 총독부 학무국 사회교육과에 갔다. 마에다 씨, 조병
상 씨, 이각종 씨와 함께 총독과 정무총감을 접견했다. 그들에게 국민
정신총동원 조선연맹을 결성하기 위해 개최한 발기인 회의 결과를 보
고했다.

낮 1시 30분 경성역에 나가 일본YMCA동맹의 두 위원인 야마모토
씨와 사이토 씨를 마중했다. 그들은 조선YMCA연합회가 일본YMCA
동맹에 입회하는 문제를 조율하러 왔다. 양 연합회의 위원회가 오후

3시부터 경성YMCA에서 모임을 가졌다. 3시간에 걸친 화기애애한
논의 끝에, 다음과 같은 결정을 내리고 양 연합회의 승인을 받기로
했다. (1) 조선YMCA연합회의 명칭을 일본YMCA조선연합회로 변경
한다. (2) 조선YMCA연합회가 국제YMCA연맹과 유지해오던 관계는
일본YMCA동맹에 이관해 계속 유지한다. (3) 조선YMCA연합회는
국제YMCA연맹과 일본YMCA동맹에 국제YMCA연맹으로부터 탈퇴
를 알리는 공문을 보낸다. (4) 서울에 있는 두 위원회 위원들이 조선
연합회 새 헌장을 제정한다. 난 조선호텔에서 두 위원회의 위원들과
김대우 씨에게 저녁을 대접했다.[27]

이른 아침에서 늦은 밤까지 하루 일과를 분 단위로 빼곡하게 기록하
고 있는 전시 동원 체제하의 일상의 기록인 윤치호의 일기는 일상과
생활에 침투한 파시즘의 논리가 어떤 효과를 보여주는지 선명하게 보
여준다. 조선을 경영하고, 국사를 의논하기 위해 분주한 시간을 다투는
빼곡한 윤치호의 일상은 성격을 달리하지만 일본어를 배우기 위해 직
장을 마치고 강습소와 야학을 메운 당시 '청년층'의 일상과 겹쳐진다.
윤치호와 같은 협력층 엘리트와 지위 상승의 기회로서 전시 동원 체제
를 받아들인 청년층의 일상의 경험은 통상적인 논리에 따르면 민족해
방투쟁을 기획한 망명지사들이나, 지하로 잠복한 공산주의 조직운동가
들과 상극적 지점으로 간주된다. 그러나 오히려 빼곡한 생활 설계로
가득찬 윤치호의 일상 공간은 앞 장에서 살펴본 넌센스의 공간과 상극
적 지점에 있다고 할 수 있지 않을까. 즉 협력층 엘리트의 부지런한 전
시 동원 체제하의 일상은 체제에 저항한 민족해방투쟁의 지사나 잠복
한 엘리트의 파시즘에 대한 저항 방식과 극점을 이루는 것이라기보다
통제의 원리를 비웃으면서, 연애질과 술 마시기, 교외선 기차나 타고
놀러다니고 히히덕거리면서 일상을 무위하게 보내던 이들의 시대 경

---

27) 김상태 편역, 『윤치호 일기 1916-1943 — 한 지식인의 내면 세계를 통해 본 식
민지 시기』, 역사비평사, 2001, 395쪽.

험과 전혀 이질적인, 그리고 상극의 위치에 놓이는 것이라고 보인다. 즉 일분일초를 기획하고, 미래를 위해 투자하고, 국가의 장래를 걱정하며, 현재의 나를 미래를 위해 유보하며, 전시 동원 체제의 통제 원리를 무엇인가 의미있는 일로 만들려는 이들의 일상적 행위는 넌센스(무의미)로 이 시대를 대면한 이들의 반응 양식과 정반대에 놓여져 있는 것이다.

윤치호의 하루와 골치덩어리들의 하루를 비교해 볼 때 파시즘 체제의 통제 논리의 내면화는 생활의 계획, 안정적 미래를 위한 인생 설계, 보다 나은 지위를 위한 경쟁 논리의 내면화와 밀접한 관련이 있다. 이러한 지점은 전시 동원 체제의 파시즘적 통제 원리가 이전 시기 이미 구성된 식민지 근대화의 규율화 기제와 자본주의적 경쟁 논리를 통해 효과를 발휘하는 영역이다.[28] 전시 동원 체제하의 파시즘적 통제 원리의 내면화는 이러한 이미 구성된 기제들을 전유하면서 파시즘적으로 재배치하는 연속과 변화의 과정으로 이해될 수 있다. 그런 점에서 역사적인 파시즘 체제의 특성은 근대성의 연속이면서 동시에 양차 대전기라는 역사적 성격에 의해 규정되는 역사적 특수성을 지니는 것이기도 하다.

5. '대중'은 누구인가
─주체 개념의 한계와 파시즘적 주체화의 문제

이른바 근대 체제 이래 '우리'는 부르주아 엘리트들의 내면, 심성, 자기의식들을 문학, 역사, 사상이라는 이름 하에 보편화하였다. 이러한 보편화의 맥락에서 부르주아 엘리트 이외의 사람들은 모호하고, 알 수

---

28) 시간의 통제와 생활 합리화 등 전시 동원 체제 이전의 일상의 통제에 대해서는 최근에야 연구가 진행되고 있다. 대표적으로는 정근식, 「시간체제와 식민지적 근대성」, 『문화과학』, 2005년 여름호.

없는 '대중', '민중'이라는 이름으로 무규정적으로 지정되었다. 파시즘
의 시대 경험과 관련하여서도 그 시대를 살았던 많은 사람들의 이야기
와 '역사들'이 모호한 '회색지대'로 비유되는 것은 이러한 부르주아 엘
리트의 역사의 산물이다. 또한 역사적 파시즘 체제 하에서, 적어도 일
제 말기 조선에서 일상=대중=회색지대에 동의의 행위 양식이 만연했
다던가, 저항의 행위 양식이 지배적이었다던가 하는 것은 현재까지는
추정에 불과하다. 추정이 '역사상'이 되기 위해서는 현재와 같은 말하
기와 역사 쓰기의 방법으로는 근원적으로는 불가능한 것이다. 우리가
역사의 이름으로 알고 있는 것이 (남성)부르주아 엘리트의 자기 의식,
내면, 심성 외에 과연 무엇인가 하는 질문이 많은 연구자들로 하여금
다른 길, 다른 역사를 찾아가기 위한 긴 여정에 오르게 하였다. 서발턴
연구, 젠더 정치를 비롯한 하위 주체에 대한 연구들이 이러한 여정에
서 기존의 '역사상'에 대해 치열한 투쟁을 벌이고 있다. 또한 통제의 기
제와 개개인이, 혹은 특정 집단 주체들이 이에 대응하고, 반응하고, 협
상하는 복합적인 방식을 규명하기 위해 다양한 모색들도 진행 중이다.
    그러나 한국사와 관련된 현재의 논의는 여전히 상호간 '막대 구부리
기' 효과에 의존하고 있다. 억압과 수탈의 이분법−동의의 패러다임에
대한 강조(임지현)−동의 기반에 대한 과잉 인식을 경계하는 방법으로
서 동의 기반의 취약성과 통제 체제의 '허술함'(조희연)을 강조하는 방
식 등은 다분히 선행 연구의 한계를 교정하기 위해 '과도하게 막대를
구부려서 바로 펴려는' 방식에 기대고 있다. 이런 논의 진행 때문에 '동
의 기반에 대한 강조'와 '통제의 취약성'이라는 이원화된 논의 구조가
되어버린 감이 없지 않다.
    또한 근대의 주체 범주에 대한 무수한 의문이 제기되었음에도 불구
하고 한국사에 관한 논의들은 입장 차이에도 불구하고 여전히 '엘리트
와 대중'의 이분법적 전제 하에 논의를 전개하고 있다. 따라서 동의와
억압, 일상과 파시즘에 대한 문제는 질문을 바꾸지 않은 채, 해석의 차

이라는 협소한 영역을 맴돌게 되는 것이다. 서발턴, 젠더연구, '다중'에 대한 연구 등 서로 다른 지점에 서 있는 연구들이 주체 개념의 비판을 시도하였으며 특히 '엘리트와 대중' 개념의 폭력성과 이분법을 비판하였음에도 불구하고 한국사와 관련된 논의들은 여전히 부르주아 엘리트의 내면에는 정통하였으나 그 이외의 '다중'들에 대해서는 "수많은 머리와 가슴을 지니고 흔들거리며 이리저리 왔다 갔다 하는 존재"로밖에 표현할 수 없었던 괴테 시대의 엘리트와 대중 개념을 넘어서지 못하고 있다.

그런 점에서 한국사에 있어서 '시대상'을 둘러싼 투쟁은 동의와 억압의 관계, 엘리트와 대중(민중)이라는 질문을 넘어서 다수의 정체성 그룹의 역사와 이야기를 규명하는 새로운 질문 방식을 고민하지 않는 한 고착 상태를 넘어서지 못할 것이다. 그리고 이는 '역사'를 다른 방식으로 보는 것이 아니라 '다른 역사, 다른 이들의 이야기'를 인정하는 어려운, 갈등적 논쟁의 길이 될 것이다.

일제 파시즘 교육체제의 재생산 구조
─해방 전·후 국사교과서의
논리구조를 중심으로─

김 경 미[*]

1. 머리말

해방 후 한국 교육의 최대의 과제는 일제 식민지 교육을 청산하고 민주주의 교육을 도입하는 일이었다. 민주주의 교육은 민족국가의 새로운 '국민'을 형성할 수 있는 방법으로서, 조선인의 황민화를 꾀했던 일제 식민지 교육의 유산을 극복하는 길로 여겨졌다. 이후 민주주의는 언제나 민족주의와 함께 교육의 주요 이념으로서 교육 현실을 이끄는 이상향으로 표방되었다. 그러나 민주주의 교육을 시작한 지 60년을 맞는 오늘날, 한국의 교육은 과연 식민지 교육의 잔재를 청산하고 있는가라는 질문에서 자유롭지 못하다. 그동안 교육에서 비민주적인 듯한 문제가 발생하면 모조리 식민지 교육의 탓으로 돌려버리곤 하면서도 정작 무엇이 식민지 교육의 잔재이고 그것이 어떻게 민주주의 교육을 방해하며 왜 여전히 남아있는가에 대한 질문은 하지 않았다.[1]

---

* 연세대학교 국학연구원 연구교수, 교육학
1) 일제 식민교육 잔재의 문제는 미군정기 한국 교육체제의 형성기에 일제 말 부일 또는 친일했던 교육관계 인사들이 한국 교육의 주도세력으로 활동했다는 점과 관련하여 언급된 정도이다. 한성진, 「미군정기 한국 교육엘리트에 관한 연구」, 한국교육문제연구회, 『한국교육문제연구 제2집』, 푸른나무, 1989 ;

최근 식민지 교육의 유산을 재고해 본다는 문제의식에 기초하여 교육현장에 남아있는 식민지적 교육형식에 주목하는 연구가 나타나고 있다.2) 학교 현장을 일별해 보면, 규율부 교사와 학생들이 서있는 등교길의 교문 안 풍경, 높은 단상에 선 교장을 향해 학생들이 줄맞춰 서 있는 아침 조회의 광경이 1930·40년대의 빛바랜 흑백사진이 전하는 당시의 모습과 그리 다르지 않음을 알 수 있다. 주번 및 당번제, 학생회장·반장·분단장으로 이어지는 위계적인 학생 편제 등의 학생 규율 방식도 여전하다. 이른바 '민주주의'를 가르치는 교수방법도 여전히 권위적이고 단순암기식이라는 점도 지적할 수 있다. 이러한 전체주의적 교육형식이 식민지 교육의 잔재로서 국가와 사회에 '복종'하는 인간형을 양성하고 있었다는 것이다.3) 즉 일제 식민지 교육의 청산 작업은 교육내용 면에서는 시도되었으나 교육형식의 측면은 간과했다는 것이다.4) 그렇다면 교육내용은 정말 식민지 교육을 청산했는가?

본 연구는 외면적 유사성이 쉽게 눈에 띄는 교육형식뿐만 아니라 교육내용도 일제 파시즘 교육체제 재생산의 기반이 되고 있지 않았는가 하는 의문에서 출발한다. 그동안 해방 직후의 교육내용에 대한 연구는

이광호, 「미군정의 교육정책」, 교육출판기획실 엮음, 『분단시대의 학교교육』, 푸른나무, 1989.

2) 이상록, 「미군정기 새교육운동과 국민학교 규율 연구-일제말기 국민학교 규율과의 비교를 중심으로-」, 『역사와 현실』 35호, 2000. 3. 이상록은 일제 말기와 미군정기의 초등학교 규율을 비교한 후, 미군정기 교육계는 일제 말기 국민학교 규율 속에 내포된 황국신민화 이데올로기에 대해서는 부정했으나 그것의 파시즘적 성격은 활용하고 있었다고 지적했다. 그런데 일제 말기와 미군정기의 학교규율의 메커니즘은 비슷했지만 양자가 각각 지향했던 교육목표인 '충량한 황국신민'과 체제순응적인 '애국적 민주시민'이라는 '인간형'은 동일하지 않았다고 본다.

3) 임지현, 「일상적 파시즘의 코드 읽기」, 임지현 외, 『우리 안의 파시즘』, 삼인, 2000, 25~33쪽. 임지현은 해방 후의 학교교육은 천황에 대한 충성을 조국에 대한 충성으로 대체한 것일 뿐, 국가와 사회에 복종하는 인간형을 양성한다는 점에서 '황국신민화 교육'과 목표를 같이한다고 본다.

4) 오성철, 「식민지기의 교육적 유산」, 『교육사학연구』 제8집, 1998, 233~234쪽.

일제 교육과의 연속성 문제보다는 새로 도입된 미국식 민주주의 교육내용의 정치 이데올로기적 성격에 초점을 맞추었다.5) 그 이유는 연구가 이루어진 1980년대의 문제의식에 기인한 것이지만, 한편으로는 '우리 말, 우리 역사'라는 말이 상징하는 바와 같이 일제와의 문제에서는 민족 대 반민족의 평가 구도 속에서 교육내용은 개혁되었다고 보는 시각이 지속되었기 때문이다.6) 일제의 식민지 교육이 극성을 이루었던 파시즘 교육체제가 전체주의적 교육형식과 한국인의 자기 부정을 꾀하는 교육내용을 두 축으로 하여 운영되었다고 할 때, 한국인의 자기 부정은 민족적인 자기 부정일 뿐 아니라 개인으로서의 자기 부정이기도 했다.7) 해방 후 새롭게 구성된 교육내용은 개인의 존엄성을 기초로 하는 민주주의를 지향하고 있었는가? 그리고 정말 민족주의 교육이었는가?

일제 말 역사 교육이 황민화 교육의 중요한 도구였던 것과 같이 해방 이후의 역사 교육도 신생 독립국가 국민 만들기의 중요한 수단으로 사용되었다. 역사 교과서는 황민/국민 만들기가 어떠한 이념에 기반하고 있는지를 보여준다. 본 연구는 일제 말의 초등교육용 '국사'8) 교과서와 해방 후부터 1950년대까지의 초등교육용 국사교과서의 논리 구조를 분석·비교해 봄으로써, 해방 후의 교육이 일제 파시즘교육을 얼

---

5) 정미숙, 「초기 한국 문교정책의 교육이념 구성에 관한 교육사회학적 분석」, 교육출판기획실 엮음, 『분단시대의 학교교육』, 푸른나무, 1989 ; 한만길, 「1950년대 민주주의 교육의 이데올로기적 성격」, 한국교육문제연구회, 『한국교육문제연구 제2집』, 푸른나무, 1989.

6) 최근 해방 직후의 사회생활과 교과서인 『초등공민』을 분석한 연구에서는, 대상이 일본에서 한국으로 바뀌었을 뿐, 교과서가 국가주의적인 가치관 형성을 위한 내용으로 구성되어 있음을 밝혔다. 박남수, 「사회생활과 교수요목의 편성 기반에 대한 연구-해방 직후의 『초등공민』의 분석을 중심으로-」, 『초등교육연구』 17-2, 2004.

7) 김경미, 「'황민화' 교육정책과 학교교육-1940년대 초등교육 '국사'교과를 중심으로-」, 방기중 편, 『일제 파시즘 지배정책과 민중생활』, 혜안, 2004.

8) 해방 전 총독부에서 발행한 '국사' 교과서는 '일본사' 교과서를 말한다.

마나 극복했는지를 밝혀보고자 한다.

2. 일제 말 '국사' 교과서의 내용 구성9)

1940년대 조선총독부에서 발행한『初等國史』는 '국사'(일본사)를 천황 중심의 역사로 기술했다. 萬世一系의 천황이 '대일본제국'의 통치권의 주체라는 '國體' 관념을 학생들에게 주입하기 위해서였다.『초등국사 제오학년』(1940)은 제1과에서 '대일본제국'은 천황이 다스리는 나라로서, 천황은 국민을 자식같이 생각하고 깊이 사랑하고, 국민은 천황을 부모같이 사모하고 忠義를 바치는 것이 일본 국가의 고유한 특징이라는 문장으로 시작한다.10) 이후의 내용은 그러한 국체가 어떻게 정해졌으며 어떻게 역사적으로 지속되었는지를 보여주는 사실들로 구성되었다.

전 역사는 시대 구분도 아무 것도 없는 천황 중심의 一時代로서, 천황이 통치자로 정해진 肇國 이래 국체를 근본으로 하여 영원무한한 생명으로 계속 발전해 온 것으로 기술되었다. 국체의 초역사성을 보이기 위해 교과서는 天孫降臨의 신화를 역사적 사실인 것처럼 서술하며, 神代에 현 천황의 선조인 아마테라스오오미카미(天照大神)가 손자인 니니기노미코토(瓊瓊杵尊)를 지상으로 내려 보낼 때 일본의 국체는 이미 정해졌다고 한다. 실제로 오랜 동안 일본을 통치했던 武家政治의

---

9) 분석대상 교과서는 1938년 4월의 3차 교육령에 따라 조선총독부에서 발간한 『初等國史 第五學年』(1940), 『初等國史 第六學年』(1941)과 1941년 12월의 태평양전쟁의 발발을 계기로 개정된『初等國史 第五學年』(1944),『初等國史 第六學年』(1944)이다. 본 연구자는 연구팀의 1차년도 과제로 이들 교과서를 분석하여 일제의 황민화 교육의 논리를 밝힌 바 있다(김경미, 앞의 논문 참조). 이 장은 위의 논문의 일부를 요약하는 한편 본 논문의 논지 구성에 필요한 교과서의 내용을 첨가하여 기술하고자 한다.

10)『初等國史 第五學年』, 1940, 1쪽.

시대는 천황을 섬기는 자의 마쓰리고토[11]의 한 형태로 천황이 직접 통치하는 본래의 마쓰리고토의 모습이 바뀐 것일 뿐이라고 한다. 다이카개신(大化改新, 645년)으로 천황을 중심으로 하는 朝廷의 정치형태가 확립된 후 메이지유신(明治維新)으로 한층 더 발전하기까지 조정의 마쓰리고토의 모습이 여러 가지로 바뀌었을 뿐, 만세일계의 천황이 통치한다는 점은 불변했다는 것이다. 따라서 오랜 동안 지속된 무가통치 기간에도 대대의 천황이 백성을 편안하게 살도록 하고자 하는 뜻을 지니고 마쓰리고토가 두루 미치기를 바라며 학문에 힘쓰거나 신에 대한 마쓰리를 행했다는 기술이 반복된다. 그리고 무가가 그러한 천황의 뜻을 받들어 마쓰리고토가 백성에게 널리 미치도록 정치를 했는가, 아니면 그렇지 않았는가가 역사적 평가의 기준이 된다. 이는 국체의 존엄함과 무궁함을 역사적으로 증명해 보임으로써, 천황 통치는 초역사적으로 존재하며 그러한 국체의 보존은 국민의 최고 가치라는 점을 주입하기 위한 것이었다.

그러한 국체에 기반하여 일본의 역사는 국체의 결정과 함께 표방된 八紘一宇의 이상이 현현 발전되어간 역사라고 한다. 팔굉일우는 니니기의 4대손이며 제1대 천황인 진무천황(神武天皇)이 니니기가 내려갔던 휴우가(日向)에서 야마토(大和)로 옮기면서 천하를 덮어서 집으로 하겠다는 말에서 나온 것으로, 영토 확장의 의사를 나타낸 것이다. 그런데 이러한 진무천황의 의지는 아마테라스가 니니기를 내려보내 국체를 정했던 이유, 즉 사람들을 편안하게 살도록 하고자 하는 이상을 실현하는 방법으로 고토무케[12]라는 용어로 설명된다. 일본의 역사는

---

11) '마쓰리고토'는 아마테라스가 니니기에게 三種의 神器를 주어 지상에 내려보내면서 가르친 정치의 방법으로, '마쓰리'는 아마테라스의 뜻을 펴기 위한 천황의 정치이고, '마쓰리고토'는 이를 실현하기 위한 천황을 받드는 자의 정치라고 한다. 김경미, 앞의 논문, 168~169쪽 참조.

12) '고토무케'는 사전적 의미로는 '설득해서 복종시킴(言向)'이라는 뜻으로 아마테라스가 니니기를 지상에 내려보낼 때 오오쿠니누시노미코토(大國主命)가 아마테라스의 명령에 복종하여 자기가 다스리던 지방을 기꺼이 바친 일을 말

대대의 천황이 차례차례 고토무케를 행하며 은혜를 베풀고 황위를 빛
나게 한 역사로 기술된다.

교과서에서 사실상의 정복전쟁을 천황의 은혜를 널리 보급하기 위
한 성전으로 미화하면서 황위가 널리 빛난 사실로 기술하는 것은, 교
과서가 넓은 영토와 그 획득을 가능케 하는 '힘'을 숭배하는 역사관에
의거하고 있음을 보여준다. 고대에 이른바 진구황후(神功皇后)의 신라
정벌은 고토무케에 의해 천황의 마쓰리고토가 한반도에까지 미쳤던
것으로 찬양된다. 도요토미 히데요시(豊臣秀吉)의 조선 침략도 동아
여러 나라에 황실의 은혜가 널리 퍼지도록 東亞를 一體로 하기 위한
聖戰이었다고 기린다. 이는 당시 일본제국주의의 당면과제였던 대동
아공영권 건설과 연결되어, 쇼와(昭和)천황이 벌이는 중국 침략과 동
남아시아 침략은 널리 동아의 각지를 고토무케하도록 하여 천황의 은
혜에 의해 대동아공영권이 점차 구축되도록 하기 위한 聖戰으로 찬양
되었다. 즉 일본의 역사는 팔굉일우의 이상을 실현해 온 역사이며, 당
시 일본제국의 동아신질서 건설의 구상은 그 역사적 도정이라는 것이
다.

그런데 천황의 팔굉일우의 이상 실천을 가로막고 있는 것은 영·미
의 서구 제국주의 세력이라고 한다. 미국과 영국은 오래 전부터 동아
를 침략하여 동아의 발전을 방해해 왔으며, 현재 동아의 여러 나라는
서구 제국주의 세력의 침략의 위협 앞에 놓여 있다고 한다. 영·미가
구체적인 적이 된 것은 태평양전쟁의 발발이 계기였다. 1940·1941년
의 교과서는 적이 공산주의로 설정되어 있었다. 1944년의 교과서는 영
·미가 '역사적으로' 적이었다는 것을 증명하기 위해 교과서의 내용을
변경한다. 이전의 교과서에서는 서구 제국과의 접촉에 관하여 선진 문
명의 도입의 측면을 강조했지만, 1944년판에서는 일본의 남방 제국으
로의 진출의 역사와 그와 충돌하는 미국과 영국의 동아 침략사를 서술

한다. 위의 논문, 162~163쪽 참조.

하고 구미에 대한 적개심을 유발하기 위한 표현을 사용했다.

그러한 미·영의 침략 위협을 극복하고 동아의 여러 나라들이 강하고 바르게 번영해가기 위해서는 대동아의 사람들이 마음을 하나로 서로 묶어서 일본의 팔굉일우의 이상 하에 단결해야 한다고 주장한다. 단결을 해야 국난을 극복할 수 있다는 점은 여러 역사적 사실을 통해 제시된다. 일본 역사에서 유일한 이민족의 침입이었던 元寇의 침략은 거국일체의 대비를 하여 극복할 수 있었던 전형적인 예이며, 당시 천황 위세를 받들어 모든 국민의 마음이 한결같이 국난을 이겨내기 위한 각오를 했던 것은 바로 대동아전쟁을 이기기 위한 모범으로 제시된다. 국민 모두가 큰 마음을 그대로 국난에 목숨을 바칠 각오를 하고, 몸을 버리고 家를 잊고 싸웠던 결과 국난을 극복할 수 있었다는 점이 강조된다. 또한 유럽국가인 러시아와의 전쟁에서의 승리는 천황 위세 아래 국민이 모두 마음을 하나로 하여 거국일체의 미풍을 발휘했던 때문이었다고 설명된다.

동양의 외부에는 동양을 위협하는 적이 존재하며, 이를 막기 위해 동양의 내부는 천황과 야마토 민족을 중심으로 결합해야 한다는 것이다. 그 속에서는 개인도 민족도 小我로서의 자기를 부정하고 대동아의 大我를 위해 滅私奉公해야 한다. 그것이 곧 내가 생존을 할 수 있는 길이며 내가 더 큰 '힘'을 갖고 '남'을 지배할 수 있는 길이라는 논리이다. 대동아 속의 인민의 모습은, 만고불변·세계무비의 국체 보존을 위해 천황에 절대 충성하는 臣民이다. 개인은 국체 보존을 위해 국가와 천황에게 충성해야 한다. 국가 속에서 한 개인은 국민(황민)으로서만 의미를 지니며, 국민은 국가가 위기에 처했을 때 아무런 질문이나 의심없이 사적 이해를 버리고 목숨을 바쳐 충성을 해야 하는 존재이다. 고다이고천황(後醍醐天皇)을 위해 싸우다 죽은 일본 황실 최고의 충신 구스노키 마사시게(楠木正成)[13]의 七生報國의 충성심은 메이지 이

---

13) 현재 도쿄의 皇居 앞의 공원에는 구스노키 마사시게의 동상이 있다. 영원히

래의 수많은 전쟁에서 천황을 위해서 기꺼이 목숨을 바치는 군인들의
정신으로 찬양된다.

　일제는 천황을 중심으로 하는 대동아공영권의 건설을 위해 조선인
에게 내선일체를 요구했다. 내선일체는 개인으로서, 민족으로서의 小
我를 버리고 大我인 대동아로 결집하는 것이다. 교과서는 일본이 역사
의 시작부터 팔굉일우의 이상을 목표로 나아가며 새로 정복한 지역의
사람들도 똑같이 대우했으며, 고대의 대륙과의 교류 중 일본에서 살게
된 사람들에게도 똑같이 천황의 자애가 미치게 했다는 여러 예를 든
다. 그런데 그러한 사람들이 천황의 자애에 대해 충성으로 보답하듯이,
대동아공영권의 일원으로서의 정체성이란 바로 천황에게 충성을 다해
온 야마토 민족의 정체성이다. 교과서는 야마토 민족의 정체성을 '식민
지 일본인'에게 강요하기 위한 근거로 야마토 민족의 역사적 우수성을
증명하려 했다. 일본은 神國이며 고대에도 아시아의 가장 강력한 선진
국가였던 중국과 어깨를 나란히 했고 한반도의 국가들을 지배를 했다
는 식으로 기술하여 일본은 어느 시기에도 아시아 최고의 지위에 있었
다고 주장한다. 이에 비해 한국의 역사는 일본의 신에 의해 시작되었
으며 고대에는 일본의 마쓰리고토 하에 있었으며 이후는 중국의 종속
하에 있다가 역사적 필연인 내선일체로 귀결했다고 한다. 교과서는 이
와 같이 야마토 민족 출신의 일본인과 식민지 출신의 일본인의 역사를
위계적으로 배치함으로써, '역사적'으로 열등한 조선인이 자신의 정체
성을 버리고 우월한 야마토 민족의 정체성으로 귀일해야 한다는 것을
정당화하려 한다. 즉 일제는 대동아공영권을 외치면서도 야마토 민족
에 비해 조선 민족의 열등성을 이야기하며 조선 민족의 민족적 죽음을
통해 일본 제국의 일원으로 태어나기를 요구했던 것이다.

　이상과 같은 사실은 일제 말의 '국사'교과서의 황민화 교육의 논리가

　천황가를 지킨다는 상징으로 마사시게의 시선은 황거를 향하도록 했다고 한
다.

조선인의 개인적·민족적 자아를 부정하고 자발적으로 일본 제국과 천황에 복종하도록 하는 식민지 파시즘에 의거하고 있음을 보여준다.

3. 해방 이후 국사교과서의 내용 구성

1) 역사의 주체 : 민족

교과서는 민족이 국가에 선행하여 존재했다고 본다. 해방 직후 처음으로 나온 초등용 역사교과서 『초등 국사교본』,[14] 전쟁 전후의 『우리나라의 발달』 시리즈,[15] 제1차 교육과정에 따른 『사회생활 6-1』[16]은

---

14) 경기도 학무과 임시교재연구회 편, 『초등 국사교본 오륙학년용(임시교재)』, 조선문화교육출판사, 1946. 해방 후 가장 먼저 나온 초등교육용 국사 교과서로, 미군정 학무국 편수과에서 편찬하여 1946년 1월 남한 각도 학무과에 1, 2책씩 분배하여 발행하게 했다(이종국, 「'우리 나라의 발달 1' 편찬발행에 대한 고찰」, 『출판학연구』 제27호, 1985. 11, 71쪽). 이 교과서는 당시 편수관이었던 황의돈이 저술하였다고 한다(박진동, 『한국의 교원양성체계의 수립과 국사교육의 신구성 : 1945-1954』, 서울대학교대학원 박사학위논문, 2004, 215쪽).

15) 1946년 12월 7일에 제정 공포된 사회생활과 교수요목에 따라 문교부에서 편찬한 초등학교 6학년용 국정 국사 교과서이다. 이 교과서 편찬에는 단지 초등학교 학생들에게만 사용을 국한하지 말고 일반 성인용도 겸하게 하여 학생들을 통해 가족에게도 국사 교육을 보급시키려는 의도도 있었다 한다. 이 때 역사는 공민 지리와 함께 사회생활과에 통합되어 있었는데, '우리 나라의 발달'은 1, 2권은 국사, 3권은 공민의 3권으로 편찬할 예정이었다. 그러나 『우리나라의 발달 1』(1950)만 6·25전쟁이 발발하기 1개월 전에 발행되었고 2, 3권은 편찬 도중에 전쟁으로 중단되었다(이종국, 앞의 논문, 71~74쪽). 전쟁 중인 1952년에 『우리나라의 발달 6-1』과 『우리나라의 발달 6-2』이 국사 교과서로, 『우리나라의 발달 6-3』이 공민 교과서로 발행되었다. 그런데 『우리나라의 발달 1』과 『우리나라의 발달 6-1』을 비교해보면, 전자는 고려말까지 본문이 171쪽이지만, 후자는 『우리나라의 발달 6-2』로 넘어가 있는 고려말 부분까지 합쳐서 106쪽에 불과하여 내용이 대폭 축소되었음을 알 수 있다. 1953년부터는 공민 교과서인 『우리나라의 발달 6-3』의 내용을 『우리나라의 발달 6-1』과 『우리나라의 발달 6-2』의 뒷부분에 나누어 붙여 2권으로 발행되었다. 내용은 동일하다.

모두 국사 서술의 첫 페이지를 민족의 형성으로부터 시작한다.17) 만주와 한반도의 석기 시대를 살았던 "우리 할아버지들"이나 "우리 조상들"은 "피ㅅ줄을 같이 한 한 겨레로서 한 마음 한 뜻을 먹고 모두 환덩어리가 되시어 만주 벌판으로부터 이 반도에 까지 나려오"신 "조선 민족"이며,18) "우리 국조" "민족의 중심"인 단군을 중심으로 모여서 조선(옛조선)이라는 나라를 이루었다.19) 이후 만주와 한반도에서 나라를 세웠던 "대한 민족"은 "다 핏줄이 같고, 말이 같으며, 종교·풍속 여러 방면으로 비슷비슷하던 한 민족"20)으로 "단일민족"21)이라는 것이다. "우리 할아버지들"이나 "우리 조상"과 같이 혈족을 가리키는 용어는 학생들에게 그들을 자연적인 혈연 공동체의 일원으로 느끼게 하며, 민족이란 혈연을 기반으로 한 자연적 실재로 인식하게 한다.22) 또한 동

---

16) 1955년 8월 1일에 제정 공포된 제1차 교육과정에 따른 초등학교 사회생활과 국정교과서이다. 국사는 역시 공민, 지리와 함께 사회생활과에 통합되어 있었다. 사회생활과의 통합교과로서의 의미를 강조하여 각각을 종합적으로 다룬다는 교과운영의 기본 방침에 따라 각 학년에 역사, 공민, 지리 영역의 단원이 나누어 배치되어, 역사 관련 내용은 4, 5, 6학년에 걸쳐 편성되어 있다(김홍수, 『한국역사교육사』, 대한교과서주식회사, 1992, 190쪽). 국사는 6학년 1학기의 교육과정에 가장 많이 배치되었는데, 『사회생활 6-1』 교과서에는 제2과 '우리나라의 내력'에서 국사의 중심 내용이 통사적으로 기술되어 있지만, 다른 여러 단원에서도 주제를 달리하여 국사의 내용이 통사적으로 서술되어 있다.
17) 『초등 국사교본』, 1쪽 ; 『우리나라의 발달 6-1』, 1952, 1쪽 ; 『사회생활 6-1』, 28쪽.
18) 『초등 국사교본』, 2쪽.
19) 『초등 국사교본』, 2쪽 : 『우리나라의 발달 6-1』, 1952, 7쪽.
20) 『우리나라의 발달 1』, 2쪽.
21) 『우리나라의 발달 6-1』, 1952, 2쪽.
22) 1990년대의 중등학교 국정 국사 교과서에 대한 것이지만, 한국의 교과서에서 민족을 초역사적·자연적 실재로 전제한다는 지적은 이 시기의 국사 교과서에도 동일하게 적용된다. 임지현, 「한국사학계의 '민족' 이해에 대한 비판적 검토」, 『역사비평』 26, 1994년 가을호 ; 지수걸, 「'민족'과 '근대'의 이중주」, 『기억과 역사의 투쟁』, 삼인, 2002 ; 김한규, 「'단일 민족'의 역사와 '다민족'의

일한 선조에서 비롯하여 혈연으로 이루어진 단일민족이라는 점은 민족이 항상 하나로 통일되어 살아야 하는 당위적인 이유가 된다.[23]

교과서는 이러한 민족을 주체로 하여 역사를 기술한다. 역사가 역사적 실재인 '나라'들의 설립과 멸망의 흥망사로 전개된다고 해도, 궁극적으로는 "한 때는 갈라졌던 그들도 뒤에 다시 합쳐져, 지금은 우리 겨레로 한 덩어리가 된"[24] 민족의 역사로 보아야 한다는 것을 강조한다. 특히 이민족과의 관계나 문화의 민족적 특징을 말하고자 할 때 민족을 역사적 사실의 주체로 등장시킨다. 고구려와 수·당의 전쟁은 '우리 민족'과 '한민족'간의 싸움이었으며,[25] 신라의 석굴암이나 고려의 자기는 '우리 민족'의 정신을 표현한 것[26]이라고 한다. 조선조의 사화와 당쟁에 대해서는 그 결과가 어떻게 '국가 민족'에게 해를 끼쳤는지를 살펴보도록 한다.[27] 민족은 역사의 인식 단위일 뿐 아니라 역사적 사실을 평가하는 최고 준거가 되어야 한다는 민족주의사관의 입장인 것이다.

36년간 이민족에 의해 독립을 상실했다가 막 해방되어 새로운 독립국가를 설립해야 하는 역사적 시점에서, 이상과 같은 민족주의의 역사 기술은, 조선사회의 구성원들이 '민족'을 자기 정체성으로 삼아 적어도 한반도 내에서는 1민족 1국가를 수립해야 하는 근거를 마련하기 위한 것이었다. 이는 전쟁 후에는 분단된 민족의 통일이 민족의 절대적 사명이 되는 근거를 제공했다.

역사」, 『기억과 역사의 투쟁』 ; 이성시, 「한·일 역사 교과서의 고대사 서술을 둘러싸고」, 『기억과 역사의 투쟁』 등.

23) 『우리나라의 발달 6-1』, 1952, 5쪽. [익힘] 2. 우리 민족은 항상 하나로 통일되어 살아야 할 까닭은 무엇인가?

24) 『우리나라의 발달 1』, 2쪽.

25) 『초등 국사교본』, 13쪽.

26) 『우리나라의 발달 6-1』, 1952, 59쪽 ; 『초등 국사교본』, 38쪽.

27) 『우리나라의 발달 6-2』, 1952, 29, 61쪽.

2) 민족사의 전개 : 자랑스러운 역사와 수난의 역사

교과서는 민족사의 전개 과정을 자랑스러운 역사와 수난의 역사[28)
가 교차하는 것으로 기술한다. 교과서에서 자랑스러운 역사로 드는 주
요한 사실은 다음과 같다. 고구려가 수·당 두 나라와 싸워 이긴 일은
"우리 나라 역사상 가장 크고 빛난 사실"이다. 광개토왕과 장수왕의 영
토 확장의 역사에 이어 수·당의 침략을 물리친 일은 "만주 벌판에 퍼
져 사는 우리 민족과 황하 가에 번식하는 한(漢)민족" 사이의 "두 큰
민족의 자웅을 다투는 싸움"이었다.[29) 발해가 "한 때엔 바다를 건너
산동성의 한쪽까지 점령하여 우리 역사상 가장 큰 나라가 되"었던 일
은, "우리 한족이 두 번째 한민족과 자웅을 다투든 큰 운동"[30)이었다.
신라의 통일은 고구려의 강역의 크기와 수·당과의 전쟁 승리에 비할
만하지는 않다고 해도, 당나라를 몰아내고 한반도의 대부분을 통일하
여 우리 민족이 한 지역, 한 정치, 한 경제, 한 문화 안에서 한 정신으
로 생사고락을 같이 할 수 있는 기반을 마련했다고 본다.[31)

고대 국가의 영토를 둘러싼 중국 민족과의 항쟁사와 더불어 문화사
도 자랑스러운 역사로 서술된다. 삼국시대는 중국과 인도의 문화를 배
워 잘 소화한 후 우리의 정신을 가미하고 섞어서 새롭고 독특한 문화
를 창조한 세계적으로 찬란한 문화를 이룩한 시기이다.[32) 나아가 일본
에 여러 가지 문물을 가르쳐 주어 "미개한 일본인"들에게 "문명의 바

---

28) 아래 권명아의 수난사 및 국사 연구 참조. 「수난사 이야기를로 다시 만들어진
민족 이야기」, 『문학 속의 파시즘』, 삼인, 2001 ; 「국사 시대의 민족 이야기」,
『실천문학』, 2002년 겨울 ; 「여성·수난사 이야기의 역사적 층위」, 『상허학
보』 10집, 2003. 2 ; 「'마지노선'의 이데올로기 가족·국사」, 『『탈영자들』의 기
념비』, 생각의 나무, 2003. 4.
29) 『초등 국사교본』, 13쪽.
30) 『초등 국사교본』, 19쪽.
31) 『우리나라의 발달 1』, 70~72쪽 ; 『우리나라의 발달 6-1』, 1952, 48쪽.
32) 『초등 국사교본』, 15쪽 ; 『우리나라의 발달 6-1』, 1952, 36쪽 ; 『사회생활 6-
1』, 38쪽.

람을 쐬어 새로운 사람이 되게" 해 주었다.[33] 고려조의 문화도 뛰어나
서 상감청자를 비롯하여 대장경과 금속활자 등은 세계에 자랑할 만한
보배이며 발명품이다.[34] 세종대왕이 지은 훈민정음 국문 한글은 세계
어느 나라 글보다도 가장 잘 된 글로 이름이 높았고 당시에 만들어진
측우기는 서양보다 200년이나 앞서 제작된 것이다.[35]

　수난의 역사로는 고려 중기 이래 이민족의 침략 사건들이 기술되었
다. 고려는 몽고의 침략으로 30년의 긴 항쟁 끝에 어쩔 수 없이 굴복한
후 많은 고난을 겪었다.[36] 조선조의 임진왜란은 몽고의 침략보다 더
큰 민족적 수난이었다. 이순신이 결국 왜란을 평정했지만 왜병은 닿는
곳마다 불을 놓고 사람죽이기를 일삼아서 온 나라가 다 참혹한 화를
당했던 민족의 수난이었다.[37] 그 후 호란을 겪기도 했지만, 무엇보다
도 가장 큰 민족적 수난은 일제의 침략으로 식민지가 되어 민족의 독
립을 상실한 일이다. 『초등 국사교본』은 13과 「임진왜란과 이순신의
큰공」에서 전란의 상황을 상세히 기술하고, 이어서 14과의 「일본인의
침략」에서 합병까지의 상황을 기술했다. 그리고 15과 「독립운동」에서

---

33) 『초등 국사교본』, 14쪽 ; 『우리나라의 발달 1』, 68쪽. 1990년대의 중학교 국사
　교과서가 고대의 삼국문화 기술에서, 중국에 대해서는 '자율적 수용론', 일본
　에 대해서는 '시혜론'의 관점으로 기술한다는 점이 지적된 바 있다(石渡延男,
　「韓國 民族主義史觀に依據した歷史」, 『世界の歷史敎科書-11ヵ國の比較硏
　究』, 明石書店, 2003, 21쪽). 이와 같은 불균등한 기술은 일제의 『初等國史』
　에서 이미 나타난다. 중국으로부터의 문명 도입은 일본인이 가서 배워왔다는
　자율적 측면을 강조하면서, 한반도 국가들로부터의 문명 도입은 마치 아랫사
　람이 뒷사람에게 바치는 듯한 표현을 사용하여 기술했으며 문명의 내용도 지
　리적 위치로 인해 한반도의 국가들이 먼저 받아들인 중국 문명임을 강조했
　다.
34) 『초등 국사교본』, 38쪽 ; 『우리나라의 발달 6-2』, 1952, 15~16쪽.
35) 『초등 국사교본』, 44쪽 ; 『우리나라의 발달 6-2』, 1952, 6~7쪽.
36) 『우리나라의 발달 1』, 147~154쪽 ; 『우리나라의 발달 6-2』, 1952, 1~6쪽. 『초
　등 국사교본』에서는 몽고의 침략에 대해 "고종때부터 약 백여 년간엔 몽고
　(원)의 침략과 압박으로 나라의 형편이 말못된 중"의 기술 밖에 없다(42쪽).
37) 『초등 국사교본』, 45~50쪽.

일제의 학정과 독립운동에 대한 가혹한 탄압, 일제 말의 참상을 기술하여 일본에 의한 민족의 수난사를 강조하였다.

그런데 이상과 같이 기술된 사실 중 민족항쟁사를 보면, 자랑스러운 역사와 수난의 역사는 고려 중기를 전후로 대략 시기가 구분되고 있음을 알 수 있다. 우리 민족은 "아득한 옛날"부터 만주와 한반도 일대를 지배하고 있었으며, 고구려는 아시아의 강한 민족인 漢民族의 거듭된 침략에도 불구하고 만주와 한반도 북부에 걸친 광대한 영토를 지켜냈으며, 발해는 고구려가 잃었던 만주를 점령하여 우리 역사상 가장 큰 나라가 되었다. 그런데 그와 같은 자랑스러운 역사는 광대한 영토를 유지했던 남북국 시대를 피크로 하여, 이후 영토의 축소와 함께 수많은 이민족의 침략에 시달리는 수난의 시대로 들어가 급기야는 나라의 독립까지 상실했다는 이야기이다. 여기에서 자랑스러운 역사와 수난의 역사를 가름하는 기준은 '힘'이다. 이러한 역사 구성을 통해서 도출되는 결론은 '힘'이 역사 전개의 원리라는 것이다.

교과서는 고구려가 광대한 영토를 차지하고 漢民族과 자웅을 다툴 수 있었던 것은 고구려인의 강함 때문이라고 하면서, "고구려 국민의 굳굳한 넋을 기억"할 것을 반복하여 지시한다.[38] "고구려 국민은 대국민으로서, 억세고 활발하여, 정의를 위하여는 무서움 없이 뛰어나가 싸우기를 좋아하던 사람들"이었고, "옳은 지도자의 명령이면 죽음도 피하지 않고, 나라를 위하여는 한 몸의 생사를 돌보지 않으며, 한 때의 이해와 감정을 초월하여 나아갔으므로……마침내 동아에 호령하는 강하고 큰 나라가" 될 수 있었다고 한다.[39]

교과서는 처음에는 작은 나라였던 신라가 통일을 할 수 있었던 이유도 '힘'에서 찾는다. 신라사람은 억세고 충성스러워서 나라를 위하여는 죽음을 무서워하지 않고 싸우는 성격을 지니고 있었다는 것이다.[40] 더

38) 『우리나라의 발달 1』, 24·41쪽 ; 『우리나라의 발달 6-1』, 1952, 19쪽.
39) 『우리나라의 발달 1』, 63쪽.
40) 『초등 국사교본』, 17쪽.

구나 본래 용감하고 활발하여 의협심이 많았던 신라의 국민정신을 더욱 길러주고 북돋아 준 것은 화랑도이다. 화랑도는 협동봉공의 정신이 두터워, 나라와 사회를 위하여서는 한 몸의 이해와 감정을 돌아보지 않고 나라를 위하여 목숨바치기를 아까와하지 않는 정신을 지녔다고 한다.[41]

교과서에서 문화사를 중요시하는 것은 문화적 능력이 '힘'으로 치환될 수 있다고 보기 때문이다. 물론 세계에 자랑할 만한 문화는 민족적 자부심을 갖게 해준다. 그런데 교과서는 세계에 자랑할 만한 우리 옛문화를 나열하면서, 그것을 만들어낸 그 할아버지의 자손인 우리에게도 그러한 재주가 숨어 있을 것이고, 우리는 이러한 재주를 나타내어 원자탄 이상의 발명을 할 수 있기를 기대한다. 원자탄 이상의 발명을 통해 우리나라뿐 아니라 세계 여러 나라 사람들의 생활과 행복에 도움을 주도록 해야 한다고 하지만,[42] 그 생활과 행복이란 '무력'에 의해 지지되는 것이라는 인식을 보여준다. 이러한 인식에서 문화는 현실적 '힘'으로 치환될 수 있는 것이 된다. '원자탄'이 발명품의 상징어로 선택되었다는 것은, 오늘날의 강자인 미국과 전쟁을 벌였던 일본이 원자탄으로 항복할 수밖에 없었다는[43] 사실에 의한 것이며, '힘'이 역사의 전개 방향을 결정한다는 인식을 보여주는 것이다.

한편 교과서는 수난사의 원인이 되는 것은 민족 분열로 인해 힘이 약화되었기 때문이라고 본다. 교과서는 사화와 당쟁의 결과가 어떻게 국가 민족에 해를 끼쳤는지를 질문하며, 사화와 당쟁으로 인한 분열이 어떻게 이민족의 침략에 제대로 대처하지 못하여 민족적 수난을 겪어야 했는지를 강조한다.[44] 사화로 조정의 관리들은 나라 일보다 자기 한 몸의 지위나 한 당의 이익만을 탐하게 되었고 이로 인해 국민은 고

41) 『초등 국사교본』, 28~29쪽 ; 『우리나라의 발달 1』, 93쪽.
42) 『우리 나라의 생활(2)』, 1949, 117~118쪽.
43) 『우리나라의 발달 6-2』, 1952, 114쪽.
44) 『초등 국사교본』, 46쪽.

통을 겪게 되었으며, 조정 안에서는 당파싸움만 일삼아 국방에 별로 준비가 없던 중에 왜란을 당하게 되었다. 당쟁과 뒤를 이은 세도정치로 사회 제도는 더욱 문란해졌으며, 이로 인한 조선 사회의 분열은 먼저 서양문화를 받아들여 강성해진 일본의 침략에 대처할 수 없어서 결국 식민지화의 수난을 겪게 되었다고 기술한다.45) 민족을 최고 가치로 하여 역사적 사실을 평가하면서, 민족의 분열을 초래하는 것을 악으로 규정할 수 있는 근거는 바로 분열은 민족의 힘을 약화시킨다는 점 때문이었다.

교과서가 민족사를 자랑스러운 역사와 수난의 역사로 구성함으로써 학생들에게 고취하고자 하는 바는, 세계는 생존경쟁의 사회이며 언제 있을지 모르는 '적'의 침략에 대비하기 위해서는 민족의 단결을 통해 힘을 극대화해야 한다는 것이다. 당시의 대표적인 신민족주의 역사학자 손진태가 말하는 바와 같이, 단결은 힘이 되고 힘은 대항의 요소가 되기 때문이다. 민족의 단결이 강하면 바깥 적을 막을 수 있고, 혹 싸움에 패하더라도 뒤에 다시 일어날 수 있으나, 단결이 약한 민족은 민족으로서의 생명을 잃어버린다는 것이다.46)

3) 민족과 민주주의

교과서는 미소의 강대국 사이에서 독립된 민족국가를 설립하기 위해서는 민족적 단결이 필요하다고 한다. 『초등 국사교본』은 다음과 같이 끝을 맺는다.

우리는 지나간 동안 잘못된 여러가지를 뉘우치고 고치는 동시에 사리 사욕을 버리고 協同奉公의 정신으로 나가서 우리나라의 독립을

---

45) 『초등 국사교본』, 45~51쪽 ; 『우리나라의 발달 6-2』, 1952, 16~75쪽 ; 『사회생활 6-1』, 1959, 46~48쪽.
46) 손진태, 『國史講話』, 을유문화사, 1950, 1~2쪽, 14쪽.

속히 이루게 하고 우리의 文化와 武力을 기르고 키워서 온 世界文化
線 위에 솟아난 나라가 되고 온 人類의 幸福스러운 살림에 도움이
되게 하기를 기약하고 나가야 할 것이다.[47]

민족의 일원으로서의 개인은 국가의 독립과 발전을 위해 '사리 사욕'
을 버리고 '협동봉공'해야 한다는 것이다. 앞에서 본 바와 같이, 민족의
수난을 초래한 사화와 당쟁은 사리 사욕에 기인된 것이었고, 고구려와
신라 사람들은 사적인 이해와 감정을 돌아보지 않고 나라를 위해 몸을
바침으로써 국가의 발전을 이룰 수 있었다고 했다. 특히 화랑도는 '협
동봉공' 정신의 상징이었다. 화랑도의 협동봉공의 정신은, 나라와 사회
를 위하여서는 한 몸의 이해와 감정을 돌아보지 않고 나라를 위하여
목숨 바치기를 아까워하지 않는 정신이라고 기술되었다.[48]
국사교과서가 제시하는 좋은 국민의 모습은 공민 교과서를 통해 더
구체적으로 볼 수 있다. 해방 후 첫 번째로 나온 초등 공민 교과서는
학생들이 다음과 같이 '좋은' 국민이 되어야 한다고 가르친다. 학생들
은 "나라에 쓸 데 있는" 사람이 되어야 한다. "노동은 나라를 넉넉하게
하고, 굳세게 하는 것"이며 "우리가 참 마음으로 나라를 위한다면 우리
는 먼저 노동을 귀중하게 여기고, 몸소 노동을 하여야 할 것"이라고 한
다.[49] 즉 공민 교과서는 민주국가의 학생들이 인간의 존엄성과 개인의
권리에 대한 자각보다 국민으로서 국가를 위해 갖추어야 할 자질을 먼
저 가르치려 한다. 교과서의 마지막 과인 '민주국민'에서 좋은 민주국
민은 다음과 같은 모습으로 묘사되었다.

우리는 민주국민입니다. / 좋은 민주국민은 자주독립(自主獨立)의
정신이 굳세어 제가 할 일은 결코 남에게 의뢰하지 않고 꼭 제가 합

47) 『초등 국사교본』, 59쪽.
48) 『초등 국사교본』, 28~29쪽 ; 『우리나라의 발달 1』, 93쪽.
49) 『초등공민 제삼사학년함께씀』, 1945, 8~11쪽.

니다. 여러사람이 모인 때에는 규율을 지키고 차례를 지킵니다. / 내
욕심만 채우지 않고 동무들과 사이좋게 지내며, 옳은 일에는 서로 마
음을 합하여, 어떠한 곤난이라도 무릅쓰고 끝까지 해내고 맙니다.
/······/ 좋은 국민으로 된 나라는 더욱더욱 위대한 나라가 됩니다.50)

　역사 교과서와 같이 공민 교과서도 개인은 근본적으로 "내 욕심만
채우는" 존재로 보고 있다. 그러므로 국가에 기여할 수 있는 국민은 먼
저 그러한 사욕을 버리고 공익을 위해 협동을 해야 하는 것이다. 5·6
학년 공민교과서는 3·4학년 공민교과서에 이어 계속해서 학생들에게
새나라 건설을 위해 "집에서나 학교에서나 서로 마음을 같이 하여 가
정과 학교생활을 훌륭히 하고 더 나가서는 자기를 희생하는 훌륭한 정
신으로 사회를 위하여 일"할 것을 요구한다.51) 화랑도의 정신 중 忠은
국가와 국민을 위하여 신명을 바치는 것, 둘째 孝는 국가의 큰 공을 세
워 부모의 이름을 빛나게 하는 것이라 설명하며, 화랑도의 민족정신을
다시 체득할 것을 강조한다.52) 독립국가를 세우기 위해 "우리 겨레가
당면한 첫째 구실(사명)"은 "우리 삼천만 한 마음 한 뜻"이 되어야 하
는 것이라 한다.53) 국가가 국민에게 이와 같은 요구를 할 수 있는 근거
는, 국사교과서를 통해 역사적으로 증명된 바와 같이, 강대국 틈에서
민족의 보존과 발전을 이루기 위해서는 국민들이 사욕을 버리고 협동
봉공해야 한다는 논리였다고 할 수 있다. 이 시기의 교육은 민족이라
는 이름으로 민주주의를 제한하고 있었다.

---

50) 『초등공민 제삼사학년함께씀』, 28~29쪽.
51) 『초등공민 5·6학년 합병용』, 1946, 10쪽.
52) 『초등공민 5·6학년합병용』, 1946, 19~20쪽. 화랑제도는 신라의 독창적 제도
　　로 오직 고대의 희랍과 현대의 히틀러소년단에서만 그 비교를 구할 수 있는
　　경탄할 사실이라고 했다.
53) 『초등공민 5·6학년 합병용』, 1946, 24쪽.

4) 전쟁과 민족주의

전쟁 전 민족의 역사적 적은 일본이었다.[54] 일제의 식민지에서 막 벗어난 시점에서 일제에 의한 수난의 역사를 밝혀서 민족 의식을 앙양시켜야 한다는 것은 국사교육의 우선적 목표였다.[55] 이에 대해, 민족주의의 입장에서 계급을 주장하는 공산주의는 경계의 대상이었고, 남북 각각의 정부를 설립하고 난 후 양측의 적대관계는 분명해졌지만, 그러한 정황이 교과서에는 소극적으로 반영되어 있었다. 일제하에서의 독립운동의 정통성은 임시정부에 있음을 강조하면서, 사회주의나 공산주의 계열의 독립운동은 전혀 기술하지 않는 식이었다.[56] 이제 전쟁으로 현실의 적은 공산주의, 북한이 되었다.

전쟁 전후의 교과서 기술의 차이를 비교해 보면, 『우리나라의 생활 (2)』(1949)[57]에서 전쟁 전 소련은 연합국의 하나로 우리나라의 해방에

54) 1957년에 중앙교육연구소에서 편찬한 『사회생활과 지도자료』에 의하면, 우리 주위에 있었던 민족과 우리 민족들의 관계는 다음과 같다. ■일본은 삼국시대부터 우리의 선진된 문화를 항상 배워가고, 또 우리 학자와 승려들도 많이 건너가서 그들의 문화를 지도하였다. 그러나 민족으로서 우리와 일본민족 사이에 친선한 일은 없었으니, 그것은 그들이 너무 간사하고 싸움을 좋아하는 까닭이었다. ■몽고민족은 미개하여 야만적 호전적이었으므로 이 또한 우리와 친선한 적이 없고 문화를 서로 주고 받은 것도 매우 적다. ■여진민족은 옛날에 우리와 피를 같이 하였으므로 나라가 없고 어지러울 때에는 자주 침략하나 통일된 국가가 서게 되면 서로 친선하였다. ■중화민족과의 사이는 여러 번 큰 전쟁도 하였지마는, 문화적으로 크나큰 은혜를 입었으니, 우리의 고급문화인 지난 날의 귀족문화는 모두 그들로부터 배운 것이었다.……그 뿐 아니라 우리와 중국 사이에는 고구려가 당나라에게 망한(668) 뒤, 신라와 당 사이에 영토싸움이 있었으나, 670년으로부터 지금에 이르기까지 1300년 가까이 한번도 민족적으로 전쟁을 한 일이 없었으니, 이것만 보더라도 두 민족이 모두 평화적이요, 두 민족 사이가 얼마나 친선하였던가를 알 수 있다. 中央敎育硏究所 編, 『社會生活科 指導資料 國民學校 第六學年 上卷』, 大韓敎育聯合會, 1957, 78~79쪽.
55) 『朝鮮日報』 1946. 2. 23.
56) 손진태는 독립운동으로 김일성의 게릴라 군에 대해서도 기술했다. 손진태, 『國史講話』, 을유문화사, 1950, 201쪽.

도움을 준 나라로 기술되었다. 해방 후 미국과 소련은 남북을 각각 점령하고 우리나라의 완전 독립을 위해 힘쓰고 있는 나라로, 양자에 대한 호오의 감정은 표현되지 않았다.58) 그러나 6 · 25전쟁을 거치며 교과서는 공산주의에 대한 증오를 표현하게 된다.

전쟁 중에 출판된『우리나라의 생활 4-2』(1952)에는 우리나라의 해방을 도운 고마운 연합국의 이름 중 소련이 제외되었으며 미국의 도움이 강조되었다.59) 6 · 25전쟁은 북한에 있는 소련의 앞잡이가 일으킨 것이며, 우리는 북한과의 전쟁에서 우리나라의 독립을 죽음으로써 지켜야 하며, 세계의 우방들과 굳게 손을 잡고 완전 독립의 달성에 온 힘을 다 바쳐야 한다고 기술되었다.60)

전쟁 중에 출판된『우리나라의 발달 6-2』(1952)는 6 · 25전쟁을 공산 제국주의 소련이 그 앞잡이 김일성을 사주하여 "동족 상쟁의 내란"을 꾸미게 한 것이라고 했다.61) 북한의 김일성 정권을 소련의 괴뢰라 한다고 해도 현실의 '적'으로 마주쳤을 때, 민족의 분열을 금기시하는 민

---

57)『우리나라의 생활』은 교수요목에 따른 4학년용 사회생활과 교과서이다.

58)『우리나라의 생활(2)』, 1949, 126쪽.

59)『우리나라의 생활 4-2』, 1952, 117쪽.

60)『우리나라의 생활 4-2』, 1952, 119~120쪽. 이는 신민족주의의 대표적인 역사학자인 손진태의 경우도 벗어날 수 없는 일이었다. 그는 세계를 지배하고자 하는 양대 세력인 민주주의와 공산주의는 강자의 철학으로 약소 민족의 독립을 방해한다고 비판하며, 우리의 취할 길은 민족으로서 협조와 단결을 강조하고, 민족이 갈리어 싸우지 않고 민족 전체의 고른 행복의 길을 찾는 것이 민족 역사의 임무라고 역설했다(손진태, 앞의 책, 1-2, 20쪽). 그러나 북한의 전쟁 도발을 계기로, 인류는 다 민주주의를 원하며 아시아 여러나라는 공산주의의 마수가 뻗치고 있으며, 공산주의의 침략으로 인한 혼란과 고통을 이겨내려면 "우리는 먼저 민족적으로 단결하고, 미국 그 밖의 민주주의 여러 평화애호 국민과 손을 잡고 공산주의를 타도하는 수밖에 다른 길이 없다"고 했다. 이와 동시에 민족의 단결을 위해서는 공산주의 뿐 아니라 '자본주의'를 극복한 '일민주의'로 귀결해야 한다고 주장했다. 손진태,『이웃나라 생활』, 을유문화사, 1950, 183~186쪽.

61)『우리나라의 발달 6-2』, 1952, 118~119쪽.

족주의의 입장에서 민족인 북한과의 전쟁은 달리 해석되어야 했다. 따라서 같은 교과서는 6·25전쟁의 의미를 다시 정의한다.

　　이번 싸움은 결코 우리 민족의 내란이 아니라, 민주주의와 공산주의의 싸움인즉, 우리는 어디까지나 여러 민주 우방과 친선을 더욱 두텁게 하여, 집단 방위를 굳게 하는 동시에, 실지를 수복하여 국토 통일을 이루기에 노력하여야 하겠다.[62]

　　민족이 민주주의와 공산주의로 분열되어 있는 상황을 극복하고 국토 통일을 이룬다는 것은 민족의 독립과 통일을 가장 중시하는 민족주의의 입장에서 정당한 듯이 보인다. 그러나 민족의 구성원인 북한을 민족의 위치가 아니라 공산주의의 일원의 위치에 놓는 것은, 그동안의 역사 기술에서 최고 상위의 위치를 차지했던 '민족'이 민주주의와 공산주의의 이데올로기의 하위에 위치하게 됨을 의미한다. 전쟁에서 우리는 '민족'보다 이데올로기를 같이 하는 '민주 우방'을 더 우선시하기 때문이다. 사실상 '민족'은 허구가 되는 것이다. 따라서 민족의 허구화를 감추기 위해 "국토 통일"이라는 민족적 사명은 더욱 더 강조된다. 국토 통일은 적인 북한 공산주의의 절멸을 통해서만 가능한 것이었기 때문에, 북한 공산주의에 대한 증오심도 증폭되었다.

　　전쟁 후 분단 상태가 고착화하는 가운데 출판된『사회생활』교과서는 냉전 교과서로서 공산주의에 대한 증오로 가득하다. 교과서는 학생들에게 6·25전쟁의 고통스러운 경험을 되풀이하여 되새기도록 함으로써,[63] 공산군에 대한 적개심을 앙양하고 멸공의식을 높이도록 했다.[64] 이와 함께 북한 공산주의의 비참함과 자유의 억압을 강조하면서

---

62)『우리나라의 발달 6-2』, 1952, 124쪽.
63)『사회생활 6-1』(1959)에는 '6·25사변'을 언급한 과가 총 6과 중 제2과「우리나라의 내력」, 제3과「우리 역사를 빛낸 이들」, 제6과「국제 연합」,『사회생활 6-2』(1959)에서는 제1과「우리나라의 통일」이다.
64) 中央教育研究所 編, 앞의 책, 167쪽.

남한 체제의 우월을 과시했다.[65] 이러한 점은 더욱 더 멸공과 민족 통일의 당위성을 강화시켰다.

현재의 적 공산주의의 그릇된 생각과 침략을 막아내기 위해서 국민의 협동과 단합의 중요성도 더 강조되었다.[66] 「우리 역사를 빛낸 이들」을 공부하며, 이기주의적인 생활 태도를 극력 시정하여 타에 봉사하는 봉공협조의 태도를 가질 것, 민족 자체 내의 상극은 민족국가를 분열시키고 약화시키며 반면에 하나로 통일된 국가야말로 대내적으로 충실하고 대외적으로 강하다는 것을 깨닫고 相互扶助 和衷協同하는 태도를 가질 것, 삼국통일을 완수하게 된 직접 원인인 화랑도정신을 깨닫고 和合忠誠의 德을 존중하고 희생봉사의 태도를 가지며, 尊長에 대한 尊敬의 念, 快活明朗, 淡白廉潔의 생활기풍을 가질 것 등을 교육의 목표로 설정했다.[67]

협동과 단결의 당위성은 민족의 수난이 민족의 구성원들이 협동하지 못했기 때문이라는 비난으로 이어지며, "뭉치면 살고, 헤어지면 죽는다"는 '이승만 박사'의 말씀으로 귀결한다.

좋은 가정, 좋은 학교, 좋은 사회, 좋은 나라를 이룩하려면, 그 모듬 살이를 이루고 있는 한 사람 한 사람이, 각각 자기 직분을 다하고, 다같이 힘을 합쳐서, 일해야 한다. 일찍이 이승만 박사는, 뭉치면 살고, 헤어지면 죽는다고 하셨다. 이것은 우리 민족이 협동하고 단결해야 한다는 뜻이다. 우리 민족은 협동하는 데 있어서, 그다지 훌륭하지 못했기 때문이다.[68]

민족 이야기를 통하여, 특히 민족의 큰 수난을 겪게 한 일본에 대한 적개심을 통하여 '민족 의식'을 이끌어 냈던 해방 후의 교육은, 동족 간

65) 『사회생활 4-1』, 1959, 43~50쪽 ; 『사회생활 6-1』, 1959, 84~85쪽.
66) 『사회생활 4-2』, 1956, 82쪽.
67) 中央敎育硏究所 編, 앞의 책, 106~107쪽.
68) 『사회생활 4-1』, 1959, 63쪽.

의 전쟁을 거치면서 현실의 적인 공산주의 북한을 대상으로 하여 '민족'의 이름으로 증오를 불러일으키기 시작했다. 이제 '민족'은 이데올로기 싸움의 수단으로 전락하게 되며, 멸공을 위한 국민 동원의 구호로 이용된다. 나아가 민족을 명분으로 하는 이데올로기 싸움도 이승만 정권의 권력 유지의 중요한 수단으로 이용되었다.

4. 맺음말

해방 직후부터 1950년대까지의 초등학교 국사교과서에 나타난 신생 독립국가의 국민 만들기 논리는 일제 파시즘 교육체제 하 '국사' 교과서의 황민화 교육의 논리와 유사한 구조를 갖고 있다. 해방 후의 국사교과서에서는 '힘'이 역사를 움직이는 동력이라는 전제에 근거하여 생존을 위해서는 국민 개인의 사욕을 버리고 민족과 국가로 결집해야 한다고 요구했다. 그 결집의 중심이 천황이 아니라 한국 민족이라는 점에서 이는 식민지 교육을 '민족적'으로 극복한 것일 수 있다. 그러나 개인의 사적 이해를 버리고 전체로 귀일하라는 요구를 한다는 점에서는 '민주적'이지 않다. 힘의 극대화를 위한 민족적 단결이라는 명분으로 개인의 자유를 제한했던 해방 후의 국사교과서의 논리는 일제 말의 '국사' 교과서의 파시즘의 논리와 유사한 인식기반에 기초하고 있다고 할 수 있다.

또한 한국전쟁 후의 국사교과서는 민족의 발전을 저해했던 이민족 일본을 과거의 적으로 하면서 민족의 일부인 북한 공산주의를 현재의 적으로 설정했다. 새로운 국가를 수립하면서 이민족에 대한 증오를 통해 이룬 민족적 단결을 민족의 일부를 절멸시키는 데 동원하려 한 것이다. 민족을 최고의 가치로 내세우면서도 민족의 일부인 북한 공산주의의 절멸을 통해서 만이 민족의 통일이 가능하다는 주장은 '민족적'이지 않다. 이는 일제가 대동아공영권을 외치면서도 야마토 민족에 비해 조선민족의 열등성을 이야기하며 조선민족의 민족적 죽음을 통해 일본제국의 일원으로 태어나기를 요구했던 것과 동일한 논리를 갖고 있다. 타자의 절멸과 자신의 무한 확대를 통해 구성되는 '전체'는 바로 파시즘의 논리에 기초한 것이다.

이와 같이 해방 후의 교육은 일제 식민지 교육을 청산하기 위한 방법으로 '민주주의' 교육을 표방했음에도 불구하고, 교육형식에서 뿐만 아니라 교육내용에서도 일제 파시즘 교육의 논리가 재현되고 있었다. 교육내용은 선행 연구에서 밝힌 바와 같이 미국식 민주주의를 표방하면서도 권위적 정치를 정당화하는 논리로 활용되었을 뿐 아니라, 사실은 민주주의 원리에 의거한 것이 아니라 오히려 일제 식민지 파시즘의 논리를 재생산하고 있었으며, 국민의 정체성 확보를 위해 민족을 최고의 가치로 내세우면서도 실제로는 이데올로기 싸움의 수단으로 전락시키고 있었다.

요컨대 해방 전·후의 국사교과서에서는 표면적으로 보이는 역사의 주체와 개인의 충성의 대상은 달리 설정되어 있지만, '전체'의 발전이 역사의 최고의 가치이며 이를 위해 개인이 의용봉공의 정신으로 전체에 자발적으로 복종해야 한다는 파시즘 교육의 논리는 지속되고 있었다.

제 2 부
자료와 기억으로 본 '식민지 파시즘'

파시즘기 정책사 자료의 현황과 성격

이 준 식[*]

1. 머리말

역사를 연구하는 데 자료는 결정적으로 중요한 의미를 갖는다. 그런데 일제 파시즘기의 경우 연구의 기초가 되어야 할 자료의 발굴 수집은 물론이고 소재 파악조차 제대로 이루어지지 않고 있던 것이 바로 얼마 전까지의 현실이었다.

국내적으로는 해방 이후 식민지 유산의 청산을 가로막아 온 정치적, 사회적 요인 곧 민족 분단과 억압적 정치체제는 동시에 파시즘 체제와 관련된 자료의 공개 및 자료에 대한 연구자의 접근을 가로막아 온 요인이기도 했다. 특히 정책사 연구에서 가장 기본이 된다고 할 수 있는 공문서를 연구자가 자유롭게 이용하는 데는 많은 어려움이 있었고[1] 이러한 어려움은 현재까지도 완전히 해결되지 않고 있다. 이를테면 자료 공개 원칙의 부재, 자료의 목록 부재, 외부 이용자에 대한 각종 규제 등 때문에 일제 파시즘기 연구자들은 아직도 암암리에 고통을 겪고 있는 것이 현실이다.

---

* 연세대학교 국학연구원 연구교수, 사회학

1) 실제로 얼마 전까지만 해도 일제 강점기 연구자들은 국내에서의 자료 수집이 갖는 한계를 돌파하기 위해 방학이 되면 개인적으로 해외(특히 일본)로 몰려가고는 했다. 최근 들어 후술하듯이 국사편찬위원회 등의 해외 자료 수집 사업이 활발하게 이루어지면서 이러한 현상은 다소 완화되기는 했지만 그 기본 구조는 그대로 남아 있다.

한편 식민지 지배의 주체였던 일본의 경우 일부 국가 기관(국립국회
도서관, 외무성외교사료관, 국립공문서관 등)에서 소장 자료에 대한 검
색 및 복사 서비스를 제공하고 있어서 파시즘기 연구자들에게 많은 도
움이 되고 있다. 그리고 각종 대학 도서관 및 공공 도서관에서도 관련
자료 공개에 비교적 적극적인 자세를 보이고 있다.2) 그러나 해방 이후
수십 년 동안 한국과 일본 두 나라 사이에서 항상 현안이 된 바 있던
과거사 문제는 일본의 정책사 자료 공개 문제에도 큰 영향을 미쳤다.
곧 과거사에 대한 일본 정부 또는 일본 사회의 철저한 반성의 부재는
식민지 지배와 관련된 자료 특히 국가 공문서의 전면적인 개방을 가로
막는 요인으로 작용하고 있는 것이다. 보기를 들어 일제 말기 일제 국
가 권력에 의해 강제로 동원된 조선인의 규모가 어느 정도였으며 국가
권력이 어떤 형태로 동원에 개입하고 있었는지를 보여주는 문서는 아
직도 제대로 공개가 되지 않고 있는 것이 일본의 현실이다. 더욱이 문
서를 공개하고 있는 국가 기관도 있지만 여전히 많은 국가 기관이 비
공개주의를 고수하고 있는 것도 사실이다.

이러한 점을 염두에 두면서 이 글은 현재 한국 학계에서 일제 파시
즘기를 연구하는 데 이용할 수 있는 정책사 자료의 현황이 어떠한지를
살펴보려고 한다. 정책사 자료 가운데 가장 중요한 것은 당연히 일제
당국 곧 조선총독부와 일본 정부에 의해 생산된 각종 문서 자료이다.
이들 자료는 일제 파시즘 체제의 성격과 파시즘 지배 정책의 전개 과
정을 이해하는 데 기본이 된다. 그러나 파시즘 정책사 자료는 여기에
국한되지 않는다. 일제 파시즘기에는 國民精神總動員朝鮮聯盟, 國民
總力朝鮮聯盟, 臨戰報國團, 綠旗聯盟, 協和會 등의 각종 외곽 단체가
존재하고 있었다.3) 이들 단체는 식민지 조선의 민중을 전쟁에 동원하

---

2) 후술하듯이 시가(滋賀)현립대학과 가쿠슈인(學習院)대학 등이 소장 자료를
   국사편찬위원회에 마이크로 필름으로 인도한 것이 대표적인 보기일 것이다.
3) 이들 단체에 대해서는 樋口雄一, 『協和會:戰時下朝鮮人統制組織の硏究』,
   社會評論社, 1986 ; 崔由利, 『日帝 末期 植民地 支配政策硏究』, 국학자료원,

고 이데올로기적으로 통제하는 데 중요한 역할을 했다. 그리고 일제의 파시즘 지배 정책과 관련해 많은 자료를 생산하기도 했다. 따라서 이들 자료에 대한 분석도 일제 파시즘기를 파악하는 데 중요한 의미를 갖는다.

이 글의 제목은 '정책사 자료의 현황과 성격'으로 되어 있지만 방대한 양의 자료를 한 편의 글에서 개괄하는 것은 필자의 능력 밖의 일이다. 뿐만 아니라 몇 해 전부터 이미 여러 연구 기관과 전문 연구자들이 그러한 작업을 행해 왔다.4) 따라서 이 발표에서는 기존의 작업을 바탕으로 향후의 일제 파시즘기(좀 더 넓게는 일제 강점기 전반) 지배 정책사 자료의 수집과 활용과 관련된 몇 가지 제언을 하는 데 초점을 맞추

1997 ; 박성진, 「일제말기 녹기연맹의 내선일체론」, 『한국근현대사연구』 10, 1999 ; 정혜경·이승엽, 「일제하 녹기연맹의 활동」, 『한국근현대사연구』 10, 1999 ; 이중연, 『'황국신민'의 시대』, 혜안, 2003 등을 볼 것.

4) 대표적인 업적으로 김익한, 「일본 내 한국근대사 관련자료 이용법」, 『역사와 현실』 21, 1996 ; 정재정, 「일본내 한국 관계 자료 연구-외무성 외교사료관 소장 문서를 중심으로」, 『국사관논총』 73, 1997 ; 김기석, 『정책연구과제 99-9-2-4 한국학의 세계화를 위한 해외소재 한국학관련 사료 수집 및 정보화 방안 연구』; 신주백, 「지배자들의 내면읽기-조선총독부 관계자들의 녹음 기록」, 『역사연구』 8, 2000 ; 국사편찬위원회, 『일본소재 한국사 자료 조사보고 I-국립공문서관·국회도서관 헌정자료실·외교사료관 외』, 국사편찬위원회, 2002 ; 국사편찬위원회, 『일본소재 한국사 자료 조사보고 II』, 국사편찬위원회, 2004 ; 정혜경, 「일제 말기 전시 동원 체제 관련 자료 연구-국내 소장 자료를 중심으로」, 한국정신문화연구원 편, 『해방 전후사 사료 연구 1』, 선인, 2002 ; 白木澤旭兒, 「조선인 강제연행관계자료에 관하여」, 『사학연구』 70, 2003 ; 辻弘範, 「한국근대사 관련사료의 수집·편집현황과 전망-우방문고 조선총독부 관계자자료를 중심으로」, 『사학연구』 70, 2003 ; 박맹수, 「홋카이도 (北海道)지역의 '조선인' 강제연행 자료에 대하여」, 『한일민족문제연구』 4, 2003 ; 坂本悠一·木村健二, 「滋賀大學經濟經營研究所所藏の植民地期朝鮮 關係資料について」, 『滋賀大學經濟學部創立80周年記念論文集』, 滋賀大學 經濟學會, 2003 등을 볼 것. 아울러 정책사에 국한된 것은 아니지만 일본에서의 식민지사 자료 발굴 및 정비에 대해 개괄적으로 논의하고 있는 井村哲郎, 「植民地史資料論」, 檜山幸夫 編, 『臺灣總督府文書の史料學的研究-日本近代公文書學研究序說』, ゆまに書房, 2003 볼 것.

고자 한다.

2. 자료의 현황

1) 자료 수집 및 정보화의 개황

지난 몇 년 동안 좁게는 한국 학계 좀 더 넓게는 한국 정부 및 사회 일반이 일제 강점기 자료의 수집과 정리에 들인 노력은 새삼 언급할 필요조차 없을 것이다. 먼저 1980년대 중반 이후 근·현대사에 대한 대중적 욕구의 분출과 '미지의 영역'에 대한 연구자들의 도전 의식이 맞물리면서 당시만 해도 '공개 불가'라는 성역 안에 있던 일제 파시즘기 자료가 조금씩 베일을 벗기 시작했다.

개인적인 차원에서 이루어지던 산발적인 자료 수집 작업은 1990년대 후반부터 국사편찬위원회, 국회도서관 등 정부 기관의 조직적인 자료 수집으로 이어졌다. 이러한 기관들의 자료 수집, 정리 사업이 확대되는 데 결정적 계기가 된 것은 정부 주도로 1998년부터 시작된 한국사 관련 정보화 사업(국사편찬위원회, 국회도서관, 한국정신문화연구원[현재는 한국학중앙연구원], 서울대학교 규장각 등이 주관)5)과 2000년부터 시작된 국사편찬위원회의 '해외 소재 한국사 자료 수집, 이전 사업'6)일 것이다. 특히 전자의 사업은 주로 해당 기관이 소장하고 있는 자료의 목록을 전산화하고 자료 원본 이미지 또는 텍스트 파일을 웹 서비스로 제공하는 방식으로 진행되었는데 이후 몇 년 사이에 일제 파

---

5) 역사 정보화 사업의 개요와 발전 방향에 대해서는 한상구, 「한국 역사 정보화의 방향과 과제」, 『역사학과 지식정보사회』, 서울대학교 출판부, 2001 ; 한상구, 「근현대 정보화 자료의 연구 활용 방안과 과제」, 『한국역사정보시스템 구축 사업의 성과와 그 활용 사례』, 2003 볼 것.

6) 사업의 개요에 대해서는 김광운, 「해외 소재 한국사자료의 수집, 이전사업에 관하여」, 『사학연구』 65, 2002 볼 것.

<표 1> 주요 기관의 역사 정보화 현황

제공기관	자료군	분량	자료 제공 방법	검색 방법	범례 유무	디렉 토리 유무
국가보훈처	애국지사 공적조서	8천여 명분	보훈처 공적 조서 내용	이름, 운동 계열, 출생지, 서훈 내역 등	X	X
	경남 항일 관련 기사 색인	1만여 신문 기사 제목	파일 제공		O	X
국립중앙 도서관	구한국 및 조선총독부 관보	18만여 건	원문 이미지	단일 검색창	X	X
	1945년 이전 신문 자료	106만 건				
	1945년 이전 일본어 자료	1700만여 면				
	1945년 이전 한국 관련 외국어 자료	300만여 면				
국사편찬 위원회	신문	7만 면	원문 이미지 및 색인어, 기사 분류표	각 아이템별 상세 검색창	O	O
	잡지	1천만 자	원문 텍스트 및 색인어, 기사 분류표			
	근현대 주요 문헌	20여 종	원문 텍스트			
	근현대 주요 문서 자료	5만 면	원문 이미지 및 색인어			
국회도서관	해외 소재 한국 관련 자료	50만여 건	원문 이미지	수록 자료명, 목차, 저자, 키워드/형태, 소장처, 본문 언어	X	X
독립기념관	독립 운동 관련 MF 자료		색인어 및 원문 이미지	단일 검색창	X	△
	원문 제공 자료		원문 텍스트 및 이미지			
국가기록원	조선총독부 문서	88만여 건	목록	기록물 명, 생산 기관	X	X
고대 아세아문제 연구소	식민지 시대 연구 자료		원문 이미지	단일 검색창 및 색인어 검색	X	X

시즘기 연구가 급진전하는 데 밑바탕이 되었다. 한편 후자의 사업을
전후해 국사편찬위원회 외에도 국회도서관, 행정자치부 정부기록보존
소(현재는 국가기록원), 국가보훈처, 독립기념관, 국립중앙도서관 등이
수만 장에서 수십만 장에 이르는 방대한 양의 문서를 해외에서 수집하
기 시작했다. 각 기관의 자료 수집, 정리의 취지나 방식이 상이하고 수
집 대상물이나 수집 대상 기관도 다양하지만 이들 기관이 인터넷을 통
해 제공하는 정보화된 근대사 자료(정책사를 포함하는 광의의 근대사
자료)들의 내용과 제공 방식을 살펴보면 <표 1>과 같다.7)

1990년대 후반 이래 국가 기관을 중심으로 이루어진 자료 수집 사업
은 그 이전의 개인 위주의 간헐적이고 산발적인 자료 수집이 갖고 있
던 한계 곧 비용과 효율성이라는 측면에서의 문제를 극복했다는 점에
서 분명히 진일보한 것이다. 특히 국가의 공신력을 바탕으로 해외(주
로 일본)에서 대규모로 자료를 수집했다는 것은 획기적인 의미를 갖는
일이었다. 또 그러한 자료 수집 사업이 범정부 차원에서 적극적으로
추진한 정보화 사업과 연결되었다는 점도 중요한 의미를 갖는다. 국가
기관에서 수집한 자료 가운데 상당 부분이 인터넷상으로 공개됨으로
써 개인이나 기관이 자료를 독점하던 나쁜 관행이 깨지는 계기가 마련
된 것이다. 정보화 사업을 통해 이제 한국 근대사를 전공하는 연구자
는 물론이고 일반인도 좀 더 쉽게 자료에 접근하고 좀 더 다양하게 자
료를 이용할 수 있게 되었다.8)

2) 기관별 자료 소장 현황

자료의 주체는 크게 생산 주체9)와 소장 주체로 나누어볼 수 있지만

7) 한상구, 앞의 글, 2003, 3쪽.
8) 정용욱, 「역사학 연구와 기록」, 『기록학연구』 9, 2004, 224쪽.
9) 자료 생산 주체에는 제국의회, 일본 정부(내무성, 척무성, 육군성, 해군성, 군
   수성, 외무성, 사법성, 문부성, 내각정보국 등), 조선총독부, 민간 단체(국민정

현실적으로 더 중요한 것은 후자이기 때문에 국내의 소장 주체를 중심으로 자료의 현황을 정리해보자.10)

(1) 국립중앙도서관 및 서울대학교 중앙도서관

국립중앙도서관(http://www.nl.go.kr)과 서울대학교 중앙도서관(http:

신총동원조선연맹, 국민총력조선연맹, 녹기연맹 등), 민간인 등이 있다. 이들에 대해 개략적으로 논의하고 있는 정혜경, 앞의 글, 32~51쪽 볼 것.

10) 파시즘기 정책사 자료와 관련해 일본의 소장 주체가 중요한데 이미 많은 연구자들이 이 문제에 대해 정리를 한 바 있기 때문에 여기서는 다루지 않을 것이다. 일본의 자료 현황에 대해서는 김익한, 앞의 글 ; 정재정, 앞의 글 ; 김기석, 앞의 책 ; 신주백, 앞의 글 ; 류준범, 「일본 국립공문서관 소장 추밀원문서 중 한국 관계 자료조사」, 국사편찬위원회, 앞의 책, 2002 ; 안자코 유카, 「일본소재 한국사 관련 자료 및 소장처 소개」, 위의 책 ; 허영란, 「국립국회도서관 헌정자료실 수집목록」, 위의 책 ; 허영란, 「일본의 한국사 자료 소장기관 개관」, 위의 책 ; 미야모토 마사아키(宮本正明), 「일본소재 한국 근현대사 관련 자료의 飜刻·復刻 현황」, 국사편찬위원회, 앞의 책, 2004 ; 한혜인, 「北海道대학 부속도서관 소장 조선인 강제 연행 관련 자료의 현황」, 위의 책 ; 한혜인, 「北海道 道立圖書館, 三笠市立博物館 소장 조선인 강제 연행 자료의 현황」, 위의 책 ; 이규수, 「일본 농림수산성 농업종합연구소도서관 소장 한국 관련 자료의 현황과 개관」, 위의 책 ; 요시자와 가요코(吉澤佳世子), 「山崎延吉文庫 소장 한국사 관계 자료 연구」, 위의 책 ; 辻弘範, 앞의 글 ; 坂本悠一·木村健二, 앞의 글 등을 볼 것. 아울러 각 기관이 소장한 자료의 목록으로는 アジア經濟硏究所 編, 『舊植民地關係機關刊行物綜合目錄』, アジア經濟硏究所, 1974 ; 廣瀬順晧 編, 『外務省茗荷谷硏修所舊藏 戰中期植民地行政史料 敎育·文化·宗敎篇 別冊總目錄』, ゆまに書房, 2003 ; 北海道大學附屬圖書館, 『北海道大學附屬圖書館所藏 舊外地關係資料目錄-朝鮮·臺灣·滿洲(東北)(明治-昭和20年)』, 北海道大學附屬圖書館, 1975 ; 我部政男·廣瀬順晧 編, 『國立公文書館所藏 公文別錄總目錄』, ゆまに書房, 1995 ; 外務省外交史料館 編, 『外交史料館所藏 外務省記錄總目錄 戰前期 第2卷(昭和戰前篇)』, 原書房, 1992 ; 財團法人 友邦協會·社團法人 中央日韓協會, 『朝鮮關係文獻·資料總目錄』, 1985 ; 末松保和 編, 『朝鮮硏究文獻目錄 1868~1945 單行本篇 1~3』, 東京大學東洋文化硏究所 附屬東洋學文獻センター, 1970 ; 末松保和 編, 『朝鮮硏究文獻目錄 1868~1945 論文·記事篇 1~3』, 東京大學東洋文化硏究所 附屬東洋學文獻センター, 1972 등을 볼 것.

//library.snu.ac.kr)은 각각 조선총독부 도서관과 경성제국대학 도서관의 후신이다. 따라서 이 두 기관이 소장하고 있는 자료는 주로 공간 자료 곧 조선총독부 및 관변 단체가 지배 정책의 정당성을 선전하기 위해 발간한 인쇄물과 단행본으로 시판된 일반 서적이 주류를 이루고 있다. 현재까지 확인된 바로는 문서 자료는 거의 없다. 그러나 공간 자료를 통해 일제 파시즘 지배 정책사의 현황을 개략적으로 파악하는 것이 가능하다는 점에서 두 기관은 파시즘기 정책사 연구의 자료원으로서 중요한 위치를 차지한다.

특히 국립중앙도서관의 경우 조선총독부가 간행한『朝鮮總督府官報』, 대표적인 어용 신문이던『每日申報』(『每日新報』),11) 그리고 조선총독부 도서관에서 소장하고 있던 문헌 자료('한국 관련 외국어 자료', '일본어 자료(-1945)')와 잡지('연속 간행물(-1950)')를 인터넷상으로 공개해 학계에 큰 반향을 불러일으킨 바 있다. 현재 국립중앙도서관이 중심이 된 국가전자도서관(http://www.dlibrary.go.kr/WONMUN/Index.jsp)을 통해 수천 종에 달하는 단행본을 제외하고도『朝鮮公論』을 비롯해『全滿朝鮮人民會聯合會會報』,『在滿朝鮮人通信』,『朝光』,『實生活』,『東光』,『湖南評論』,『人文評論』등의 잡지를 이미지 파일로 열람하는 것이 가능하다.12)

물론 국립중앙도서관의 디지털 정보화에 문제가 없는 것은 아니다. 보기를 들어『朝鮮總督府官報』의 경우 검색 기능에서 누락과 미스링크 등의 일부 오류가 있고『每日申報』(『每日新報』)의 경우 판독이 어려운 부분이 있다. 그러나 가장 큰 문제는 문헌 자료와 잡지 가운데 아직 온라인상으로 공개되지 않은 부분이 있다든지13) 조선총독부의 기

---

11) 원래『每日申報』는 조선총독부의 일본어 기관지이던『京城日報』의 조선어판 자매지라는 성격을 갖고 있었는데 1938년『京城日報』에서 독립이 되면서 제호도『每日新報』로 바뀌었다.

12) 단 연속 간행물의 기사 색인을 통해 검색되는 잡지의 경우 잡지의 제목만 나와 있을 뿐 출판 사항이 빠져 있어서 이용에 한계가 있다.

관지이던『京城日報』의 디지털 정보화가 답보 상태에 빠진 데서 알 수 있듯이 자료의 공개(온라인상의 공개를 포함)에 사각 지대가 남아 있다는 점이다.14)

한편 서울대학교 중앙도서관도 전자도서관(http : //sdl.snu.ac.kr/ index.jsp)을 통해 얼마 전부터 경성제국대학 교수였던 시가타(四方博)가 수집한 신문 자료를 인터넷상으로 공개함으로써 향후 정책사 연구의 진전에 중요한 발판을 마련했다. 흔히 '新聞切拔'15)이라고 불리는 이 자료 가운데는 현재는 구할 수 없는 일본어 지방지(보기를 들어 『朝鮮新聞』,『朝鮮每日新聞』,『湖南日報』,『木浦新報』,『光州日報』,『全北日報』,『群山日報』,『東光新聞』,『朝鮮時報』,『釜山日報』,『南鮮日報』,『朝鮮民報』,『大邱日報』,『中鮮日報』,『平壤每日新聞』,『北鮮日日新聞』 등)를 비롯해 만주에서 발행되던 신문(『間島新報』,『奉滿日報』,『哈爾賓日日新聞』,『安東每日新聞』,『滿洲日報』,『滿洲新報』,『大連新聞』 등)의 스크랩 기사가 포함되어 있다는 점에서 연구자들의 주목을 끌고 있다. 그러나 이미지 파일의 상태가 그다지 좋지 않은 데다가 정작 중요한 이른바 '舊刊 도서관' 자료 곧 경성제국대학 도

---

13) 보기를 들어 일제 파시즘기 교육 정책을 이해하는 데 중요한『문교의 조선 (文敎の朝鮮)』이나 朝鮮警察協會에서 발행하던 대표적인 경찰 관계 잡지이던『警務彙報』의 경우 극히 일부만 웹 서비스되고 있는데 인터넷상으로 공개된 부분과 그렇지 않은 부분을 구분하는 기준이 무엇인지는 분명하지 않다.

14) 특히 우연의 일치인지는 모르지만 일제 파시즘기의 친일 행적이 논란거리가 되는 인물들이 남긴 저작은 거의 온라인상으로 공개되지 않고 있다. 보기를 들어 일제 파시즘기의 가장 대표적인 친일 지식인이자 엄청난 양의 친일 논설과 적지 않은 친일 저작을 남긴 이광수의 경우 창씨명인 카야마(香山光郞)로는 '신문(1945년 이전)'과 '연속간행물 귀중본'에서 각각 1편과 2편이 검색될 뿐이다. 실제로 국립중앙도서관이 이광수의 친일 행적과 관련된 자료를 거의 소장하고 있지 않다면 문제가 다르지만 그렇지 않다면 이러한 자료의 제한된 공개 상황을 어떻게 이해해야 하는지 의문이다.

15) 연세대학교 매지캠퍼스 도서관 귀중본열람실에도 新聞切拔 사본이 소장되어 있다.

서관 소장 자료가 아직은 제대로 공개되지 않아서 연구자들의 애를 태우고 있다.

(2) 고려대학교

고려대학교는 일본의 국립국회도서관 헌정자료실에 소장되어 있던 오오노(大野綠一郎) 문서를 마이크로 필름 상태로 소장하고 있다. 오오노는 미나미(南次郎) 총독 시기에 식민지 조선의 제2인자인 조선총독부 정무총감(1936~1942)을 지낸 인물이다. 그리고 정무총감을 그만두고 일본으로 돌아갈 때 자신의 직무와 관련해 모아놓은 상당한 분량의 문서 자료도 갖고 돌아갔다. 따라서 오오노 문서에는 제국의회, 참정권, 대우 개선, 징병제, 징용, 지원병, 전시 체제-통제 경제, 친일 단체, 총독부 예산, 호적, 노동, 지방, 언론, 시정·이념, 전시 체제-사회시설, 인물, 조선군과 민족 운동, 창씨개명 등의 분류 체계 아래 많은 중요 문서가 망라되어 있다.

특히 조선총독부에서 일본의 제국의회에 제출하기 위해 재무, 식산, 경무, 법무, 학무, 농림 등의 여러 분야에 걸쳐 작성한 「第79回帝國議會說明資料」(1941), 조선총독부 내무국에서 당시 논란이 되고 있던 조선인의 참정권 문제와 관련해 작성한 「朝鮮選擧權問題」(1938), 당시 조선총독부가 창씨개명과 관련해 견지하던 공식 입장을 잘 보여주는 「씨제도에 관한 건(氏制度に關する件)」(1940) 등 앞으로 일제 파시즘기 정책사 연구가 진전되는 데 중요한 의미를 갖는 자료가 다수 포함되어 있다. 그런데 온라인상으로는 오오노 문서의 목록조차 확인할 수 없는 것이 현실이다. 물론 오오노 문서 가운데 상당 부분이 이미 민족문제연구소에서 편찬한 『日帝下戰時體制期政策史資料叢書』[16)에 실려 있기 때문에 이러한 문제는 어느 정도 극복될 수 있기도 한다.

---

16) 오오노 문서 가운데 상당 부분은 民族問題硏究所 편, 『日帝下戰時體制期政策史資料叢書 1-98』, 학술정보주식회사, 2000에 실려 있다.

한편 고려대학교 아세아문제연구소는 흔히 조선총독부 경무국 문서라고 불리는 자료를 소장하고 있다. 이 자료는 김준엽, 김창순이 1960년대에 정부의 지원 아래 일제 강점기의 공산주의 운동에 대해 연구하는 가운데[17] 참고 자료로 모처에서 이관받은 것으로 알려져 있다. 이 자료에는 일제 강점기 모든 시기에 걸쳐 경무국에서 생산하거나 이첩된 문서 가운데 비교적 중요한 것이 망라되어 있다. 그리고 그 가운데는 일부이기는 하지만 일제 파시즘기의 자료도 포함되어 있다. 따라서 일제 파시즘기 일제가 추진한 민족 운동 통제 정책 내지는 사상 통제 정책의 일단을 이해하는 데 중요한 의미를 갖는다. 이 문서는 목록과 간단한 해제가 한 권의 책[18]으로 나온 데 이어 마이크로 필름 형태로 연구자들에게 공개되고 있다.

(3) 국사편찬위원회

일찍이 국사편찬위원회(http://www.history.go.kr)는 서울지방검찰청, 대검찰청 등으로부터 일제 강점기 경찰과 검찰에서 작성한 각종 심문조서 및 정보철 등을 이관받은 바 있다. 그리고 고려대학교 아세아문제연구소에서 소장하고 있던 조선총독부 경무국 문서도 마이크로 필름 형태로 국사편찬위원회로 이관되었다. 이들 자료는 기본적으로 민족 운동사와 관련해 풍부한 내용을 담고 있지만 일제의 사상 통제 정책과 관련해서도 주목할 만한 내용을 담고 있다.

최근에는 국사편찬위원회에서 5개년 계획으로 대규모의 해외 자료 수집 이전 사업을 전개하면서 정책사 관련 자료가 다수 수집되었다. 자료의 성격상 일제 파시즘기의 해외 자료 수집 대상은 주로 일본에

17) 그 결과가 金俊燁·金昌順, 『韓國共産主義運動史 1~5』, 고려대학교 아세아문제연구소, 1964~1973이다.
18) 자세한 내용에 대해서는 高麗大學校 亞細亞問題研究所, 『稀貴文獻 解題 : 舊朝鮮總督府 警務局 抗日獨立運動關係 秘密記錄』, 고려대학교 출판부, 1995 볼 것.

집중되어 있다. 대표적인 자료가 흔히 '묘가타니(茗荷谷) 문서'라고 불리는 일본 外務省 茗荷谷硏修所 구장 문서,[19] 일본 외무성 외교사료관 문서, 일본 국립공문서관 문서, 일본 국립국회도서관 헌정자료실의 조선 관계 문서 등의 공문서이다.[20] 여기에 문서 자료는 아니지만 공간된 자료 가운데 희귀본을 상당수 소장하고 있는 가쿠슈인대학 동양문화연구소 우방협회 문고, 농촌진흥운동의 이데올로그이던 야마자키(山崎延吉)의 관련 자료를 소장하고 있는 아이치현(愛知縣) 안죠시문화센터(安城市文化センター)의 야마자키 문고 가운데 일부[21]를 마이크로 필름의 형태로 수집했으며, 시가현립대학 도서정보센터 소장 朴慶植 문고도 마이크로 필름으로 이관을 받고 있는 중이다.[22] 이밖에도 일본국회도서관으로부터 『京城日報』를 마이크로 필름으로 수집한 바 있다. 국사편찬위원회의 해외 자료 수집 사업은 예산이나 인력의 측면

---

19) 구 일본 정부에서 식민지 문제를 다루던 기구로는 척무성(1929), 興亞院(1938), 大東亞省(1942), 그리고 내무성이 있었다. 이들 기구가 일본의 패전 이후 폐지되면서 소장하고 있던 식민지 관계 문서들이 외무성으로 이관되었는데 이 문서들을 실제로 보관한 외무성 산하 묘가타니연수소의 이름 때문에 묘가타니 문서라고 불리게 된 것이다. 묘가타니 문서 가운데는 특히 중일전쟁 이후의 일제 파시즘기에 생산된 자료가 많다. 특히 종래에는 자료의 공백시기로 알려져 있던 일제 파시즘 말기(1943~1945년)의 자료도 비교적 풍부해 앞으로 정책사 연구에 크게 활용될 것으로 보인다. 묘가타니 문서에 대한 해설로는 樋口雄一, 「外務省外交史料館'茗荷谷文書'について」, 『日本植民地硏究』 14, 2002 볼 것. 아울러 그 가운데 마이크로 필름 형태로 공간된 교육, 문화, 종교 부문의 전체 목록에 대해서는 廣瀬順晧 編, 앞의 책 볼 것.

20) 자세한 목록은 국사편찬위원회, 『일본외무성외교사료관 소장 한국관계사료 목록 1875~1945』, 국사편찬위원회, 2003 ; 국사편찬위원회, 『해외소재 한국사 자료 수집목록집 1 총목·일본편 1』, 국사편찬위원회, 2001 ; 국사편찬위원회, 앞의 책, 2004 등을 볼 것.

21) 수집된 야마자키 문고의 목록은 요시자와 가요코, 앞의 글, 338~341쪽의 부록을 볼 것.

22) 시가현립대학에는 박경식 문고 외에도 일본에서 활동중인 한국 근대사 연구자 姜在彦의 문고가 있다. 두 문고의 내용에 대해서는 『滋賀縣立大學圖書情報センター 朴慶植文庫 姜在彦文庫 假目錄』, 2002 볼 것.

에서 다른 기관보다 체계적으로 이루어졌다. 따라서 수집된 자료도 비교적 일관성을 갖추고 있다. 앞에서 언급한 자료 이외에도 도쿄(東京)대학, 교토(京都)대학, 히도츠바시(一橋)대학, 호세이(法政)대학, 와세다(早稻田)대학, 홋카이도대학, 야마구치(山口)대학 등의 대학 도서관을 비롯해 홋카이도개척기념관, 홋카이도도립도서관, 야마구치현문서관 등에서 이미 자료를 수집했거나 자료 수집을 추진하고 있다.

국사편찬위원회는 활발한 국내 자료 이관 사업 및 해외 자료 수집 이전 사업을 통해 국내 기관 가운데는 가장 많은 자료를 소장하고 있는 것으로 알려져 있다. 그리고 그 가운데 일부는 정리 과정을 거쳐 자료집으로 공간되거나 인터넷(http://khmc.history.go.kr 및 http://koreanhistory.or.kr)으로 공개되고 있다. 따라서 국사편찬위원회의 자료 수집 및 공개 사업은 현재도 그렇고 앞으로도 파시즘기 정책사 연구를 위해 가장 큰 기여를 할 수 있을 것으로 생각된다. 그러나 현재로서는 수집에서 공개에 이르는 기간이 지나치게 오래 걸린다든지 국사편찬위원회를 직접 방문해서 자료를 열람할 경우 여전히 이용이 불편하다든지 하는 기술적인 문제가 드러나기도 한다.

(4) 국가기록원[23]

국가기록원(http://www.archives.go.kr)에서 소장하고 있는 자료 가운데 가장 주목되는 것은 조선총독부가 자체적인 관리 제도[24]에 따라 분류, 편찬, 보존한 일제 파시즘기 공문서이다. 좀 더 구체적으로는 조

---

23) 국가기록원의 전신은 1962년에 출범한 내각사무처 총무과 문서촬영실이다. 이것이 1969년에는 총무처 정부기록보존소로, 그리고 1998년에는 행정자치부 정부기록보존소로 바뀐 데 이어 2004년 5월 지금의 국가기록원이 되었다.
24) 조선총독부의 공문서 관리 제도에 대해서는 배성준, 「조선총독부 공문서 분류체계의 복원」, 『기록학연구』 9, 2004 ; 이승일, 「조선총독부 공문서 제도-기안에서 성책까지의 과정을 중심으로」, 『기록학연구』 9, 2004 ; 이경용, 「조선총독부의 기록관리제도」, 『기록학연구』 10, 2004 등을 볼 것.

선총독부 문서고에서 이관된 문서 14,000여 권과 1969년 중앙 행정 기
관과 지방 행정 기관에서 이관된 문서 16,000여 권 등 총 30,000여 권
가운데 상당수가 파시즘기에 생산된 것이다.[25] 이들 문서는 총독관방,
외사, 경무국, 재무국, 내무국, 학무국, 법무국, 재판소, 식산국, 농림국
등 생산 기관별로 분류되어 있다.[26] 여기에는 공문서인 법령문, 일용
공문과 준공문서인 식사·훈시·성명·표창·징계·시말 서류·광
고·선전문 등이 망라되어 있다. 이 가운데 법령문은 법률 명령의 문
서로서 명령, 훈령이 해당되고 일용 공문은 지령, 통첩, 통지문, 왕복문,
보고문, 복명서 등이 포함된다. 이들 문서는 엄격한 문서 관리 규정 속
에서 생산되고 관리되었으나 일제 강점기에 생산된 모든 문서가 현재
에까지 이르지 않은 것으로 추정된다.[27] 국가기록원에서는 1984년에

---

25) 이 문서에 대한 개략적인 소개로는 김형국, 「정부기록보존소의 조선총독부문
   서 소장현황 및 내용검토」, 『한국민족운동사연구의 역사적 과제』, 국학자료
   원, 2001 ; 김재순, 「조선총독부 공문서관리제도와 총무처 정부기록보존소 소
   장 일제문서」, 『역사와 현실』 9, 1993 ; 村上勝彦, 「韓國所在の朝鮮總督府文
   書」, 井村哲郎 編, 『1940年代の東アジア文獻解題』, アジア經濟研究所, 1997
   등을 볼 것.
26) 總務處 政府記錄保存所, 『政府記錄保存文書目錄 第1集』, 總務處 政府記錄
   保存所, 1974 ; 總務處 政府記錄保存所, 『政府記錄保存文書索引目錄 第1集
   第1卷』, 總務處 政府記錄保存所, 1977 ; 總務處 政府記錄保存所, 『政府記錄
   保存文書索引目錄 第1集 第2卷』, 總務處 政府記錄保存所, 1978 ; 總務處 政
   府記錄保存所, 『政府記錄保存文書索引目錄 第1集 第3卷』, 總務處 政府記
   錄保存所, 1980 ; 總務處 政府記錄保存所, 『政府記錄保存文書索引目錄 第1
   集 第4卷』, 總務處 政府記錄保存所, 1982 ; 總務處 政府記錄保存所, 『政府
   記錄保存文書索引目錄 第1集 第5卷』, 總務處 政府記錄保存所, 1982 ; 總務
   處 政府記錄保存所, 『政府記錄保存文書索引目錄 第1集 第6卷』, 總務處 政
   府記錄保存所, 1983 ; 總務處 政府記錄保存所, 『政府記錄保存文書索引目錄
   第1集 第7卷』, 總務處 政府記錄保存所, 1984 ; 總務處 政府記錄保存所, 『政
   府記錄保存文書索引目錄 第2集 第1卷』, 總務處 政府記錄保存所, 1985 ; 總
   務處 政府記錄保存所, 『政府記錄保存文書總括目錄 第2集』, 總務處 政府記
   錄保存所, 1978 등을 참조할 것.
27) 김형국, 앞의 글.

최초의 해제집을 발간한 데 이어 2000년부터 경무, 외사, 경제, 학무·
사회 교육의 순으로 분야별 해제집을 발간했다.[28] 그동안 국가기록원
에 어떤 문서가 소장되어 있는지조차 파악할 수 없었던 것에 비추어
본다면 해제집 발간은 중요한 의미를 갖는다. 그러나 비매품으로 한정
부수만을 발간하기 때문에 연구자들은 여전히 접근에 어려움을 느끼
고 있다. 이밖에도 국가기록원은 국사편찬위원회와는 별개의 사업으로
역시 해외에 소장된 일제 강점기 공문서를 수집하는 작업을 벌이고 있
다.

국가기록원의 공문서는 일제 파시즘기 정책사를 연구하는 데 가장
기본이 되는 것이다. 그러나 동시에 1945년 8월 15일 이후 정부 차원에
서 이루어진 일제의 기록 말살 행위[29]로 인해 여기에 소장된 공문서가
불완전한 것이라는 데도 주의를 기울여야 한다. 일본에서는 패전 직후
부터 공문서를 폐기하는 움직임이 나타난 바 있다.[30] 식민지 조선에서
도 십수 일에 걸쳐 조선총독부 문서가 소각된 바 있다.[31] 따라서 중요

28) 總務處 政府記錄保存所, 『日帝文書解題選集』, 總務處 政府記錄保存所,
      1992 ; 行政自治部 政府記錄保存所, 『日帝文書解題 : 學務·社會敎育篇』,
      行政自治部 政府記錄保存所, 2003 ; 行政自治部 政府記錄保存所, 『日帝文
      書解題 : 警務篇』, 行政自治部 政府記錄保存所, 2000 ; 行政自治部 政府記
      錄保存所, 『日帝文書解題 : 理財, 司計, 商工, 輕金屬, 燃料, 勞務篇』, 行政
      自治部 政府記錄保存所, 2002 ; 行政自治部 政府記錄保存所, 『日帝文書解
      題 : 外事篇』, 行政自治部 政府記錄保存所, 2001.
29) 특히 전쟁 책임 문제와 직결된 문서의 경우에 기록 말살 행위는 더욱 심각했
      다. 일제의 공문서 소각이나 은폐에 대해서는 吉田裕, 「軍事關係史料」, 『日
      本近代思想史大系』 別卷, 岩波書店, 1992 ; 吉田裕, 「公文書の燒却と隱匿」,
      『季刊戰爭責任硏究』 14, 1996 ; 松尾尊兌, 「近現代史料論」, 『戰後日本への
      出發』, 岩波書店, 2002 등을 볼 것.
30) 보기를 들어 군수성 총동원국에는 강제 연행 관련 자료가 소장되어 있었지만
      8월 16일 소각되었다고 한다. 赤松俊秀 외, 『日本古文書學講座-近代篇 1』,
      雄山閣, 1979, 203쪽 ; 山田昭次, 「朝鮮人中國人强制連行史試論」, 『朝鮮歷
      史論集 下』, 龍溪書舍, 1979, 491쪽. 이러한 의도적인 공문서 폐기를 일본 학
      계에서 '20세기 최후 최대의 분서 사건'이라고 부르기도 한다.

한 정책 결정 문서는 대거 소각되었을 것으로 추정된다. 또 일부 중요
한 문서는 일본으로 가져갔을 가능성도 있다. 따라서 국가기록원이 소
장하고 있는 문서 가운데 파시즘기 특히 말기의 정책 결정에 관련된
중요 문서는 그다지 많지 않다.[32] 국가기록원이 소장하고 있는 문서
가운데 지적원도, 토지조사부, 행형 기록 등을 제외하면 중요 문서는
그렇게 많지 않다는 지적이 있을 정도이다. 실제로 현재 나와 있는 목
록집(경무편, 외사편, 理財·司計·商工·輕金屬·燃料·勞務篇, 학
무·사회교육편)을 보더라도 1943년 이후의 문서는 거의 전무한 실정
이다. 물론 이 시기에 들어서면서 조선총독부의 문서 생산 자체가 줄
어들었을 가능성도 있고[33] 전쟁 상황의 악화에 따라 일본 정부의 문서
가 식민지 조선으로 들어오지 않았을 가능성도 있다.[34] 그러나 그보다
는 생산된 문서가 보관되지 않았을 가능성이 더 크다고 생각된다. 일
본에는 파시즘기 말기에 생산된 문서가 아직도 적지 않게 보관되어 있
다는 점이 이를 잘 보여준다.[35]

실제로 일본에는 내무성 문서가 현재도 자치성 창고에 보관되어 있
는 것으로 알려져 있다. 1942년 2월 이후 '내외지 행정 일원화'[36]에 따

---

31) 森田芳夫, 『朝鮮終戰の記錄』, 巖南堂書店, 1964.

32) 실제로 오오노 문서와 비교해 보면 이 점을 확실히 알 수 있다.

33) 이무라에 따르면 "물자 통제 강화의 결과 일본 국내에서도 '외지'에서도 1941
년 무렵부터 지질이 악화되고 문헌의 출판도 문서 자료의 작성도 현저하게
감소했다"고 한다. 井村哲郎, 앞의 글, 21쪽. 그러나 현재 남아 있는 자료를
보면 적어도 1942년까지는 문서의 생산이 급격하게 줄어든 것으로 보이지는
않는다.

34) 정혜경, 앞의 글, 61쪽.

35) 보기를 들어 묘가타니 문서의 조선장학회 관계 문서나 神社(함흥, 전주) 관계
기사 등이 여기에 해당된다.

36) 내외지 행정 일원화에 대해서는 水野直樹, 「戰時期の植民地支配と'內外地
行政一元化'」, 『人文學報』 79, 1997 ; 전상숙, 「일제 군부파시즘체제와 '식민
지 파시즘」, 방기중 편, 『일제 파시즘 지배정책과 민중생활』, 혜안, 2004 참조
할 것.

라 식민지 관계 사무를 척무성에서 인계받은 내무성 관리국의 문서가 그 가운데 있다면 식민지 지배를 연구하는 데 중요한 문서가 될 것이다. 그러나 아직 공개되지 않고 있어서 어떠한 문서가 있는지도 분명히 파악되지 않고 있다.[37] 결국 국가기록원이 자체적으로 안고 있는 자료 소장의 한계를 극복하기 위해서는 일본 정부를 상대로 한 정부 대 정부 차원의 적극적 교섭이 요망된다.

한편 해방 이후 한국 정부가 추진한 세 차례(1962년, 1968년, 1975년)의 영구 보존 문서 정리 과정에서 많은 기록물이 폐기되기도 했다. 보기를 들어 1968년의 보존 문서 정리 작업을 거치면서 토지 개량 사업, 토목 사업, 지방(읍면은 물론이고 도, 시, 군의 예산 결산 문서, 학교비 문서 등) 관계 문서 등 일제의 식민지 지배가 말단 행정 단위에서 어떻게 관철되었는지를 보여주는 사료가 대거 폐기되었다.[38] 따라서 지금이라도 1999년 국가 기록물 관리에 관한 법률의 제정 과정에서 논의가 된 지방기록보존소의 설치 및 이를 통한 지방 사료의 이관 보존에 대해 고민하고 해결 방안을 모색할 때가 아닌가 생각된다.

⑸ 국회도서관, 국가보훈처, 독립기념관, 한국학중앙연구원

국회도서관(http://www.nanet.go.kr)이 소장하고 있는 자료 가운데 주목되는 것은 이른바 舊 육해군 관계 문서이다. 이 문서는 일본 국립국회도서관 헌정자료실 소장 자료의 일부인 '일본 외무성·육해군성 문서'의 마이크로 필름 복사본이다. 군 관계 자료가 중심을 이루고 있기 때문에 일제 파시즘기 병력 동원 및 사상 통제 정책에 관한 자료도 일부 포함되어 있다. 이 가운데는 협화회 사업, 만주 이민 등에 관련된 자료가 주목된다.[39] 이들 자료는 '해외 소재 한국 관련 자료'라는 이름

37) 水野直樹, 「解說」, 『戰時期植民地統治資料 1』, 柏書房, 2000, 9쪽.
38) 이경용, 「현대 역사기록의 체계적 수집을 위한 연구」, 『한국민족운동사연구』 38, 2004, 301, 305~6쪽.
39) 이 자료의 전체 목록은 국회도서관, 『일본 외무성 및 육해군성문서 마이크로

아래 국회도서관 및 협력 도서관(전국의 주요 공공 도서관 및 대학 도 서관)에서 이미지 파일로 공개되고 있다.

한편 국가보훈처(http://www.mpva.go.kr)와 독립기념관(http://www. independence.or.kr)도 활발하게 자료 수집 사업을 벌이고 있다. 이들 기관의 성격상 수집 대상이 되는 자료는 주로 민족 운동사와 관련된 것이지만 부분적으로는 일제의 지배 정책 특히 사상 통제 정책과 관련 된 것도 포함이 되고 있다. 두 기관은 최근에는 해외 자료 수집에도 적 극적으로 나서고 있다. 정부 기관이 자료 수집에 나선다는 것은 일견 바람직한 일이다. 그러나 두 기관의 경우 수집된 자료의 공개에 소극 적이라는 문제점을 공통적으로 안고 있다. 독립기념관의 경우 수집된 자료의 목록 검색 정도의 서비스를 제공하고 있을 뿐이며 국가보훈처 의 경우 자료 수집 사업을 통해 확보된 자료의 목록조차 공개하지 않 고 있어서 연구자나 일반인이 자료를 이용하는 것은 물론이고 자료에 접근하는 것조차 어렵게 만들고 있다.

한국학중앙연구원(http://www.aks.ac.kr)은 지금은 없어진 한국정신 문화연구원 부설 현대사연구소와 근현대사자료팀을 중심으로 국내외 에서 자료를 수집한 바 있다. 일본의 경우 가쿠슈인대학 동양문화연구 소 우방협회 문고, 홋카이도대학 등에서 주로 자료를 수집했다. 그 가 운데 일제 파시즘기 정책사와 관련해 눈길을 끄는 것은 일본으로의 강 제 동원 관련 문서인 '釜山往復'과 해방 후의 귀환 관련 문서인 '귀환 관련 자료' 등이다. 그리고 국내의 경우에는 문헌 자료보다는 구술사 자료를 수집하는 데 중심이 두어졌다.[40] 구술사 자료와 문헌 자료 모

필름 목록 : 1867-1945』, 국회도서관, 1968 볼 것. 아울러 이 가운데 일부를 자료집으로 묶은 국회도서관, 『일본외무성육해군성문서 1~5』, 국회도서관, 1975 볼 것.

40) 구술사 자료 가운데 일부는 한국정신문화연구원 한민족연구소 엮음, 『내가 겪은 해방과 분단』, 선인, 2001 ; 한국정신문화연구원 엮음, 『내가 겪은 민주 와 독재』, 선인, 2001 등의 단행본으로 출간되었다.

두 열람과 복사에 제한은 없지만 목록집이 마련되어 있지 않아 이용하기가 쉽지 않다.

3) 자료의 공간 및 공개 현황

일제 파시즘기에 나온 수많은 정책사 관련 자료 가운데 현재 자료집 등의 형태로 공간되었거나 인터넷을 통해 이용할 수 있는 것은 다음과 같다.41)

(1) 신문, 잡지, 관보, 연보, 연감

① 신문

-『東亞日報』(마이크로 필름)

-『朝鮮日報』(마이크로 필름)

-『每日申報』(『每日新報』)(영인본[경인문화사, 1985] 및 국립중앙도서관의 인터넷판)

-『京城日報』(일본 국립국회도서관 및 홋카이도대학 부속도서관의 마이크로 필름)42)

-『滿鮮日報』(아세아문화사, 1988)

-『大阪每日新聞』, 『大阪朝日新聞』(일본 국립국회도서관 마이크로 필름)43)

---

41) 단행본의 형태로 영인된 파시즘기 정책사 자료는 상당수에 달하지만 여기서는 그 가운데 특히 중요한 일부만 검토 대상으로 했다.

42) 국사편찬위원회와 연세대학교 국학연구원에서는 각각 『京城日報』의 마이크로 필름을 수집한 바 있다. 그리고 현재 몇몇 출판사에 의해 『京城日報』의 영인본 출간 작업이 진행중에 있다.

43) 두 신문은 한때 별도의 조선판을 두고 있을 정도로 식민지 조선의 동향에 관해 많은 관심을 기울이고 있었다. 따라서 두 신문을 통해 파시즘기 일제 식민지 지배 정책의 추이를 이해하는 데 중요한 정보를 얻을 수 있다. 두 신문을 포함해 일본에서 간행된 여러 신문(神戶新聞, 中國新聞, 中外日報, 吳新聞

-『東亞新聞』(綠蔭書房, 1995)
-『滿洲日日新聞』(일본 국립국회도서관 및 홋카이도대학 부속도서
관의 마이크로 필름), 『盛京時報』(동아대학교 도서관 소장) 등 만주에
서 간행된 신문

② 잡지
-조선총독부 및 관련 단체 발간 잡지
『朝鮮』(고려서림, 1987)
『文敎の朝鮮』(エムテイ出版, 1986~1997)
『朝鮮公論』(국립중앙도서관의 인터넷판)
『朝鮮勞務』(綠蔭書房, 2000)
『朝鮮司法協會雜誌』(湘南堂書店, 1995)
『朝鮮行政』(ゆまに書房, 1998)
『(京城商工會議所)經濟月報』(선인문화사, 1992)
『殖銀調査月報』(御茶の水書房, 1985)
『滿鐵調査月報』(고려서림, 1988)
『朝鮮及滿洲』(국립중앙도서관의 인터넷판)
『全滿朝鮮人民會聯合會會報』(국립중앙도서관의 인터넷판)
『在滿朝鮮人通信』(국립중앙도서관의 인터넷판)
『綠旗』(청운, 2005)
『東洋之光』(한국교회사문헌연구원, 2003)
『國民總力』(綠蔭書房, 1996)
『總動員』(綠蔭書房, 1996)

등)에 실린 조선 관계 기사의 목록은 교토대학 미즈노(水野直樹) 교수가 운
용 책임자로 있는 웹사이트 '데이터베이스 戰前日本在住朝鮮人關係新聞記
事檢索'(http://www.zinbun.kyoto-u.ac.jp/~mizna/shinbun)을 참고할 것.

-종합 잡지 및 문예 잡지

『國民文學』(국학자료원, 1982)

『東光』(영인본[아세아문화사], 1977 및 국립중앙도서관의 인터넷판)

『三千里』(영인본[한빛, 1995] 및 국사편찬위원회의 인터넷 텍스트판)

『新東亞』(진영문화사, 1982)

『新女性』(현대사, 1982)

『實生活』(국립중앙도서관의 인터넷판)

『女性』(현대사, 1982)

『人文評論』(영인본[태학사, 1975] 및 국립중앙도서관의 인터넷판)

『第一線』(보성사, 1977)

『中央』(청운, 2005)

『春秋』(역락, 2000)

『彗星』(원곡문화사, 1976)

『湖南評論』(영인본[경인문화사, 1989] 및 국립중앙도서관의 인터넷판)

『朝光』(영인본[태학사, 1996] 및 국립중앙도서관의 인터넷판)

③ 관보, 연보, 연감

-『朝鮮總督府官報』(영인본[아세아문화사, 1984]및 국립중앙도서관의 인터넷판)

-韓國學文獻硏究所 편, 『朝鮮總督府官報 總索引 1-5』(아세아문화사, 1990)

-『朝鮮總督府統計年報』(고려서림, 1987)

-『朝鮮總督府施政年報』(국학자료원, 1984)

-『朝鮮年鑑 1934-1945』(고려서림, 1992)

⑵ 국내에서 공간된 자료집

-『帝國議會 衆議院議事速記錄 6~8』(태산, 1991)

-국민대 한국학연구소 편,『한인 귀환과 정책 1~5』(역사공간, 2004)

-김근수,『韓國 雜誌 槪觀 및 號別 目次集』(영신아카데미 한국학연구소, 1973)

-김채수 외 편,『일제강점기 일본어 잡지 자료집 : 목록과 목차』(보고사, 2004)

-민족문제연구소 편,『日帝下戰時體制期政策史料叢書 1~98』(학술정보주식회사, 2000)(http://www.kstudy.com/japan/index.htm)

1~24권 제국의회 설명 자료

25~29권 총독 관계 자료

30~48권 황민화 정책 자료

49~54권 총동원 정책과 총동원 단체

55~59권 징병 지원병 제도

60~63권 일본군

64~70권 경찰과 사상 통제

71~85권 산업 정책·통계 자료

86~98권 노무 동원

-신주백 편,『日帝下支配政策資料集 1~17』(고려서림, 1992)

-신주백 편,『戰時體制下朝鮮總督府外廓團體資料集 1~30』(고려서림, 1997)

1~16권 녹기연맹

17~22권 국민정신총동원조선연맹

23~30권 국민총력연맹

-신주백 편,『朝鮮總督府敎育政策史資料集 1~11』(선인, 2002)

-여성부 편,『'위안부'관련 문헌자료집 1~2』(여성부, 2002)

-여성부 편,『일본군위안부 문제에 관한 국외자료조사 연구 1~2』
(여성부, 2002~2003)

-여성부 편,『2002년 국외거주 일본군위안부 피해자 실태조사』(여성
부, 2002)

-최덕교 엮음,『한국잡지백년 1~3』(현암사, 2004)

-친일인명사전편찬위원회,『일제협력단체사전-국내 중앙편』(민족문
제연구소, 2004)

(3) 일본에서 공간된 자료집

-『滿洲移民關係資料集成』(不二出版, 1991)

-『民族人口政策硏究資料』(文生書院, 1981)

-『社史で見る日本經濟史・植民地篇』(ゆまに書房, 2002)

-『日本植民地朝鮮敎育政策史料集成(朝鮮編) 1~74』(龍溪書舍,
1987~1991)

-『日本人物情報大系 71~80 朝鮮篇 1~10』(ゆまに書房, 2001)

-『十五年戰爭極秘資料集』(不二出版, 1988~1990)

-『友邦シリーズ 1-15』(友邦協會, 1966~1969)

-『朝鮮總督府 帝國議會說明資料』(不二出版, 2000)

-『現代史資料』(みすず書房, 1964~1970)

-近藤劍一 編,『朝鮮近代史料 朝鮮總督府關係重要文書選集』(朝
鮮史料編纂會, 1961)

-近現代資料刊行會 編,『植民地社會事業關係資料集 : 朝鮮編 1~
56』(近現代資料刊行會, 2000)

-琴秉洞 編,『戰場日誌に見る從軍慰安婦極秘資料集』(綠蔭書房,
1992)

-琴秉洞 編,『朝鮮總督府帝國議會說明資料 1~10』(不二出版,
1994)

-吉見義明, 『從軍慰安婦資料集』(大月書店, 1992)

-瀧尾英二 編, 『植民地下朝鮮におけるハンセン病資料集成 1~8』(不二出版, 2001)

-渡部學 編, 『植民地朝鮮敎育政策史料集成 1~62』(龍溪書舍, 1987~1991)

-藤原彰 編, 『資料 日本現代史 1~13』(大月書店, 1980~1985)

-朴慶植 編, 『在日朝鮮人關係資料集成 1~5』(三一書房, 1976)

-朴慶植 編, 『朝鮮問題資料叢書 1~10』(アジア問題研究所, 1981~1984)

-富坂キリスト敎センター 編, 『日韓キリスト敎關係史資料 Ⅱ 1923~1945』(新敎出版社, 1998)

-小澤有祚 編, 『近代民衆の記錄 10 在日朝鮮人』(新人物往來社, 1978)

-水野直樹 編, 『戰時期植民地統治資料 1~7』(柏書房, 2000)

-水野直樹 編, 『朝鮮總督諭告・訓示集成 4~6』(綠蔭書房, 2001)

-女性のためのアジア平和國民基金 編, 『政府調査 '從軍慰安婦'關係資料集成 1~5』(龍溪書舍, 1997)

-林えいたい 編, 『戰時外國人强制連行關係史料集 2 朝鮮人 Ⅰ 上, 下』(明石書店, 1991)

-林えいたい 編, 『戰時外國人强制連行關係史料集 3 朝鮮人 Ⅱ 上, 中, 下』(明石書店, 1991)

-長澤秀 編, 『戰時下强制連行極秘資料集』(綠蔭書房, 1996)

-長澤秀 編, 『戰時下朝鮮人中國人聯合軍俘虜强制連行資料集(綠蔭書房, 1992)

-荻野富士夫 編, 『治安維持法關係資料集 1~4』(新日本出版社, 1996)

-荻野富士夫 編, 『特高警察關係資料集成 12 水平運動・在日朝鮮

人運動』(不二出版, 1992)

-戰後補償問題硏究會　編, 『戰後補償問題資料集　1~9』(1990~
1994)

-樋口雄一　編,『協和會關係資料集 : 戰時下における在日朝鮮人統
制と皇民化政策の實態史料 1~5』(綠陰書房, 1991)

-樋口雄一　編,『戰時下朝鮮人勞務動員基礎資料集　Ⅰ~Ⅴ』(綠蔭書
房, 2000)

3. 자료 수집에 수반된 문제점과 대안 모색

1) 국내 소재 자료에 대한 관심

최근 들어서는 해외에서의 자료 수집에 대한 관심이 고조되었다. 그
결과 해외 자료 수집은 정부로부터 상당한 정도의 예산상 뒷받침을 받
는 등 이전과는 비교할 수 없을 정도로 활발하게 진행되고 있다. 그런
데 해외 자료 수집에 지나치게 힘을 기울인 나머지 국내에서의 자료
수집 노력을 소홀히 하는 것은 심각한 문제가 될 수 있다. 곧 역설적으
로 해외 자료 수집에 비해 현재 국내에 산재한 관련 자료에 대한 체계
적인 관리나 활용 방안에 대한 고민은 상대적으로 미비한 것이 문제가
되는 것이다.

실제로 국내의 여러 기관에는 일제 파시즘기 정책사 관련 자료가 산
재되어 있을 것으로 짐작된다. 보기로 비교적 이용이 손쉬운 수리조합
관계 문서를 들 수 있다.44) 이밖에도 일제 강점기부터 존재하고 있던

---

44) 일제 파시즘기에 국한된 것은 아니지만 수리조합 문서를 이용한 연구의 대표
　　적인 보기로 이애숙, 「일제하 수리조합의 설립과 운영」,『한국사연구』50・
　　51, 1985 ; 이경란, 「일제하 수리조합과 농장지주제-옥구・익산지역을 중심으
　　로」,『학림』12・13, 1991 ; 이영훈 외,『근대 수리조합 연구』, 일조각, 1992 ;
　　정승진,『19-20세기 전반 영광지역의 농업변동』, 성균관대학교 박사학위논문,

각 대학(연세대학교, 고려대학교, 이화여자대학교 등)에는 일제의 교육
정책과 관련된 문서가 보관되어 있을 가능성이 크다.45) 다만 대부분의
대학이 학교의 치부로 간주해 공개하지 않고 있다고 생각된다.

여기에 공문서는 아니지만 일제의 지배 정책이 실지로 민중 차원에
서 어떻게 관철되고 있었는지를 보여주는 자료도 지방에 산재해 있을
것이다. 실제로 한국정신문화연구원에서는 오래 전부터 지방의 고문서
를 수집하기 위한 사업을 대규모로 벌여 왔다. 이 과정에서 적지 않은
일제 강점기 자료가 수집된 것으로 알려져 있다. 문제는 인력 부족과
관심 결여로 수집된 자료가 사장되어 있다는 것이다. 최근 이천문화원
이『利川市誌』를 발간하기 위해 자료를 수집하는 과정에서 발굴된 '이
천군 부발면 윤씨가'46) 자료의 예에서도 알 수 있듯이 적지 않은 자료
가 민간에 숨어 있을 가능성이 크다.47) 이러한 자료를 발굴하고 수집

2001 ; 松本武祝, 「植民地朝鮮における農業用水の開發と水利秩序の改編-
萬頃江流域を對象に」,『朝鮮史研究會論文集』41, 2000 등을 볼 것.

45) 고려대학교의 경우 2005년의 개교 백주년 기념 사업으로 새로 학교의 역사를
편찬하는 과정에서 이 학교의 전신인 보성전문학교 시절의 문서가 대량 발견
된 것으로 알려져 있다. 그리고 이 가운데는 일제 파시즘기에 조선총독부와
보성전문학교 사이에 오고간 문서도 다수 포함되어 있다고 한다. 그러나 이
들 자료의 구체적인 내용이나 향후의 공개 여부에 대해서는 전혀 알려진 바
가 없다.

46) 이 자료에 대해서는 김민철, 「이천군 부발면 윤씨가 근현대 기록물에 대하
여」, 미발표 논문 ; 김민철·황병주·허홍범, 「식민지 파시즘기 이천군 관련
자료에 대하여」,『역사문제연구』3, 1999 볼 것.

47) 실제로 관변측의 정책사 자료가 갖고 있는 한계를 극복하기 위해 민간 자료
특히 일기 자료를 연구에 적극적으로 활용한 김영희,『일제시대 농촌통제정
책 연구』, 경인문화사, 2003, 그리고 정책사 연구에서 출발한 것은 아니지만
지역의 유지들이 남긴 기록을 통해 지역사를 총체적으로 조망한 지수걸의 일
련의 연구, 「일제하 공주지역 유지집단의 도청이전 반대운동」,『역사와 현실』
20, 1996 ; 「일제하 공주지역 유지집단 연구-사례1 : 徐悳淳(1892-1969)의
'유지기반'과 '유지정치'」,『역사와 역사교육』창간호, 1996 ; 「일제하 공주지
역 유지집단 연구-사례2 : 金甲淳(1872-1960)의 '유지기반'과 '유지정치'」,
『한국민족운동사연구』, 나남, 1997 ; 「일제하 공주지역 유지집단 연구-사례3

하려는 노력은 해외에서 자료를 수집하는 것 못지않게 중요한 의미를
갖는다. 그것은 동시에 자료를 감추는 것이 보신의 길이라고 여기도록
만든, 한국 근현대사의 어두운 그늘을 걷어내는 작업과 병행해서 이루
어져야 할 것이다.

1999년 1월 '공공기관의 기록물 관리에 관한 법률'이 제정되고 각급
지방 자치 단체에 자료관 설립 지침이 내려갔지만 아직까지도 실제로
내용을 갖춘 지방기록보존소가 설립된 경우는 없다.[48] 최근 들어 각
지방 자치 단체에서 지역의 역사에 대한 관심이 고조되면서 지역의 사
료를 발굴하려는 작업이 이루어지기도 했지만 그것이 지방기록보존소
의 설치와 같은 차원으로 승화되기에는 요원한 형편이다.

근현대 지역 자료는 분량도 엄청날 뿐만 아니라 자료의 형태와 내용
도 다양하다. 더욱이 시기별로 작성 주체와 관리 주체가 다르기 때문
에 수집 정리에 조직적이고 기술적인 작업이 필요하다. 외국의 경우
지역마다 특성에 맞는 지방 기록물 관리 기관을 설치하여 앞으로의 지
역사 연구를 위한 토대를 닦는 사업을 벌이는 한편 더 나아가서는 지
역 주민을 위한 역사 문화 센터로서의 기능을 담당하게 하고 있다는
점에 주목할 필요가 있을 것이다.

2) 해외 자료 수집의 다변화

: 池憲正(1890-1950)의 '유지기반'과 '유지정치'」, 『역사와 역사교육』 2, 1997
; 「일제하 전남 순천지역의 소작인조합운동과 '관료-유지 지배체제'」, 『한국
사연구』 96, 1997 ; 「일제하 충남 서산군의 '관료-유지 지배체제'-『瑞山郡
誌』(1927) 분석을 중심으로」, 『역사문제연구』 3, 1998 등을 볼 것.
48) 지방기록보존소에 대해서는 박찬승, 「외국의 지방기록관과 한국의 지방기록
자료관 설립 방향」, 『기록학연구』 창간호, 2000 ; 지수걸, 「지방기록물관리기
관의 기능과 역할」, 『기록학연구』 2, 2001 ; 지수걸, 「한국 근현대 지역사 서술
체계와 활용자료」, 『한국사론 32 : 지역사 연구의 이론과 실제』, 국사편찬위
원회, 2001 ; 지수걸, 「지방자치와 지방기록관리」, 『기록학연구』 6, 2002 등을
볼 것.

여러 기관 또는 연구자들의 자료 발굴 노력의 결과 다량의 해외 문
서 자료가 국내로 들어왔다. 그런데 일제 파시즘기 정책사 자료에 관
련된 한 자료 수집 대상 지역이 특정 지역(일본)에 국한되는 현상이 두
드러졌다. 물론 자료 수집의 편중성 자체가 문제는 아니다. 거기에는
왜곡된 한국 근대사가 반영되어 있다고 이해할 수도 있다.[49] 다만 특
정 지역에서 이미 주어진 예산으로 자료를 수집하다 보니 자료 수집
기관 사이에 중복 수집이 발생한다든지 하는 문제는 정리될 필요가 있
다고 생각된다.

그보다 더 심각한 것은 접근이 용이하거나 이미 어느 정도 내용이
파악된 기관만을 대상으로 자료 수집이 이루어지고 있다는 점이다. 보
기를 들어 일본의 舊郵政省(현재는 민영화에 의해 폐지됨)에는 1945
년 이전 식민지 및 점령지에서의 방송 정책에 관련된 자료가 대량으로
소장되어 있었다고 한다.[50] 舊郵政省뿐만 아니라 다른 성청에도 일제
강점기에 일본 정부에 의해 생산된 정책사 관련 문서가 다수 소장되어
있을 것이다. 그런데 일본은 정부가 소장하고 있는 공문서의 공개에
대한 원칙을 세우고 있지 않기 때문에 실제로는 이용하는 데 어려움이
많은 것이 사실이다.

일본은 자료 공개라는 측면에서 동아시아 3국 가운데 가장 후진적
이라는 평가를 받고 있다. 일본에서 '행정기관이 보유하는 정보의 공개
에 관한 법률'이 시행된 것은 2001년부터이다. 이 법이 제정되는 과정
에서 역사학연구회를 중심으로 일본의 역사학자들은 비공개 정보의
범위 한정, 비공개 정보의 폐쇄 기간 단축 등을 요구하는 한편 궁극적
으로는 비공개 문서 및 보존 기한이 지난 문서를 포함한 모든 공문서

---

49) 정용욱, 앞의 글, 223쪽.
50) 2004년 9월 30일 연세대학교 국학연구원이 주최한 '20세기 동아시아 연구의
    새로운 시각 모색'이라는 한일 학술 심포지움에서 카나가와(神奈川)대학의
    孫安石 교수가 「말소리의 역사 연구(聲音的歷史硏究)」를 발표하는 가운데
    이 점을 지적한 바 있다.

를 공문서관에 이관하고 일정 기간이 지난 뒤에는 공개하는 것을 주요 내용으로 하는 공문서관법의 제정을 일본 정부에 촉구했지만 어떤 요구도 받아들여지지 않았다.[51] 그 결과 보존과 공개에서 극히 폐쇄적인 원칙을 고수하는 법이 만들어진 것이다.

따라서 자료 공개와 관련된 법이 제정된 이후에도 일본의 주요 정부 기관은 자의적 판단에 의해 공개 여부를 결정하고 있는 것이 현실이다. 이를테면 일본 정부의 각 부처 가운데 戰前 자료를 공개하고 있는 곳은 외무성, 방위청 등 극히 일부에 불과하다. 실제로는 많은 자료를 소장하고 있는 내무성, 법무성 등은 여전히 비공개주의를 고수하고 있다. 특히 아직도 한국·북한과 일본 사이에서 현안이 되고 있는 쟁점(보기를 들어 강제 연행)과 관련된 문서 자료에 대해서는 일본 정부는 비공개 정책을 고수하고 있으며 따라서 상당한 양의 자료가 미발굴 상태에 놓여 있다. 이러한 비공개주의를 깨뜨리기 위한 유일한 방법은 개인이 정부를 상대로 정보의 공개를 청구하는 것이다. 그런데 이 경우에도 외국인은 현실적으로 어려움을 겪을 수밖에 없다.

이 문제와 관련해 소수 연구자들의 의지와 활동만으로 비공개주의라는 한계를 극복할 수 없다는 것은 너무도 명확하다. 이러한 상황에서 우선 생각해볼 수 있는 일은 국가가 직접 나서서 자료 수집을 주도하는 것이다. 현재로서는 국사편찬위원회 등이 벌이고 있는 해외 자료 수집 이전 사업이 가장 주목되지만 그것만으로는 부족하다. 좀 더 적극적인 정부 차원의 대응이 필요할 것이다.

나아가 이 문제가 단지 한국과 일본 사이에만 국한된 것이라는 아니라는 점에서 동아시아 근대사 자료조사 네트워크에 대해서도 적극적으로 고려할 필요가 있다. 이미 일부 연구자가 이러한 문제를 제기한 바 있으며[52] 또 부분적으로는 실행에 옮겨지고 있기도 하다. 그러나

---

51) 松尾尊兒, 앞의 글, 345~346쪽.
52) 보기를 들어 박맹수, 앞의 글 볼 것.

아직은 부족하다. 동아시아가 세계 체제에 편입된 이후 동아시아 3국
의 역사는 불가분의 관계에 놓여 있었다. 이는 동아시아 근대사의 가
장 중요한 특수성이기도 하다. 자료의 경우도 마찬가지이다. 앞에서도
언급했듯이 일제의 식민지 지배 정책과 관련된 자료가 식민지에서는
일제 패망을 전후해 대거 폐기되었기 때문에 자료 조사의 네트워크는
더욱 절실하게 필요하다. 이는 결코 개별 연구자 수준에서 해결될 수
있는 문제가 아니다. 국사편찬위원회 등 책임 있는 기관을 중심으로
국가 차원에서 이 문제에 접근할 필요가 있을 것이다.

3) 수집된 자료의 활용 및 디지털화

최근 몇 년 사이에 활발해진 자료 수집 및 공개의 과정에서 나타난
또 하나의 문제점은 자료원에 대한 유용하고 실질적인 정보가 없어서
자료의 활용도를 높이지 못하고 있다는 것이다.[53] 기록 수집의 중요성
에 대해서는 새삼 언급할 필요조차 없을 것이다. 그러나 수집된 기록
의 체계적인 활용은 수집에 들인 노력을 배가시킨다. 그러나 기관별로
자료 공개의 정도가 천차만별이고[54] 어떤 기관의 자료는 활자의 형태
로 출판되기 전까지는 일반인이 자료에 접근할 수 없는 경우도 있다.
또 특정한 주제나 영역에 따라 어떤 자료들은 공개되지 않고 있는 것
도 문제이다. 곧 방대한 양의 자료 수집에 비해 정리, 공개, 활용의 정

---

53) "보존 기록은 단지 보존 자체를 위해 보존되는 것은 아니다. 이들 보존 기록
은 사용되어야 한다"는 더프의 지적은 자료의 공개 및 활용과 관련해 중요한
시사를 제공한다. 웬디 더프, 「WEB을 통한 기록물 공개 열람 제공 : 축복인
가 저주인가?」, 『기록학연구』 4, 2001, 175쪽.
54) 보기를 들어 궁극적으로 디지털화를 통한 수집된 자료의 전면 공개를 지향하
는 국사편찬위원회와 소장 자료의 목록 제공에도 소극적인 국가기록원을 대
비시킬 수 있을 것이다. 물론 이러한 차이는 기관의 설립 이유 및 성격의 차
이를 반영하는 것일 수도 있다. 전자는 수집과 편찬이 중심이지만 후자는 문
자 그대로 보존이 중심이기 때문이다.

도가 매우 낮은 것이다. 물론 이러한 문제는 단시일에 해결될 수 있는 것이 아니다. 다만 공개 및 활용에 대한 원칙이 없다는 것만은 지적되어야 한다.

근본적인 해결은 시간이 걸리겠지만 우선 자료의 안내, 소개나 구체적인 범례의 작성 등 자료에 대한 정보의 제공에 힘을 쏟아야 할 것이다.55) 그리고 궁극적으로는 자료의 공간 및 웹사이트상의 공개를 통해 더 많은 연구자들이 더 쉽게 자료에 접근할 수 있도록 하는 데까지 이르러야 한다.

최근 식민지 본국이던 일본에서도 자료의 디지털화가 진행되고 있다. 일본 정부에서 운용하고 있는 아시아역사자료센터(アジア歷史資料センタ-http : //www.jacar.go.jp)가 바로 그것이다.56) 이 센터는 국립공문서관, 외무성 외교사료관, 방위청 방위연구소가 각각 소장하고 있는 각종 아시아 관계 역사 자료를 수합하고 디지털화해 "언제나, 어디서나, 누구나 무료"57)라는 구호 아래 인터넷을 통해 공개하는 방식을 쓰고 있는 전자화 사료관(디지털 아카이브)이다. 비록 이 정도에 이르기까지 한국, 중국 등의 압력이 크게 작용하기는 했지만58) 주로 외교와 관련된 역사 기록을 디지털화하고 온라인상으로 공개했다는 것은 획기적인 일이다.59) 그리고 이와는 별도로 외무성 외교사료관, 국

55) 정혜경·김성식, 「해외 소재 한국학 관련 역사 기록의 정보화 방안 연구」, 『기록학연구』 1, 2000.
56) 아시아역사자료센터에 대해서는 松尾尊兌, 앞의 글, 344~345쪽 ; 瀨野淸水, 「アジア歷史資料センターにおける電子情報化の現狀」, 臺灣史硏究部會 編, 『臺灣の近代と日本』, 中京大學社會科學硏究所, 2003 볼 것.
57) http : //www.jacar.go.jp/f_k.htm.
58) 이 센터의 설립은 사회당 출신인 무라야마(村山富市) 수상이 한국과 중국으로부터의 일본의 과거사 반성에 대한 요구를 부분적으로 받아들여 수립한 '평화 우호 교류 계획'의 하나로 1994년부터 추진되었다.
59) 일본의 역사학계에서는 이 센터가 만들어지기 이전에 이미 '역사 정보 자원 센터'를 설립하자는 운동을 벌이고 있었다. 따라서 이 센터가 역사 자료의 수집, 보존, 이용 이외에도 일본 국내외의 관계 기관과의 교류 및 전문 연구자

립공문서관, 국립국회도서관 헌정자료실 등의 문서는 신청이 있을 때 특별한 경우가 아니라면 복사(마이크로 필름 복제 포함) 서비스를 제공하고 있기도 하다.[60]

사료의 전자 정보화[61]의 최대의 강점은 문서 사료를 소장하고 있는 문서관과 사료관 등에 직접 가지 않고도 목적한 사료를 입수할 수 있다는 것이다. 그러나 상대적으로 한국에서의 공문서 디지털화는 부진한 것으로 보인다. 이른바 해외 수집 사료의 경우는 부분적으로 온라인상으로 공개가 되고 있지만 정작 한국 정부가 소장한 공문서(특히 국가기록원)의 공개는 아직 요원한 실정이다.

4) 통합 시스템의 구축

현재 한국 근대사 자료를 수집하는 기관은 다변화되어 있다. 이들 기관은 기본적으로 국가의 예산에 의해 자료 수집 사업을 벌인다는 점에서 한편으로는 경쟁 관계에 놓여 있지만 동시에 효율적인 사업을 위해 정보의 네트워크 더 나아가서는 궁극적으로 통합 시스템을 구축해야 한다는 문제를 안고 있기도 하다. 수집된 자료의 활용과 관련해 관련 기간 사이의 통합 시스템의 부재는 심각한 문제가 아닐 수 없다. 이는 특히 해외 자료의 경우에 더욱 그러하다. 실제로 해외 자료의 수집에는 막대한 경비가 소요된다. 그럼에도 불구하고 각 기관이 수집한 해외 자료의 현황을 파악할 수 있도록 하는 정보망이 구축되어 있지 않기 때문에 자료의 중복 수집의 위험성이 상존하는 것이 현실이다.

의 육성 등의 임무를 수행함으로써 문자 그대로 역사 정보의 중심이 되기를 요망했지만 무라야마 수상의 퇴진 이후 센터의 활동 범위는 현재처럼 '데이터베이스를 구축하고 인터넷 등을 통해 정보를 제공하는' 것으로 축소되었다.

60) 국립공문서관의 경우 1972년에 제정된 '국립공문서관이용규칙'에 따라 공개 주의를 채택하고 있다. 그러나 필요한 경우에는 국립공문서관장이 공개를 유보할 수도 있다는 단서 조항도 덧붙여져 있다.

61) 기술적인 측면에서 이 문제를 논의하고 있는 정혜경·김성식, 앞의 글 볼 것.

더 나아가 통합 시스템이 없기 때문에 수집된 자료가 수집 기관의 자료실에 그대로 방치된 채 활용되지 못하기도 한다.

자료 수집 기관의 실무자 회의에 참석한 적이 있는 필자의 경험에 비추어 보면 자료에 관한 정보의 공유라는 원칙에는 이의를 제기하는 기관이 없다. 그러나 실질적으로 어떻게 공유할 것인가 하는 문제에 들어가면 논의는 한 걸음도 나아가지 않는 것도 사실이다. 결국 문제는 헤게모니 다툼인 것이다.[62] 자신의 정보를 공개하는 데는 소극적이면서 다른 기관의 정보 공개를 요구하는 아이러니가 이를 잘 보여준다. 해마다 실무자 회의가 열림에도 불구하고 자료 소장 기관 사이의 통합 시스템 구축은 아직 요원한 이야기에 머물고 있다. 따라서 제도적인 보완책을 마련할 필요가 있다. 이것이 당장에는 어렵다면 자료 소장 기관(실무자)의 인식의 전환이 필요할 것이다. 기관의 자료가 국가의 자료이고 더 나아가서는 국민이 공유하는 문화 유산[63]이라는 인식 곧 자료의 공공성에 대한 인식만 갖추어진다면 통합 시스템의 구축은 어느 정도 가능해질 것이다.

통합 시스템의 구축과 관련해 가장 현실적인 방안은 자료 공개의 창구를 일원화하는 것이라고 생각된다. 현재도 국사편찬위원회 등이 참여한 가운데 한국역사정보통합시스템(http://www.koreanhistory.or.kr)이 운용되고 있기는 하지만 이것만으로는 부족하다. 우선 국사편찬위원회 외에는 일제 강점기 자료를 다수 소장하고 있는 기관이 참여하지 않고 있다는 것도 문제이고 검색에서만 통합된 기능을 사용하는 링크

---

62) 보기를 들어 2003년 9월에 열린 '2003년도 제2차 해외 소재 한국사 자료 수집·이전 관련 유관 기관 실무자협의회'에서 수집 자료 정리의 표준화에 대해서는 어느 정도 의견의 일치가 이루어졌지만 각 기관에서 수집한 자료를 전부 복제해 보존하겠다는 정부기록보존소의 계획에 대해서는 다른 기관이 대부분 반대 의사를 밝혔다. 이는 결국 해외 자료 수집의 헤게모니를 서로 놓치지 않겠다는 의사의 표현이었을 것이다. 국사편찬위원회,『해외소재 한국사 자료 수집·이전 사업 업무편람』, 국사편찬위원회, 2003, 180쪽.
63) 松尾尊兌, 앞의 글, 253쪽.

사이트 이상의 의미를 갖고 있지 않다는 것도 문제이다. 이러한 의미
에서 수집, 보존 기능은 맡지 않고 공개의 서비스만을 제공하는 일본
의 아시아역사자료센터의 경우를 하나의 참고 사례로 삼아 앞으로의
개선 방향을 검토할 수도 있을 것이다.

5) 사료 헤게모니의 문제

공문서는 일제 강점기의 역사를 이해하는 데 가장 중요한 사료이다.
그러나 공문서가 만능은 아니다. 공문서는 단지 역사의 어떤 일면만을
설명할 뿐이다. 공문서가 국가 권력 또는 그와 연관된 관변 단체에 의
해 생산된 이상 거기에는 지배자, 정책 결정자의 시선이 반영되어 있
다. 또한 방대하게 작성된 공문서 가운데 취사선택되고 보존되고 공개
되는 데도 그것을 결정하는 자의 의도가 반영되어 있다. 곧 공문서는
특정한 가치를 반영하는 사료라는 데 대한 인식이 필요하다. 중립적인
자료는 없다. 이와 관련해 자료가 갖고 있는 정치성 또는 사료 헤게모
니의 문제에 주목할 필요가 있다.

보기를 들어 1990년대 이후 논란이 되고 있는 '군위안부' 문제와 관
련해 일본 정부는 두 차례에 걸쳐서 자료 조사를 하고 그 결과를 발표
한 바 있다.64) 그러나 실제로는 '군위안부'와 직접 관련된 방위청, 척무
성, 내무성, 구 후생성, 노동성 등의 중요한 자료는 아직 공개되지 않았
다고 한다.65) 이에 대해 일본의 일부 국회의원과 연구자 및 시민 단체
가 공동으로 전쟁 관련 기록의 정보 공개를 법제화하려고 하는 움직임
을 보이기도 했지만66) 아직도 감추어야 할 자료는 공개하지 않겠다는

---

64) 財團法人女性のためのアジア平和國民基金, 『政府調査'從軍慰安婦'關係資
料集成 1~5』, 龍溪書舍, 1997~1998.
65) 荒井信一, 「創刊の辭」, 『季刊戰爭責任硏究』 創刊號, 1993, 3쪽.
66) 荒井信一, 「日本の戰爭關聯記錄の情報公開について」, 『季刊戰爭責任硏究』
30, 2000 ; 안자코 유카, 「강제동원에 대한 연구 성과와 자료 현황」, 『제44회
전국역사학대회 자료집』, 2001.

일본 정부의 입장은 요지부동이다. 물론 이러한 상황은 일본에만 국한
된 것이 아니다. 한국에서도 일제 파시즘기 자료(특히 공문서)의 전면
적인 정보 공개는 아직 요원한 실정이다. 거기에는 이데올로기 문제도
작용을 하고 있고 재산권 등과 관련된 사생활 문제도 큰 영향을 미치
고 있다. 그러나 정보 공개를 가로막고 있는 더 큰 원인은 국가(관료)
의 의식 내지는 의지 부족이다. 이러한 상황을 돌파하기 위해서는 한
편으로는 일본과 한국 두 나라 연구자들이 각각 자기 정부를 향해 정
보 공개를 요구하는 것이 필요하다. 그리고 더 나아가서는 일제의 침
략을 받았던 한국, 대만, 중국의 공동 노력은 물론이고 일본까지 포함
한 동아시아 연구자 및 연구 기관의 연대 노력이 필요할 것이다.

　이와 동시에 다른 한편으로는 지배의 대상이 되었던 사람들에 대한
자료의 수집, 정리, 공개가 동시에 이루어져야 한다. 그러나 현실적으
로 지배 정책의 대상이 된 사람들에 관련된 자료 그것도 주체적인 자
료는 거의 존재하지 않는 것이 현실이다. 따라서 대안의 모색이 필요
하다. 그 방법의 하나로 최근 주목을 받는 것이 구술사 자료(oral
history archives)의 수집이다.67)

---

67) 역사 자료로서의 구술사 자료 수집의 현황 및 방법에 대해 개관하고 있는 정
　　혜경, 「국내외 구술사 연구 동향」, 『구술사 이론 · 방법론 워크샵 자료집』, 서
　　울대학교 한국교육사고, 2003 ; 권미현, 「구술사료의 기록학적 관리방법 연
　　구」, 『기록학연구』 10, 2004 볼 것. 아울러 구술사 자료를 통해 이루어진 최근
　　의 업적 가운데 일제 파시즘기와 부분적이라도 관련된 것으로는 한국정신대
　　문제대책협의회, 『강제로 끌려간 조선인 군위안부들 1』, 한울, 2003 ; 한국정
　　신대문제대책협의회, 『강제로 끌려간 조선인 군위안부들 2』, 한울, 1997 ; 한
　　국정신대문제대책협의회, 『강제로 끌려간 조선인 군위안부들 3』, 한울, 1999
　　; 한국정신대문제대책협의회, 『기억으로 다시 쓰는 역사-강제로 끌려간 조
　　선인 군위안부들 4』, 풀빛, 2001 ; 한국정신대연구소, 『강제로 끌려간 조선인
　　군위안부들 5』, 풀빛, 2001 ; 한국정신대문제대책협의회 부설 전쟁과 여성인
　　권센터 연구팀, 『역사를 만드는 이야기-일본군 '위안부' 여성들의 경험과 기
　　억』, 여성과 인권, 2004 ; 한국역사연구회 현대사증언반, 『끝나지 않은 여정』,
　　대동, 1996 ; 한국정신문화연구원 한민족문화연구소 엮음, 앞의 책, 2001 ; 이
　　향규, 『나는 조선공산당원이오!』, 선인, 2001 ; 일제강점하 강제동원 피해진상

276 제2부 자료와 기억으로 본 '식민지 파시즘'

구술사 자료란 역사적 사건에 대한 개인의 기억이나 회고를 면담을
통해 수집한 결과물을 가리킨다.[68] 공식 역사를 대표하는 문헌 자료라
는 것은 그 시대의 가장 지배적인 목소리를 담고 있는 경우가 많다. 거
기에는 평범한 피지배자 일반의 이야기가 빠져 있다. 그런 면에서 구
술 기록은 평범한 다수의 목소리를 우리에게 들려준다. 특히 강제 연
행, '군위안부' 등의 문제와 관련해 생존해 있는 관계자들에 대한 증언
채록 문제는 시간을 다투는 중요한 문제이다. 이러한 의미에서 최근
한국학술진흥재단,[69] 국사편찬위원회,[70] 국가보훈처[71] 같은 정부(출
연) 기관에서 구술사를 정책적 육성 과제로 지원하고 있는 것은 매우
고무적인 현상이다.[72] 아울러 몇몇 연구 단체나 개별 연구자들이[73] 일

등에 관한 특별법 제정추진위원회,『구술자료로 복원하는 강제연행의 역사
―2001년도 구술자료 수집 결과 보고회 자료집』, 2001 ; 수원시 문화관광과,
『수원 근·현대사 증언 자료집 1, 2』, 수원시, 2002 ; 박찬승, 「한국전쟁과 진
도 동족마을 세등리의 비극」,『역사와 현실』38, 2000 ; 이용기, 「마을에서의
한국전쟁 경험과 그 기억」,『역사문제연구』6, 2001 등을 볼 것.
68) 권미현, 앞의 글, 112쪽.
69) 한국학술진흥재단에서는 2002년부터 시작된 기초 학문 육성 지원 사업의 일
환으로 숙명여대 아시아연구소의 한국여성100년사 등의 구술자 자료 수집에
연구비를 지원한 바 있다.
70) 국사편찬위원회는 2003년부터 앞으로 구술사 자료 수집을 주요 사업으로 선
정해 지원한다는 방침을 세웠다. 이에 따라 '구술 자료 수집을 위한 조사 연
구'를 주제로 2003년 11월 20일 워크샵을 개최한 바 있으며 2004년에는 두 차
례에 걸쳐 구술사 자료 공모를 실시했다. 국사편찬위원회,『국사편찬위원회
구술자료수집사업 참여연구자 전체워크샵―구술면담의 세부진행, 그 성과와
과제』, 국사편찬위원회, 2004, 1~2쪽.
71) 국가보훈처에서는 2001년부터 독립 유공자에 대한 구술자 자료 수집 사업을
벌이고 있다. 국가보훈처 편,『독립유공자 증언자료집 Ⅰ, Ⅱ』, 국가보훈처,
2002 볼 것.
72) 오유석, 「한국 근·현대 사회사 연구와 구술기록」,『기록학연구』9, 2004, 257
쪽.
73) 대표적인 보기로 한국정신대연구소, 한일민족문제학회 강제연행연구분과, 서
울대학교 교육사고, 일제강점하 강제동원 피해진상 등에 관한 특별법 제정추
진위원회 등을 들 수 있다. 이 가운데 한국정신대연구소는 수집된 구술 자료

제 파시즘기의 구술 자료를 수집하는 문제에 대한 관심을 보이고 있지만 아직은 전면적이고 체계적인 구술 자료 수집 단계에까지 이른 것은 아니다.74) 개별 연구자 또는 연구 모임 차원의 소규모이고 분산적인 작업이 이루어지고 있을 뿐이다. 앞으로는 좀 더 체계적이고 장기적인 접근이 필요하다고 생각된다.

이와 관련해 눈길을 끄는 것이 싱가포르의 국립 아카이브(http://www.nhb.gov.sg/NAS)이다. 싱가포르의 경우 국내외에서 구술사(특히 싱가포르 민중의 구술사) 자료를 수집하는 한편 온라인상으로 이를 공개하는 정책을 취하고 있다(http://www.a2o.com.sg/public/html 참조).75) 싱가포르의 국립 아카이브는 식민지 시대 영국의 문서는 마이크로 필름으로 보존하는 한편 식민지 시기를 겪었던 민중의 소리 등의 음성 기록을 대거 수집해 공개하고 있다.

일본의 경우도 일제의 식민지 지배 정책의 수립 및 집행 과정은 물론이고 그러한 정책이 조선 민중의 삶에 어떤 영향을 미쳤는지에 대한 구술사 자료 수집이 활발하게 이루어지고 있다. 일찍이 식민지 조선에 산 적이 있던 일본인들의 조직인 友邦協會에서 이루어진 구술사 자료 수집 작업76)은 최근 일부가 활자화되면서 학계의 주목을 끌고 있으

를 자체 웹사이트(http://www.truetruth.org)에 공개하는 한편 일부는 증언집으로 출간하는 등 가장 활발한 활동을 보이고 있다. 아울러 연세대학교 국학연구원 '파시즘 연구팀'에서도 파시즘기와 해방 이후에 대한 구술 자료를 채록한 바 있다.

74) 보기를 들어 국사편찬위원회에서 2004년 1차 공모를 통해 선정한 구술사 자료 주제를 시기라는 측면에서 보면 거의 대부분이 해방 이후에 해당하는 것이다. 이는 최근 활성화되고 있는 구술사 자료 수집이 갖고 있는 성격 및 한계를 여실히 보여준다.

75) 싱가포르 국립 아카이브의 디지털 정보화에 대해서는 이상민, 「역사기록물(Archives)의 항구적인 보존과 이용 : 보존전략과 디지털정보화」, 『기록학연구』1, 2000, 68~71쪽 볼 것.

76) 이 작업은 주로 지배 정책에 직접 관여한 바 있는 관료 출신을 대상으로 이루어졌다. 이 작업에 대한 개괄적인 소개로는 신주백, 앞의 글 ; 辻弘範, 앞의

며,[77] 특정 주제(보기를 들어 강제 연행)를 중심으로 한 구술 자료 채록 작업도 활발하게 이루어지고 있다.[78]

다만 여기서 한 가지 간과해서 안될 것은 구술사 자료 수집에는 단순히 피지배층의 목소리를 담아내는 것 이상의 의미도 있다는 사실이다. 구술사를 통해 지배층 또는 지배 정책의 주체로부터도 활자화된 기록의 이면에 숨어 있는, 또는 그와는 다른 목소리를 듣는 것도 가능하다.[79] 곧 정책을 둘러싼 지배층 내부 및 지배층과 피지배층 사이의 역동적인 모습을 파악하는 것도 구술자 자료를 통해 가능할 것이다.

4. 맺음말

그동안 일제 파시즘기 지배 정책에 대한 연구를 저해한 요인 가운데 하나가 바로 자료의 문제였다. 일제의 식민지 지배 정책의 억압적, 수탈적 성격이 극에 달했던 이 시기에 지배의 주체인 일제가 남겨 놓은

글 볼 것.

77) 구체적인 내용은 宮田節子 監修, 「未公開資料 朝鮮總督府關係者錄音記錄 (1) 十五年戰爭下の朝鮮統治」, 『東洋文化硏究』 2, 2000(정재정 역, 『식민통치의 허상과 실상』, 혜안, 2002) ; 宮田節子 監修, 「未公開資料 朝鮮總督府關係者錄音記錄(2) 朝鮮統治における'在滿朝鮮人'問題」, 『東洋文化硏究』 3, 2001 ; 宮田節子 監修, 「未公開資料 朝鮮總督府關係者錄音記錄(3) 朝鮮總督府·組織と人」, 『東洋文化硏究』 4, 2002 ; 宮田節子 監修, 「未公開資料 朝鮮總督府關係者錄音記錄(4) 民族運動と'治安'對策」, 『東洋文化硏究』 5, 2003 ; 宮田節子 監修, 「未公開資料 朝鮮總督府關係者錄音記錄(5) 朝鮮軍·解放前後の朝鮮」, 『東洋文化硏究』 6, 2004 볼 것.

78) 대표적인 성과로는 前田憲二 外 編, 『百萬人の身世打鈴 : 朝鮮人强制連行·强制勞動の恨』, 東方出版, 1999 등을 볼 것.

79) 보기를 들어 우방협회가 실시한 조선총독부 관료의 증언 기록화 작업에서 일본 본국의 관료와 식민지 관료 사이의 미묘한 대립 관계 또는 식민지 지배 정책에 대한 관료 개인의 불만을 읽어낼 수 있다는 사실을 지적한 신주백, 앞의 글 볼 것.

기록 가운데 상당수가 소멸되거나 아직 공개되지 않고 있어서 연구에
어려움을 겪었던 것이다. 그런 가운데 한국과 일본의 각 도서관, 자료
실 등에 산재한 일제 파시즘기 자료 가운데 일부는 자료집으로 공간되
기도 했지만 그것조차 한국 학계에서는 체계적으로 파악하지 못하고
있었다. 따라서 연구의 활성화를 위한 토대로서 그동안 공간된 자료를
포함해 일제 파시즘기 정책사 관련 자료의 현황을 정리하고 그 성격을
파악하는 것은 일정한 의미를 갖는다고 생각된다.

　최근 몇 년 사이에 국가의 지원에 의해 일제 파시즘기 정책사 관련
자료의 수집은 비약적인 진전을 이룰 수 있었다. 특히 적지 않은 양의
해외(주로 일본) 자료가 수집되었고 많은 자료가 자료집의 형태로 공
간되거나 웹사이트를 통해 공개되었다. 자료 한두 점의 발굴이 논문
한 편으로 이어지던 십수 년 전에 비해 본다면 격세지감을 느낄 정도
이다. 이제 연구자들이 자료가 없어서 연구하기가 힘들다는 이야기를
할 수 없는 상황이 되었다. 그러나 현재의 상태에 만족할 수만은 없다.
지난 반세기에 걸친 자료의 공백이 너무 컸기에 그러한 공백을 극복하
기 위해서는 더 큰 노력이 필요하다.

　여기서는 해외 자료의 수집에 기울이는 노력과 병행해 국내 자료의
수집에도 좀 더 많은 노력을 기울여야 한다는 것, 아직 공개되지 않은
해외 자료 특히 일본 정부가 소장하고 있는 자료의 수집을 위해 국가
가 좀 더 적극적으로 나서는 한편 동아시아 차원의 자료 조사 네트워
크에 대해서도 고려해야 한다는 것, 수집된 자료를 연구자는 물론이고
일반인도 쉽게 이용할 수 있도록 하는 활용 방안의 하나로 자료의 디
지털화에 대한 좀 더 적극적인 대응이 필요하다는 것, 자료 수집 기관
사이의 헤게모니 싸움을 종식시키고 자료의 수집, 보존, 활용에 대한
체계적인 통합 시스템을 구축하는 일이 시급하다는 것, 사료 헤게모니
에 대한 인식을 바탕으로 문서 자료의 대안적 자료를 모색할 필요가
있으며 그러한 모색의 일환으로 구술사 자료를 수집하기 위해 노력해

야 한다는 것을 지적했다.

파시즘기 지성사 연구와 자료 문제

전 상 숙*

1. 머리말

일제 파시즘기가 우리 사회에 미친 가장 큰 영향은 이른바 '식민지 파시즘'1)의 유산이라고 통칭할 수 있는 것이었다. 외적으로 그것은 전시 동원을 위한 강력한 억압적 수탈체제의 경험이 식민지 한국인의 총체적인 일상생활을 극도로 피폐화시킨 데서 기인한다. 이는 해방 이후 근대 민주국가를 건설하면서 그 외형에 걸맞는 생활양식을 습득하고 생활화하여 내용을 채우는 데 많은 문제를 드러냈다. 내적으로는 구한국시대로부터 근·현대로 이어지는 한국사 특히 사상사·지성사적 발전의 맥을 왜곡·단절시켰다. 일제 강점 이래 조성된 민족 대 반민족(친일)이라는 갈등구조는 파시즘기를 거치며 공고화되었다. 이는 분단 이후 반공의 문제와 중첩되면서 근현대 한국 정치 사상사·지성사를 유기적인 상관관계 속에서 규명하는 데 걸림돌이 되었다. 일제 파시즘기의 경험은 근현대 한국 사회에서 '친일' 또는 '민족' 대 '반민족'의 문제가 계륵과 같은 존재로 갈등구조의 핵심에 자리하게 했다고 할 수 있다.

그러므로 근현대 한국 사회 갈등구조의 이면에 자리하고 있는 일제

---

* 연세대학교 국학연구원 연구교수, 정치학
1) 식민지 파시즘에 대하여는, 전상숙, 「일제 군부파시즘체제와 '식민지파시즘'」, 방기중 편, 『일제 파시즘체제와 민중생활』, 혜안, 2005 참조.

파시즘기의 사상적·정신적 궤적을 고찰하여 규명하는 일은 시급한 일이 아닐 수 없다. 일제하 '친일'과 '항일'의 대립구도는 파시즘기를 거치며 '반민족'과 '민족'의 갈등 구조로 강화되었다. 그리고 해방 이후에는 분단과 함께 반공과 민주화운동의 대립적 갈등관계와 중첩되어 연장선상에서 문제시되고 있기 때문이다. 일제 파시즘기의 사상적·정신적 궤적을 고찰하여 규명하는 일은 친일과 항일을 두 축으로 하여 다양하게 드러난 일제시기 한국인들의 삶의 궤적을 추적하여 해방 이후로 이어지는 근현대 한국 사회와 사상의 궤적을 유기적으로 파악하는 작업이 된다. 이러한 작업은 지성사의 왜곡 또는 단절된 국면을 규명하여 근·현대 한국 정치·지성사의 역사적 변천과 발전과정을 이해함으로써 갈등의 구조를 파악하고 해체하는 데 필수적이다.

그럼에도 불구하고 일제 파시즘기에 대한 연구는 '억압과 수탈'에 대한 '저항과 운동'이라는 현상적으로 나타나는 이분법적 구도 아래서 지배체제의 억압적 수탈을 강조하거나 그에 적극적으로 저항한 운동사를 중심으로 진행되었다. 그러한 구도로는 설명되지 않는 부분이나, 현상적으로 드러나는 측면의 내적인 부분은 공백으로 남겨졌다. 공백으로 남겨진 부분 가운데 특히 주목되는 것이 위와 같은 의미를 갖고 있음에도 불구하고 여전히 미답의 지역과 같이 존재하는 파시즘기 지성사 부분이라고 할 수 있다.

그러므로 이 글에서는 파시즘기 지성사 연구의 필요와 의미를 고찰하여 이 분야의 연구에 대한 관심을 환기하고자 한다. 일제하 지성사 연구는 직접적으로는 사상사와, 간접적으로는 주권을 상실한 식민지 민족의 주권을 회복하려는 정치운동을 중심으로 하는 정치사에 대한 인식이 혼재되어 미분화된 양상을 보이고 있다고 할 수 있다. 따라서 사상사·정치사와 직·간접적으로 상호 관련되어 있으면서도 독자적인 영역을 구축하고 있는 지성사에 대하여 먼저 살펴보고, 그에 입각해서 파시즘기 지성사의 의미와 연구 현황을 살펴본 후, 파시즘기 지성사 연구와 자료의 문제에 대하여 고찰해 보고자 한다.

2. 파시즘기 지성사 연구의 의미와 필요

한 사회의 발전은 다양한 분야의 지성사적 발전에 기초하여 문화와
문명, 사상 등이 논의되고 수용되면서 우리의 것이라 할 수 있는 새로
운 문화와 생활양식으로 정립되는 변증법적인 과정을 통해서 이루어
진다고 할 수 있다. 그러나 일제 강점기, 특히 파시즘기 한국의 지성사
는 일제의 사상통제정책에 의해 강제적으로 왜곡되거나 단절되었다.
그로 인하여 해방 이후 국가건설기로부터 현재에 이르기까지 한국 근
·현대 지성사의 발전은 물론 연구조차도 미개척의 공백으로 남겨지
게 되었다. 그것은 파시즘기에 대한 자유로운 논의까지 직·간접적으
로 제한하는 영향을 미쳤다. 그러므로 일제 '식민지 파시즘'의 유산이
가장 극명하게 드러나는 분야가 곧 한국 근·현대 지성사라고 해도 과
언은 아닐 것이다.

일제 파시즘기 지성사 연구의 필요와 의미는 여기서 제기된다. 현재
'친일'로 상징되는 과거사 청산이 문제시되는 것은 일제 강점 이래 조
성되기 시작한 민족 대 반민족(친일)이라는 근·현대 한국 사회의 갈
등구조가 파시즘기를 거치면서 공고화되어 내재해 있기 때문이다. 일
제 파시즘기에 한국 사회는 지배체제의 강제와 동원에 대한 적극적인
저항에서부터 자발적인 협력에 이르기까지 다양한 한국인들의 대응과
인식의 편차가 존재했다. 그러나 내선일체·황국신민화를 앞세운 일제
파시즘 체제의 지배는 물리적 동원의 강제는 물론 정신적인 측면에서
도 일체의 민족적 자율성이나 독자성을 용인하지 않았다. 그리하여 일
제 지배체제의 변혁을 요구하는 적극적인 저항은 파시즘을 모순이 한
계에 달한 자본주의가 돌파구를 모색한 것으로 보고 그에 대한 반제·
반파시즘을 주장한 사회주의운동으로 명맥을 유지했다. 한편, 소극적

인 저항은 일제 파시즘 체제 내에서 용인되는 방식으로 삶의 문제 곧 열악한 실생활의 개선을 요구하거나 침묵함으로써 순응의 모습을 보였다고 할 수 있다. 식민지 파시즘 지배체제에 대한 저항이라기보다는 순응하는 형태로 나타난 소극적인 저항은 일면 친일·반민족 행위와 구별하기 어려운 경계선에서 중첩되어 있다고 할 수 있다. 그러한 소극적인 저항의 경계선에서 절실하게 요구되었던 생활의 문제는 다른 한편으로는 근대적 산업화를 이룬 일제에 대한 열세를 인정하고 힘을 길러야 한다는 논리로 전개되었다. 이는 전근대적·반봉건적인 한국 사회의 미발달로 인한 힘의 열세를 극복하지 않으면 근본적으로 바뀔 수 없다는, 이른바 민족부르주아세력의 실력양성론에 입각한 부르주아 민주주의에 대한 지향과 접목되어 일제 파시즘 체제의 경제적 팽창에 자발적으로 동승·협력하는 형태로 표출되었다. 그리하여 일제 파시즘기 '친일'의 문제는 이른바 사회주의운동을 중심으로 한 적극적인 저항을 한 사람들을 제외하고는 당시를 살았던 누구도 주·객관적으로 자유로울 수 없는 그림자를 드리우게 되었다.

그것은 해방 이후 민족이 분단된 가운데 한편으로는 남과 북 사이에 정권의 정통성 대립과, 다른 한편으로는 한국전쟁을 거치며 일면 설득력을 얻게 된 지배세력의 '반공'의 정치적 이데올로기 아래 일제 파시즘기 한국 사회의 다양한 인식과 그에 따른 대응 양상을 규명하는 것조차 일종의 금기의 영역으로 만들었다. 그리하여 일제 강점기 특히 파시즘기 연구는, 표방하는 이념과 갈등하는 지성은 존재하나 그 근간이 되는 사상에 대한 연구는 없는 저항의 정치사로 한정되었다. 그것도 이른바 '민족주의운동'이라는 이름으로 일면적으로 진행되어 파시즘기의 민족 대 반민족(친일)의 갈등구조가 공고화된 파시즘기는 공백으로 남겨놓았었다. 1980년대 들어 그러한 일면적 민족운동사의 복원을 목표로 일제 강점기 연구가 활발히 전개되었다. 그러나 이는 지배체제의 정치적 반공 이데올로기에 대한 반작용으로, 엄격한 금기의 영

역으로 존재하던 일제하 사회주의운동을 항일 민족운동사의 맥락에서
연구하는 데 집중되었다. 그리하여 일제 강점기 특히 파시즘기에도 적
극적으로 저항한 사회주의운동의 민족운동사적 의미가 규명되는 가운
데 이를 이끌어간 사회주의 이념과 사회주의 지식인에 대한 지성사적
연구가 시도되었으나 아직 운동사의 범위를 벗어난 본격적인 연구는
미흡한 실정이다.[2] 또한 이른바 '친일'의 범주에서 자유롭지 못한 부르
주아 민족세력에 대한 지성사적 연구는 여전히 공백으로 남아 있다.

식민지 파시즘의 경험이 이데올로기로 인한 분단체제 수립 이후 현
대사에 드리운 그림자는 그 시대를 살았던 사람들에 국한된 것이라고
할 수 없다. 현실의 권위주의적 지배체제를 개선하기 위한 민주화운동
과 이를 뒷받침할 논리적 체계를 위한 과학적 실천적 학문 연구라고
하는 당대 지식인의 사고와 행위 양식도 지나간 일제 파시즘기의 경험
으로부터 자유롭다고는 할 수 없기 때문이다. 일제 파시즘기를 거치며
공고화된 친일을 중심으로 한 반민족 대 민족의 대결구도가 이른바 반
민주 대 민주의 대결구도로 연계된 측면이 있기 때문이다. 일제 파시
즘기, 특히 지성사 연구의 공백은 바로 그 귀결이라고 할 수 있다.

그러한 일제 파시즘기의 유산이 한국 근현대 지성사에 드리운 그림
자 가운데 가장 큰 것이 '전향'을 둘러싼 문제라고 할 수 있다. 파시즘
기를 거치며 구조화된 민족 대 반민족의 대결구도 그러나 그대로 현재
화될 수 없었기 때문에 내재화되어 이후 갈등과 대립의 씨앗이 된 대
결구도의 정점에는 일제의 사상통제정책의 일환으로 강제된 '전향'이
있었다. 항일 실천운동의 이념으로 받아들인 사회변혁사상을 버리고
대신 일본 정신을 상징하는 국체관을 수용하여 실천적으로 증명할 것
을 강제한 전향정책은 일제 파시즘 지배체제의 정신적 강제·동원의
정수를 보여주는 것이었다. 식민지 지식인에게 그것은 이념적인 변절

---

2) 전상숙, 『일제시기 한국 사회주의 지식인 연구』, 지식산업사, 2004, 31~39쪽
   참조.

이상의 것이었다. 생사를 같이한 동료에 대한 배신이었으며, 민족에 대한 배반이었고, 국가의 독립을 방기하는 것이었다. 동시에 그것은 동료와 민족을 대신해서 자신의 생명과 안위를 보장받는 것이었으며, 국가의 독립 대신에 일본 제국주의의 충실한 하수인이 되는 것이었다. 전향정책이 공산주의자들에 대한 사상통제정책으로 시작된 것이었음에도 불구하고 좌・우익을 불문하고 당대의 지식인들이 자유롭지 못한 이유는 거기에 있다. 일제 파시즘기의 전향은 곧 일제의 국체관을 받아들였다는 것을 증명하는 것이었다. 그것은 다름 아니라 이른바 '친일'로 통칭할 수 있는 일체의 행위를 통해서 증명하는 것이었다.

그러므로 당대를 살아낸 사람들, 특히 지식인들 누구도 전향의 문제로부터 자유로울 수 없었고, 이는 암묵적인 동의 아래 일제 파시즘기의 실체를 밝히는 데 걸림돌이 되었다. 그 결과 이후의 연구는 과학적 실천적 학문연구를 외쳤지만 그에 대한 반작용으로 또 다른 일면적 평가 내지 관점이 압도하게 되는 경향을 보였다. 그리하여 남겨진 파시즘기 지성사의 공백을 메우는 일이야말로 근현대 한국 사회를 유기적인 연속선상에서 파악하고 이해할 수 있는 이른바 일제시기의 전체상을 복원하는 데 가장 중요한 일이라고 할 수 있다.

일제 파시즘기 지성사 연구의 부재는 당시 한국 사회를 지성과 사상이 부재한 시기로 만들었다. 이는 곧 파시즘기 한국 사회의 사회구조와 한국인의 시대정신 내지 사상을 알지 못한다는 의미이기도 하다. 이는 다시, 알지 못하기 때문에 없었던 것으로 여긴다는 의미이기도 하다. 그런데 문제는 일제 지배체제와 그 정책 그리고 그에 대한 저항과 협력은 존재했다는 점이다. 제국주의의 지배와 그에 대한 저항과 협력은 있었지만 그에 대한 인식과 사상이 없었다고 할 것인가. 일제 파시즘기 한반도에는 현실주의 국제관계론에서 말하는 바와 같이 오직 국제적 주권국가인 일본, 일제만 존재하고 그에 주권을 침탈당한 식민지 한국, 한국인은 존재하지 않았다는 것인가. 그러면 '해방'은 무

엇인가? 우리가 독립운동의 결과 그 힘으로 주권을 되찾은 것이 아닌
것은 '사실'이다. 그러면 해방 역시 주어진 것이고, 그 결과 국가 주권
도 주어져 그들(외세)의 원조와 호의 덕분에 체제를, 국가를 수립했다
고 할 것인가? 그 연장선상에서 우리와는 전혀 상관없이 단지 열강의
이해관계로 인하여 이데올로기적 분단체제를 구축하게 되었다고 할
것인가? 이러한 문제는 곧 현재의 오늘의 우리의 문제이다.

　이와 같이, 일제 파시즘기 지성사 연구는 근현대 한국 사회를 유기
적 연속선상에서 규명하여 밝혀냄으로써 우리 사회에 깊이 내재해 있
는 갈등구조를 해체하는 중심에 있다고 할 수 있다. 일제 파시즘기에
는 그 지배체제에 대한 다양한 한국인의 대응과 인식이 존재했다. 그
속에 드러나는 다양한 편차는, 식민지를 경험하지 않은 세대가 '친일'
을 마치 민족적 또는 도덕적인 고민도 없이 개인적인 이기심에서 행한
것으로 단순히 비난할 수 없는 바와 같이, 그리 간단하지 않은 복합적
인 성격을 지닌다. 후발 산업국가인 일본의 선발 산업국가에 대한 경
쟁과 그 연장선상에서 행해진 일제의 식민 지배가 갖는 구조적인 이중
성과 갈등구조 그리고 이를 배경으로 한 식민지 지식인의 행위와 사고
가 갖는 또 다른 의미의 이중성과 문화적인 편차 또는 지적 소멸 등을
복합적 요인으로 이해하지 않으면 안된다.

　그러한 일제 파시즘기 지성사에 대한 연구는 곧 한국역사 속에서 계
승·발전되어 오던 내재적 발전의 흐름이 일제 파시즘기의 강력한 외
적 규정력과 상호 작용하면서 어떻게 변용·전개되었는지 밝히는 작
업이 될 것이다. 이것은 일제 강점 하에서 단절·왜곡되어 계승적으로
발전하지 못한 근·현대 한국지성사를 복원하는 것이며, 또한 재정립
하는 것이다. 이는 곧 한국의 정치·경제·사회문화사를 재정립하는
기반이 된다고 할 수 있다. 궁극적으로 그것은 근현대 한국 사회의 갈
등 구조를 밝혀 전환기를 헤쳐나갈 방향을 모색하는 작업의 일환이기
도 하다고 할 수 있다.

3. 지성사와 사상사·정치사

어느 시대, 어느 사회에나 일반적으로 통용되어온 사상(ideas)이나 이념(ideals)이 존재한다. 그에 관한 연구는 사상사연구로서 일반 역사연구의 한 부분을 차지하며 오래 전부터 있었다. 그러나 하나의 전문적인 분야로 지성사가 자리하게 된 것은 20세기의 전환기였다.

역사의 '진보'라는 관점에서 인간의 행위와 사상 즉 정신활동의 관계를 역사연구의 대상으로 한 것은 18세기 프랑스 계몽사상가 볼테르에서 시작하여 19세기 헤겔, 랑케로 이어지며 진행된 관념적·개별사적인 연구에서였다. 그리고 랑케의 역사연구는 이전의 카톨릭적, 계몽주의적, 헤겔적 역사관에 반대하여 각 시대와 민족의 특징과 질적 발전을 주장하며 '실제 있었던 것을 나타내는' 실증사학으로서의 역사학이라고 하는 근대 사학으로 정립되었다. 그것은 근대 자연과학의 비약적 발달에 기초하여 이른바 과학적·실증적으로 증명될 수 있는 연구 곧 비자연과학 분야의 과학화로 전개되었다. 정치·사회·문화제도 등 외형적 형태로 나타나는 인간의 행위도 이를 뒷받침할 실증(자료)를 중심으로 밝히는 연구경향으로 전개된 것이다.

그러나 19세기 말, 그러한 '과학적 역사학'의 한계에 대한 비판이 본격적으로 제기되기 시작했다. 과학적 역사연구는 인간의 행위와 생활을 외적 요인과 그 요인 상호 간의 작용·반작용을 시간적 인과관계에 따라 실증 자료를 중심으로 가능한 충실하게 복원하는 것이었다. 정확한 사료 비판을 통해서 있었던 그대로의 역사의 재구성을 지향했으므로 역사연구는 구체적인 사건이나 정치·제도사 중심으로 전개되었다. 따라서 왕조의 교체, 정부기구의 변천, 정책의 변화, 전쟁이나 조약의 경과, 혁명의 원인과 결과, 각종 단체의 활동과 성쇠 등 정치와 군사를 중심으로 한 형식적인 역사 발전의 연구가 목적이 되었다.[3] 그러한 연

---

3) 차하순, 「사상사의 의미와 미국에 있어서의 그 연구개황」, 『미국학논집』Ⅲ,

구는 자료의 한계와 자료 선택의 자의성이라는 문제를 내포할 수밖에 없었다. 또한 인간의 행위는 궁극적으로 그 정신세계를 고려하지 않으면 완전히 이해될 수 없다는 기본적인 한계를 노정했다. 따라서 인간의 사고와 의식과 무의식의 세계, 관념의 추이, 지성적·감성적 표현 등 역사발전의 내적 형성력을 추구하는 사상사에 대한 학문적인 필요가 각성되었다. 또한 20세기의 전환기에는 종합적 학문으로서의 역사학의 위치가 역사연구의 분업화와 전문화로 인해 동요되고 있었다. 역사의 종합적인 전체상을 인식하는 것이 모호해졌기 때문이다. 인문과학의 중추로 자리했던 역사학의 학문적인 기여도 거의 기대할 수 없게 되었다는 자성이 뒤따랐다. 그 결과 종합사(universal history)로서의 연사연구를 정립하려는 모색이 뒤따랐다.

그러한 추세를 배경으로 20세기 초, 역사를 문화적 배경에서 종합하려는 문화사적인 경향이 등장하는 가운데, 지성사(history of ideas, intellectual history) 연구가 역사의 내면적인 형성과정을 종합적으로 이해한다는 관점에서 대두했다.4) 다른 한편, 모든 사람들의 실제 경험이라고 하는 외적인 환경을 다루는 사회사 연구의 발전이 그것을 배경으로 한 인간 정신의 발전과정을 하나의 양식으로서 주요 대상으로 하는 지성사5) 연구를 촉진했다. 이러한 지성사 연구에 대한 학문적인 요구는 자연과학의 발달로 인간의 물질적인 조건은 풍요로워졌지만 사회전반에 대한 과학적인 연구경향으로 인간 정신의 문제가 경시된 데 대한 각성이었다. 사회경제적 조건의 변화에 상응하는 인간 정신의 변천과 그 가운데 전개되는 인간 정신의 개발이라는 측면을 간과한 데 따른 시대적인 필요와 결부된 것이었다. 다시 말해서 과학적 역사학에

1970. 10, 27쪽.

4) 박용화, 「J.H. Robinson의 지성사의 이론과 그 실제」, 『역사학보』85집, 1980, 63~64쪽 참조.

5) H. L. Swint, "Trends in the Teaching of Social and Intellectual History", Social Studies, XLVI, 1955, p.250.

서 경시된 인간의 사상과 관념이 역사에 작용하는 힘에 대한 학문적인 연구의 필요가 제기된 것이었다. 이는 곧 과학 발달의 원천이 될 현재와 미래에 대한 전망을 제시할 인간의 정신에 대한 시대적인 요청이기도 했다. 과학적 역사학으로는 파악하기 어려운 문제 곧 '인간 자신에 대한 문제'에 대한 필요이자 시대적 요구였다.

그리하여 시대정신의 이해를 통해서 세계관을 확립하려는 노력이 19세기말 유럽에서 시작되어 20세기 들어 본격화했다.[6) 종래의 사상사 연구는 개념에 대한 이해와 개념과 개념 간의 유기적 상호관계를 계통화하여 사상의 체계적인 발전과정을 분석하는 것이었다. 새로운 노력은 종래의 사상사 연구와는 다른 측면에 주목했다. 한 시대, 한 국민의 내면적 생활의 발전을 추적하여 그에 따라 형식적인 철학체계와 실제적 성과를 드러내는 시대정신을 밝히는 것이었다.[7) 따라서 사상의 체계적인 발전과정을 분석하는 데서 나아가 인간의 내적 경험의 역사를 통해서 사회와 시대를 고찰하고 그 진보를 전망한 인간 정신을 탐구하는 데 치중하게 되었다. 지성사는 정치·정책·제도의 형식적인 변천을 서술하는 대신, 인간의 사고와 의식활동·추리과정·지성적 감정적 표현을 중심으로 역사발전의 내적 형성력을 종합적으로 추구한다.[8) 그런데 개인이나 사회적 집단의 신념 또는 주창된 신념의 동기나 행위는 사실, 지적인 과정을 통해서 형성되기도 하지만 비공인된 또는 잠재의식적인 비이성적 욕구나 열망 또는 이익에 의해 형성되기도 한다.[9) 그러므로 지성사는 이론적으로 논리화된 논거와 폭발적인 열정을 갖고

---

6) H. S. Huges, *Consciousness and Society*, New York, 1958, pp.185~189.

7) John Higham, "American Intellectual History : A Critical Appraisal", *American Studies* ed. Robert Merideth, Columbus, Ohio, 1968, p.220.

8) 차하순, 「사상사의 의미와 미국에 있어서의 그 연구개황」, 『미국학논집』III, 1970. 10, 27~29쪽 참조.

9) Arthur O. Lovejoy, "Reflections on the History of Ideas", Philip Wiener and Aaron Noland eds., *"Ideas in Cultural Perspective"*, Rutgers Univ. Press, 1962, p.16.

있는 인간의 사고(thought)와 감정(emotion)을 모두 대상으로 하게 된다. 이러한 지성사 연구는, 전통적인 사상사 연구와 같이, 사상을 이해하기 위한 자체의 의미론적 분석이나 사상 체계 간의 연관을 중시하기도 하지만, 그 역사를 정확하게 고찰하는 것이 필요로 하므로 사상이 형성된 환경 곧 사상의 제도적·역사적 배경과 영향을 중요하게 고려한다.[10] 그러므로 지성사 연구는 전통적인 사상사 연구의 체계와 정치·사회사 연구를 종합적으로 고찰하여 보다 넓은 의미의 시대정신을 규명하는 연구라고 할 수 있다. 이런 의미에서 지성사는 사상사의 한 분야라고 할 수 있지만, 다른 한편으로는 전통적인 사상사 연구에서 간과된 시대사의 정신적인 측면에 주목한 새로운 분야라고도 할 수 있다.

지성사를 포함한 사상사의 학문적인 자율성은 기본적으로 관념과 관념, 개념과 개념, 사상과 사상 사이의 관계를 밝히는 데 있다.[11] 그러한 사상사의 과제는 먼저, 관념·사상·논리적 진술 그 자체를 엄밀히 분석·검토하고 그 의미를 살펴보는 '내적 접근'(internal approach)과, 그 다음에 그 관념·사상을 사회적 기원이나 환경적 요인 즉 정치·외교·경제·사회적인 여건과의 관련 또는 그 사회적 영향을 살펴보는 '외적 접근'(external approach)과 같은 두 단계의 절차를 거쳐 완결된다고 할 수 있다. 사상사의 학문적 자율성을 담보하는 기본 명제 곧 역사적 사상 가운데 현저한 주된 영향을 주요 개념을 의미론적·비평적 또는 철학적으로 분석하여 논리적 내적 발전과정을 밝히는 작업은 주로 내적 접근에 의존하게 된다. 그런데 내적 접근은 주로 사상사가들의 지적 소산을 주요 자료로 하기 때문에 일반적으로 대중과 직접적으로 관계가 없는 경우가 많다.[12] 이러한 이른바 '고등 지식

10) 차하순, 앞의 글, 33~35쪽 ; 박충석, 「'사상사학'과 사상사연구」, 『현상과 인식』 4권 1호, 1980, 70쪽.
11) John Higham, "Intellectual History and Its Neighbors", Philip Wiener and Aaron Noland eds., Ideas in Cultural Perspective, 1962, p.89.

인'에 대한 연구는 역사와 역사의 문명적 제 가치가 소수의 엘리트에 의해 확립되고 유지된다는 관점에 입각한 것으로 사상사의 왕도로 여겨지기도 한다.[13] 전통적인 '사상사' 영역 일반이나 정치사상사·철학적 사상사 연구는 주로 그러한 내적 접근을 중시한다.

사고와 행위와의 관계를 규명하는 일은 사상사의 과제 중 가장 중요하고 힘든 일이다.[14] 사고와 행위가 복합적으로 상호작용한 총체적인 결과는 사회의 제도와 문화로 나타난다. 그리고 역사발전에는 외적인 면과 내적인 면이 있다. 정치구조, 사회 신분체제, 경제제도와 같은 제도적 요소는 그 형성과정에서 의도와 동기가 있고 목적이 설정되어 체계적인 주장이나 사상으로 합리화된다. 이를 거꾸로 말하면, 한 시대의 사회제도를 종합적으로 이해하기 위해서는 그 제도를 창안하고 운영한 개인 또는 집단의 심리적 과정·신념·정신적 내용을 파악할 필요가 있다[15]는 것이다. 여기에 정치사와 사상사, 그리고 지성사가 겹쳐지고 차별되는 접점이 있다고 할 수 있다. 다시 말해서 정치구조와 이를 구성하는 제요소를 외적인 제도적 차원을 중심으로 살펴보는 것이 정치사라고 한다면, 사상사는 그러한 외적인 요소가 형성되는 과정에서 논의된 의도와 동기·목적 등을 이른바 '고등 지식인'이라 칭할 수

---

12) 차하순, 『서양 근대사상사 연구』, 탐구당, 1994, 19~20쪽.

13) H.S. Hughes, *Consciousness and Society,* 황문수 옮김, 『의식과 사회』, 1989, 22~24쪽.

14) 사상과 사회와의 상호연관을 중시하는 외적 접근은 주로 지식사회학에서 다루어졌다. 이때 진리관념의 보편성이 문제가 된다. 사상과 외적 요인과의 상호관계는 인과적으로 선후를 가려내기 어렵기 때문이다. 시대의 요구를 구체화한 결과 등장한 사상이나 이념이 있는 반면, 시대적 요구와 관계없이 출현하여 그 타당성이 부정되었음에도 그 후 오랫동안 사상적 힘을 유지하는 경우가 있다. 그런데 지식사회학은 이른바 그러한 '지적 소멸'(intellectual extinction) 또는 '문화적 편차'(cultural lag)라 칭하는 사상의 역사적 무의미를 일률적으로 다루는 난점이 있다(차하순, 「사상사의 과제와 여구방법」, 『역사학보』제50집, 1971, 198~99쪽).

15) 차하순, 앞의 책, 28~29쪽.

있는 한 시대의 이데올로그의 주요 관념과 개념·사상의 관계를 중심
으로 체계적·분석적으로 연구하여 당대의 정치·사회를 구성한 작동
의 원리와 이념을 논리화하는 것이라고 할 수 있다. 그리고 지성사는
인간행위의 외적인 면과 내적인 면을 인간의 사고와 행위와의 상관관
계를 중심으로 분석·파악하여 당대의 사회를 이끌어간 역사발전의
시대정신을 논리화하는 것이라 할 수 있다.

정치사는 사회경제사 연구는 물론 사상사와 지성사 연구의 배경이
된다. 사상사와 지성사는 '관념'의 역사적 변용과정에 유의한다고 하는
점에서 공통적이다. 그러나 양자가 구별되는 차이는 분명하지 않다고
도 할 수 있다. 양자는 서로 혼용되기도 한다. 그러나 지성사가 사상사
보다 일반적이고 포괄적으로 사용된다. 굳이 구별하자면, 사상사는 사
상가들의 생각을 역사적으로 다루는 것이고(history of ideas), 지성사
는 인간 사고의 역사를 다루는 것(history of man thinking)이라고 할
수 있다.16) 사상사가 한 시대의 사상사가의 이성적 논리를 주 대상으
로 한다고 한다면, 지성사(intellectual history)는 인간 이성의 논리
(thought)뿐만 아니라 그 이면에 있는 인간의 열정적인 감정(emotion)
도 모두 대상으로 한다고 할 수 있다.17) 이러한 지성사 연구는, 19세기
말 유럽에서 시작되었지만 20세기 들어 미국에서 본격화했다.

세계대전은 유럽의 지적 공동체에 커다란 중요한 변화를 일으켰
다.18) 제1차 세계대전은 유럽인들의 문화적 가치의 취약점을 드러냈
다. 그것은 유럽의 평범한 시민들에게 그들의 가장 절박한 관심사에
관련된 문제를 말해줄 수 있는 철학·사상이 없다는 것이었다. 그리하
여 제1차 세계대전 중 유보되었던 많은 저술이 한꺼번에 출판되었을

---

16) Vide Maurice Mandelbaum, "The History of Ideas, Intellectual History, and
the History of Philosophy", *History and Theory*, Beiheft 5 : The
Historiography of the History of Philosophy, 1965, pp.33~66.

17) H.S. Hughe, 앞의 책, 3쪽.

18) 위의 책, 348쪽.

때 그것은 모든 정치 진영의 실험열과 맞닿아 '참여'와 '가담'을 도덕적 지상명령으로 내세웠다. 그러한 상황에서 특히 파시즘의 출현과 대공황 이후 파시즘의 대두는 유럽의 지성인들에게 정치적 가담이 유일한 선택이라는 결론에 이르게 했다. 극히 소수는 파시즘을 선택했고, 대부분은 망명을 했든, 인민전선의 긴요성을 주장했든, 또는 말없이 '국가이민'을 감수했든, 파시스트 지도자들이 운명적인 미래라고 선언한 것에 저항하는 길을 선택했다.[19] 유럽의 지식인들이 파시즘의 학정을 피해 미국으로 이주했다는 사실은 20세기 2/4분기의 가장 중요한 문화적 사건 혹은 사건들의 연속이었다.[20] 그것은 이제 막 비약적인 발전을 할 순간에 놓여 있던 미국 학문 분야들에 큰 도움이 되었다.[21] 특히 사상사 분야에서 그들의 이주는 과학적 역사학의 문제와 전쟁을 통해서 드러난 시대정신의 필요와 결부되어, 드러난 외적인 현상 이면에서 작용하는 인간 정신의 문제를 통해서 세계관을 확립하려는 노력으로 지성사 연구가 촉진되는 데 기여했다.

이러한 배경에서 새롭게 제기된 지성사 연구는 고식적인 사상사적 접근방법에서 벗어나, 지식계급에 의해 형성된 다양한 의견의 역사일반을 대상으로 인간의 행위와 사상 간의 상관관계를 파악하여 역사발전의 시대정신을 새롭게 재구성하는 것이다. 이때 지식계급 (intellectual class)은 사상사의 주요 대상이 되는 사상가('고등 지식인')뿐만 아니라 의견의 역사(history of opinions)에 영향을 줄 수 있을 정도의 지적 능력을 갖고 있는 일반 지식인을 포함한다. 이러한 지성사의 목적은 지식계급의 정신상태와 그들이 갖고 있는 지식의 범위에 주목하면서 현대사회가 물려받은 특수한 지적 유산을 명확히 제시하는 데 있다.[22] 이러한 목적이 이루어질 때 우리는 현재 용인되고 있는

---

19) 위의 책, 377~78쪽.
20) H.S. 휴즈, 김창희 옮김, 『지성의 대이동 : 1930-1965년의 서구사회사상』, 한울, 1983, 9쪽.
21) 위의 책, 12쪽.

의견·사상들이 특정한 역사적 상황 속에서 어떻게 생기고 변화했는
지 알 수 있으며, 나아가 변화하는 현재의 환경에 적응할 수 있도록 의
견을 재조정할 수 있게 된다. 이것이 곧 지성사 연구의 목적이라고 할
수 있다. 이전과는 분명 다른 양상을 띠고 있는 사람들의 생활양식과
이를 설명할 사고의 유형을 밝히려는 노력이 다각적으로 행해지는 것
은 변화의 결과 다가올 '미래'의 상을 만들어갈 세계관을 구축하기 위
해서라고 할 수 있다. 사회적 변화 또는 사회의 재조정은, 지적 계도에
의해 좌우되기 때문에 정신적 재조정과 병행되어야 한다. 지성사는 오
늘의 문제들이 어떻게 발생했는지 설명하여 우리의 의무와 책임을 분
명하게 인식하게 하고, 진보의 근본적인 바탕이 되는 지적 자유를 증
진시켜준다.[23] 이러한 의미에서 일제 파시즘기 지성사 연구는 전환기
한국 사회의 미래에 대한 청사진을 그리는데 가장 큰 걸림돌이 되는
것 중의 하나인 '친일'로 상징되는 일제시기의 유재, 과거사의 문제를
해체하는 문제의 핵심에 있다고 할 수 있다.

4. 일제 파시즘기 지성사 연구와 자료

파시즘기의 경험은 세계사적인 보편성과 지역적인 특수성을 갖는다
고 할 수 있다. 파시즘기 유럽의 지성은 유럽 문화의 취약점을 자각하
고 예기치 못한 정치·사회적인 변화에 대응한 다양한 양식을 모색했
다. 그것은 세계사적인 격변과 파시즘 지배의 강화로 '참여'와 '가담'을
도덕적 지상명령으로 내세운 다양한 형태의 정치적 가담이라는 선택
으로 귀결되었다. 그러나 그들의 선택은, 그것이 파시즘이 되었건, 망
명이나 이민이 되었건, 공산주의운동이 되었건 선택할 수 있는 '상대적
자율성'의 여지가 있었다. 파시즘을 선택한 소수를 제외한 대다수의 자

22) Robinson, *The New History*, 102~106쪽 참조.
23) Robinson, 위의 책, 130~31쪽.

율적인 선택은 파시즘에 대한 저항이라는 파시즘과는 다른 형태에 대한 정치적 가담으로 연계되었다. 그것은 이전과는 분명히 다른 양상으로 사람들의 생활과 사고를 제한하는 파시즘에 대한 비판적인 연구를 통해서 새로운 세계관을 구축함으로써 다가올 '미래'의 상을 만들기 위한 정치적인 가담이었다. 이것이 파시즘기 지성의 세계사적인 보편성이라고 할 수 있을 것이다.

반면에, 식민지 지성의 파시즘기의 경험은 서구의 지성에 비하여 선택의 여지가 극히 제한적이었다. 세계적인 파시즘 지배의 강화는 식민지 지성에게도 마찬가지로 참여와 가담을 도덕적 지상명령으로 내세웠다. 그러나 그들의 선택은 파시즘 지배체제가 원하는 방식으로의 정치적 가담으로 예정되어 있었다고 해도 과언이 아니다. 식민지 지식인, 특히 일제하 한국 지식인에게 파시즘에 대한 저항이나 대항의 논리를 준비할 수 있는 망명이나 이민의 권리는 차단되어 있었다. 국가 주권을 박탈당한 식민지였기 때문이었다. 때문에 할 수 있었다고 하더라도 그것은 선택일 수 없었고, 식민지 국가의 독립을 방기하고 가혹한 현실을 피하기 위한 도피일 뿐이었다.

일제 파시즘기를 통해 친일의 문제가 민족갈등의 연원으로 공고히 된 것도 바로 그 때문이었다. 대외적으로는 대동아공영과 동아시아 민족의 해방을, 안으로는 내선일체·황국신민을 표방하며 참여와 가담을 도덕적 지상명령으로 내세운 일제 파시즘 지배체제는 친일이라는 정치적인 가담을 강제하였다. 일제 파시즘 지배체제는 사상통제정책의 핵심에 일본 국체를 중심으로 한 전향정책을 통해서 식민지 한국인의 일본인화를 강제했다. 파시즘기 전향정책은 단지 일제 지배체제에 대한 저항운동을 하지 않거나 사회변혁사상을 방기하는 것이 아니라 국체관념을 통해서 일본인과 같은 일본인이 되라는 것이었다. 그것도 일본인으로서의 권리는 없고 의무만 있는 일본인화의 강제였다. 그리고 그것은 국체관념의 수용, 다시 말해서 일본인이 되었다는 것을 행동을 통해서 실천적으로 증명하지 않으면 안되었다. 일제가 천황기관설사건을 계기로 국체를 명징한 이후 1936년에 제정한 사상범보호관찰법과 1941년의 예방구금제도는, 황국신민과 대동아를 표방한 일제가 식민지 한국인에게 강제한 참여와 가담의 도덕적 명령의 내용을 시책으로 명시하고 실시한 것이었다. 그러한 참여와 가담에 대한 강제가 도덕적 명령인 것은, 식민지 제국 일본의 국체를 통로로 전향한 일본인(식민지 한국인)의 일본 '국가'와 '민족'을 위한 것이기 때문이다. 전시 비상시국에서 국민이 총체적으로 힘을 합쳐 국가의 안전과 승리에 협력하는 것은 일종의 도덕적인 의무라고 할 수 있다.

당시 일제는, 세계사의 대전환은 동으로 神國 일본이 있고 서로는 일본과 뜻을 같이 하는 독일과 이탈리아가 있어서 이 삼국의 동맹을 기초로 한 세계 신질서를 수립하는 것을 확고부동한 '大國是'로 했다. 목적을 달성하기 위해서 일층 맹방과의 이해를 심화시켜 東西 서로 호응하는 제휴를 긴밀히 하는 한편, 일본이 담당하는[24] 대동아공영권의 건설은 어디까지나 일본 독자의 이념으로 동양 고유의 정신에 기초하여 계획 실시해야 할 것이라 하여 '대동아공영권' 건설을 목적으로 했다. 일제는 서구 산업사회의 제국주의는 물론 그 식민지 국가의 독립에 대한 욕구도 국제관계를 혼란하게 할 요인이라 하여 비판했다. 반면에 동양사회사상의 근본은 작게는 가정에서부터 크게는 국가를 국가의 본위로 하고 있고, 그 중 일본은 '一大家族國家'로서 천황과 신민과의 관계는 '義로운 신민'이고 '情은 부자를 겸한 것'을 본질로 한다는 대동아공영 논리를 선전했다. 일제의 팽창을 서구 제국주의와는 다른 반서구 동양에 의한 동양 민족의 해방이라는 것으로 논리화하여 합리화한 것이었다. 이를 일제는 국제공존공영의 사상으로 설파했다. 곧 대동아공영권의 기본이념인 일제의 '동양의 도의' 곧 일본정신으로 세계

---

24) 國民總力朝鮮聯盟防衛指導部, 「內鮮一體ノ理念及其ノ具現方策要綱」, 1941. 6, 『日帝下 戰時體制期 政策史料叢書』第50卷, 55쪽.

제국주의의 구질서를 파괴하고 '일본정신이 현현'되어야 한다고 강조
했다. 이것이 일제의 대외팽창의 정당성 논리였다. 이는 안으로는 내선
일체의 결실을 맺고, 밖으로는 일본을 맹주로 하는 동양인의 동양을
구축하여25) 세계평화·신질서 확립의 거점을 건설함으로써 공고히 추
진될 것이었다. 따라서 내선일체는 일제의 대륙팽창의 구상에서 "필
연"이었으며, 전세의 격화에 따라 더욱 절실해진 "全日本人의 긴급한"
임무였다.26)

그러한 내선일체의 근본전제는 국체를 받아들이는 한국인의 황국신
민화에 있었다. 한국인이 사심을 제거하여 公에 봉사하는 진정한 "御
民"이라는 자각을 철저히 하는 것이었다.27) 내선일체관은, 일제가 총
력전체제를 구축하면서 그에 필요한 민중의 자발적인 협력을 환기시
키기 위하여 고안한 '혁신'개념을 통해서 받아들여졌다.28) 일제는 만주
사변 이후 새로 등장한 친군적 관료를 '신관료'·'혁신관료'라 부르고,
군부와 관료가 책정하는 경제통제정책과 의회제도개혁안이나 행정기
구개혁안 등의 정책을 '혁신'정책이라는 이름으로 이행했다. '혁신'은
'공익'을 앞세워 일본 자본주의 내부의 계급적 모순을 은폐하고, 민중
이 일정한 생산력의 발전을 가져온 총동원정책의 발전적·진보적 의
의를 인정하도록 하여, 자발적으로 민중을 '신체제'에 적극 협력하도록
하는 것이었다.

그러한 혁신개념은 한국인 전향자들에게 받아들여져, 내선일체를 수
용하는 기능을 발휘했다.29) 그들이 받아들인 일제의 혁신주의는, "反
共産인 동시에 反資本"이고, 반자본이기 때문에 오직 天皇一을 중심
으로 하는 사회를 이상으로 하는 것이었다. 그것은 일체의 자본가적인

---

25) 위의 글, 56쪽.
26) 위의 글, 57쪽.
27) 위의 글, 57쪽.
28) 車載貞, 「東亞新秩序와 革新」, 『三千里』, 1939. 1, 46쪽, 勸忠一 발언.
29) 위의 글, 64~68쪽 참조.

착취와 이윤을 취한 혹사, 식민지적 착취와 압박을 반대하는 이상 사회로 가는 통로였다.[30] 그러한 혁신주의를 기조로 하는 내선일체에 의해서 '조선의 행복'이 가능할 것으로 받아들여졌다.[31] 혁신주의를 통해서 한국인은 일본인과 완전히 동일한 수준에서 모든 것을 할 수 있을 것으로 여겨졌다. "천차만별로 다른 각 인간을 한 사회, 한 세계에서 병존케 하고, 그 공동번영의 생활을 영위하게"할[32] 것이 곧 '혁신'이라고 생각된 것이다.[33] 그러므로 혁신을 통한 일본과의 내선일체가 구현되면, "총독정치의 철폐", "식민지 취급을 하지 않는" 사회가 될 것이었다. 그러한 사회는 분명 식민지 조선의 비참과는 다른 '조선의 행복'을 보장할 이상 사회로 생각되었다.

국체관을 활용한 일제의 내선일체·황국신민화라고 하는 조작적 지배이데올로기의 강제, 곧 전향정책은 일본에서와는 달리 국체를 통로로 하기보다는 보다 나은 이상향을 제시하는 혁신 개념을 통로로 식민지 지식인들의 전향을 견인해 냈다고 할 수 있다. 반공인 동시에 반자본, 반제국주의인 대동아의 혁신은 식민지 민족의 민족모순과 계급모순을 모두 초월한 풍요롭고 평등한 공동 번영의 생활을 약속하는 것이었다. 대동아공영으로 구성될 국가형태 곧 '대국가'는 "각 민족이 각자 현실적 생활의 여러 이해관계에서 서로 의존하며 종합 구성"되어[34] 공동 번영을 지향한다. 따라서 세계사적 모순의 중앙에 있는 자본과 공산의 갈등은 해소되고 발전된 생산력을 기반으로 생활상의 풍요와 자유를 누릴 수 있는 인류 사회생활에서 가장 진보적·역사적인 형태일

30) 위의 글, 46쪽, 車載貞 발언.
31) "혁신과 내선일체와는 떠나지 못할 관계"이고, 혁신일본의 장래를 위해서도 "일본의 승리를 위해서 헌신적으로 봉사해야 할 것"이었다(위의 글, 46쪽, 권충일 발언).
32) 金漢卿, 「日本精神의 精華」, 『朝光』, 1940. 12, 128쪽.
33) 黃舜鳳, 「日獨伊三國政治體制」, 『朝光』, 1940. 12, 93쪽.
34) 大東民友會宣言, 「大東民友會組織計劃二關スル件」(地檢秘第910號), 1936. 6. 17.

것이었다. 게다가 그것은 "일상적 현실과 실현으로 해결"할 수 있는 것
이었다. 그리하여 이를 "강력 추구하며 스스로 究極的 實踐에 옮겨 조
선 2천만의 새로운 운명을 개척"하고자 한다고 했다.

이러한 전향자의 혁신의 논리는, 일제 파시즘 지배체제의 조작적 지
배 이데올로기를 그대로 수용한 전향의 변이자 친일의 변이라고 할 수
있다. 그러나 다른 한편으로는 '혁신'을 통해서 궁극적으로 식민지 지
식인의 식민지 상태에 대한 좌절감과 일제에 대한 인식 그리고, 그들
이 무엇을, 어떤 사회를 추구했는지 다시 반추해 볼 수 있는 근거가 되
기도 한다. 그들은 일본이나 일본 제국주의가 아니라 '대동아공영'의
국가와 민족을 지향했다. 그것은 혁신을 통로로 달성할 수 있을 것 같
았던 '이상향'이었다. 식민지 상태를 면하고, 식민지 상태를 면하기 위
해서 민족 간에 서로 갈등 대립하는 자본주의도 공산주의도 아닌 그러
나 총독정치가 폐지되어 식민지 취급을 당하지 않게 되어 '조선인이
행복'해질 수 있는 국가였다.

그러한 이상향의 건설을 위해 협력하는 것은 중일전쟁 이후 독립의
희망을 상실한 식민지 지식인에게 '2천만의 새로운 운명을 개척'할 수
있는 새로운 길, 또는 막다른 길에서 참담한 심정으로 선택한 실낱같
은 희망이었을 수 있다. 그러나 그들이 지향한 대동아공영의 국가와
민족은 결국 일본 국가였으며 일본 민족일 수밖에 없었다. 일본을 국
가로 인정한다고 하더라도 영토와 혈연을 근거로 유구한 역사를 가진
우리 민족은 남는다고 했지만,[35] 국권을 상실한 근대세계의 국민은 그
국권을 박탈한 국가의 주권에 의해서만 존재를 인정받을 수밖에 없는
것이 현실이었다. 때문에 그들은 민족이 아니라 '국민'을 지칭하고 선
호함으로써 민족의 존재를 부인하지 않으려는 모습을 보였음에도 실
제로는 민족을 부인하고 일본 민족의 일원이 될 것을 지향한 것이라고

---

35) 林晟春,「聲明書」, 高等法院檢事局思想部,『思想月報』第3券 第6號, 1933. 9
  ; 崔判玉, 「非合法運動から合法生活への叫び」, 朝鮮總督府警務局保安課,
  『高等警察報』第3號 참조.

할 수밖에 없는 것이 사실이었다. 이러한 다른 한편의 사고의 가능성
은, 비록 전향서를 통해서 전향한 것은 아니지만, 일제 파시즘기에 어
떠한 형태로든 일제와 협력하여 대동아전쟁에 함께 함으로써 실질적
인 전향행위를 했다고 할 수 있는 친일세력들에게도 적용될 수 있다.

혁신을 통로로 한 참여와 가담에 대한 강제에 함께 한 것은, 식민지
상태를 벗어나 식민지 2천만의 새로운 운명을 개척하기 위해 행한, 다
시 말해서 '한국인'과 '한국 민족'이 살아남기 위한 현실적인 선택이었
다고 할 수 있다. 그러나 일제의 국가와 민족을 내세운 강제에 동승한
것이지 한국인과 한국 민족의 도덕적 행위일 수 없는 것이 사실이다.
전향자들의 전향을 증명하는 실천 행위는, 손기정의 국제마라톤대회
우승을 보도한 동아일보의 日章旗 말소사건으로부터 시작해서, 중일
전쟁 개시 이래 시국에 관한 여론을 환기시키기 위한 슬로건 배포, 시
국강연회·강좌 개최, 일본군 위문문 발송, 국민정신총동원운동과 사
상보국연맹36) 그리고 대화숙에 이르기까지 일제의 식민지배정책에 철
저히 봉사하는 別動隊員과 같다고 할 만한 것이었다. 갖고 있던 사
상·이념을 구현하기 위해 일제에 항거한 변혁운동으로 검거된 사상
범이 그 사상을 전향하며 표출한 모습은 실천적 이데올로그의 모습이
나 고민 혹은 갈등의 흔적을 찾아보기 어렵다. 정책결정자들이 결정한
정책과 이를 위해 정치가가 설정한 이념을 그대로 수용하여 그 자체에
의미를 부여하고, 실천을 통해서 자신들이 부여한, 그러나 지배자가 원
하는 방식에 따라 부여된 의미를 솔선하여 보여주는 선발대원과 같았
다.

과연 그랬을까? 현상적으로 드러난 전향과 친일 행위의 이면에 그
들은 고민하지 않았을까. 그들은 어떠한 고민을 했으며, 자신의 행위와
갈등하는 자아를 어떻게 받아들이고 이를 변명하고자 했을까. 그리고

---

36) 「大東民友會組織計劃二關スル件」;「大東民友會ノ結成竝其ノ活動槪況」, 74~
84쪽 참조.

그 과정에서 의식의 변화는 없었을까. 그 변화는 어떠한 방향으로 전개되었는가. 그리고 그것은 현상적으로 드러난 바와 그대로 연계된 것이었을까. 아니면 내면과 외면이 서로 갈등하는 가운데 생존의 선택을 한 것이었을까. 또는 오랜 식민지 경험을 통해서 생존의 삶의 방식이 축적된 결과 큰 갈등없이 대세로 순응한 것이었을까. 그러면 그들의 독립이나 국가와 민족에 대한 인식은 그 과정에서 어떻게 변화했는가. 현상적으로 드러나는 그들 사이의 차이와 공통점은 과연 드러난 그대로인가. 아니면 드러나지 않는 이면에 개별적 또는 무언의 시대적 공감대가 형성되어 있었거나 형성되고 있었던 것은 아닌가. 그렇다면, 또는 그렇지 않다고 한다면 그것은 파시즘기 그들의 사고와 행위에 어떤 영향을 미쳤을까.

일제 파시즘기 지성사 연구에 중요한 부분을 차지하는 전향에 대한 연구는 종래 공산주의운동 선상에서 사상의 전환 또는 변절의 측면에서 접근하던 것에서 더 나아가 공산주의 수용의 변천과정을 배경으로 그에 대한 인식과 변화는 물론 동시에 민족과 민족문제에 대한 인식과 변화 및 양자가 접합되는 측면과 그 속에서 양립할 수 없는 민족과 공산주의가 식민지 민족의 현실에서 접합되며 나타나는 사유의 갈등과 변천·변용이라는 측면에서 고찰될 필요가 있다. 마찬가지로 그간 친일 또는 반민족이라고만 평가되었던 민족부르주아세력의 실제적인 전향행위 역시 그들의 민족과 민족문제에 대한 인식과 이를 해결하기 위한 경제적·정치적 방식에 대한 인식이 일제 파시즘기의 제한적으로 규정된 틀 속에서 변모되는 내용이 규명되어야 할 것이다. 그것을 단순히 일제에 협력한 친일로만 보던 것에서 사고를 넓혀 제한적이나마 그 나름의 자율성을 확보하고자 했던 노력은 없었는지, 없었다면 그 이유는 무엇인지, 그리고 있었다면 그러한 노력은 어떤 모습으로 표출되었고 그것은 어떻게 변화되어 갔는지 드러나는 외적인 면과 그 이면의 인식에 대한 다양한 편차가 규명되어야 할 것이다. 일제 파시즘기의 전향이나 친일 행위는 일제 파시즘의 통제정책 특유의 강력한 구속력과 그에 수반한 본국에서 보다 더한 총동원의 실제적인 필요와 강제로 인하여 당시를 경험한 어느 누구도 자유롭지 못했다고 해도 과언이 아니다. 그만큼 간단치 않은 많은 연구 과제가 놓여 있다고 할 수 있다.

그런데 일제 파시즘기 지성사 연구는 부정확하고 단편적인 자료를 대상으로 할 수밖에 없는 제한적인 조건속에서 진행하게 된다. 이러한 파시즘기 지성사 연구 자료의 제한성은 또 다른 의미의 문제를 안고 있다. 일제 파시즘 지배체제가, 순조로운 역사적 궤적을 갖고 있는 사회와는 달리, 지성에 대해서조차 정책적으로 사상을 통제하고 변환을 강제했기 때문이다. 그것은 단순한 강제·강요의 차원이 아니라 물리적인 생존의 문제를 담보로 한 것이었기 때문에 가장 극단적인 물리적 강제력 앞에서 행해진, 표현된 역사적 자료를 어떻게 볼 것인가 하는 문제를 야기한다.

통합사로서의 지성사 연구는 그 자체로 지향할 바라고 할 수 있으나, 현재 우리 사회의 파시즘기 연구경향으로 볼 때 다음과 같은 문제점이 있다고 할 수 있다. 먼저, 정치사상의 부재이다. 일제하 지성사 연구의 부재로 인하여 저항운동이 곧 정치사의 연장선상에서 연구되었고, 그것은 운동사 속에 내재한 '민족해방'이나 독립에 대한 인식의 실마리를 고찰하는 것으로 전개되었다. 그리하여 운동가 또는 운동 세력의 저항의 논리 속에서 민족과 국가, 국가건설에 대한 상을 막연히 모색할 뿐이다. 국가의 주권이 없는 식민지시기에는 국가의 주권을 되찾으려는 모든 형태의 식민 제국에 대한 저항은 곧 정치운동이라고 할 수 있다. 그러나 현재 일제 파시즘기에 대한 연구는 적극적인 저항운동의 명맥을 유지한 공산주의운동계열에 집중되어 있어, 때로는 순응하며 은둔과 침묵으로 그 시절을 지낸 지식인이나 정치세력 또는 지배층의 국가와 민족에 대한 인식에 대한 연구는 미흡한 실정이다.

이러한 사정은 경제·사회사상도 대동소이하다. 백남운 등 몇몇 연구가 있으나 전체적으로 일제하 정치운동의 주류를 이룬 공산주의운동에 기초한 반자본주의 경제사상의 맥락에서 연구되었다. 반면에 이른바 민족부르주아세력에 대한 연구는 거의 없는 실정이다. 반민족·친일의 측면만 강조할 뿐 그들의 경제논리와 현실인식에 대한 것은 물산장려운동을 고찰한 것이 유일한 정도라고 할 수 있다. 그러나 해방 이후 한국 사회가 자본주의 경제체제를 기반으로 하고 있다는 것을 생각한다면 해방 전후로 연계되는 일제 파시즘기의 자본가와 자본주의적 경제구조 이식의 문제 등을 통해서 민족부르주아세력의 경제사상에 대한 연구가 급선무라고 할 수 있다. 사회사상 역시 사회사 연구가 촉발되어 폭넓게 전개되는 듯하지만, 이 역시 파시즘기의 특성상 자료의 문제와 축적된 연구의 부재로 그 실상을 파악하기에는 아직 요원하다고 할 수 있다. 한편 최근의 미시사적인 연구경향은 일제시기의 전체상보다는 있었던 사실과 사건이라고 하는 것에 집중하여 콘텍스트보다 텍스트 중심으로 읽어 해석하는 역설적인 결과를 낳기도 한다.

지성사의 부재를 의미하는 이러한 각 분야의 사상사 연구의 부재는 기본적으로 당시의 식민지배구조와 이념 및 정책의 전개과정을 밝히는 정책사 제도사 연구의 필요를 제기한다. 수탈과 저항의 이분법적인 구도 속에서 연구된 우리 눈으로 본 지배정책사뿐만 아니라, 우리도 일제도 아닌, 제3의 눈으로 본 있었던 그대로의 식민지 지배체제와 정책에 대한 연구가 필요하다. 일제시기, 특히 파시즘기 식민지 한국의 극히 제한적인 틀이라고 하는 것은 세계사적 변화와 맞물려 자의반 타의반으로 변화를 맞이하고 그에 적극적으로 대응한 일본이라고 하는 일본의 정치와 정책의 연장선상에서 식민주의 지배정책으로 전개되었다. 그 식민주의 지배정책의 실상은 한반도를 벗어난 식민 본국 일본과, 만주를 필두로 대륙으로의 제국적 팽창을 계속한 일제의 대외정책과 그 이면에서 작용하는 일본의 대내적인 사회 경제 문제를 포괄적

거시적으로 고려할 때 규명될 수 있을 것이다. 그러한 변화의 동력과
방향 및 문제점에 대한 인식이 전제될 때 그 틀 속에서 사고하고 움직
인 당대의 지성의 궤적 또한 보다 분명하게 규명할 수 있을 것이다.

식민지의 경험은 식민지 상태를 면한 지금에 보면, 비록 국가의 주
권은 없었지만, 우리 민족의 삶의 궤적을 그대로 간직하고 있는 한반
도라고 하는 삶의 터전과 우리 민족은 여전히 존재하고 있었고 어떤
식으로든지 그 시기를 살아낸 우리의 역사이다. 때문에 주권이 없었다
고 해서 존재하지 않은 것이라 할 수 없고, 국가와 민족에 대한 인식이
나 상이 없었다고 한다면 그것은 역사의 부재를 의미하는 것이며 생명
의 부재를 의미하는 것이 될 것이다. 일제의 지배정책에 대한 포괄적
이고 거시적인 연구를 배경으로 한 통합사로서의 지성사 연구, 특히
파시즘기 연구가 필요한 것은 바로 이 때문이라 할 수 있다.

한편 한국 근현대 지성사를 연속적으로 고찰하는 데 하나의 분기점
이 된다고 할 수 있는 일제 파시즘기 지성사 연구는 무엇보다도 제한
된 사료의 한계를 보완할 다양한 자료의 발굴을 필요로 한다. 그러나
무엇보다 중요한 것은 새로운 자료의 발굴 노력과 더불어 기존의 정치
사·사회사·경제사 연구에서 사용된 자료를 시야를 넓혀 지성의 관
점에서 다시 검토하여 그 이면에 있는 인간과 인간의 사고를 추론하는
노력을 경주하는 것이라고 할 수 있다. 이른바 유용 가능한 사료를 재
검토하여 역사적 사건이나 사실 속에 내재한 인간의 사유를 고찰하는
것이다. 역사적 사건이란 실제로 있었던 일이다. 그 '실재'는 발생과 동
시에 사라져 버리고 오직 텍스트만 남는다. 언어라고 하는 것은 기본
적으로 불완전한 도구이기 때문에 텍스트가 '실재'를 그대로 다 반영하
지는 못한다. 언어로 전환되는 동시에 언어를 통해서 전환되는 것이다.
따라서 연구자는 텍스트를 통해서 '실재'에 도달하려 하지만 그것은 쉬
운 일이 아니다.[37] 그러나 다른 한편 언어로 전환되는 동시에 언어를

37) 김용종, 「역사이론·사상사」, 『역사학보』 제163집, 1999, 443쪽.

통해서 전환되는 역사적 사건이나 그에 반영된 '실재'는 언어를 사용하는 사람의 사유 또는 사유방식을 파악할 수 있는 좋은 기재이기도 하다. 언어로 전환되는 과정에서, 그리고 언어를 통해서 전환되는 과정에서 모두 그 언어를 사용하는 인간의 의식과 사고, 사고방식이 반영되기 때문이다. 그러므로 식민지배체제의 작동방식을 염두에 두고 기존의 역사 연구에서 활용된 사료를 재검토하여 그 속에 내재한 사람의 사유를 고찰하는 것은 지성사 연구에 좋은 기재가 된다고 할 수 있다.

다른 한편, 사료의 제한성과 더불어 물리적 생존을 담보로 표현된 당시의 사료를 어떻게 볼 것인가 또는 보아야 할 것인가 하는 문제는 파시즘기 지성사 연구의 방법과 관점을 정립하는 문제와 연계되어 있다고 할 수 있다. 이는 곧 인간행위의 외적인 면과 내적인 면을 인간의 사고와 행위와의 상호관계를 중심으로 분석·파악하여 역사발전의 시대정신을 이해하는 지성사 연구의 전제를 충족시키는 데서 그 실마리를 마련할 수 있다고 생각한다. 무엇보다 인간 행위의 외적인 면, 다시 말해서 위에서 언급한 일제 파시즘기 지배체제의 특성을 이해하는 것이 다시 한번 요구된다. 후발 산업국가 일제는 자국의 성장을 촉진한 촉매제이기도 하면서 동시에 성장을 규제하고 견제하는 서구의 선발 산업국가에 대한 대립적 경쟁을 본격화하면서 파시즘 체제로 전환해 갔다. 따라서 일제 지배체제는 서구와는 다른 국가 주도의 산업화를 통한 제국주의적 성장과정에서 구미와는 다른 특성을 갖는 지배체제를 구축했다. 그러한 일제의 식민지배 특히 일제의 지속적인 성장의 초석으로 여겨진 식민지 한국에 대한 지배는, 내선일체를 표방한 지배 이데올로기를 통해서 일제 지배체제의 특성이 편의적·선택적으로 강화된 파시즘 체제를 구축했다고 할 수 있다. 그리하여 파시즘기 일제의 식민지배체제는 일제와 총독부의 이원적 식민지배가 파시즘 지배체제를 통해서 일원화되는 구조적 중층성과 갈등구조를 부분적으로 내포하고 있다. 그것은 다시 그에 대한 식민지 지식인의 대응양식과 사고에 영향을 미치지 않을 수 없었다. 그 결과 일제 파시즘기 한국 지식인의 내적인 측면 곧 사고와 사유양식은 또 다른 식민지적 이중성 또는 문화적 편차나 지적 소멸 현상을 보이게 되었다. 이러한 현상은 일제 식민지 파시즘 지배체제에 대한 명확한 인식이 전제된 때 분명하게 파악될 수 있다. 그러므로 일제 파시즘기 한국 지성사 연구는 일제 식민지 파시즘 지배체제의 특성에 대한 분명한 인식을 일차적인 과제로 한다고 할 수 있다. 그리고 그에 기초하여 그와의 상관관계 속에서 당시 지식인의 사유양식을 이해하는 것이 요구된다고 할 수 있다.

5. 맺음말

'현재'는 이미 지나가 버린 역사발전의 논리적 귀결점이라고 할 수 있다. 이런 점에서 역사는 연속적이며 현재성을 갖는다. 역사적 연속성과 현재성을 가장 잘 드러내는 부분이 바로 지성사라 할 수 있다. 지성사는 역사의 주체가 되는 인간을 중심으로 하여 인간의 외적 측면이라 할 사회적 제반 행위와 내적 측면이라 할 행위 이면의 사고와 사유양식을 상호 유기적 관계 속에서 고찰하여 특정 시기의 시대정신을 고찰한다. 시대정신의 변천사는 곧 인간의 행위를 유발시킨 사회적 환경의 변화와 그에 대한 인간의 사상과 이념 및 그것이 구조화되어 전개되는 전반적인 과정을 복합적·통합적으로 관련지어 고찰하고 이해하는 것을 의미한다. 이는 곧 우리가 살고 있는 현재를 자각하고 의식하는 것이기도 하다. 이런 의미에서 현재는 역사로서의 현재이며 역사는 연속적이고 현재성을 갖는다고 할 수 있다.

그러므로 현상의 추세에 매몰된 현재의 역사적 제약성을 파악하고 이를 극복할 수 있는 방안을 모색하여 현재의 자율성을 추구하는 것이 곧 지성사 연구라고 할 수 있다. 그런데 우리 사회의 지성사는 일제 강점기 특히 파시즘기를 거치며 우리가 아닌 '그들'에 의해서 '타율적'으로 단절되고 왜곡되었다. 그리고 그러한 경험은 현재 우리 사회에 다양한 형태로 잔존하며 갈등의 요인이 되고 있다. 따라서 현재의 갈등의 근원을 밝혀 우리 사회의 갈등과 반목을 해소하고 미래의 화합을 이루기 위한 방안을 모색하는 데 일제 강점기 그 가운데에도 공백으로 남아 있어 왜곡과 단절의 정점에 있는 파시즘기 지성사에 대한 연구가 요구된다고 할 수 있다.

일제 파시즘기 지성사 연구는 지배세력의 연속성과 그에 연관된 반공의 정치 이데올로기 아래 일제 강점기 연구의 가장 큰 공백으로 남겨졌지만, 다른 한편으로는 일제 파시즘 지배체제의 특수성에서 기인하는 자료의 제한과 제한적 자료의 역사적 사료로서의 활용 또한 문제시되어 활성화되지 못한 것도 사실이다. 사회적 조건이 변화한 현재, 그러한 문제를 극복하고 한국 근·현대 지성사를 역사의 연속성 속에서 파악하고 이해할 수 있도록 하는 지성사 연구는, 전환기에 처한 우리 사회의 정체성을 자각하고 그에 기초하여 자율적으로 전환기에 대처하고 미래에 대해 전망할 수 있는 안목과 인식 능력을 갖추는 기초가 된다고 할 수 있다.

이러한 지성사 연구는 현용할 수 있는 다양한 자료를 발굴하는 노력과 현용되고 있는 자료를 재검토하는 노력을 한편으로 하고, 인간과 사회의 상호 관계에 대한 내적·외적 접근을 통합적·복합적으로 연구함으로써 이루어질 수 있다고 생각한다.

농민의 파시즘 경험과 농촌사회
─ 해방 후 농협활동가의 경험세계 ─

이 경 란[*]

1. 머리말

농촌사회에서 일제하 파시즘 경험은 어떠한 방식으로 이후 사회에 영향을 미쳤을까? 우리는 식민지의 경험과 그 유산에 관한 많은 논의를 하면서 정책적인 측면, 정책과 관련된 인물군, 그리고 현장 농민들의 체험과 의식에 관한 다층적 접근이 필요함을 알게 되었다. 이 연구는 이 중에서 농민들은 자신이 겪었던 경험을 어떻게 기억하고 있으며, 알게 모르게 내면화되어 재현되는 행동양식과 사고방식은 무엇이 었는가를 추적해 보는 작업이다.

농촌사회는 시기에 따라서 단절된 것이 아니라 그 속에 사는 사람들에 의해서 지속되는 존재이다. 따라서 이 시기들의 연속성과 단절성이 무엇인가를 일제하부터 최소한 1950년대까지(또는 현재까지) 연속선상에서 검토할 필요가 있다. 특히 당시 농민들은 '근대국가'라는 것을 식민지의 경험을 통해서, 그리고 파시즘과 전쟁을 통해서 구조화된 것으로 받아들일 수밖에 없었다. 농민들의 경험을 살펴보는 일은 외부에서 주어진 규정인 이민족에 의한 지배, 파시즘적 통제체제, 공출로 표상되는 강탈의 경험, 노동력이나 성노예로 끌려가는 자신과 주변의 사

---

* 연세대학교 국학연구원 연구교수, 국사학

람들에 대한 기억, 그리고 그 밑바닥을 저류하는 근대국가체제의 경험 등을 농민들이 어떻게 기억하고 있고, 말로써 기억되지 않더라도 행동 으로써 어떻게 표출되는가를 살펴보는 것이다. 비슷한 패턴을 가진 사 건과 상황에 대한 그들의 인식방법과 감정이나 행동에 과거의 경험이 영향을 미치기 때문이다. 즉 상황판단과 그에 대한 대처, 나아가 이후 의 기획에 결정적 영향을 미치는 요소들 중의 하나가 바로 그 경험을 어떻게 기억하는가의 문제이다.[1]

또한 대개의 사람들은 특별하게 인지적으로나 경험적으로 다른 상 황을 체험하지 않는 한, 사회를 구조적으로 또는 비판적으로 인식하기 보다는 당연하게 받아들이는 경향이 있다. 사물과 사건, 그리고 자신의 존재를 성찰적으로 바라보는 태도가 일반화되어 있지 않기 때문이다. 따라서 한 시기의 경험이 몸에 기억되어 이후 행동양식으로서 반복하 는 일이 나타난다. 그런데 그런 경험 속에 성찰을 할 수 있는 기회가 있었다면 행동은 달라질 수 있다. 사회주의운동이나 민족운동가들과의 개인적이거나 조직적인 관계가 있다거나, 민족해방운동이나 농민운동 에 직간접적으로 참여해 본 경험을 가진 인물들과 그렇지 않은 경우에 는 차이가 있을 수 있다. 이런 경험의 차이가 이후 행동 속에 어떠한 영향을 미치고, 자신의 사고와 행동을 이끌어 가는지를 꼼꼼히 살펴볼 필요가 있다.

뿐만 아니라 사람들이 개별적이고 복합적으로 갖고 있는 다양한 경 험세계를 인정할 필요가 있다. 동일한 사건의 실제 내용은 매우 다양 한 사람들의 생각과 행동에 따라 다르게 전개되며, 다르게 기억된다. 그것 자체가 그 사건의 복잡성을 반영한다. 지역/지방, 계급계층, 사상 성향, 성, 교육수준과 내용, 연령대에 따라 같은 사건과 상황이라도 다 르게 인식하기도 하며 대응 행동이 차이가 나기도 한다. 이런 개별성

---

1) '경험과 기억'의 문제로 역사를 재구성하는 방법에 대해서는 최근 구술사 연 구나 생애사 연구, 또는 역사인류학 방법론의 도입이라는 면에서 논의가 활 발하게 전개되고 있다.

이 갖는 역사성과 의미를 찾고 개별성을 분석하여 그 안의 보편성을 찾아가는 방법론이 필요할 것이다.

이런 관점에서 일제 파시즘기 농촌사회의 경험을 살펴보는 데는 기존 연구들의 성과가 전제가 될 수밖에 없다. 기존의 연구 방법은 크게 다음과 같이 나눠볼 수 있다. 1) 지주 연구로서 사회경제적 접근방법과 지역조사를 중심으로, 구술작업을 보완하였다.[2] 2) 농촌통제경제 연구 중 지역사례인데 1930~40년대 농촌사례 속에서 개인자료와 구술작업을 도입하였다.[3] 3) 군위안부, 징용 연구로서 구술자료를 근간으로 한 접근을 하여, 구술자료의 집적이 진행 중이고, 개인들의 성장과정과 경험, 삶의 태도 등을 살펴볼 수 있다.[4] 4) 한국전쟁 등의 조사와 연구 속에서 일제하 전시체제기에 대한 농민 경험들이 언급[5]되는 것 등이다.

이들 연구는 대상 주체들의 경험세계에 따라서 따로 연구되기 때문에, 이들 연구 간의 상호연결은 아직 이루어지지 못하고 있다. 다양하기 때문에 하나로 묶어서 '농민들의 경험'이라고 정리할 수 있는 연구단계가 아니다. 앞으로 다각도의 연구를 횡으로 연결하는 작업이 지속

2) 홍성찬, 『한국 근대 농촌사회의 변동과 지주층』, 지식산업사, 1992.
3) 김영희, 『일제시대 농촌통제정책 연구』, 경인문화사, 2003.
4) 한국정신대대책협의회 정신대연구회, 『강제로 끌려간 조선인 군위안부들』, 한울, 1993/1997/1999/2001 ; 한국정신대대책협의회 정신대연구회, 『중국으로 끌려간 조선인 위안부들』, 한울, 1995 ; 사이토 사쿠지 편저, 『우키시마호 폭침사건 진상』, 가람기획, 1996 ; 일제강점하강제동원피해진상규명등에관한특별법제정추진위원회, 『구술자료로 복원하는 강제연행의 역사-2001년도 구술자료수집결과보고회 자료집』(프린트본), 2001 ; 정혜경, 『일제말기 조선인 강제연행의 역사-사료연구-』, 경인문화사, 2003.
5) 박찬승, 「한국전쟁과 진도 동족마을 세등리의 비극」, 『역사와현실』 38, 2000 ; 이용기, 「마을에서의 한국전쟁 경험과 그 기억」, 『역사문제연구』 6, 2001 ; 박정석, 「전쟁과 '빨갱이'에 대한 집단 기억 읽기」, 『역사비평』 2002 여름 ; 윤택림, 『인류학자의 과거여행-한 빨갱이 마을의 역사를 찾아서』, 역사비평사, 2003 ; 정근식, 「지역 정체성, 신분투쟁 그리고 전쟁기억 : 장성에서의 전쟁경험을 중심으로」, 『지방사회와 지방문화』 7-1, 2004.

적으로 필요하며, 그와 더불어 여러 집단과 개인에 대한 연구들이 축
적될 필요가 있다. 그동안의 연구가 문헌자료를 중심으로 하여 이루어
지고 구술은 부분적으로 이용되었던 이유는 당대 사회의 구조적 성격
을 드러내는 데 연구목적이 있었기 때문이었다. 그런데 최근 구술증언
을 통해서 지금까지 정치적 이유나 계급·계층적 제약 때문에 자신의
경험을 기록으로 남길 수 없었던 사회집단의 목소리를 채록해서 문자
로 남기는 작업이 많이 진행되고 있다. 새로운 자료를 만들고, 또는 발
굴하여 사회구조적인 측면에서 집단의 구성원으로서 개인이 매몰되지
않고, 한 개인 개인이 만들어 내는 사회의 역사라는 측면에서 '아래로
부터' 역사를 재구성해가는 작업으로 이어지고 있다.[6]

자료라는 면에서 보면, 최근 들어 그 범주가 다양해져가고 있다. 그
간 연구들은 1) 통계자료 분석을 통한 사회경제 변동 연구, 2) 농업정
책과 그에 대한 대응을 중심으로 한 국가, 민족 범주의 논의, 3) 미시적
접근을 통한 다양성 추출과 그 성격에 대한 논의로 나뉘고 있다. 이들
은 일정하게 다른 가치체계에 입각해 있기는 하지만, 거시적 관점과
미시적 관점을 서로 통합하려는 노력을 하고 있다. 뿐만 아니라 좀 더
다양한 미시적이고 개별적인 연구들이 축적될 것으로 보인다. 특히 큰
흐름과 더불어 그 밑에 저류하는 다양한 갈래들의 존재근거를 확인하
고 살려내는 작업은 그간의 연구를 기반으로 해서 보다 풍부한 삶의
모습을 드러낸다는 의미가 있다. 여기서 위로부터가 아니라, 아래로부
터 위로 얽어 가는 像(네트워크로서의 사회상)을 만들어가는 방법론에

---

6) 역사인류학의 작업으로도 진행되는 구술사는 인간이 역사행위의 주체로서,
역사 속에서 개별적인 인간, 일회적인 사건, 특수한 것이 새롭고 색다른 비중
을 지니게 하였다. 그런 것들은 주어진 구조 속에 적용하여 그 구조를 습득하
거나 또는 독자적 해석을 통해 자신의 행동을 실행하고자 시도하는 인간 그
자체와 관계되어 있다. 이는 객관적 구조와 스스로 수용하여 의식적이든 무
의식적이든 행동하는 인간의 상호관계를 통해서 역사를 이해해야 한다는 인
식으로 발전하였다(리하르트 반 뒬멘 지음, 최용찬 옮김, 『역사인류학이란 무
엇인가』, 푸른역사, 2001, 61~62쪽).

대한 모색이 시작되었다. 이를 위해서 경험을 역사화하는 것이 그 시작일 것이다. 다양한 기억을 하나의 실로 꿰는 작업과 동시에 기억하지 않거나 하지 못하는 사회구조적이고 심리적인 이유도 사회를 구성하는 하나의 측면으로서 직조해서 단일한 그림이 아니라 다양한 그림이 상호 복잡하게 교직되는 삶의 복원작업이 이루어지는 과정이 될 것이다.

이렇게 접근하기 위해서는 먼저 자료 면에서 폭넓은 접근이 필요하다. 기존에 사용되던 자료에 더해, 1) 개별 지역과 인물들의 소장자료에 대한 폭넓은 수집과 연구, 2) 다양한 인물들에 대한 구술작업, 3) 회고록·자서전류, 4) 1960~70년대 신문 잡지에 나타나는 여러 인물과 지역사례, 5) 문학작품 속에 등장하는 인물군의 다양성 추출, 6) 군지·면지 등 개인과 집단, 또는 지역단위에서 정리하는 '기억'에 대한 분석작업이 함께 더해지면 좋을 것이다.

본 연구는 현재 진행되고 있는 기억에 대한 연구를 위한 기초작업으로서 기억을 담고 있는 다양한 텍스트에 대한 사료적 검토를 행하고자 한다. 주요 대상은 1930~40년대에 청소년기를 보내고 1950년대 이후 농촌지도자(특히 농협조합장)로 활동했던 인물군들에 관한 다양한 텍스트를 검토하는 것이다. 이 텍스트는 몇 가지 범주로 구분되는데, 여기서는 1) 필자가 직접 실행한 인터뷰 자료(2003년 전북 임피 진병권 옹 인터뷰, 2004년 강희구 옹 인터뷰), 2) 자서전 또는 회고록류(남상돈 미수기념논집, 『눈을 뜨면 新天地가』, 헤럴드미디어, 2003),[7] 3) 다른 주체에 의한 채록되어 가공된 사례모음집(1965년부터 시작한 농협의 <새농민운동>을 성공적으로 이끈 인물에게 수여하는 '새농민상'을 수

---

7) 1990년대 후반부터 각지의 단위농협에서 활동하던 지도자들의 회고록이나 자서전이 많이 출판되고 있다. 그렇지만 대개가 개인출판물이라서 개별적으로 지인들에게 나눠주는 정도여서 심지어 농협도서관에서도 이를 파악하지 못하는 현실이다. 본 연구에서는 수집된 회고록 중에서 하나를 샘플로 연구 검토한다.

상한 농촌지도자의 성공이야기(김장수, 『가난을 이긴 사람들』, 창조사, 1969)의 세 가지 범주를 살펴보고자 한다.

검토를 통해서 연구를 두 가지 범주에서 진행하려 한다. 첫째는 텍스트의 성격에 대한 검토를 행한다. 연구자가 직접 채록한 것이라 할지라도 그것이 갖고 있는 연구자와 구술자의 관계나 연구자의 주관적 관점 등이 크게 영향을 미치면서 구술이 진행될 수밖에 없다. 마찬가지로 회고록이나 사례모음집의 경우, 본인이나 채록자의 의도가 무엇인가를 파악하고서 텍스트를 검토하는 것이 필요하다.8)

둘째는 주 대상인 일제 파시즘기에 청년기를 보낸 인물군의 경험세계가 갖는 일반적인 특징을 살펴보고자 한다. 당시 청년층이라 함은 1920년대에 출생하여 1930~40년대 초등과정을 마치는 연령대이며, 현재 70대 후반에서 80대 초반의 연령층이다. 이들 중에는 중등과정(중학교, 농학교, 전습소, 청년훈련소, 농민도장)의 경험을 가진 사람도 있고 없는 사람도 있다. 일제하에 태어나 일본인이라고 인식하고 살면서, 그들의 지배이데올로기의 세례를 가장 많이 받았던 세대이다. 그렇기 때문에 한편으로는 민족적 갈등을 상대적으로 적게 느끼는 세대이기도 하지만, 그런 속에서 이들이 겪는 민족적 계급적 갈등의 성격을 추출할 필요가 있는 세대이다. 일제 파시즘기의 경험은 이들이 해방 후 자신이 받은 교육과 생활경험이 갖는 의미를 근본적으로 반추해 보지 않는 한, 그것이 그의 삶을 이끌어가는 정신적 생활적 기초가 되었다. 또한 현재 일제 말기의 경험을 들을 수 있는 유일한 세대로서, 농촌사회의 실상을 이해하기 위한 작업에서 이들에 대한 구술작업에 많은 집중이 필요하기도 하다.

---

8) 구술작업에 대한 기존 연구를 방법론면에서 검토한 연구로는 이희영, 「사회학 방법론으로서의 생애사 재구성 : 행위이론의 관점에서 본 이론적 의의와 방법론적 원칙」, 『한국사회학』 39, 2005 참고.

2. 구술 텍스트의 검토

1) 연구자가 직접 채록한 구술자료

연구자가 농민들의 경험을 자료로 삼고자 했을 때 관계되는 농민들을 직접 만나서 이야기를 듣는 것이 가장 좋은 방법이다. 이 방법은 연구자의 입장에서 원하는 이야기를 직접 이끌어 낼 수 있고, 대상자의 주변 환경을 함께 살펴볼 수 있다는 점에서 장점이 있다. 그 사람을 이해하는 데 그 사람이 살고 있는 주변 환경과 관계망을 동시에 보면, 그 사람의 생애가 좀 더 명확하게 이해된다. 또한 직접 면담을 하면, 연구자와 면담자의 관계가 형성되어, 두 사람의 관계 정도에 따라서 면담의 질이 달라질 수 있다. 이는 일반적으로 잘 드러내지 않던 이야기라 하더라도 두 사람의 관계에 따라서 마음 깊은 곳의 이야기를 이끌어낼 수 있다는 점이다. 이런 경우가 오랜 기간 동안 신뢰관계를 쌓으면서 진행했던 정신대대책위원회에서 실시한 군위안부 할머니들과의 구술자료였다. 이 자료들은 구술 채록의 과정이 어떻게 진화해가는가를 잘 보여주는 텍스트이기도 하다. 제4권에 이르러 연구자들은 자신들이 원하는 답을 얻기 위한 질문을 하기 보다는, 이제 마음을 열고 자신의 삶을 이야기하는 할머니들의 생애 이야기를 담담하게 기록한다. 그럼에도 불구하고 다른 어떤 구술자료보다 깊은 이야기를 이끌어내고 있었다. 이러한 경험은 구술작업을 할 때, 사전부터 염두에 두고 진행해야 할 항목이다.

필자는 두 명의 농협활동가를 직접 면담할 기회를 가졌다. 이 두 사람을 면담하기에 앞서서 세웠던 작업계획은 다음과 같다. 우선 일제 말기의 농민생활상과 그들의 경험세계를 알고자 한 본 연구의 목적상 연령대는 70~80대로 정했다. 이 세대는 청년세대를 일제하에서 지내고, 해방 후 농촌사회의 활동주역이 되는 사람들이다. 오랫동안 농촌지역에서 생활하고, 농민활동가로 일을 한 사람들로서 두 명을 선정했다.

한 명은 전북 군산시 임피읍에 거주하는 진병권 옹이고, 또 한 명은 현재는 서울에 거주하고, 해방 직후 제천에서 농협운동을 주도했던 강희구 옹이다.

진병권 옹과의 인터뷰는 2차례에 걸쳐 진행되었다. 첫 번째는 2003년 1월에 임피지역에 관한 조사 작업과 관련해서 지역에서 오래 살아온 구술자를 면장의 소개로 인터뷰한 것이다. 당시는 주된 관심이 지역유지층들의 동향에 대한 것이어서 구술자의 살아온 이야기는 집중적으로 채록하지 못하고 개괄적인 소개를 들을 수 있었다. 하지만 이때 임피지역에서 살아온 다양한 인물군에 대한 구술자의 생각을 들을 수 있는 기회를 가졌다. 두 번째는 2003년 7월 15일에 진행했는데, 이때는 구술자의 생애사를 중심으로 하고, 임피지역 근현대 농촌사정, 현 농정에 대한 생각 등을 채록하였다. 두 번 다 구술자가 총무로 활동하고 있는 경로당(노성당)에서 진행하였다.

강희구 옹과의 인터뷰는 2004년 5월의 예비인터뷰와 더불어 2004년 6월 23일, 7월 5일, 7월 9일에 걸쳐 3차례의 집중적인 인터뷰를 실시했다(장소는 연세대학교 강의실). 강희구 옹과는 생애사의 흐름에 따라서 이야기를 듣고, 뒤에 추가질문을 하는 형식으로 진행하였다.

사례 1) 전북 임피 진병권 옹

1926년 전북 임피 읍내에서 출생하였다. 아버지는 목수였고 조그만 소작지를 경영하는 정도로 가난한 집안이었다. 그는 임피보통학교를 우수하게 졸업하였는데, 가정 형편이 어려워 한때 잠시 군산에 있는 농민도장에 입소하기도 했다. 하지만 그곳 생활이 너무 고되고 배가 고파서 도망나왔다고 한다. 졸업 후인 1944년 보통학교 교장의 추천으로 금융조합 소사시험을 볼 수 있었고 취직할 수 있었다. 그때 조선인 이사의 추천으로 자작농창정사업 대상이 되어 토지를 매입할 수 있어서, 처음으로 토지를 소유하는 기쁨을 맛보았다. 얼마 되지 않아 금융조합 서기시험에 합격하였고 해방 후 금융조합 서기로 활동하였다. 1957년 금융조합이 농업은행으로 개편됨에 따라서 퇴직하면서 당시 지역유지들이 주동이 되어 설립하였던 임피수리조합에 취직하였다. 이후 1961년 이동농협 설립과 함께 농협에 다시 취직하였고 농협에서 퇴직하였다. 현재 대서소를 운영하면서 노인정의 총무를 보고 있다.

사례 2) 충북 제천 강희구 옹

1920년 충북 단양군 금곡면 냉천리에서 출생하였다. 아버지는 자작농 규모로 경제적으로 여유가 있는 편이었고, 1935년에 마을에서 한문학습을 받고 간이학교를 졸업하였다. 그의 교육을 위해서 춘천으로 이주하기로 결정한 부모님과 함께 그해 춘천으로 이주하고 춘천보통학교 5학년에 입학하였다. 졸업후 1937년에 원잠종제조소 조수로 지내다가 통신소 시험에 합격하여 영월마차 우체국에 근무하기도 했지만, 좀더 다른 생활을 찾아서 서울로 올라가 보통문관시험 준비를 하였다. 1942년 보통문관시험에 합격하여 강원도 학무국에서 근무하고 거기서 해방을 맞았다. 학무국에서는 주로 사찰과 향교를 관리하는 업무를 담당했고, 동시에 대화숙 사람들을 관리하였다. 미군정기에 협동조합에 관한 교육을 받으면서 그것의 필요성을 인식하여 이후 협동조합과 지역활동에 앞장섰다. 1947년 제천으로 퇴직하여 야학회 활동으로 지역활동을 시작하였고, 이후 제천군 대동청년단 교도부장 겸 대한청년단 교도부장 겸 훈련부장, 보도연맹 심사위원, 농지개혁위원장, 실행협동조합운동 등을 병행하였다. 이때 농사는 주로 약초를 재배하였다. 전쟁기에 제천지역의 보도연맹 관계자의 명부를 불태움으로써 이들이 대량 학살되는 것을 방지하였고, 농지개혁을 수행하면서 농지개혁과 협동조합의 상호관계에 대해 인식할 수 있었다고 한다. 실행협동조합운동을 하면서 전국적인 활동도 하게 되어 1957년 농협법이 제정된 후 농협중앙회 건설운동에 앞장섰고, 상임감사로 선출되었다. 그러나 5·

16 이후인 1962년 통합농협의 비상임감사로 선출되어 구농협 업무의 인수를 책임졌으나, 1963년 의견차이로 사퇴하였다. 이후 평창, 서울, 동두천 등지에서 농사를 계속하였고, 1968년에는 양계협동조합을 조직하고, 10년 동안 조합장직을 계속 맡았다. 현재는 바른협동조합연구모임에서 활동하면서 한국농협운동에 대한 비판과 새로운 전망을 모색하는 활동을 하고 있다.

2) 자서전과 회고록

자서전과 회고록은 자기 스스로 자신의 삶에 대해서 서술하는 형식을 띠고 있다. 그렇기 때문에 자료의 신빙성에 대한 문제제기가 가장 많이 일어나는 텍스트의 하나이다. 또한 현재 자신의 위치와 관점에서 과거를 재구성하는 대표적인 자료이기도 하다. 당대 사실을 재구성한다는 측면에서 본다면 자료로서의 가치는 당시 생산된 문헌자료에 비하면 떨어질 수밖에 없다. 그렇지만 구술자료를 통해서 과거의 사실만이 아니라, 현재 구술자의 인식과 행동양식, 정서상태 모두를 내러티브로서 추출해 낼 수 있다는 방법론에서 접근할 때 회고록만큼 그런 모습이 잘 드러나는 것은 드물다. 연구자가 직접 구술채록하는 것은 연구자의 시점이 일정하게 반영되어 이야기가 이끌어지므로, 상대적으로 당대 사실을 복원하는 자료로서의 의미가 좀 더 크다. 그에 비해서 자서전이나 회고록은 철저하게 서술자의 시점에서 복원되는 과거사이므로 내러티브로서의 구술텍스트라는 방법을 도입하는 데 의미가 있다.[9]

---

9) 구술자가 살아온 이야기를 할 때 자신이 체험한 객관적인 과거 사실을 단순 모사하거나 재현하는 것이 아니라, 구술이 이루어지는 당시의 관점에서 이야기할 내용과 주제를 선택하여 특별한 방식으로 재구성하게 된다. 그러므로 생애사 재구성 작업은 과거사실에 대한 서술에 '묻어있는' 구술자의 현재 관점을 여과해야 한다(이희영, 「사회학 방법론으로서의 생애사 재구성」, 『한국사회학』 39-3, 2005, 134쪽). 이런 방법론이 그 현장에서 다시 질문할 수 없는 자서전과 회고록의 경우에 가장 염두에 두어야 할 부분이다.

우선 이 자료를 볼 때 가장 먼저 염두에 두어야 할 것은 서술자의 시점이다. 현재 무슨 일을 하고 있으며, 어떤 일을 했던 것을 가장 자랑스럽게 생각하고 있는가를 살펴보는 일이다. 그런 서술자의 시점에서 과거가 재구성되므로, 서술되는 과거는 그런 시각에서 긍정적인 요소가 많이 드러나며, 부정적으로 평가되는 부분은 감추어지는 경향이 많다. 만약 이 두 측면이 잘 드러나는 텍스트라면 그만큼 현 시점에서 세상을 보는 시각에 일정한 변화가 일어났기 때문일 것이므로, 그것이 무엇인지를 파악하는 것이 중요하다.

본 연구에서 살펴보려는 남상돈 옹은 박정희 정권 하에서 공화당 직능별 국회의원을 지냈으며, 전국삼업조합연합회 감사를 지내는 등 새마을운동기 농촌활동의 성과를 담지하는 인물이었다. 그의 미수기념문집인 이운학 엮음, 『눈을 뜨면 新天地가 -思農 南相敦 公 米壽紀念文集』(헤럴드미디어, 2003)은 1972년 새생활문고로 각 농촌에 배포되었던 같은 제목의 책자를 보완한 것이다. 『새마을』지의 편집장을 지낸 이운학이 종래 나왔던 책과 주변 사람들의 회고, 남상돈의 글, 가계보, 화보 등을 묶어서 남상돈 옹의 아들의 부탁으로 미수를 기념해서 새로 펴낸 것이다. 축사를 쓴 사람들은 조건상, 장남과 딸, 상록회 고문 김교십, 전 국무총리 남덕우, 국회의원 박근혜, 농협중앙회장 정대근이다. 형식상으로는 타인에 의한 기록이지만, 내용상으로는 회고록에 가깝다고 볼 수 있다.

사례 3) 충북 음성 남상돈

남상돈은 1916년 충북 음성군 신천리에서 출생했다. 그는 똑똑한 아이로 보통학교에 다니던 1929년 광주학생운동과 6·10만세운동에 관한 이야기를 듣고 친구들과 함께 만세운동을 주동했다가 파출소에 잡혀가 매를 맞고 하루 동안 잡혀 있었던 경험이 있다. 1929년 음성 수봉보통학교를 졸업한 후, 대구사범학교에 응시했으나 떨어졌다. 이후 20 :

1의 경쟁률을 뚫고 충북 음성 원잠종제조소에 입소하여 1934년 5등의 성적으로 수료하였다. 그해 음성군 감곡면의 기수로 발령을 받고 활동하다가 1937년 충북 음성군 농회의 기수로 영전하였다. 1944년부터 그간의 수입과 금융조합에서의 융자를 기반으로 하여 토지를 매입하고, 본격적으로 농사를 시작하였다. 전쟁기의 구황작물로 군청에서 장려하는 고구마를 재배하여 돈을 벌어 경제적 기반을 마련하였다. 전쟁기에 피난을 가는 동안 고구마를 저장하는 새로운 방법을 발견하기도 하였다. 휴전 후 군농회 시절 동료들에게 자신이 개발한 고구마저장고를 설명하고 이후 도에서 보조금을 받아 이를 각지에 보급하였다. 1959년 충북 음성군의 농협이 설립되자 조합장에 선출되었고 당시 농림부 장관이던 공진항의 도움으로 인삼재배를 시작하였다. 1960년 청안 삼업조합 이사가 되었고, 1961년부터 인삼수입으로 큰 돈을 벌었다. 그는 1963년부터 1971년까지 충북 음성군 농협조합장을 지내면서 1964년 다수확 재배 등의 공로를 인정받아 '근로건설부문'의 수상자로서 3·1 문화상을 수상했고, 1967년 전국농업기술자대회 '농업기술상'을 수상하기도 했다. 1975년 전국삼업조합연합회 감사를 지내다가, 1976년 공화당의 농업 직능별 국회의원이 되었고, 임기만료 후 다시 귀농하여 농사를 짓고 있다.

3) 사례집

새마을운동기를 지나면서 정부와 새마을운동 기관들에서는 성공사례를 보급하기 위해서 많은 사례집을 발간했다. 또한 『새농민』과 같이 농협에서 발간하는 잡지에는 1960년대부터 가난에서 벗어나고 있는 여러 마을들과 개인들의 사례가 많이 보고되었다. 본 연구에서 분석하고자 하는 김장수의 『가난을 이긴 사람들』(창조사, 1969)에는 14명의 성공사례가 수록되어 있다. 이 연구에서는 그중 대상 시기의 생애과정이 잘 드러나지 않는 인물을 제외한 8명의 사례를 활용하였다.

이런 자료는 채록자가 누구이며, 무엇을 목적으로 채록했는가를 검토하는 일이 중요하다. 여러 사람들의 다양한 삶 속에서 무엇을 중심으로 끄집어 내고 재구성하려 했는가를 알고서 텍스트를 검토한다면 그 행간 속에서, 언급되지 않는 중요한 사실이 무엇인가를 알 수 있기 때문이다. 이 경우는 구술자의 현재 상태보다는 구술이 이루어진 시점의 채록자집단의 성격을 읽어내는 자료로서도 의미가 있다.

이 책은 농협의 새농민상을 받았던 사람들의 성과를 보고하기 위한 목적으로 쓰여진 것이다. 엮은이 김장수는 춘천사범을 졸업하고 교원생활을 하다가 육군보병학교 졸업 후, 육군전사감실 연구과장을 거쳤으며, 육군 제1·3·5군단 공보부장을 지낸 후 육군 정훈중령으로 제대한 인물이다. 그리고 재건국민운동 서울시지부 운영부장 등을 역임하고 이 글을 쓸 당시에는 농협중앙회에 근무하였다.

이런 엮은이의 경력에서 이 사례모음집에서 중점을 두고 있을 특징을 찾을 수 있다. 먼저 김장수는 춘천사범을 졸업하고 교원생활을 했다. 일제하 사범학교와 학교에서 강조했던 인간상이 일정하게 그가 선정하고 채록했던 인물들의 삶 속에서 역으로 투영되어 드러날 것임을 암시한다. 또한 그는 군인 출신 특히 정훈장교 출신으로서 군사정권이 추구하는 정책방향을 내면화하고 그것을 보급하는 일을 담당해 왔다. 특히 이 사례모음집은 재건운동과 농협운동, 나아가 새마을운동과 밀접한 관계를 지닌 산물이다. 국민으로서의 자세, 협동생활, 신생활운동 등 재건국민운동10)과 농협운동의 목표가 농민상 수상의 기준이 되었

---

10) 재건국민운동은 1961년 5·16쿠데타 직후에 펼쳐진 국민운동이다. 국가재건최고회의 산하기구인 재건국민운동본부를 정점으로 전국의 모든 마을에 일괄적으로 조직이 건설되었다. 활동주체는 군 출신 인사들과 민간의 비정치적 국민운동세력이 결합되어 있었고, 이들은 대중들의 생활 윤리 사상을 개조하는 데 초점을 맞추고 있었다. 초기 재건국민운동본부는 간부진과 지부의 장차장 등 핵심요직을 군인이 맡았다. 1962년 8월 이후 조직개편을 통해 시군구 단위의 지부조직은 국가기구로 유지하고, 읍면 이하 기구는 법인체로 정부기구에서 분리하는 조치를 취해 민간운동으로 발전시키려 했다. 주된 사업

고, 이 사례모음집의 기반이 되었음은 분명하다. 사례집에 정리된 인물
들의 이력을 간략하게 정리하면 다음과 같다.

사례 4) 전남 금산 박종안

박종안은 1923년 전남 금산군 고흥의 대농집안에서 출생하였다. 대
흥리 금산보통학교를 졸업한 후 14세이던 1937년 오사카부립 구로야
마농업학교에 입학하였다. 그는 이 농업학교에서의 경험이 그의 생애
에 큰 영향을 미쳤다고 생각하였다. 성적은 1등이었지만 일본인 학생
에게 자리를 빼앗기기도 했고, 오사카 주변지역 농가의 경제력과 협동
조합의 활동에 감명을 받기도 했다. 그후 수원농림학교에 진학하려다
낙방하고는, 징용을 피해 금융조합의 임시고원으로 취직하였다. 6개월
후 금융조합 서기로 채용되었으며, 이때부터 산을 개간하여 농토를 만
들기 시작했다. 마을의 청년들과 농촌연구회를 조직하여 1943년에는
산을 개간하여 과수를 심고, 원예재배를 지도하였다. 1949년 양돈조합
을 조직했고, 1951년에는 4H구락부 자원지도자가 되어 4H경진대회 중
앙대회에서 2등을 차지하였다. 1952년 금융조합을 사직하였다. 1958년
동정리 이동농업협동조합장이 되어 마을을 이끌었고, 제1회 새농민종
합상을 수상했다.

사례 5) 전북 김제 장복수

은 교육사업으로서 향토교육원에서 사범교육을 받은 순회강사들이 마을 주
민들을 집단교육하는 방식으로 '우리가 잘살 수 있는 길'을 전국민을 대상으
로 교육하였다. 내용은 민족과 국가를 먼저 생각하는 국민, 근면자조정신의
국민, 권리보다 의무를 먼저 이행하는 국민, 자율적 생활규제를 하는 국민 등
'국민'자세를 강조하였다. 동시에 표준의례와 가족계획 실행 등의 신생활운동
을 추진하여 국가가 국민의 일상생활규범에 개입할 수 있는 기제를 만들었
다. 허은, 「'5·16군정기' 재건국민운동의 성격-'분단국가 국민운동'노선의
결합과 분화-」, 『역사문제연구』 11, 2003 참고.

전북 김제군 백산면에서 출생했다. 조부 때는 500석 부호였으나, 아버지 대에 몰락하여 소작농으로 전락했다. 가난하여 무료교육기관인 영천농업기술학교에 군수의 추천으로 들어가서 우수하게 졸업했다. 그는 자작농창정 대상으로 토지를 매입하였고, 갱생부락 지도자로 임명되었다. 그의 마을은 모범부락으로 지정되어 마을 사람들이 자작농창정 대상이 되었으나, 통제에 불만을 갖는 마을 주민들과 갈등 후 마을을 떠났다. 경산과수원에 취직하여 해방을 맞이하였으나, 한국전쟁기 과수원 주둔 미군이 설치해 놓은 폭탄에 사고를 당하고 다시 귀향하였다. 그동안 벌어놓은 돈으로 논을 매입하여 농사를 다시 시작하였다. 농업기술학교에서 배운 기술 등을 활용하여 다른 사람들보다 더 많은 수확을 올리면서 사람들의 신망을 얻었다. 4H구락부와 생활개선 구락부를 조직하고, 곤충표본 등을 만들어 해충에 대비하고, 유축농을 위한 싸이로 설치, 전시포만들기 등의 활동을 했다. 1960년대 초 합천동 농협조합장이 되었고, 1969년 현재 청도군 농협 이사를 맡고 있다. 제1회 새농민과학상을 수상했다.

사례 6) 경기 평택 서정래

경기도 평택 오성면 안화리에서 출생하였다. 조부 때는 200석지기의 재산을 갖고 있었으나, 부친이 한학과 풍류로 탕진해버려 가난해졌다. 안중국민학교를 졸업하고 서울 대동상업학교에 진학했다. 1945년 2학년 때 결혼을 하였고 3학년 때 학자금문제로 중퇴하였다. 국방경비대 창설 후 해군에 자원입대하였으며, 1955년 금성충무무공훈장을 받고, 사령부 대대본부 경리구매 계장을 맡기도 했다. 군복무 7년만에 제대하였다. 1955년 고향에 돌아온 후, 체신부 축우자금을 대출받아 마을 주민에게 송아지를 나눠주었다. 협동조합 상무이사가 되어 조합구판장을 만들었고, 제3회 한국농업상을 수상했다. 1969년 현재 안화리 이동조합 영농부장, 농사개량클럽 평택군 연합회장, 농촌자원지도자연합회

농개분과 위원장을 맡고 있다. 제1회 새농민협동상을 수상했다.

사례 7) 강원 횡성 이응광

6세이던 1921년 화전민마을 횡성 안흥면 소사리로 이주하여 부모가 열심히 노력해 생활터전을 마련했다. 1926년 안흥보통학교에 입학했지만, 1930년 15세에 부친이 병으로 별세하여 재산을 상실하고 학교를 졸업하지 못했다. 대신 열심히 농사를 지었다. 그때 관절염에 걸려 고생을 했는데, 안흥면 면사무소 농업기술지원에 채용되어, 다행히 병치료를 하면서 농사를 병행할 수 있었다. 작약농사와 송아지를 길렀다. 1952년 산업박람회에 작약을 출품하여, 상금 10만환 받고 면사무소를 그만두었다. 이장에 선출되었고, 면의회 의장, 농업협동조합장, 지역사회개발계장 등을 맡았다. 실행협동조합 시 교육을 받아 농협이념에 공감하게 되었고, 지역사회개발계를 조직하고, 도로를 개발하였다. 1963년 식산포장을 수상했다.

사례 8) 경기 시흥 심정구

조부대 한학자로 마을의 부자였으나 큰아버지가 탕진해 버려 가난해져 버렸다. 서면보통학교를 우수한 성적으로 졸업했으나 가난해서 진학하지 못했다. 착실하다고 인정받아 보통학교 교정에서 마을청년을 훈련시키는 역할을 맡게 되었고, 시흥군 서면 청년훈련연성소 지도교사로 임명되었다. 지도교사를 2년 한 후 소집영장을 받아 1944년 관동군에 편입되었다가 소련군 포로가 되었다. 억류당해 있다가 연길동포석방운동으로 풀려났다. 귀향 후 면서기로 취직하는 동시에 마을에서 야학을 열고 홍산계를 조직했다. 군청지원을 받아 저수지를 만들고 하천의 제방쌓기와 공동작업으로 하천 불모지를 개간하기도 했다. 한국전쟁 때 북한군 의용군으로 잡혀갔다가 왜관에서 탈출하였지만, 다시 미군에게 체포되어 거제포로수용소에 수감되었다. 기독교신자가 되어 반공포로로 석방되었다. 1953년 실행협동조합을 결성하여 초대조합장이 되었다. 마을 호당 경지면적이 3,000평이 되고 수확이 늘어나자 도정공장을 건립할 필요를 느껴 농협에서 융자를 받아 1961년 도정공장을 만들었다. 중앙회 빚을 갚고 조합사무실과 창고 등 공동이용시설을 만들고 탁아소 기와공장 등을 만들기도 했다. 1965년 이웃조합과 합병하여 경영합리화를 꾀했다. 1967년 서면 면장이 되었다. 1965년도 향토문화공로상을 수상했다.

사례 9) 충북 청원 최형락

부모는 중농의 경제력이 있었으나 학교교육을 반대하여 학교에 늦게 들어갔다. 충북 청원군 옥산보통학교를 2등으로 졸업하고 청주 고동보통학교에 응시했지만 낙방하여 서울 선린상업학교에 입학하였다. 성적은 우수했지만 2학년 때 가정경제사정으로 중단하고, 결혼과 함께 농사를 시작했다. 대동아전쟁기에 돈을 벌기 위해 대마와 황마, 토란을 재배해서 돈을 벌고 환희리의 새로운 부자로 각광받았다. 24세 때 해방을 맞이했다. 정치적인 것에 무관심했으나 좌익이 민족반역자로 지적해 갈등했다. 부모가 사망한 후 일을 포기해 버려 가난해졌다. 이후 청원군 농회 옥산면 분회 주재기사로 취직하였다. 농회가 해산된 후 옥산면 서기, 농지개혁 서기 등을 했다. 1950년 30세 때 피난을 못하고 돌아왔을 때 지방좌익이 반동분자로 지목하여 고생했다. 1952년 강외면 면서기를 하면서 농사를 시작하여 원예농업과 개간에 주력했다. 1964년 옥산 이동농협 조합장이 되었고, 리동조합합병운동에 앞장섰다. 제3회 새농민자립상을 수상했다.

사례 10) 충북 청원 정기혁

조부 때는 벼 100석지기의 재산이었으나, 동생이 일본인과 싸움 후 재산을 강탈당하고 말았다. 청원군 남일면 갑산리로 이주하여 부모는 품팔이로 겨우 연명하는 상태였다. 소학교 시절 어머니와 함께 품팔이를 하면서도 우수한 성적으로 졸업했다. 이모와 함께 서울로 올라와 급사로 취직하고 영창학교 야간부에 입학하였다. 1950년 영창중학 4학년 때 한국전쟁이 일어나 피난하기 위해 귀향하였다. 음성고등학교 4학년에 편입하여 졸업하고 신흥대학 청주분교 법과에 입학하였다. 이후 서울로 올라왔으나 1959년 대학 4학년 때 경제난으로 중퇴하고 입대했다. 의가사제대를 하고 27세 때 농사를 시작했다. 새로운 영농방법을 제안하고, 양파 등 원예농사로 수익을 올려 자산을 늘렸다. 소남리 농협 갑산분소장으로 활동했으며, 리동농협 합병을 추진하였다. 음성군 농사교육원 강사로 활동하며 갑산리의 손꼽히는 부자이다. 제3회 새농민과학상을 수상했다.

사례 11) 강원 홍성 이병성

홍천군 서면 두미리에서 출생했다. 조부는 벼50석의 재산을 가졌으나, 한일합병 전후 의병활동으로 병석에 있었고, 부친은 한학공부만 하여 가세가 어려워졌다. 11세이던 1933년 반곡보통학교 입학 후 3일만에 가난 때문에 그만두고 집안일을 도맡아 했다. 1944년 혹은 45년 마을 청년들과 단합계를 만들어 마늘, 연초를 재배하고 토지를 구입하였다. 해방 후 대한청년단 서면단 감찰부장을 맡았다. 1950년(28세) 한국전쟁이 일어나자, 여주로 피난했다가 귀향한 뒤 지방 좌익에게 체포당했으나 구사일생으로 살아났다. 1965년 두미리 조합장에 추대되어 미신타파운동에 앞장섰다. 제3회 새농민협동상을 수상했다.

3. 일제 말기의 기억과 성장과정

1) 일제 말기의 기억

이들에게 일제 말기는 청소년기였다. 청소년기에 가장 기억에 남는 사건들을 살펴보겠다. 진병권 옹에게 일제 말기는 보통학교를 우수하게 졸업하고, 교장선생의 배려로 금융조합에 소사로 취직해서 서기시험도 보고, 소사로 있을 때 금융조합의 조선인 이사의 배려로 자작농창정사업의 대상이 되어 토지를 처음으로 소유할 수 있었다는 기억이 가장 컸다. 그때의 감격이 구술하는 중에서 잘 묻어났다. 그와 관련해서 당시 조선인 금융조합 이사에 대한 좋은 기억이 연결되었다. 자신은 2명의 조선인 이사를 겪었는데, 자신이 자작농창정 대상이 되게 해준 이사는 자작농창정사업을 매우 중시하는 사람이었고, 그는 특별한 존재였다고 회고하였다. 특히 해방 직후 그 이사가 조직한 연극단에 참여해 연극했던 이야기를 할 때는 즐거운 과거를 회상하는 모습이었다. 일제 말기에 농촌사회에 대한 기억은 애국반의 공출에 집중되었다. 연구자가 애국반과 더불어 금융조합의 식산계에 대해 질문하자 식산계가 조직되기는 했지만 특별한 활동은 하지 않았다고 기억했다. 또한 애국반과 임피에서 끌려간 징용자에 대한 질문에는 임피에서 집집마다 징용에 끌려갔는데, 그것 때문에 동네가 전부 공포에 떨고 있었다고 이야기했다. 하지만 당시 농촌현실에 대한 이야기는 스스로 이야기한 자신의 생애사 속에서 자연스럽게 나오기보다는, 당시 임피 현실에 대한 추가 질문에 대한 답변으로서 자신의 삶과는 일정한 괴리감을 보였다.

다음, 남상돈 옹의 일제하 기억은 크게 두 가지 범주로 나뉜다. 하나는 어린 시절 광주학생운동시기 만세사건을 주도하였다가 주재소에서 하룻밤을 자고 나왔던 일과 그로 인해 대구사범학교 시험에서 한 문제밖에 틀리지 않았는데도 떨어진 기억이다. 그리고 또 하나는 모범적인 기술자로서 사람들에게 새로운 영농법을 가르쳤던 기수활동과 처음으로 구입한 토지에 대한 기억이다. 그는 원잠종제조소를 수료한 후 1934년부터 시작했던 음성 감곡군의 기수생활과 음성군의 농회 기수 생활에 대해서 큰 자부심을 가지고 있었다. 이때는 농촌진흥운동기인데, 그는 "다수확을 하자면 신품종 볍씨를 정조식으로 심는 게 당연한데 재래식 농사에 길들여진 우리 어른들은 새로운 물결을 받아들일 준비가 되어 있지 않았"던 상황으로 판단하고 있었다. 그는 '남바지' '남도시락'이란 소리를 들어가면서 사람들을 설득하러 돌아다녔고, 노인들에게 새 영농기술을 설명하고 다니면서 끝내 인정받게 되어 마침내 그의 말이라면 무조건 믿고 따라주는 계층이 늘어갔다고 한다. 이런면 기수 활동이 인정받아 음성군 농회의 잠업기수로 파격적인 영전을 하였다. 본래 스스로 농사를 짓겠다는 꿈을 가지고 있던 그는 이 무렵도 잠업기수로 영전될 수 있는 것을 마다하고 금융조합의 융자를 받아 토지를 매입하였다. 토지소유자로서 그는 전쟁 막바지에 일제가 대용식으로 권장하던 고구마 재배에 뛰어들었다. 다른 사람들의 비웃음 속에서도 정성껏 가꿔 금융조합 빚도 갚고 큰돈을 벌 수 있었다. 이런 그는 1945년 해방을 맞을 때 남다른 감회에 젖었다고 한다. 그가 가지고 있던 두 가지 기억이 서로 복합적으로 떠올랐다고 한다. 어쨌든 그는 해방이 되자 집과 농토를 모두 팔아 신천리에 새로운 터전을 마련하면서 새로운 시작을 할 수 있었다.

그의 기억 속에서 농촌진흥운동이나 전쟁기에 일제의 조선지배 때문에 조선인들이 어려움에 처했다거나, 징용이나 정신대라든가, 공출에 대한 것은 거의 등장하지 않았다. 오히려 그런 활동을 유도하는 직업에 있으면서도 그는 농사개량에 관한 것 이상은 기억해내지 않았다. 또한 미곡공출로 인해 부족해지는 미곡수요를 대체하는 고구마생산을 통해서 그는 자영농으로서 안정적인 토지를 마련해낼 수 있었다. 그리고 그 과정 전부에 대해 자신의 노력에 의한 성과라는 점에서 대단한 자부심을 느끼고 있다.

사례모음집에 나오는 인물들의 성장과정에 대한 기억도 비슷한 양
상을 보이는 경우가 많다. 제1회 새농민 종합상을 수상했던 박종안
은[11] '배울 수 있는 것은 배워야 한다는' 집안 식구들의 바램을 갖고서
오사카 구로야마 농업학교 시절의 경험과 깨달음, 그리고 고향에 돌아
와 금융조합 직원으로 있으면서 산을 개간해서 유실수를 심고 농촌청
년들과 연구회를 조직했던 사실을 가장 크게 기억하였다. 특히 농업학
교 시절에 대한 기억은 그의 삶의 방향을 거의 좌우했다. 우선 조선인
에 대한 차별, 1등을 했어도 조선인이라서 일본인에게 자리를 빼앗긴
경험을 체력단련과 학업으로 이겨내고자 했던 기억이 한 축을 차지하
였다.

> "일본에서 적어도 삼사년을 줄곧 살았다면 말이여어! 일본 사람들
> 이 음으로 양으로 우리 민족에게 가했던 그 지긋지긋한 민족적 차별
> 에 분통이 터지지 않고서는 견딜 수가 없었을 것이랑게. 그 좋은 예
> 가 작년에 있었던 교포 김희로 사건이랑게……지금도 일본에서 살고
> 있는 교포들은 김희로를 본받아야 될 것이요이! 또 일본사람들도 김
> 희로 사건을 계기로 그들의 간교한 섬나라 근성을 버려야 한당게!"
> 박종안은 불을 내뿜듯 열변을 토하는 것이었다. 불끈 쥔 그의 두 주
> 먹이 한들한들 떨리고 있는 것을 분명히 보았던 것이다."[12]

그리고 오사카에 도착했을 때 느낀 산업발전의 대단함에 대한 경탄
과 더불어 농업학교 시절 주말이면 찾아가서 배우던 오사카 주변 농민

---

11) 제1회로 종합상을 수상했다는 사실은 그동안 농업영역에서는 상당한 성과를
거둔 것으로 이름이 알려진 인물임을 뜻한다. 글 속에 나타나는 박종안의 성
과는 다른 이들에 비해서 특별히 더 대단한 것으로 보이지는 않으나, 아마도
실제 현장에서 그가 거둔 성과는 당시 사람들에게 남다른 것이었다고 생각된
다.
12) 김장수, 앞의 책, 25쪽.

들의 생활상에 대한 부러움은 그가 열심히 공부해야겠다고 생각하게 한 원동력이었다.

"'땅 7단보만 가지고 있으면 오사카 부지사가 부럽지 않다'라는 말을 박종안은 학교의 일인 선생으로부터 수없이 들어왔던 것이다. 일인 선생들의 말을 들을 때마다 박종안은 그들 선생들의 말에 늘 의아심을 가졌으나, 시간이 흐름에 따라 선생들의 말이 지당함을 긍정하기에 이른 것이었다.……대동아전쟁 시작 후 2~3년, 농촌은 오이 가지 토마토의 온상재배……수확 후 미리 시달된 규격으로 짐을 꾸려 자기 집 앞에 쌓아 놓으면 신용구매판매이용조합의 트럭이 꾸려 놓은 짐을 싣고 가는 것이고, 며칠 후에는 그 대금을 꼬박꼬박 갖다 주는 것. 생산과 유통이 어쩌면 이처럼 기계가 돌아가듯 잘 회전되는 것일까를 되씹을 때, 박종안 소년은 부러운 마음을 금할 수가 없었고, 고향의 농촌사정과 동떨어진 사실에 분통이 터져 견딜 수가 없었던 것이다. 오사카 농민들의 의식주에 대한 것은 자기의 고향과 별 차이가 없었으나, 그들의 농가소득이란 자기의 고향과는 천문학적으로 다르다는 것을 박종안은 그때 이미 몸서리칠 정도로 느끼고 말았다. 해태가 나지 않는 해가 되면 고향사람들은 굶주림에 얼굴이 누렇게 되어 퉁퉁 부었고, 그러다가는 종내 죽던 그 비참한 꼴을 수없이 보아왔던 박종안에게 있어서는 일본의 농촌이란 참으로 유토피어 같게만 여겨졌다."13)

그는 귀국해서 수원농림학교를 응시했다 떨어지고, 징병을 피하기 위해서 금융조합 고원으로 취직하였으며, 그와 동시에 개간사업을 시작하여 마을에서 자리잡게 되었다.

또한 영천농업기술학교 졸업후 갱생부락 지도자로서 자작농창정 대상이 되었던 장복수, 면사무소 기술원으로 취직한 이응광, 청년훈련연성소 지도교사가 된 심정구, 보통문관시험을 통해 도 학무국에 취직했

---

13) 김장수, 앞의 책, 20쪽.

던 강희구의 경우 등 상당수의 사례가 일본의 조선지배기구에 편입되
어 거기서 배우고, 그 성과물을 자신의 긍정적인 경험으로서 삼고 기
억하고 있었다. 이들에게 일제 말기의 경험은 일반적인 당시의 농촌환
경과는 일정한 거리를 두고 있었다고 볼 수 있다. 공출과 궁핍의 경험
이기보다는 오히려 위기를 기회로 하여 토지를 마련하고 경제적 기반
을 닦은 시기였다. 그렇기 때문에 이들의 기억 속에 이 시기에 대해서
는 자신들의 노력과 개인적인 성공 이외에 일반적인 농촌의 기억들이
강하게 언급되지 않았다.

2) 성장환경의 기억

그들의 기억에 영향을 미치는 요인의 하나는 가정환경이었다. 그들
이 무엇을 가장 중요하게 생각하게 되었는가의 문제이다. 대상자 11명
중 2명(강희구, 박종안)을 제외하고는 모두 가난한 가운데 성장했거나,
잘 살다가 본인이 경제생활을 시작할 무렵에는 모두 가난해진 경우가
많다. 이 중 5명의 집안이 할아버지 대는 부유했으나 아버지 대에 들어
서 몰락하여 가난해졌다고 기억하고 있다. 장복수의 할아버지는 500석
지기였고, 서정래는 200석, 정기혁은 100석, 이병성은 50석지기였으며,
남상돈의 할아버지도 자수성가한 독농가였다. 그런데 아버지 대에 와
서 경제활동에는 관심 없이 한학공부만 하거나, 미두 등으로 탕진하거
나, 병수발에 돈이 많이 들었다거나, 제대로 농사지을 능력이 없어서
등의 이유로 모두 몰락한 상태였다. 이는 한말에서 1910년대를 거치면
서 양반지주층들 가운데 새로운 경제상황에 적응하지 못한 층이 몰락
해가는 양상과 같은 맥을 보여주며, 일정한 경제적 부가 있더라도 지
주위주의 경제구조 속에서 다음 대까지의 재생산을 보장할 정도는 되
지 못하는 현실, 병에 걸린다거나, 일정하게 농사수확이 줄어들 경우
위기에 처할 수밖에 없는 경제기반의 취약성을 보여준다.

그런 한편 과거의 부자였다는 생각은, 이러한 회고가 실제 사실이었는지 아니었는지를 떠나서, 손자 대에 와서 할아버지 대의 부를 되살려야 한다는 생각과, 양반이고 부자였었다는 자부심을 부여하는 기억으로서, 더 잘 살아야한다는 생각의 동력으로 작용하였다. 이를 잘 보여주는 것이 남상돈이다.

남상돈의 어린시절 기억에서 가장 먼저 등장하는 것은 할아버지이다. "부지런하기로 소문난 농부. 남씨 일가 가운데 남달리 힘이 센 탓에 '항우장사'라는 별명이 붙어다녔다.……조부는 먼동이 트기도 전에 누구보다 일찍 일어나 밭으로 나가 땅거미가 진 뒤에야 괭이와 삽을 챙겨 돌아오면서도 사뭇 아쉽게 생각할 정도로 부지런했다. 밭 한 뙈기 없이 농사를 시작한 조부는 궁핍했던 어린 시절을 되새기면서 그 찌든 가난을 자손들에게 만큼은 물려주지 않겠다는 일념으로 황소처럼 일한 나머지 나이 육순에 이르러 논 스무 마지기와 밭 3천평을 소유한 부농으로 성장하였다.……조부는 힘들고 고달픈 농사를 지으며 혼자 '벙어리 냉가슴'을 앓으면서도 한번도 내색한 것이 없었다."[14] 이런 할아버지에 대한 기억과 더불어 곧바로 "내가 어른이 되면 할아버지처럼 부지런한 농사꾼이 되겠다. 부자가 돼서 북간도 좁쌀은 닭 모이로나 줘야지……"라는 다짐을 말한다.

그는 자수성가형 인물들의 공통적 특징과 한국의 교육열의 공통된 인식이 잘 드러나는 인물이라고 할 수 있다. 남상돈은 이러한 할아버지의 모델을 자신의 삶의 지표로 삼았다. 상대적으로 그에게 그릇된 모델은 아버지였다. 둘째였기 때문에 학교에 다녔고 농사일을 모르던 사람이 큰아버지의 출계로 인해 장남이 되어 농사일을 맡게 되면서 겪는 어려움에 대해서 능력없는 사람이라는 일정한 반감을 드러낸다.

경제적 배경상 이들의 학업과정도 차이가 있었다. 경제적으로 안정적이었던 4명만이 보통학교를 졸업한 후 중학교나 일본 농업학교, 상

---

14) 남상돈, 앞의 책, 40쪽.

업학교에 큰 무리 없이 입학할 수 있었다. 그리고 11명 중에는 보통학교 입학 후 곧바로 그만두어야 했던 이병성의 경우도 있었지만, 대부분은 보통학교 과정은 졸업하였다. 이들 대부분이 성적이 우수했다고 스스로 평가하였다. 진병권 옹의 경우는 집은 가난해서 친척집에 기거하며 다녔던 가슴 아픈 기억과 더불어 공부를 잘해서 교장 선생을 비롯한 교사들로부터 인정받는 학생이었다는 것을 자랑스럽게 생각한다. 그 결과가 현재의 자신을 있게 한 금융조합에의 취직이었기 때문이었다. 남상돈의 경우도 마찬가지이다. 가정이 어려웠지만 사범학교에 진학하고자 할 정도로 실력이 있었고, 원잠종제조소에 들어가서 직업교육을 받기로 선택할 수밖에 없었지만, 25명을 뽑는데 500명이 몰린 치열한 경쟁에서 2등을 차지했고, 졸업성적도 5등이었다. 그 덕분에 면의 기수가 될 수 있었다. 또한 원잠종제조소의 일본인 소장이 그의 능력과 포부를 염두에 두고 지속적인 지원을 해주었다는 사실은 여러 가지로 강조되었다.

이들은 가난하여 졸업 후 중등과정에 진학하지 못하고 무료교육이 가능한 곳인 영천농업기술학교에(장복수), 원잠종제조소에(남상돈), 일을 하며 영창중학 야간부(정기혁)를 다니든지, 중등과정에 들어가지 못했을 경우도 모두 새로운 정보를 얻기 위해 지속적으로 독서를 하였다고 기억하고 있다. 모든 인물들이 학업열과 스스로 배우고자하는 자세가 무척 높은 층들이었다고 할 수 있다. 학업열이 높은 만큼 자식들의 교육에도 열정적인 모습을 보인다. 자식들은 대부분 고등학교 이상의 학력을 가지도록 하는데, 농사를 대물림하는 경우는 별로 없을 것으로 보인다.

4. 구술 시점의 현실인식

과거에 대한 기억은 구술 시점의 현실인식과 상호 교류하고 있음을 알 수 있다. 현재 자신이 갖고 있는 세계인식 방향이 과거 기억의 한 부분을 중점적으로 부각시키고, 때론 은폐하기도 하는 모습을 살펴보았다. 이제부터는 그런 과거에 대한 기억이 구술 당시의 삶의 모습과 어떻게 연결되어 있는가를 살펴보도록 하자.

1) 경제현실의 개인 문제화

이들이 가지고 있던 가장 중요한 가치는 근면 성실과 인내였다. 즉 자신이 처해있는 역경을 스스로 노력하면 넘을 수 있고 나아가 잘 살수 있다는 신념을 지녔다. 따라서 그 과정에서 겪는 어려움은 참고 넘어가야할 과정일 뿐이라고 인식하였다. 남상돈의 계명은 "부지런함은 돈으로 살 수 없는 귀중한 보배이며, 신중함은 자기 몸을 보호하는 부적이다" 였다. 그리고 '가훈은 나라와 나의 조상을 소중히 받든다, 자립경제를 치산의 근본으로 삼는다, 農은 천하지대본임을 어디서나 잊지 않는다, 남에게 손해를 끼치지 말고 남을 도와주는 사람이 된다, 남에게 도움을 받거든 갑절로 갚고 영원히 잊지 않는다'이다.[15]

또한 이런 모습을 잘 보여주는 것이 장복수의 경우다. 영천농업기술학교를 나온 장복수는 그 시절의 고생스러웠던 경험이 자신의 힘이 되었다고, "그때 내가 영천농업기술학교에 가서 그런 고생을 이기지 않고 그대로 주저앉았더라면 우린 벌써 이 땅위에 존재하지 못했을 것이다"라고 회고하였다. 그가 자신의 경험에서 가장 중요시했던 영천농업기술학교의 생활은 매우 힘겨웠다고 한다.[16] 그곳을 거쳐갔던 사람들

---

15) 남상돈, 앞의 책, 73쪽.

16) 영천농업기술학교는 수업료와 교과서대 식비 일체가 무료인 1년제 단기교육 기관으로서 각군의 군수가 추천을 해야 입교할 수 있는 곳이었다. 입교한 날

이 합숙하는 벽에 '無罪靑年刑務所' '一切皆空之刑房' '天地無差別虐
待'라고 써놓을 만큼 고된 곳이었다. 자작농 생활을 체현하도록 하는
이곳에서 가장 중요시했던 가치는 일본인 교장이 입버릇처럼 말하는
'린구단렝(忍苦鍛鍊)'이었다. 그는 "배고픈 것을 참는 것도 인간수양이
얏! 그것을 못 참아! 그래가지고 어떻게 훌륭한 농부가 되겠다는거얏"
이라고 배고픔을 못참아 수입의 일부로 국밥을 사먹었던 장복수를 때
렸다. 이런 생활에 대해서 장복수는 그 과정의 문제보다는 "참자고 하
던 자기만의 좌표를 자기 스스로 깨뜨려 버렸다는 것에 자기 혐오와
저주"를 하면서 울었다. 이런 마음가짐을 가지고 교육을 받은 장복수
는 졸업후 "농사도 제일 잘 지었고, 공부도 잘 했으며 품행도 단정했
다"는 평을 받고 자작농창정의 대상이 되어 군에서 개인소유 논 600평
과 밭 300평을 매입하는 한편 마을내 갱생부락 지도자로 임명되었다.
자신의 성장기반이 되었던 교육과정에 대해서 그는 매우 긍정적인 인
식을 하게 된 것이었다. 이런 점은 그 과정에서 도망쳤거나 우수하지
않았던 많은 이들의 경험과 일정한 차이를 보이리라고 본다.

장복수와 마찬가지로 그 내용의 고된 여부를 떠나서 일본인들에 의
해 진행된 교육과정을 우수하게 마친 인물들의 공통적 특징은 그 교육
과정이 옳았으며, 그 과정을 진행하였던 일본인 교사들에 대해 신뢰감
을 갖고 있다는 점이었다. 원잠종제조소를 다니던 남상돈이나, 오사카
농업학교를 다니던 박종안의 경우, 우수한 조선인에 대해서 일본인 교
사들은 상당히 우호적이었다. 이는 중견청년 양성, 농업상품화와 상업

논 600평, 밭 300평, 농기구 일체와 황소 1마리, 가마니틀 1대, 새끼틀 1대씩
을 대여받고 각기 자작농생활을 하도록 하였다. 농사기술에 대한 실내외교육
이 병행되어 농사일을 하였고, 또한 수확물을 판 금액은 모두 학교에 비치한
예금통장에 예금하도록 하였다. 그렇지만 주는 식사는 하루 3홉의 콩밥으로
늘 허기진 상태를 유지하도록 하였으므로 '허리는 구부러지고 두 다리는 천
근만근'한 상태여서 야간도주자들이 하루에도 두서넛씩 속출하였다. 도망칠
경우에는 순사에게 다시 잡혀와 엉금엉금 길 정도로 매를 호되게 맞아야 했
다.

적 농업의 확대를 목표로 하는 농업정책의 방향 상 이를 잘 실행해내
는 젊은이를 안정적으로 육성하려는 필요성 때문이었다. 이런 교육과
정을 이수한 이들에게 앞서 본 바와 같이 일제는 토지나 일자리와 같
은 경제적 기반이라는 선물을 하였다. 이 속에서 공통 목표를 가지고
있던 양자간의 신뢰와 협조가 드러나는 것은 당연했다.

이런 개인적인 성취과정을 경험하는 이들에게 있어, 경제적인 어려
움이란 사회구조적인 문제라기보다는 노력이 부족한 탓으로 인식되었
다. 스스로 학습하고 노력한 결과 얻어낸 성과이므로, 그것을 하려고
하지 않은 진취적이지 못한 다른 사람들, 그리고 새로운 원예농업이나
농업기술을 도입하여 수확량을 늘리려는 자신들에 비해서 낡은 농법
과 벼농사에만 매달리는 농민들은 노력하지 않기 때문에 못사는 사람
들로 보였다.

따라서 자신을 비롯해서 다른 사람들이 못사는 구조적 요인인 지주
소작관계나 일본의 농업정책이나 공출 등의 근본적인 제약상황에 대
해서 언급하는 경우는 거의 없었다. 일제하의 자작농창정으로 인해 혜
택을 입은 인물들(장복수, 진병권)은 이 정책이 좋은 정책이라고 인식
하였으나, 일제하 농업문제를 근본적으로 해결하는 방향으로 논의되었
던 토지개혁과 농지개혁에 대한 언급은 자료에는 잘 드러나지 않는다.
상대적으로 해방 후 미군정기의 교육을 통해서 토지개혁과 협동조합
의 필요성을 교육받으며 감명받고 제천군 농지개혁위원장을 지냈던
강희구의 경우에는 토지개혁에 대한 인식이 잘 보인다. 그런데 『가난
을 이긴 사람들』의 인물들이나 남상돈의 회고에는 이에 대해 언급이
없다. 이는 개인의 노력과 협동조합을 강조하려는 서술자의 입장과 관
련되기도 할 것이며, 또 한편으로는 대부분이 농지개혁 이전에 여러
가지 경로로 토지를 소유하고 있던 계층이었기 때문에 그 필요성을 크
게 느끼지 않았기 때문이라고도 보인다. 즉 이들은 1930년대 농촌진흥
운동에서 내걸었던 자력갱생의 개인화 이데올로기와 중견청년 양성

정책, 나아가 일제의 농업정책 기조였던 상업적 농업정책 모두 체현하
는 존재로 성장했다고 할 수 있다. 그렇지만 강희구의 경우처럼 이후
의 교육과 경험과정에 따라서 차이가 나타날 가능성은 농후했다.

2) 상업적 농업의 강조

이들은 농업부문 중 벼농사를 하지만 다른 사람들보다 원예와 축산
에 많은 관심을 기울였다. 약초농사(강희구), 과수(박종안, 장복수, 이
춘직), 축산(서정래, 이춘직), 원예농업(최형락, 정기혁), 전매상품(이병
성, 남상돈)을 재배하여 판매함으로써 벼농사에 비해 몇 배의 수익을
올릴 수 있었고, 개간(박종안, 이춘직, 최형락)으로 부족한 토지를 보전
하였다. 이는 내핍에 기반한 소농의 유축농업, 다각화농업과 그것을 마
을단위로 집단화하려고 했던 농촌진흥운동의 방향성이 신념화된 것이
기도 했다. 주로 일제하 자신들이 받았던 농업기술교육의 내용을 실천
하였거나, 상거래활동에 대한 이해와 경험(상고 졸, 군 경리구매경험)
등이 이를 뒷받침하였다고 할 수 있다.

이들은 상업적 농업에 대해 선진적이라고 신념화되어 있으므로 이
에 대해 경원시하고, 그걸 추진하는 자신을 이상한 사람이라고 바라보
는 마을 사람들 속에서도 꿋꿋하게 실행해갈 수 있었다. 그와 더불어
소농경영과 그것의 협동화, 그리고 상업적 농업이라는 방향은 해방 후
남한 농업의 이념적 기본구조였으므로, 자신들이 가진 현실인식의 방
향을 수정할 필요가 없었다고 할 수 있다. 그렇지만 이들은 다각화영
농이라는 이름으로 벼농사는 집에서 먹을 만큼만 짓고, 대부분의 농사
는 특용작물과 원예작물 중심의 밭농사에 치중했다. 이는 수익성이란
측면에서 효과는 있었으나, 전체 농업구조의 전망에 대해서는 특별히
인식하지 않고 있다고 할 수 있다.

3) 반일의식과 반공의식

이들에게서 정서적으로는 일본제국주의에 대한 반감이 드러난다. 특히 만세사건을 보통학교 학생의 신분에서 주도했던 남상돈이나 오사카 농업학교를 다니면서 조선인에 대한 차별을 경험했던 박종안은 분명하게 반일의 견해를 드러내었다. 하지만 많은 경우 생활고에 찌들려 살았고, 살아가는 문제로 고민하는 과정에서 일본제국주의에 대한 특별한 생각은 드러나지 않는 경우가 많았다. 이미 일본인이라고 생각하고 살던 이들에게 해방이라는 말을 듣고서 나올 수 있던 반응은 진병권 옹의 말처럼 "해방?……아 해방!"이 아니었을까? 그렇기 때문에 경제 문제라든가, 일상 문제로 돌아오면 더욱 그러했다. 게다가 이들이 일제의 교육을 통해서, 경제적 지원을 통해서 안정화되었다는 상황은 반일의식을 크게 드러나지 않게 하는 요인이기도 했다.

상대적으로 이들은 반공의식이 컸다. 대부분 개인의 능력과 노력에 의해서만이 난국을 타개할 수 있다고 믿고 있고, 또 '개인의 노력'으로 안정된 생활기반을 마련하고 있었다. 일제하의 황마재배를 통해 부를 축적하였다고 하여 민족반역자라고 부르는 '빨갱이'에 대해서 극도의 반감을 지니게 되었거나(최형락), 자신이 노력해서 지역유지급의 자리로서 성취해낸 대한청년단 감찰부장 자리 때문에 지방좌익에게 고초를 당하고(이병성), 전쟁기에 인민재판에 끌려갈까 두려워 몸을 피해 숨어지낼 수밖에 없었던 경험(남상돈) 등 대개의 경우 이미 1940년대 후반부터 1950년대 초반기 우익적 정치경향을 지니고 있었던 인물들이 많았다. 상대적으로 좌익에 대한 여지를 두고 있던 강희구의 경우도 대한청년회 활동이나 보도연맹 심사위원 등의 우익활동을 해온 인물이다. 강희구의 경험은 특별한데, 제천군 보도연맹 심사위원으로 있으면서 보도연맹명부에 올라있는 인물들이 실제 좌익활동을 한 인물들이 아니라는 평가를 하면서 구제해줌에 따라 전쟁기 제천군내에서 좌우갈등이 심하게 일어나지 않도록 역할하였다.

이들은 대개 이후 지역 내 새마을운동의 농촌지도자로서 성장하는 인물들이고, 나아가서는 전국적인 농협활동가로서 인정받기에 이른다.[17] 반공을 체제유지의 기본으로 삼았던 일제하에서 성장하고, 해방 후 좌우대립과 분단과정에서 좌익과 대립하는 존재조건을 지니고 있었던 이들이, 좌익이 거세된 세계에서 지역지도자로 성장할 수 있는 사회적 조건이 내외적으로 마련되었다고 할 수 있다.

4) 지도자 인식

이들은 대부분 농협운동의 지도자로 활동하는데, 이들이 협동조합활동을 시작하는 인식에는 자신들이 가지고 있는 선진적인 의식을 다른 마을 사람들을 구제하는 데 활용하고자 하는 데 있었다. 이들과 마을 주민들의 관계에는 일정한 패턴이 나타난다. 일정하게 윤색이 되었을 수도 있지만, 공통적으로 이들이 상업적 농업이나 농사개량을 시도했을 때, 마을 주민들은 거의 경멸과 미친 사람으로 취급하였다, 그럼에도 불구하고 "마을에선 별의별 소문이 다 돌고 있었다. 그러나 박종안의 신념은 굳어 있었다. 달을 짖어대는 개를 의중에 두지 않고 그대로 밝은 법이 아닌가"라는 표현처럼[18] 개의치 않고 성과를 보여주었을 때, 마을 사람들이 따라하게 되었다는 것이다. 그와 더불어 이들이 공통적으로 강조하는 의식은 "자신을 희생해서라도 마을 사람들을 구제하겠다"는 협동과 희생의식이었다. 그렇기 때문에 마을에서 기아가 심해지자 조합창고에 있던 미곡담보를 무단으로 나눠주고, 그것이 문제가 되자 자기 땅을 내놓기도 하고(박종안), 면직원이 될 때 마을 사람

---

17) 정치적으로 친집권적 성향을 띠고 있기는 하나, 이들에게서 공통적으로 드러나는 기반은 농민본위의 정책실현이었다. 남상돈의 경우, 국회의원으로 활동하는 기간에 농협의 비농민적 임원선출방식에 대해 국회의원직을 걸고 반대하는 등, 자신이 농민이고, 농민에 기반한 농협활동을 통해서 인정받은 존재들이기 때문에 그들의 이해를 대변하는 분명한 입장을 보일 수 있었다.
18) 김장수, 앞의 책, 46쪽.

들을 위해 알뜰하고 성실한 공복이 되고자 하는 목표를 세운다거나(심 정구) 하는 자기 희생적인 모습을 보이기도 하였다.

자신들이 선진적이며, 다른 마을 사람들의 후진적 인식을 자신의 성과를 통해서 깨우치고, 그들에게 필요한 많은 사업들을 추진할 주체로서 자신을 인식해가는 양상을 볼 수 있다. 즉 자신은 지도자이며, 헌신적인 지도를 통해서 몽매한 대중들을 일깨워야 한다고 생각하였다.

5. 맺음말

1960년대 농촌 지역사회의 지도자로서 활동했던 인물군들은 대개 1930~40년대 교육과정과 소년기의 경제활동을 경험한 세대들이었다. 이들 중에서 특히 60년대 성과를 드러내는 인물들의 경험세계를 이들의 생애 성공담과 회고록, 인터뷰 자료를 통해서 정리해 보았다.

이들이 가지고 있던 생각의 밑바닥에는 1930~40년대 일제가 조선 농민들에게 심고자 했던 농업이데올로기가 면면히 흐르고 있었다. 자력갱생의 개인화 이데올로기와 자력갱생의 성공모델이 마을을 지도하여 상업적 농업체제로 바꿔가거나 또는 군수품을 안정적으로 공급하도록 한다는 목적을 달성해 낸다는 것이다. 이는 일본에 의한 조선지배나 전쟁체제에 따른 농촌수탈이라는 양상과 별도로 일반적으로 본다면, 소농중심의 농업구조와 이들의 협동을 통한 농업근대화라는 논리와 연결되어 있다. 이런 인식이 해방 후 이들이 성공적으로 등장하게 된 인식의 배경이 되었다. 그렇기 때문에 이들은 일제하 농업의 구조적 모순에 대해서 눈을 돌리지 못했으며, 자신들이 입은 부분적인 혜택이 갖는 의미를 파악하지 못하였다. 또한 개인적 노력과 성공이라는 인식과 그로 인한 일정한 경제적 안정이라는 현실로 인해 이들은 사회구조의 개혁과 빈민중심의 개혁을 추구하는 사회주의와는 반대되는 입장에 설 수밖에 없었다. 이들은 1960년대 이후 한국사회를 풍미하던 '근대화론' 체계와 연결될 수 있는 의식구조를 지니고 있었으며, 마찬가지로 반공체제의 농촌기반으로 역할하고 있었다.

식민지 교육 경험 세대의 기억
-경기중학교 졸업생의 회고담을 중심으로-

김 경 미[*]

1. 머리말

일제의 식민지 교육은 우리에게 무엇이었는가. 특히 일제 식민지 교육의 본질이 가장 적나라하게 드러났던 때이며, 일제 강점 기간 중 취학자수가 가장 많았던 시기이며, '식민지 교육의 유산'을 가장 많이 남기고 있는, 일제 말 파시즘 교육체제 하의 교육은 어떻게 인식되고 있는가.

중등학교 교사로서 식민지 교육을 경험했던 이만규는 이 기간을 '교육파멸기'로 명명했다. 1938년 3월에 공포된 국체명징·내선일체·인고단련의 3대 교육방침은 인간적 이성·민족적 양심·문화적 생장을 파멸시키는 것이었고, 이 시기에 형식적으로 학교의 수는 늘었다 해도 교육 자체는 파괴를 면치 못했다는 것이다.[1] 일제 강점기에 대한 선구적 연구자 정재철도 이 시기는 조선인을 전쟁에 동원하기 위한 동화정책의 극한으로 황국신민화정책이 시행되어 한국 청소년의 민족성을 말살하고 침략전쟁에 한국인 학생을 동원하여 육체·지식·기능 등 모든 것을 이용하려 했던 시기로, 한국민족의 정신생활의 내면에 깊은

---

* 연세대학교 국학연구원 연구교수, 교육학
 1) 이만규, 『조선교육사』Ⅱ, 거름, 1988, 227쪽.

상처를 남긴 시기로 규정했다.[2]

그러한 식민통치기구의 교육정책은 학교 차원에서는 어떻게 관철되었는가. 이만규는 특히 1941년 이후에는 학원에서 학생의 민족적 양심을 너무 억누르고 그에 저항하는 학생들을 경찰의 힘으로 탄압하고 학교의 규칙으로 단속하여 민족적 양심의 발동을 극도로 파멸시키려 했다고 증언했다.[3] 손종현은 계성학교 문서를 이용한 학교 차원에서의 식민지배 관행을 밝히기 위한 연구에서, 학교체제는 강력한 집권적 통제구조하에서 일제의 정치적·경제적·군사적·이데올로기적 요구를 관철시키는 중요한 메카니즘으로 작용했고, 동시에 조선인 학생의 민족정신과 민족운동을 체계적으로 말살하고 파괴하는 이데올로기적 국가기구, 일본군국주의에 봉사하는 예비전사 양성기관, 제국주의적 수탈을 매개하는 기구, 민족을 분열시키고 분할하는 기제로 기능했다고 결론지었다.[4]

그렇다면 학교에서 시행된 식민지 교육정책은 피교육자에게는 어떻게 경험되어 어떠한 영향을 미쳤는가. 이를 들여다 볼 수 있는 방법의 하나는 실제 경험자의 말을 들어보는 것일 것이다. 본 연구에서는 경기공립중학교 졸업생의 회고담을 자료로 하여,[5] 중등교육 경험자 중에

---

2) 정재철, 『일제의 대한국식민지교육정책사』, 398~399, 463쪽.

3) 이만규, 앞의 책, 228쪽. 이때 비밀리에 검거된 학생 저항 사건으로 외부에 알려진 것으로는 경기중학교, 경복중학교. 송도중학교, 춘천중학교, 부산중학교의 사건이 컸다고 한다.

4) 손종현, 『일제 제3차 조선교육령기하 학교교육의 식민지배관행』, 경북대학교 박사학위논문, 1994.

5) 회고담은 『경기동창회보』에 실린 1934년부터 1943년 사이에 입학한 사람들의 인터뷰, 수필, 좌담회의 글을 이용했다. 단, 그동안 발행된 『경기동창회보』의 매호를 다 조사하지는 못했다는 한계가 있다. 『경기동창회보』의 글은 경기 내부인을 대상으로 한다는 점에서, 그들 간에 공유하는 것을 전제하면서 보다 솔직한 기억을 드러낼 수 있다. 또한 주로 '성공한' 졸업생을 대상으로 한다는 점에서, '경기 졸업생'을 포괄할 수는 없는 한편 그중에서도 우리 사회의 지도적 위치에 있었던 '성공한 경기 졸업생'들의 기억의 성향을 볼 수 있기도 하다.

서도 '조선 최고의 수재들'로 인정되던 그들은, '인생을 결정하는 중요한 시기'였던 당시의 교육경험을 어떻게 기억하고 있는지 살펴보고자 한다. 회고담은 기억에 의한 것이므로, 당시의 사실을 그대로 재생한 것이 아니라 회고자의 삶 속에서 재구성된 결과이다. 따라서 회고담은 문헌자료를 통한 일반사에서는 포착하지 못한 사실을 보여줄 뿐 아니라, 그러한 사실이 회고자의 기억 속에서 왜 그렇게 기억되는가라는 질문을 통해 그 사실들이 회고자에게 미친 영향을 드러낼 수도 있다.

2. 문헌 자료에 나타난 파시즘 교육체제 하의 경기공립중학교

1) 조선 최고의 인재들이 모여 있는 학교

경기공립중학교(이하 경기로 약칭함)는 1900년 한국 최초의 관립인문중등교육기관으로 설립되었던 한성중학교에서 비롯되었다. 통감부 시기에는 한성고등학교, 일제 강점 후에는 경성고등보통학교, 1921년에는 경성제일고등보통학교로 교명이 바뀌었고,[6] 1938년부터는 조선인·일본인 교육이 동일한 학제 하에 들어가면서 경기중학교가 되었다.[7]

일제 강점기 중등교육과 고등교육은 극소수의 조선인을 위한 엘리트 교육이었다. 일제는 기본적으로 중등·고등 교육의 팽창을 억제하는 愚民化 방침을 취하고 있었으며,[8] 그 중에서도 상급학교 진학을 위주로 하는 고등보통학교(이하 고보로 약칭함)는 더욱 억제하여, 1942년에도 총 49개교에 입학생 총수가 7,043명에 불과했으며 경기의 입학생은 2~300명 정도였다(<표 1> 참조).

---

6) 경성제이고등보통학교의 설립에 의한 것이다.
7) 1925년부터 관립에서 공립으로 바뀌었다.
8) 오성철, 『식민지 초등교육의 형성』, 교육과학사, 2000, 126~127쪽.

<표 1> 고등보통학교(중학교) 학교 수 및 입학생 수9)

연도	학교 수		입학생 수			경성제일 (경기)
	공립(관립)	사립	공립(관립)	사립	총수	
1910	2	1	180			102
1911	2	1	335			252
1912	2	1	294			182
1913	2	2	315			183
1914	2	2	352	171	523	234
1915	2	2	367	182	549	251
1916	3	4	462	500	962	220
1917	3	6	458	1,522	1,980	236
1918	4	6	708	1,034	1,742	189
1919	5	7	619	609	1,228	163
1920	5	9	659	1,421	2,080	186
1921	7	10	842	4,128	4,970	188
1922	12	8	1,402	2,064	3,466	224
1923	12	8	1,632	1,858	3,490	217
1924	14	8	1,710	1,714	3,424	188
1925	15	8	1,068	1,645	2,713	260
1926	15	9	1,893	1,755	3,648	254
1927	15	9	1,922	1,747	3,669	240
1928	15	9	1,973	1,901	3,874	236
1929	15	9	1,942	1,664	3,606	224
1930	15	9	1,949	1,730	3,679	225
1931	15	11	1,922	2,060	3,982	240
1932	15	11	1,871	2,183	4,054	211
1933	15	11	1,838	1,939	3,777	211
1934	15	11	1,888	1,804	3,692	244
1935	15	11	2,063	1,679	3,742	304
1936	16	11	2,143	1,450	3,593	295
1937	16	11	2,199	1,748	3,947	285
1938	20	13	2,803	2,030	4,833	275
1939	22	13	3,004	2,049	5,053	278
1940	25	13	3,408	2,064	5,472	281
1941	28	16	3,644	2,471	6,115	298
1942	30	19	3,934	3,109	7,043	290

9) 朝鮮總督府, 『朝鮮總督府統計年報』, 1910~1942.

* 1925년부터 관립이 공립으로 바뀜.
* 1939년부터는 구 중학교의 조선인 학생수도 포함.
* 1939년부터 신설된 학교는 조선인·일본인 공립 정도가 높은 편이다. 조선인 학교 수에 포함 여부는 이만규에 따랐다(이만규, 앞의 책, 232, 234쪽).

<표 2> 1934년 고등보통학교 졸업자의 진로 상황10)

학교명		졸업자총수	관공서취직	학교교원	은행 회사 상점 등 취직	가업종사	진학	
							총수	경성제대 예과
공립	경성제일	142	6	2	5	25	69	8
	경성제이	109	2	-	2	15	48	6
	청주	78	16	13	10	6	26	4
	공주	49	6	10	4	7	10	-
	전주	43	6	-	-	24	13	-
	광주	48	4	8	8	3	16	2
	대구	62	1	4	5	35	17	-
	동래	71	7	-	6	24	19	-
	진주	45	8	5	1	25	6	1
	해주	50	1	1	13	15	18	1
	평양	90	20	14	3	4	30	3
	신의주	59	9	10	1	27	12	3
	춘천	55	3	-	6	32	14	-
	함흥	31	1	3	4	5	11	-
	鏡城	76	14	4	2	35	20	-
사립	양정	91	4	1	5	39	42	
	보성	104	5	-	-	37	62	
	배재	79	1	2	4	17	50	
	휘문	103	9	5	-	30	24	
	중앙	84	2	3	3	36	36	1
	송도	55	1	2	5	25	13	-
	고창	27	2	2	2	10	11	-
	광성	108	34	8	13	15	36	-
	오산	49	3	1	2	25	18	-
	영생	21	1	1	3	4	13	-
합계		잘못된 계산식	잘못된 계산식	잘못된 계산식	잘못된 계산식	잘못된 계산식	잘못된 계산식	잘못된 계산식

* 청주, 전주, 해주고보의 졸업생 중 일본인은 제외.

10) 朝鮮總督府, 『調査月報』 7권 1호, 1936. 1, 94~96쪽.

1922년 제2차 조선교육령으로 고등보통학교가 일본의 중학교와 동등한 학제를 갖추게 되어 검정시험 없이 일본의 전문학교에 진학할 수 있는 자격을 갖게 되고 1924년에 경성제국대학 예과가 설립되면서, 경기는 일찍이 상급학교 진학의 명문으로서 조선 최고의 인재들이 모여 있는 학교로 이름 높았다.11)(<표 2> 참조).

2) 황민화 교육의 모범학교

일제의 중등교육 억제 정책에 의한 극심한 입학난 속에서 경기는 모든 학생과 학부모들이 선망해 마지않는 학교였지만, 황민화 교육의 모범학교이기도 했다.

와다(和田英正) 교장이 재직 중(1932. 3. 29~1938. 10. 27)이었던 1935년 10월 4일은 개교 35주년으로 성대한 기념식을 거행하였다. 기념식에는 정무총감을 비롯해 다수의 총독부 관리가 참석하고 마침 시정 25주년 기념식에 참례하기 위해 조선에 온 궁내차관도 참석하였다.12) 기념식은 기미가요의 합창으로 시작하여 교장의 칙어 봉독, 총독의 고사(대독), 내빈들의 축사 등으로 이어졌으며, 식후에는 위령제가 경성신사 祭司의 주제 하에 거행되었다.13) 개교 35주년 기념사업으로 다이쇼천황기념관을 설립하고 높이 20미터의 국기 게양대도 설치했다.14) 1937년 말에는 경성제이고등보통학교, 경성여자고등보통학교

---

11) 1933년에는 졸업생 150명 중 상급학교 입학자가 100명, 1934년에는 112명, 1937년에는 졸업생 161명 중 150명이었다(「京城第一高普卒業生の行方」, 『朝鮮教育新聞』 131호, 1933. 8, 37쪽 ; 「京城第一高普卒業生動向」, 『朝鮮教育新聞』 142호, 1934. 7, 27쪽 ; 「京城第一高普卒業生好評」, 『朝鮮教育新聞』 175호, 1937. 4). 또한 조선 내 유일한 대학인 경성제대 예과 합격자도 매해 가장 많은 수를 기록했다(「경성제대 예과 한국인 합격자 상황(1924-41년)」, 『京畿百年史』, 137쪽 참조).

12) 「京城第一高等普通學校の開校三十五周年記念式」, 『朝鮮教育新聞』 157호, 1935. 10, 20쪽.

13) 京城第一公立高等學校學友會, 『學友會誌』 제3호, 1936, 4~33쪽.

와 함께 천황사진을 받아 봉대식을 하고 봉안소에 안치하였다.15) 중일
전쟁 발발 후에는 학생들에게 총독부의 시책을 충실히 전달하여 시국
에 대한 정확한 인식을 주기 위해 학교장이나 관계자의 강연, 뉴스 사
진 게시 등의 행사를 빈번히 개최했으며, 육해군전투기 헌납 운동에도
참가하였다.16) 학생들은 소비절약으로 저축을 하여 위문품을 구입하여
중일전쟁의 유가족에게 전달하기도 했으며,17) 애국기관총을 헌납하기
도 했다.18)

1938년 10월 27일 이와무라(岩村俊雄) 교장이 부임하고 나서는 시
국의 변화에 맞추어 경기의 황민화 교육의 모범학교로서의 모습은 더
욱 강화되었다. 이와무라는 개교 40주년인 1940년에 「中學敎育發祥之
地」라는 기념비를 세우고, "경기중학의 자리가 조선 중학교육의 발상
지로 그동안 수많은 인재를 육성해 왔으며, 기원 2600년에 해당하는
개교 40주년을 맞아 學舍를 새로 세우고 校運이 더욱 더 융성해 가는
것은 聖代의 혜택으로서 감격해 마지않은 일"이라는 글을 지어 새겼
다. 경기에서 훌륭한 시설을 갖추고 조선 최고의 인재를 배출하고 있
는 것은 바로 천황의 훌륭한 통치 하에 있기 때문이라는 것이다.

경기의 교육목적은 "조선교육령의 취지에 의거하여 생도들이 이른
아침부터 밤늦게까지 聖旨를 봉체하여 신체의 단련, 和德의 수양에 힘
쓰고 특히 황국정신을 함양하며 국민도덕을 체득하여 철저하게 실천
하도록 함으로써 국가가 부여하는 임무를 맡을 수 있는 忠良有爲한
중견 황국신민으로 양성"하는 데 두었다.

이와 같은 교육목적에 맞추어 학교의 모든 시설은 일본정신을 함양

---

14) 「京城第一高等普通學校の開校三十五周年記念式」, 『朝鮮敎育新聞』 157호,
    1935. 10, 20쪽.
15) 「感激に輝く御影奉戴式」, 『朝鮮敎育新聞』 184, 1938. 1, 11쪽.
16) 「時局に善處する學校施設に就て」, 『朝鮮敎育新聞』 181호, 1937. 10, 18쪽.
17) 「京城京畿中學校 出征軍人遺族慰問」, 『朝鮮敎育新聞』 190호, 1938. 7, 5쪽.
18) 「京畿中學校の機關銃獻納」, 『朝鮮敎育新聞』 192호, 1938. 9, 20쪽.

하는데 초점을 맞추어 운영되었다.

校地는 멋진 일본식 정원으로 구축되어 우아한 일본 취미를 키우는
데 도움이 되도록 했으며, 국어 상용에 힘쓰게 하여 言靈의 성장을
키우고, 武德舘을 설치하여 武神을 제사하고 검도 훈련의 철저화에
의해 武德의 함양을 기도하는 등은 주요한 시설의 일반이다./ 강당의
시설에 특히 심심한 주의를 기울이고 있다. 즉 중앙 정면의 단상에는
궁성의 大寫眞 액자를 奉揭하여 正位로 하고, 그 좌우에는 칙어의 액
면을 배치하고, 더 오른쪽의 대벽면에는 웅휘한 미나미 총독의 글「
天壤無窮」의 편액, 그 아래에는 靈峰 후지의 그림을 설치하고, 왼쪽
의 대벽면에는 같은「義勇奉公」의 편액, 그 아래에는 찬란한 빛꽃의
그림을 배치함으로써 일본정신의 2대 상징을 이루고 있다./ 뒤돌아
정면을 마주보는 뒷면의 벽면에는 그 張鼓峯사건에서 의용봉공의 龜
鑑 武士道의 꽃으로 구가된 우리 14용사의 挺身敵戰車擊滅의 勇敢
壯絶한 대작 서양화를 걸어 정면과 호응시키고 있다. 이 그림은 학부
형 金熙俊씨가 실로 1만2천원의 거금을 던져 입수한 것을 생도의 정
신교육의 자료가 되면 좋겠다고 굳이 기증한 것이라 하는데, 校齡 40
년의 족적을 되돌아 보니 감개무량하다./ 또 주위의 벽면에는 메이지
천황 일대의 성화를 전시하고, 일본정신 함양의 전당, 大和魂 內省
修養의 聖堂답도록 함으로써, 式典 조례·훈화 등을 할 때에 입장한
생도들이 스스로 엄숙 숭고한 분위기에 훈염되도록 정비되어 있다.[19]

이와 같은 분위기 속에서 忠良有爲한 중견 황국신민 양성을 위한
학생 활동을 요약하면 다음과 같다.

1. 황국정신의 함양 : 매일 아침 궁성요배 및 황국신민의 서사 제창,
매주 1회 御製를 謹聽시키고, 강당 정면에는 궁성의 사진을 봉게하
고, 강당 직원실 무도관 도서실에는 칙어를 謹寫한 椽額을 봉게, 또

19) 一記者,「中學教育と濫觴 四十周年記念日を迎へた 京畿公立中學校」,『朝鮮教育新聞』217, 1940. 10, 8~9쪽.

는 교내 각소에 盛德에 관한 연액을 걸고, 기타 각 교실에는 황국신민의 서사를 揭出. 어영봉안전에는 大麻도 封事하여 참배의 작법을 지도하고, 定時 외 입학 졸업 기타 수시 단체 또는 개인에게 신사참배를 시키는 등 일상생활을 통해서 황국신민된 성격을 함양하려는데 힘씀. 시국에 관해서는 교내에 시국관계의 자료를 걸고, 때때로 시국강화를 하고, 황군에 감사드리게 하며 더불어 총후국민됨의 각오를 공고히 하게 함. 또 폐품수집 매상금으로 생도가 매학기 1회 황군유가족의 慰弔問을 행하도록 함.

2. 국어교육의 철저 및 국어상용의 勵行 : 시국자료를 교육상 활용, 작문은 국민성 또는 시국에 관한 文題를 택함. 그 중 철저한 국어상용은 특히 중요 긴절함을 인정하여 이에 힘써 독려를 하고 교내에 국어상용에 관한 표어를 걸고, 혹은 강조주간을 실시, 최근 생도의 국어숙달에 대한 자각이 점점 높아지고 일반적으로 현저한 실적을 나타내기에 이름. 그러나 아직 쉽게 완벽하게 되지 못하여, 목하 교내 일반 교외 생도 상호간, 일부 가정에서 제1, 2학년은 거의 철저하게 시행되고 있으나 제3학년부터 점점 체감하여 상급학년에서는 오히려 완전하지 못한 상황이므로 금후 한층 더 노력을 요함.

3. 이과교육의 진작

4. 교련의 진작

5. 기계체조의 장려

6. 武道의 장려 : 특히 검도를 장려, 正課 외 준정과로서 매주 1시간을 더하여 장대한 무도장을 신축하여 무도교사를 중심으로 직원 수명이 지도를 맡음.

7. 체격의 整正 강화의 지도

8. 실업과교육의 철저 : 구내 일부를 개조하여 농업실습지를 설치, 제3학년까지의 생도에 대해서는 공업을 부과.

9. 근로작업의 철저 : 炎天下 裸體主義에 의해 구내의 整頓工作을 부과, 제초를 행하고 운동장의 盛土地均을 행함.

10. 취미의 一體化 : 내선일체을 實을 올리기 위해, 內地式 作法室을 설치하고 작법을 지도, 구내에 정원을 조성하여 직원 생도 합동의 작업에 의해 화단을 설치, 화훼를 재배, 온실재배를 행함. 교내 각소

에 분재를 설치하고 관리, 또 詩吟, 낭송을 들려주고 이를 연습시킴
등.20)

이와 같은 교육환경 속에서 경기의 군사교련 성적은 매우 우수했
다.21) 매년 군사교련사열을 받았고,22) 경기도 중등학교 성지봉체야외
연습 등 군사훈련에 참가했다.23) 특히 경기에서는 航空思想의 양성과

---

20) 京畿公立中學校, 「本校敎育大要」, 『朝鮮敎育新聞』 302, 1942. 1.

21) 군사교련은 조선인 중등학교에서는 1931년 중반부터 청주고등보통학교와 전
   주고등보통학교에서 우선 시범 실시된 후 1934년부터 경성, 평양, 대구의 고
   등보통학교에서도 실시되었다(全州高等學校, 『全高·北中八十年史』, 전주
   고등학교·전주북중학교 총동창회, 1999, 171쪽 ; 청주고등학교총동문회 사이
   트(http://cjh.or.kr/board/board.asp?board_id=info3&group_name=group1),
   2005. 2. 20 방문 ;『조선중앙일보』 1934. 6. 19 ;『매일신보』 1934. 6. 29.

22) 『朝鮮敎育新聞』 157, 1935. 10, 8쪽.

23) 『保導』 97, 1941. 10, 4쪽 ;『保導』 110, 1942. 11, 6쪽.『保導』에 묘사된 1942
   년의 연습 광경은 다음과 같다. "경기도내 중등학교 25교, 靑訓 14개소의 젊
   은 학도를 동원하여 대동아전쟁 하 첫 번째의 성지봉체연합야외연습은 秋色
   이 한창인 10월 21일 오전 9시 반 성남평야에서 전개되었다. 먼저 창릉천 부
   근에서는 남북군이 相對하여 사투를 계속했고, 소사 부근에서는 동서군이 공
   방전을 벌였다. 오후 5시 반 제1차 연습은 끝났다. 이어서 이들 제부대는 숨
   쉴 틈도 없이 창릉천에서 감투하던 남북군(京中, 普成, 中央, 景福, 儆新, 京
   農, 京商, 東星, 大東, 開城商, 松都中 및 東大門, 西大門 總督府, 丁子屋, 和
   信, 開城, 臨津의 靑訓)은 合隊하여 북군을 강화하여 齋藤 중위의 지휘를 받
   고, 소사 부근에서 사투를 계속하던 동서군(龍中, 養正, 徽文, 城東, 善隣, 培
   材, 城南, 京工, 京畿商, 中東, 仁中, 仁商, 水原農 및 京城, 龍山, 三坂, 三越,
   三中井, 水原의 靑訓)은 남군을 편성하여 松永 중위가 이끌고 북진했다. 오
   후 8시 북군은 칠흑같은 밤을 뚫고 古川 소위가 지휘하는 자전거 수색대 1개
   중대를 선두로 하여 한강교를 점령, 다시 북상하여 무선대 방면에 진지를 구
   축했다. 남군은 田邊 소위가 지휘하는 자전거 쾌족대 1개 중대를 선두에 세
   워 한강 부근의 敵情을 조사하고, 다시 本隊는 한강 인도교를 돌파하여 연병
   장 북한강의 砂上으로 나가 대기의 정세를 취했다. 오전 4시 간밤부터 내리
   는 비도 개이고, 새벽별이 寒天에 빛나는 가운데, 돌연 번쩍이는 흰 빛이 연
   병장 고지의 저쪽에 내걸렸다. 이것이야말로 拂曉戰 개시의 신호였다. 때마
   침 이 壯絶한 새벽의 一戰을 응원하기 위해 兩軍에 분속된 제22부대의 重機

기술의 수련을 위해 1940년부터 교우회 내에 滑空部를 신설하여 조선
활공연맹의 주선에 의한 연습용 글라이더로 여의도비행장에서 훈련을
하기도 했다.24) 본격적인 전시 동원 체제하에서는, 학교총력대와 특설
방호단을 설치하여 국토방위 및 근로동원에 즉응할 수 있도록 하고,
전시체육훈련으로서 체조, 陸上戰技, 검도, 수영, 氷滑 등의 기본 훈련
과, 행군, 戰場運動, 銃劍道, 사격 등의 戰技訓練, 항공훈련, 機甲訓練,
馬事訓練, 海洋訓練, 適性登錄制의 실시 등의 특기훈련을 하였다.25)
근로봉사 작업으로 교내정비작업에 동원되기도 했고,26) 경기도의 다른
남녀 중학교와 같이 근로보국대를 조직하여 근로작업에 참여하였다.27)
　이러한 시설과 활동을 통해, 경기는 "옛날의 맹휴학교가 지금은 황

　　輕機의 數門은 일제히 불꽃을 튀기며 총성을 울리고, 東天이 어슴푸레한 오
　　전 5시에는 戰機는 점점 더 무르익어 兩車의 장절한 사투는 각 장소에서 전
　　개되었던 것이다. 彼我의 거리 이백미터에 달하자 돌연 유량한 돌격의 나팔
　　은 울려퍼지고, 연병장의 중앙부를 목표로, 지지않는 혼의 투지만만한 기색을
　　가진 젊은 학도의 사투가 계속되었던 것이다. 오전 6시 반 統監 高知事 각하
　　는 총독부의원을 인솔하여 대동아전쟁 하 이 넘치는 의기와 정열을 상찬하고
　　의의깊은 연합연습을 끝냈다. 간밤부터 내리던 비는 개고, 가을바람 시원하
　　고, 냉기는 점점 더 무릎을 파고드는 가을, 오전 9시 10분부터 열병이 분열식
　　과 秋冷의 용산 練兵場頭에서 거행되었다. 統監 高知事 각하는 山本 부통감
　　이하의 막료를 거느리고, 총감기를 선두로 열병. 齋藤 중위 분열 지휘의 하에
　　이만오천의 건아는 지금이야말로 분발해야 할 가을이라 하며 步武 당당한 대
　　분열식은 전개되었다. 때마침 총감기 아래 구둣소리 점점 더 용맹스럽고, 총
　　후 학도의 의기를 과시하며 오전 11시 순조롭게 종료했다."
　24)「大空高く 京畿中學의 意氣를 發揚」,『朝鮮敎育新聞』209호, 1940. 2, 26쪽.
　25) 京畿公立中學校,「我が校の戰時動員體制」,『文敎の朝鮮』214호, 1943. 9, 7
　　　~11쪽.
　26)「各校一齊に展開された夏期勤勞奉仕作業」,『朝鮮敎育新聞』309, 1942. 8, 9
　　　쪽. 前庭溫室跡의 매립, 정지작업, 운동장의 손질, 도로수선, 제초작업, 교사
　　　내의 청소, 병기의 손질, 교수용구 제작, 창안 공작품 제조등을 일주일간. 이
　　　상의 각 작업을 일주일 동안하고 戰場體操에 대비하여 10일간의 劍道연습을
　　　했다.
　27)「勤勞報國隊」,『朝鮮敎育新聞』215호, 1940. 8, 8쪽 ;「各校一齊に展開され
　　　た夏期勤勞奉仕作業」,『朝鮮敎育新聞』309, 1942. 8, 8~9쪽.

민교육의 모범학교를 구가"한다는 평을 들었으며, 創氏의 성적은 전조선의 평균을 훨씬 능가하여 1940년 10월경에는 재적 생도 1천여 명중 8할 6푼을 돌파했을 정도였다. 육군사관학교에 지원하는 졸업생 수가 해마다 격증하여, 중일전쟁이 발발한 후에는 졸업생 중에 솔선하여 육군통역을 지원하여 전쟁에 참가했다가 만주에서 전사하여 야스쿠니신사에 합배된 사람도 나왔다.[28] 1944년 1월 12일에는 강당에서 경기중학 출신의 특별지원병 지원자 壯行會가 열렸다.[29]

3) 이와무라 교장

이와무라 교장은 전시체제기 대부분의 기간 동안(1938. 10. 27~1944. 3. 31) 경기의 교장으로 재직했다. 이와무라는 1885년생으로, 1910년 동경고등사범학교를 졸업한 후 바로 가고시마 중학교의 교유로 부임했고 이어 가고시마현 사범학교, 부산중학교의 교유를 역임했다. 1921년에는 경성제이고등보통학교 교유로 부임하였다.[30] 부산중학 교장이었던 히라야마(平山 正) 교장이 경성제이고보에 부임하면서 그를 데려온 것이라고 하며, 담당과목은 박물이었다. "立案이나 着想이 속출하고 사무 처리가 신속했다"[31]는 평을 보면 경성제이고보 개교 준비를 도울 적임자로 여겨졌던 것 같다. 그런데 1924년 9월 1일 관동대지진이 일어나 조선인이 다수 피살되었을 때, 그는 조회에서 "조선인이 지진으로 참변을 당하는 마당에 우물에 독약을 풀고……"라고 비난조로 말했다. 이에 학생들이 흥분하는 상황이 발생하자, 히라야마 교장

---

28) 一記者, 「中學敎育と濫觴 四十周年記念日を迎へた 京畿公立中學校」, 『朝鮮敎育新聞』 217, 1940. 10, 8~9쪽.

29) 『매일신보』 1944. 1. 13.

30) 一記者, 「中學敎育と濫觴 四十周年記念日を迎へた 京畿公立中學校」, 『朝鮮敎育新聞』 217, 1940. 10, 9쪽.

31) 景福 55年史 編纂委員會, 『景福五十午年史 1921-1975』, 景福同窓會, 1976, 49쪽.

이 가로막고 등단하여 "아직 잘 조사가 되지 않은 일을 여기서 왈가왈부로 단정해서 말하는 것은 아니다"라고 하면서 학생들의 기분을 가라앉혔다고 한다. 제이고보에서는 6·10만세운동 뒤인 1927년, 1928년에 퇴학 처분이 적지 않았으며 다음해 3월에는 진급을 시켜놓고도 학생들을 대량 처벌한 일이 있었다. 『경복오십오년사』에서는 이에 대하여, 총독부 학무국의 강경한 지시도 있었겠지만 교무주임인 이와무라의 강경론이 작용했을 것이라고 기술하고 있다. 경성제이 졸업생은 이와무라를 인격자인 히라야마 교장에 비해 인간 수양이 비교도 되지 않으며 자기 나라의 식민지정책에 호응하는 충실한 교육공무원으로 역할을 한 것으로 기억하고 있다.[32]

그는 1922년부터 총독부 편수관을 겸임하여 보통학교 이과 교과서 편찬을 담당했으며 이과교육에 뛰어난 공적을 수립했다. 1927년 4월에 경기도립사범학교장에 발탁되었고 경기도 시학을 겸무했다. 1930년 10월 처음으로 시학과제도가 설치되자 전남시학관으로 영전했고, 이어서 충남학무과장을 거쳐 1935년 8월 총독부 시학관으로 승진을 거듭하여, 1938년 10월 경기의 교장으로 부임한 것이다.[33]

3. 졸업생이 기억하는 파시즘 교육체제 하의 교육경험

1) 자료의 정리

자료는 『경기동창회보』에 실린 졸업생의 회고담으로, 인터뷰, 수필, 좌담회 형식의 글로 되어 있다. 인터뷰의 경우는 대상자의 직업과 같은 분야의 후배가 담당했다.

---

32) 『景福五十午年史 1921-1975』, 62, 74~80쪽.
33) 一記者, 「中學敎育と濫觴 四十周年記念日を迎へた 京畿公立中學校」, 『朝鮮敎育新聞』 217, 1940. 10, 9쪽.

<표 3> 회고담의 내용

번호	이름 (입학 연도)	형식 (시기)	내용 *< >는 질문		
			교사	학교 생활	저항 사건
1	김창규 (1934)	인터뷰[33] (1991)	<재학중 특히 생각나는 일> 이와무라교장은 일본인 조선인 구분·차별없는 훌륭한 교육자.		
2		좌담회[34] (1990)		교련 심해짐. 일본어 상용 강요, 일본어로 일기 쓰게 함. 한국어·한문 폐지, 궁성 요배	<학생들의 항일 민족운동> 동기생인 김홍태의 소련 영사관 잠입 사건 → 적발 문제됨.
3	김용장 (1935)	수필[35] (1995)	이와무라 교장은 지덕을 훈육해야 할 교육자인 동시에 일본제국의 공무원으로서의 두 얼굴을 가질 수밖에 없었던 불운. 동시에 역시 두 얼굴을 가질 수밖에 없는 나의 불운.		한 일본인 교사의 김치냄새 비난과 학생의 반항 → 처벌 없이 조용히 지나감
4	권이혁 (1936)	인터뷰[36] (1993)	<기억에 남는 선생님> 이와무라 교장은 참다운 스승, 교육자적 행실 존경, 김교신 선생님의 후견인 자원.	이와무라 교장이 기술을 강조하여 이학부·의학부 진학이 문과보다 많음.	
5	김인숙 (1937)	인터뷰[37] (1988)	<특히 생각나는 일> 이와무라 교장, 지금도 모습을 잊을 수 없음. 일본인이었지만 정말로 정성을 다하		

34) 「金昌圭선배님(35회)을 찾아 뵙고」, 『京畿同窓會報』 27호, 1991. 10. 10.
35) 「民族意識 바탕위에 京畿人의 自負心 길러」, 『京畿同窓會報』 20호, 1990. 8.
36) 「『一高』가 『京畿』가 되던 날」, 『京畿同窓會報』 48호, 1995. 4. 10.
37) 「又崗 權彛赫 박사님(37회)을 찾아 뵙고」, 『京畿同窓會報』 36호, 1993.

6	김병국 (1937)	수필[38] (1997)	여 열심히 학생들을 가르침. 배속장교 李中佐는 공식 석상에서 한국인이 불결하다고 매도, 사적으로는 독립을 위한 군사력 배양 위해 육사 지원 권유.		학우일지 검열에 유정준 적발됨(와다교장 시기) → 처벌, 퇴학 모면.
7	변형윤 (1939)	인터뷰[39] (1992)	<기억에 남는 은사님> 김교신. 민족의 혼을 불러일으키는 수업방식, 근면한 생활이 깊은 인상. 그 외 한국인 교사 이름만 거명함.	교육에서 황민화정책이 시행되고 전시체제하에서 학생들의 근로동원이 강요되던 때.	
8	윤석우 (1939)	수필[40] (1992)	이와무라 교장의 교육방침으로 상급학교 진학률도 높아졌고 새로운 아이디어도 속출. 글라이더 비행, 자동차 운전, 수박파티, 우동파티. 훌륭한 교사들을 많이 모셔옴. 그 중 김교신 선생님. 당시에는 그 분에 대해서 잘 모르고 무슨 사상사건에 연루되었다가 나온 분이라고만 앎.	교육의 질이 아주 우수, 정부가 모범학교로 키우기 위해 많은 지원. 학교의 환경과 시설은 아주 훌륭, 특별교실, 강당, 무도관도 있음. 기숙사 신축. 황국신민서사, 일본어 상용, 동기생끼리 조선어 사용 감시, 창씨개명, 자치회 금지, 정신교육의 일환으로 칙어, 역대 천황이름 암기 군국시대라 군사훈련, 검도, 체조교련사열 우수, 검도 전국대회 우승, 강게이꼬 (寒稽古)	

38)「金仁淑 校長先生을 찾아 뵙고」,『京畿同窓會報』8호, 1988. 8.
39)「나의 花洞時節」,『京畿同窓會報』63호, 1997. 10. 13.
40)「學峴 邊衡尹 박사님(40회)을 찾아 뵙고」,『京畿同窓會報』30호, 1992. 4. 10.

9	우인섭 (1940)	수필[41] (1988)	敏腕家 이와무라 교장에 의해 개교기념일에 기념비 제막식 등 각종 기념행사. 이와무라는 정열적인 분으로 언변은 별로 좋지 않음.	아쉽고 부끄러운 바, 기거동작이 일본군대식 교육, 창씨개명. 그러나 그런대로 純直하게 살려고 노력했던 시기. 체조·교련·검도, 학생들은 사립학교에서처럼 축구나 농구를 하고 싶어하는 학생이 많았으나 용인되지 않음. 寒稽古. 교육칙어 등 암기물이 많고 힘듬. 평택·김포로 장기 근로동원	
10		좌담회[42] (1990)		4학년 이후 수업 전폐, 평택, 김포 근로동원. 일본어 상용 엄격 ->3학년 여름방학 이후로는 동급생끼리 은밀히 우리말 사용, 일본인 교사에게 발각되면 연막전술. 주변의 업무일지에 허위보고.	<학생들의 항일민족운동> -근로동원에서 기타가와 선생 골탕먹인 일. -소요가 사건 → 동기인 홍승면 외 주동자 몇몇이 종로경찰서에 잡혀 감. -동기 지재소의 단파수신기 사건 → 잡혀들어감.
11	홍사희 (1940)	수필[43] (1995)	이와무라 교장은 진학지도 열성	교련, 평택과 김포에서 근로동원에 시달림.	
12	조형균 (1942)	수필[44] (1997)	소요가 사건에 대한 자신의 감정은 존경하는 스승님들에 대		소요가 사건 → 처벌, 이는 민족의 청순한 지성에 비수를 꽂은

41) 「추억도 생생한 強訓」, 『京畿同窓會報』 29호, 1992. 2. 10.
42) 「나의 京畿時節」, 『京畿同窓會報』 7호, 1988. 6.
43) 「民族意識 바탕위에 京畿人의 自負心 길러」, 『京畿同窓會報』 20호, 1990. 8.

				잔학행위.
13	김근수 (1943)	수필[45] (1993)	이와무라 교장은 학업을 격려하는 詩吟을 즐겨 가르침. 전투모에 경기 교모의 백선을 표시하게 함.	교련시간, 근로동원	
14	한용철 (1943)	수필[46] (1992)	박경찬(1학년 담임)선생님은 야간행군을 시키는 무서운 선생님, 속으로는 학생 사랑. 일본인의 극성에 소년항공병으로 나가라고 했다가 밤에 찾아가 못가게 말림.	교사나 특수교육시설이 좋음.	

2) 학교에 대한 자부심

졸업생은 대부분 경기 출신으로서의 자부심이 대단했다. 경기는 전국 13도에서 내로라하는 수재들이 모여 치열한 경쟁률을 통과해야 들어갈 수 있는 학교였으므로 스스로 '13도의 수재'라고 자부했다(1, 3, 4, 8, 13 : 이하 괄호안의 번호는 <표 3>의 '번호'를 표시함). 생애에서 제일 기뻤던 때가 경기에 입학했을 때였으며(9), 공부도 열심히 했고 실력도 단연 뛰어났다(1). 경기에는 일본어로 된 "十三道의 精粹를 뽑아 秀才를 모아서 一千餘"로 시작되는 행진가가 있었는데, 학생들은 교련 행진을 할 때나 운동회를 할 때 이 노래를 반드시 불렀을 뿐 아니라,

---

44) 「졸업 50주년을 맞으며」, 『京畿同窓會報』 50호, 1995. 8. 10.

45) 「洪承勉선배(41회)의 逍遙歌 봄노래(春之賦)의 解夢」, 『京畿同窓會報』 59호, 1997. 2. 10.

46) 「극성스럽던 45회 各界에서 크게 活躍」, 『京畿同窓會報』 37호, 1993. 6. 10.

47) 「6年制 京畿의 첫 번째 卒業生」, 『京畿同窓會報』 30호, 1992. 4. 10.

목청을 높여 노래를 부르며 시가를 활보하기도 했다(9). 白線이 둘러진 경기중학교 校帽를 쓰고 다니면 모든 사람들이 한번씩은 꼭 쳐다볼 정도로 인기가 있었고, 졸업하고 상급학교 진학을 하지 않더라도 대학졸업과 동등한 대우를 받을 정도였다고 한다(4).

자신이 경기에 다녔던 것을 다행스럽게 생각하는 이유는 경기가 전국에서 우수한 인재들이 모여든 학교일 뿐 아니라, 당시 정부(총독부)가 경기를 전국에서 모범이 되는 학교로 키우고자 많은 지원도 했고, 학부모들도 이에 찬동하고 적극 협조하여 '교육의 질'이 아주 우수했기 때문이라고 했다(8).

3) 이와무라와 김교신

회고담에서 가장 중점적으로 언급된 교사는 단연 이와무라 교장이다. 인터뷰 기사 4건 중 '가장 기억에 남는 선생님'에 대한 질문에 3사람이 이와무라 교장을 들었고(1, 4, 5), 수필 형식의 회고 8편 중에서 5명이 이와무라 교장을 언급했다(3, 8, 9, 11, 13). 심지어 5학년 말부터 다음 해 3월 졸업 때까지 불과 몇 개월밖에 이와무라를 접하지 않은 졸업생도 '재학 중 특히 생각나는 일'에 대한 질문에 이와무라 교장을 들었다(1).

이들은 이와무라 교장을 훌륭한 교육자, 학생들 교육지도에 열성적인 인물로 기억한다. 이와무라 교장은 "일본인이었지만 그분의 생각에는 일본인·조선인의 구분이나 차별이 없었고 정말 정열적으로 학생들을 가르치신 훌륭한 교육자"(1), "참다운 스승으로 그의 교육자적인 행실은 정말 존경스러운 것"(4), "일본인이었지만 정말로 정성을 다하여 열심히 학생들을 가르치신, 그 모습을 잊을 수 없는 분"(5), "대단한 의욕과 풍부한 경험을 바탕으로 상급학교 진학률을 높인 분"(8), "敏腕家, 정열적인 분"(9), "우리 학생들 교육지도에 꽤 열성적인 인물로 어떻게든 우리들을 좋은 상급학교에 진학시키려고 노력이 대단했던 분"(11)이었다고 말한다. 해방 후 일본에 가는 길이 있을 때 찾아서 만나기도 했으며, 1968년에는 이와무라를 한국에 초청하여 제자들이 자진해서 비용을 부담하여 "아주 성대하고 따뜻한 師弟之間의 情이 넘치는" 모임을 개최했고, 환영회에는 수백 명이 모여 대성황을 이루었다고 한다(1).

이와무라를 그와 같이 훌륭한 스승으로 기억하는 이유는, 그의 진학교육에 대한 열성과 정성, 그리고 그들에게 조선 최고의 인재라는 자부심을 견지할 수 있게 해주었던 점 때문이다.

　김장군도 알다시피 일제는 교육에 있어서도 일본인에 유리하게 처사를 했어요. 암촌 교장은 성대 예과를 비롯한 각 학교에서 이러한 차별로 학생을 선발한 것에 대하여 강력하게 항의하고 학생 선발만은 성적 순서대로 해달라고 요구했었습니다. 나중에는 총독부 학무국장이나 정무총감까지 찾아가서 같은 요구를 했어요. 이런 까닭에 암촌 교장이 경기에 온 이후 경기의 상급학교 진학률이 아주 좋아졌어요. 그 뿐만이 아니에요. 일본인과 조선인을 비교적 덜 차별하는 일본의 고등학교나 대학 예과 쪽으로 가도록 학생들을 설득한 다음, 여름방학이 되면 북해도로부터 구주까지 명년 봄에 경기 학생이 진학할 각 학교를 모두 찾아다니면서 우리 학교 학생을 보낼테니 조선인이라고 차별하지 말고 성적대로만 뽑아 달라고 부탁을 하고 다닐 정도로 열성적이었어요. 또한 학생들에게는 인문이나 사회과학 쪽 보다는 이과, 공과, 의과 등 자연과학 공부를 하도록 많이 권유했지요. 그래서 오늘날 경기 졸업생들 중 이·공·의 등 자연과학 쪽에 우수한 선후배가 많이 있게 된 것이랍니다(1).

　일본의 유수한 고등학교를 방문하면서 우리 경기 학생의 우수성을 알리고 자랑하는 홍보활동도 하셨고, 학교에 남아 입시 준비를 하는 우리들을 거의 매일 밤 10시쯤 화동교사 옥상으로 데리고 가 떡도 주고 詩吟도 가르치시기도 하였습니다. 또 졸업 때는 졸업생 한 사람 한 사람 모두에게 친히 액자를 써주신 것은 유명한 일이었습니다(4).

그 분의 교장시절에는 상급학교 진학률도 높아졌고 새로운 아이디어도 속출했다. 좁은 운동장에서 "글라이더" 비행이나 자동차 운전도 시작했다. 학교에 도서실이 있어서 상급생들이 주야로 공부할 수 있게 하였는데 교장이 기분이 좋을 때는 여름에는 옥상에서 수박파티를, 겨울에는 중국 우동파티를 열어 학생들의 사기를 북돋아 주기도 하였다(8).

우리는 개교이래 처음으로 소위 전투모라는 일본 군대의 모자를 썼다. 그러나 암촌 교장은 경기 교모의 백선만은 없앨 수 없다하여 양쪽에 3cm가량의 백선을 표시하여 멀리서 보아도 경기 학생임을 알아볼 수 있어 우리는 이것을 자랑으로 삼기로 한 기억이 난다(13).

이들이 경기에 지원했던 이유는 무엇보다도 상급학교 진학 준비 때문이었다. 그것은 '식민지 상황 하'에서 일본인보다 높은 지위에 올라갈 수 있는 길이 되기도 했다.[48] 이와무라는 경성제대를 비롯한 식민지 고등교육기관의 조선인 차별을 조금이라도 시정해주려 하고, 시험공부에 열중할 수 있는 교육환경을 만들어주며 열성을 다해 진학지도를 해주었다. 조선 최고의 인재들이라는 자부심을 북돋아 주고, 실력만 있으면 일본인과 다름없는 기회를 획득할 수 있으며 나아가 더 높은 지위에도 올라갈 수 있다는 희망을 보여 준 이와무라는, 상당수의 경기 졸업생에게는 '일본인·조선인 구별이나 차별을 하지 않는 훌륭한 교육자'로 기억된다.

이들이 이와무라를 민족을 초월한 교육자로 기억하는 것은 김교신과의 관련 때문이기도 하다. 김교신은 1940년 9월부터 약 6개월 정도 경기의 지리 교사로 근무했다. 김교신은 총독부에서 모 선배를 해후하고 자기 학교의 결원 중인 시간을 임시로 보충하라는 권유를 받게 되

---

48) "당시로는 제일 무서웠던 日人 巡査가 어느 분한테 90도 각도로 인사하면서 쩔쩔매는 광경을 보았습니다. 바로 그 분이 군수였죠, 그래서 법학을 하기로 하고……"(4).

는데,49) '모 선배'가 바로 동경고등사범학교 선배인 경기중학 교장 이
와무라이다. 졸업생들의 기억 속에서 이와무라와 김교신의 관계는 다
음과 같다.

> ……당시의 김교신 선생님 후견인 역할을 자원하셨던 끈끈한 인간
> 미도 있었습니다. 김교신 선생님은 원래 이와무라 교장의 일본 동경
> 고등사범학교 후배였는데 총독부로부터 요시찰 인물로 찍혀 취직이
> 안되는 것을 이와무라 교장이 보증을 서고 경기중학으로 모셔온 경우
> 였었습니다(4).

> 또한 훌륭한 교사들을 많이 모셔왔는데 그 중에는 김교신 선생님도
> 계셨다. 그 당시 우리는 그 분에 대해서 잘 모르고 그저 듣기에 무슨
> 사상사건에 연루되었다가 나온 분이라고만 알고 있었는데, 그 후 알
> 고 보니 함석헌 선생과 같이 무교회주의자이며 유명한 교육자였다고
> 한다(8).

이와무라는 김교신이 "총독부로부터 요시찰 인물로 찍힌 사람", "무
슨 사상사건에 연루되었다가 나온 분"50)임에도 불구하고 교사로 채용
했다는 것이다. 이는 마치 이와무라가 김교신의 사상적 측면도 용납한
것처럼 보인다. 1968년 84세의 이와무라는 제자들의 환영회에 참석했
을 때, 김교신을 경기에 모셔 온 경위에 대한 질문을 받고, "'민족혼이
있는 분'으로 진정한 교육자라는 소신에 지금도 변함이 없으나 그 때
선생을 전입해 놓고 총독부, 고등경찰 등에 해명다니느라고 혼났다고
회술"했다.51)

그런데 과연 이와무라가 김교신의 사상적인 측면까지 인정했던 것

---

49) 노평구 엮음, 『김교신 전집 7 일기 III』, 부키, 2002, 286쪽.

50) 김교신이 구속된 것은 1942년으로, 『성서조선』의 권두언인 「弔蛙」가 빌미가
    된 「성서조선사건」으로 1년간 서대문형무소에 갇히게 되었다.

51) 최치환 회고, 노평구 엮음, 『김교신을 말한다』, 부키, 2001, 207쪽.

일까. 이와무라는 강당에서 전교생에게 김교신을 소개하면서, 자기가 조사연구를 위해 백두산을 헤매고 있었을 때 역시 조사연구를 위해 외로이 백두산을 헤매고 있었던 김교신을 만났다는 이야기를 했다고 한다. 김교신을 바로 소개하려면 **빼놓**으려야 **빼놓**을 수 없는 『성서조선』 지나 무교회주의에 대해서도 아무런 언급이 없었다. 이 일을 기억하는 졸업생은 그러한 이와무라의 행위는 김교신이 노력하는 독학자라는 것을 예증하면서 강조하려는 것이었고, "지금 생각하면 그 때 이와무라 교장은 김선생님을 아끼고 보호하면서도 김선생님이 사상적인 것을 포기하고 오로지 지리 박물 공부에만 전념하실 것을 바라고 있었던 것이 아닐까"라고 해석한다.52)

'기억에 남는 은사님'으로 김교신을 꼽은 졸업생은, 무교회주의 운동의 선구자였고 민족 지사였던 그의 민족의 혼을 불러일으키는 독특한 수업방식이라든지 근면한 생활태도가 학생들에게 깊은 인상을 남겼다고 회고한다(7). 김교신은 지리 시간에 별로 강의를 하는 일 없이 한반도의 5만분지 1 지도를 각각 학생들이 한 장씩 색칠을 하게 했고,53) "여러분, 나는 오늘 아침 삼청공원에 가서 실컷 울고 왔다. 울고 나면 그래도 마음이 시원하다"고 말하기도 했다고 한다.54) 이러한 김교신의 교육이 학생들에게 어느 정도 '민족적'인 영향을 미쳤는지는 알 수 없지만, 그 구체적 이유가 무엇이든 그가 6개월만에 학교를 떠나게 된 원인은 되었을 것이다.55) 학생들은 오히려 그가 학교를 떠난 지 약 1년

52) 홍승면 회고, 노평구 엮음, 위의 책, 333쪽.
53) 홍승면 회고, 위의 책, 333쪽.
54) 최치환 회고, 위의 책, 206쪽. 김교신의 이 말에 몇몇 학생은 웃었고, 최치환은 그 말이 학생들에게 일제하에서 민족의 처지를 알게 하려는 우국의 슬픔을 담은 선생님의 애국자로서의 외침임을 그 후도 두 번 세 번 듣고 난 뒤 비로소 깨닫게 되었다고 한다.
55) 김교신의 태도는 학생들에게 다음과 같이 오해되기도 했다. 즉, 수업시간에 한 학생이 정치적으로 생각해서 간악한 일본인 때문에 우리가 고생이니 그들과의 투쟁만이 우리의 살 길이 아니냐고 대들었더니, 김교신은 웃으면서 "일

후에 들려온 투옥 소식을 듣고,56) 그를 접했던 경험에 '민족적' 의미를
부여했을 수도 있다.57)

'기억에 남는 은사님'으로 김교신을 꼽은 경우 외에는, 김교신은 이
와무라의 훌륭함을 부각시키는 사례로 언급되었다. 덧붙여, 경기 제자
들의 김교신에 대한 회고도 포함된『김교신과 한국』은 1972년에 출판
되었고, 경기의 최초의 학교사인 1970년에 간행된『경기칠십년사』에는
김교신에 대한 언급이 없다.

4) 황민화 교육, 군사훈련, 근로동원

경기에서는 철저한 황민화 교육이 시행되었다. 학생들은 군사훈련과
근로봉사활동에 동원되었고, 학생들이 좋아하는 축구와 농구 같은 구
기운동은 금지되고, 무사도를 익히도록 하는 검도훈련이 강화되었다.

우리가 재학할 당시에는 온 겨레가 일제 치하에서 고통을 받고 있

본인에도 훌륭한 사람이 있단다"고 외치면서 우리가 살 길은 일본인이 거꾸
러지는 것으로 되는 것이 아니라, 우리들 자신이 잘 살 수 있는 참 인간이 되
는 것이라는 말을 했다. 이에 대해 학생들은 김교신이 일본과 협력하여 자치
정도나 얻어 보자는 자치주의자에 지나지 않는 것 같다고 못마땅해 했다고
한다(김성태 회고, 노평구 엮음, 위의 책, 211쪽).
56) 김교신은 경기를 떠난 후 다시 송도고보에서 근무하다가 1942년 3월 그가 간
행하던『성서조선』의 권두언「弔蛙」로 인해 투옥되어 서대문형무소에서 1년
간 옥고를 치렀다.
57) "……그러자 소년다운 낭만주의적 상상력과 영웅숭배 심리의 합작인지, 웃지
못할 이야기가 발생해서 귀에서 귀로 속삭임으로 전파되고 있는 것이 내 귀
에도 들어왔다. 김선생님이 독립운동의 일환으로 한반도 전체의 오만분지 일
지도를 착색하여 그것을 독립운동자(임시정부)에게 넘겨주시는 대공적을 세
우셨다는 것이다. 그것이 김선생님이 수감되신 이유이고 말하자면 우리도 간
접적으로 독립운동에 기여한 셈이라는 것이다. 우리도 공로가 있는 그 착색
지도는 앞으로 독립군과 연합군의 한반도 군사 작전에서 요긴하게 이용되리
라는 것이었다."(홍승면 회고, 위의 책, 337쪽).

었으니 경기중학은 그 도가 더하면 더했지 예외는 아니었다. 매일 아침 조회시간에 황국신민서사를 크게 외치며 국어(일본어) 상용을 생활화 하도록 강요당했다. 동기생끼리 누가 조선어를 사용하나 감시하도록 했으니 한심한 일이었다. 2학년 때는 창씨개명이라 해서 우리의 성씨와 이름을 일본식으로 고치도록 강요당했으니 참을 수 없는 모욕이며 끈질긴 반대도 있었으나 불가항력이었다.……또한 학생들끼리 단결할 것을 극도로 꺼려서 자치회 활동 등은 말도 들어보지 못했다. 심지어 경기중학에는 교가도 없었고 (함께 부르면 단결심이 생길까 봐) 그래서 일본말로 된 그전 제1고보 교가를 배워서 때로 부르곤 했다. 우리는 정신교육의 일환으로 여러 가지를 암기하도록 강요당했다. 예를 들면 일본천황의 칙어들(교육칙어, 청소년칙어, 군인칙유 등)이다. 그중에서도 군인칙유라는 것은 명치천황 초기에 나온 것이라 문체가 古代文이며 길기가 대단해서 이것을 암기하기가 대단히 힘든 일이었다. 여기에 또 한 가지는 124명 역대 일본천황의 이름도 암기하여야 했다. 이것 역시 큰 골칫거리였고 지금 생각하면 한심한 일이며 미친 짓이라 아니할 수 없다(8).

다른 사립학교에서처럼 선수제 운동부가 없어서 축구나 농구 같은 것을 하고 싶어하는 학생도 많았지만 그것은 용납되지 않았고, 체조와 교련 외에 정규과목으로 전교생이 검도를 했다. 특히 연중 가장 추운 1월말 2월초에 10일 동안인가 早朝訓練을 했는데, 아직 깔깔한 겨울 새벽에 전차도 나오기 전에 식전 공복으로 죽도 하나만 들고 학교에 훌쩍 달려가서 한시간 칸게이코(寒稽古)라는 것을 하고, 집에 가서 조반을 먹고 책가방을 챙겨가지고 다시 등교했었던 것으로 기억……少時의 고생은 약이 되고 뒷날 이야기거리가 되는 법이다(9).

교련시간이 되면 각양각색의 반바지 국민학교 교복을 입은 어린 종아리에 150cm가 넘는 기다란 각반을 억지로 두르고 뛰었으니……또 중학교 1-2학년생에게 무슨 노동력이 있다고 삽들고 땅파라고 소위 근로동원을 보냈는지. 왜놈들은 전쟁에서 질 수밖에 없었던 것 같다 (13).

매월 한 번 새벽에 교정에 집합하여 어지간히 무거운 38식 소총과 모래를 집어넣은 배낭을 메고 한강 바닥으로 6km 행군(한 시간에 6km를 간다는 뜻으로 수시로 구보를 해야 한다)을 해가면서 야외교련을 나가야 했다. 散開-각개약진-돌격(일본식 돌격은 고함을 치며 상당 거리를 뛴다)을 하루종일 되풀이하다가 오후가 되면 국방색 양복은 땀에 배어 마치 소낙비라도 맞은 것처럼 새까매진다. 수통에 가지고 간 물은 점심시간 전에 다 없어지고, 점심시간에도 근처에서는 물을 구할 길이 없어 수분이 없는 胃 안에 밥을 강제로 쑤셔넣고 오후의 과업을 마치면 또 다시 행군을 하여 용산-남대문-중앙청 앞, 안국동 본교로 돌아오게 되는데, 없는 힘을 내기 위하여 선창 후창으로 나누어 교가와 행진가, 기타 군가를 부르면서 돌아오는 것이다. 총의 손질을 하고 검사를 받은 후 병기고에 갖다 놓고 해산을 하면 날은 다 저물기 일쑤였다.58)

5학년 때는 방학없이 2번이나 장기 근로동원에 나갔으니, 여름엔 평택으로 겨울엔 김포로 비행장 닦으러 갔었지. 김포선 민가 분숙이었고 평양에선 남양군도식 야전용 '삼각병사' 생활에다가 식사는 순 옥수수밥이었는데 반찬은 늙은 호박을 척척 쳐서 막소금에 설익혀 놓은 것. 호박 따위는 근방 소학교를 통하여 공출시킨 것이어서, 겉껍질에 붓으로 '부용초등학교 00학년 000'이라고 이름 쓴 것이 채 닦이지도 않은 채로 썰컹거렸던 것은 악몽같다(9).

경기졸업생들의 기억 속에서 일제 말의 황민화 교육과 전시 동원 훈련은 오히려 정도가 더 심하게 시행되었다. 그들이 경험했던 황국신민서사 외치기, 일본어 상용은 고통이었고, 동기생끼리 일본어 상용을 감시하도록 한 것은 한심한 일이었고, 창씨개명은 참을 수 없는 모욕이었으며, 칙어와 천황이름 암기는 한심하며 미친 짓이었다(8). 근로동원에서의 경험은 악몽 같았다(9).

---

58) 朴贊雄(1940년 입학), 「나의 中學時節 回想記」, 『週間京畿』 71호, 1957. 2. 25(『京畿百年史』, 169쪽에서 재인용).

그런데, 문헌자료에서는 황민화 교육의 한 방법으로 기록되어 있지만, 졸업생들은 다른 식으로 기억하기도 한다. "좁은 운동장에서 글라이더 비행이나 자동차 운전"은 이와무라 교장의 새로운 아이디어였다고 생각했으며, 교련사열에 「우수」하다는 말을 들었던 일과 전국체육대회 검도부에서 일본학교도 물리치고 처음으로 우승했던 일은 자랑스러운 일이었다(8). 칸게이코(寒稽古)의 고생은 약이 되고 뒷날 이야기 거리가 되는 어렸을 적의 고생으로 생각할 수 있는 일이었다고 기억하기도 한다(9).

5) 저항과 처벌

학생들의 저항 사건으로 기억되는 일 중 학교 당국과 관련된 것은, 한 일본인 교사의 거듭된 김치 냄새 비난에 대해 한 학생이 항의했던 일이다(3). 이 일은 '별 탈 없이' 지나갔다고 한다. 그런데 『경기백년사』에 의하면, 1940년 말 당시 5학년 학생이 주동이 된 고려회사건으로 11명의 학생이 사직에 검거되는 일이 있었다. 이 일은 고려회가 외부의 지하독립운동 단체인 조선해방동맹과 접촉하려다가 발각된 사건이라고 한다. 이와무라 교장은 4, 5학년 학생들을 모아놓고 그러한 사건이 다시는 일어나지 않도록 해야 한다고 단단히 주의를 주었다. 이와무라는 고려회가 내걸었던 차별교육의 철폐, 日人에 대한 加俸制度의 철폐는 사실무근이라고 역설했으나 학생들은 교장의 설득에 수그러들지 않았으며, 11명의 학생들은 모두 퇴학처분을 받았다. 그 뒤 한동안 고려회 같은 대대적 사건은 일어나지 않았으나, 태평양전쟁이 일어난 뒤로는 가끔 독서회 같은 조직이 적발되어 몇몇 학생이 희생되었다고 한다.59) 이와무라 교장이 재직하던 기간 중 가장 큰 학생 저항사건이었다고 생각되는 고려회사건은, 본 논문에서 조사한 회고담 속에

---

59) 경기백년사편찬위원회, 『경기백년사』, 경기고등학교동창회, 2000, 180쪽. 고려회 사건은 양인기(1936년 입학)의 회고담에 의한 것으로 되어 있다.

는 보이지 않았다.

회고담에서 가장 큰 저항 사건으로 기억되고 있는 것은 '소요가 사건'이다(10, 12). 1944년 학년 초에 일어났다고 하므로, 이와무라 교장의 후임인 시마다(島田牛稚) 교장이 부임하자마자 일어났던 것으로 생각된다. 5학년생 홍승면이 일본 고등학교의 寮歌를 흉내내어 장장 16절에 달하는 소요가를 지었는데, 이를 등사하여 전교생을 강당에 불러 모아 나누어 주었던 사건이다.[60] 주동자 몇몇이 종로경찰서로 잡혀가고 홍승면은 퇴학당할 것이라고 예상되었으나 육사를 지원한다고 하여 직원회의에서 무기정학으로 감해 주었다고 한다. 이 사건은 "민족의 청순한 지성에 비수를 꽂은 잔인한 반지성적 잔학행위," "다감했던 소년시절의 영혼의 숨 쉼을 거부당한, 아니 인간이기를 거부당했던 처참한 영혼의 살인극," "그 때 그 일, 암울했던 그 시절, 그 교육이란 결국에 무엇이었음을 단적으로 말해주는 사건이었기에, 나로서는 도저히 잊을 수 없는, 그냥 넘어갈 수 없는 응어리로 계속 마음속에 고여왔던" 사건으로 기억하는 졸업생도 있다(12).

학교에서는 모든 학생들에게 學友日誌를 쓰게 하면서 일상적으로 학생의 사상을 감시하였다(6).[61] 와다 교장은 학생의 일기를 직접 검열했다고 하며, 검열에 적발된 학생은 퇴학 처분의 위협을 받기도 했

---

60) 『경기백년사』에는, "학교 당국은 가사 속에 '鷄林에 태어나서 天賦의 사명을 짊어 진' 등이라든지 '어지러이 흩날리네 저 무궁화꽃잎'과 같은 민족적 색채가 다분히 들어있는 구절, 또한 곡을 청년장교들의 혁명가에서 따왔다는 점에서 불온하다고 간주했던 것이다. 박찬웅 동문에 의하면, 원래 가사에는 '계림'이 아니라 '神州'(일본을 뜻함)였고, '무궁화'는 '벚꽃(櫻花)'이었는데, 몇몇이 의론해서 고쳤다고 한다"고 기술하고 있다(『경기백년사』, 184쪽). 그런데, 조형균이 우인섭의 친필로 된 사본을 번역하여 『경기동창회보』에 소개한 것에는 '무궁화'가 아니라 '벚꽃'으로 되어 있다(12).

61) 전주고등보통학교에서도 精進日誌를 강제로 쓰게 하여 학생들의 사상을 관찰했다(全州高等學校, 『全高·北中八十年史』, 전주고등학교·전주북중학교 총동창회, 1999, 132쪽)는 것을 보면, 일기를 통한 사상 감시는 적어도 공립중학교에서는 보편적인 일로 생각된다.

다.62) 학생의 저항이 구체적 활동으로 나타나지 않은 경우에도 사상문제에 관련해서는 처벌의 대상이 되었던 것이다.

학생들은 김치 사건과 같은 일이 발생했을 때, '별 탈 없이' 지나갔다라는 표현을 통해서 알 수 있듯이, 그 순간 처벌을 예감했다. 매일같이 일기를 쓰면서, 그들의 마음속까지 들여다보고 있는 감시의 눈을 의식했다. 의식적인 행동 뿐 아니라 우발적으로 터뜨린 분노, 부지불식간에 남긴 글귀는 언제라도 처벌의 대상이 될 수 있음을 알고 있었다. 이는 그들의 행동 가능 영역뿐 아니라 사고 가능 영역까지도 규제했을 것이고, 행동뿐 아니라 사고에 대한 일상적인 자기 검열로 나아갔을 것이다.

그런데 회고담을 통해서 알 수 있는 것은, 학교에서는 일본인 교사의 민족 차별적인 발언이나 행동으로 야기된 학생의 항의나 저항은 되도록 문제화하지 않고 지나갔으며, 사상문제라든가 일제의 정책이나 학교 방침에 대한 정치적 성격을 띤 저항은 단호하게 처벌했다는 점이다. 민족 차별·조선인 멸시에 대한 학생들의 저항을 억압하는 것은 오히려 내선일체에 대한 학생들의 불신을 증폭시킬 수 있었다.63) 이와

---

62) 와다 교장은 1년에 두 번 학우일지를 직접 검열했다. 김병국은 선배의 충고를 받아들여 일기에 隨想 형식으로 수신교과서나 문인들의 수필의 대목 대목을 그대로 베껴 자기 감정을 털어 놓은 듯 가장했다. 그러나 유정준이 『이순신 장군전』의 명량대첩의 장면을 읽고 "실로 통쾌하였다"고 쓴 대목이 검열의 그물에 걸려들어, 매일 같이 담당교사에게 불려가서 "무엇이, 무엇 때문에 통쾌하였는가" 추궁당하고 사상이 불온하다하여 퇴학처분한다는 위협을 받았다(6).

63) 이와 관련하여 전주고보의 사례를 참고로 할 수 있다. 전주고보에서는 1937년 5학년들이 2주간 일본 수학여행을 다녀온 뒤 전교생 앞의 보고회에서 문제가 발생했다. 발표자들은, 일본에 가보니 일본인의 한국인에 관한 멸시관념이 노골적이어서, 자신들이 지금까지 배워온 동조동근에 근거한 내선일체 등등은 교사들의 기만교육, 사기교육이었다는 것을 실제로 견문했다고 폭로했던 것이다. 그러나 예상 밖으로 이 사건으로 인한 학생들의 처벌은 없었다. 그 이유에 대해, 야마시다(山下)라는 일본인 교사가 강경하게 한국 학생 처벌을 반대했다는 풍설이 있었다고 한다. 그는 교장의 엄벌론에 정면으로 반대

같은 저항과 처벌을 통해, 학생들은 식민지 지배체제에 철저히 순종하기만 한다면, 자신들의 노력에 의해 내선일체는 가능한 것으로 여기게 되었을 것이다.

4. 식민지 교육 경험의 분리와 배치

경기의 졸업생들의 기억 속에서, 경기는 조선 13도의 精粹가 모여있는 학교인 동시에 황민화 교육이 더 강도 높게 실시되던 학교였다. 일본어 상용을 강요당했고 궁성요배를 했으며 황국신민서사를 외쳤다. 칙어를 암기해야 했고 자치회는 금지되었고 한겨울에 '칸게이코'를 견뎌야 했고 악몽같은 근로봉사와 군사훈련에 동원되어야 했다. 행동뿐 아니라 머리 속의 생각도 감시와 처벌의 대상이 되었다. 그런데 그들 중 많은 수가 '가장 기억에 남은 교사'로 이와무라 교장을 꼽았다. 이와무라는 조선인 제자들의 상급학교 진학교육에 열성을 다했고 조선인·일본인 구분이나 차별을 하지 않은 훌륭한 교육자였다는 것이다. 그렇다면, 왜 많은 졸업생들은 그들이 혹독한 황민화 교육을 받았던 시기의 경기의 교장이었던 이와무라를 훌륭한 교육자이며 심지어 민족을 넘어선 진정한 교육자로 기억하는가.

그들의 기억 속에서, 이와무라 교장 시기의 학교경험은 두 부분으로 분리되어 있다. 그들에게 황민화 교육과 군사훈련·근로동원을 강요한 주체는 '일제'였다. 이에 대하여, 이와무라 교장은 그들에게 열심히 공부할 수 있는 공간을 마련하여 상급학교 진학을 도와주고 조선 최고의 수재 집단이라는 자부심을 지켜준 존재였다.

하며, "그 학생들의 소견과 의견은 아무런 허위도 아니고, 만일 그들을 처벌한다면 일본인들의 한국 멸시관을 은폐 호도하려는 근시안적인 사고에 기인하면 너무도 무모하다"고 직언을 했다는 것이다(『全高·北中八十年史』, 140~144쪽).

372 제2부 자료와 기억으로 본 '식민지 파시즘'

'그 분'의 교장 시절에는 상급학교 진학률도 높아졌고 새로운 아이
디어도 속출했다.……우리가 재학할 당시에는 온 겨레가 '일제' 치하
에서 고통을 받고 있었으니……매일 아침 조회시간에 황국신민서사
를 크게 외치며 국어(일본어) 상용을 생활화 하도록 강요당했다(8).

우리가 입학하던 1943년은 '일제'가 전쟁말기의 발악을 하던 시기…
…'일제'에 의해 전투모를 쓰게 되었지만, '이와무라 교장'은 경기 교
모의 백선만은 없앨 수 없다하여 양쪽에 3cm가량의 백선을 표시하여
멀리서 보아도 경기 학생임을 알아 볼 수 있도록 하여 학생들은 이것
을 자랑으로 삼을 수 있었다(13).

일제는 교육에서도 일본인에게 유리하게 처사를 했으나, 岩村 교장
은 성대 예과를 비롯한 각 학교, 총독부 학무국장, 정무총감, 나아가
서는 일본의 각 학교에 찾아가서 차별로 학생을 선발한 것에 대해 강
력히 항의하고 학생 선발만은 성적 순서대로 해달라고 요구했다(1).

즉 '이와무라 교장'의 교육활동은 '일제'의 황민화 교육과 영역을 달
리할 뿐 아니라, 오히려 '일제'의 교육정책을 완화시키려는 입장에 있
었다고 기억되는 것이다.
한편, 이와무라의 교육활동이 근본적으로 일제의 식민지 교육정책의
틀 속에 있었음을 인식하고 있는 졸업생도 있다.

나는 지금 이와무라 교장을 탓할 생각은 조금도 없다. 다만 知德을
훈육해야 할 교육자로서 그리고 일본제국의 공무원으로서의 두 얼굴
을 가질 수밖에 없었던 이와무라 선생의 불운을 애석하게 생각할 따
름이다. 동시에 그것은 역시 두 얼굴을 가질 수밖에 없었던 나의 불
운이기도 하였다(3).

이와무라는 '지덕을 훈육해야 할 교육자'와 '일본제국의 공무원'으로

서의 측면을 동시에 지니고 있었던 것이다. 그러나 이와무라가 서로 모순되는 두 측면으로 분리되어 있었던 것은 '불운' 때문이다. 인간의 힘으로 어쩔 수 없는 것에 대해서는 책임을 물을 수 없다. 따라서 '지금'도 그는 이와무라를 비판할 수 없으며, 또한 이와무라의 두 얼굴을 보며 느끼는 모순을 해결할 수 없는 자신을 비판할 수 없다. 해결되지 않는 모순 속에서 그는 이와무라에게 황민화 교육의 실천자로의 얼굴과 자신의 성장을 도와준 고마운 선생님의 얼굴을 동시에 보고 있는 것이다.

또, '소요가 사건'에 대한 역사적 평가를 통해 일본인 교장·교사가 갖고 있던 두 측면을 인식하게 된 졸업생도 있다.

> 오늘의 나의 있음, 나를 포함한 우리에게 만일 그때 8·15의 해방이 없었다면 지금쯤 우리는……? 생각만 해도 아찔한 일이 아닐 수 없다. 이상하게도 해방된 자유하늘 아래 제1기 졸업생의 감격을 안게 됐던 나로서, '소요가 사건'이란 결코 범상히 넘겨버릴 수 없는 지금 와서 생각하면 다감했던 소년시절의 영혼의 숨쉼을 거부당한, 아니 인간이기를 거부당했던 처참한 영혼의 살인극이었다고 한다면 지나친 표현일까? 이것은 존경하는 스승님들에 대한 개인적인 정과 존경심같은 것과는 별개의 차원의 냉엄한 역사 성찰의 문제이다. 그 때 그 일, 암울했던 그 시절, 그 교육이란 결국에 무엇이었음을 단적으로 말해주는 사건이었기에, 나로서는 도저히 잊을 수 없는, 그냥 넘어갈 수 없는 응어리로 계속 마음속에 고여왔던 것이다(12).

해방을 통해 비로소 과거의 경험을 역사적으로 돌아볼 수 있게 된 그는, '소요가 사건'은 일제라는 이민족의 지배 하에서 '존경하는 스승님들'이 가한 영혼의 살인극이었음을 인식하게 된다. 그러나 이러한 자신의 인식은, "존경하는 스승님들에 대한 개인적인 존경심 같은 것과는 별개의 차원의 냉엄한 역사 성찰의 문제"라고 말한다. 역사와 개인의 분리를 통해 존경하는 스승님들의 존재는 계속 유지된다.

이와 같이 파시즘 교육체제 하의 교육경험은 두 영역으로 분리되어 각각 독립적으로 배치되어 있다. 그러면 그들은 왜 동시에 경험한 사실들을 분리하여 기억하는가. 그것은, 그들에게는 황민화 교육의 영역과는 독립된 '순수한 교육'[64]의 공간이 필요하기 때문이다. 이곳은 황민화 교육이 시행되는 상황에서도, 동기생들의 저항과 처벌이 되풀이되는 상황에서도, 그들이 묵묵히 실력양성을 위해 '순수하게' 공부에만 몰두했던 공간으로 '상상'된다. 그 공간에서 그들은 개인적 성공뿐 아니라 민족의 성공도 이룰 수 있었다고 기억하고자 한다. 그러한 그들의 욕구를 현실화해 줄 수 있었던 것처럼 기억되는 사람이 바로 이와무라 교장이었던 것이다.

자신들이 학교의 교육방침에 순응했던 것은 '사실은' 자신의 개인적 성공뿐 아니라 '민족'의 성공을 지향했던 것이라고 기억하고 싶어하는 졸업생들의 욕구는, 두 조선인 교사에 대한 기억에서 분명히 드러난다.

> 우리는 李中佐(배속장교)가 일본인 부인을 두었다는데 강한 거부감을 가지고 있었다. 무엇보다 우리를 격분시킨 것은 강당에서 일본인 교사들도 동석한 자리에서 여러차례 한국사람이 불결하고 게으르다고 과히 유창하지도 않은 일본말로 매도한 사실이었다.……집에서 대한 이중좌는 학교에서 대할 때와 정반대였다는 것이다. 일본인 부인을 다른 방으로 보내버리고, 일본말이 아니라 유창한 우리말로 대해주었고, 그 말씀이 그 당시 그분의 지위로 보아 경천동지의 불온(?)사상을 담고 있었다는 것이다.……즉 "너희들이 입으로만 독립 독립 하는데 맨주먹으로 독립이 되느냐? 결정적인 순간에 최소한의 군사력이라도 조직 운영할 수 있는 사람이 있어야 하지 않겠느냐. 이러한 인재가 되기 위해서는 너희들부터 솔선 일본육군사관학교를 지원하도록 하라"는 것이었다(6).

---

64) 사실상 교육은 정치로부터 독립적으로 존재할 수 없지만, 마치 어떠한 이데올로기적 편향도 없이 순수하게 교육의 본질적 목적인 피교육자의 성장 발달이 이루어질 수 있다고 '상상'된 교육의 공간을 의미한다.

박경찬 선생님은 학생들을 데리고 개성이나 수원까지 야간행군을 시켜서 아주 무서운 선생님으로 소문이 나 있었으나 속으로는 무척 학생들을 사랑하였던 것으로 기억한다. 일본인들의 극성에 마지못해 소년항공병으로 나가라고 말씀을 해놓고 정말로 지원하는 학생이 있으면 밤늦게 집으로 찾아가서 부형들을 만나서 못가게 말리기도 한 일은 너무나 유명한 이야기다(14).

조선인 교사들은 학교에서는 오히려 일본인 교사보다 더 황민화 교육과 군사훈련에 열심이었지만, 집에서는 '민족적'인 조선인 교사가 된다. 그러한 조선인 교사의 분열된 모습 중에서, 그들은 공적 세계가 아니라 사적 세계의 것이 진실된 것이라 증언하고자 한다.

이와무라 교장을 진정한 교육자로 기억하는 그들의 기억 속에는 그러한 황민화 교육의 영역과는 독립적으로 존재하는 '순수한 교육'의 영역이 있다. 그 속에서 이와무라는 열심히 진학지도를 하고 학생들은 열심히 진학공부에 매진하였다. 그 공간은 그들에게 식민지 지배하에서도, 능력만 있으면 일본인보다 더 높은 지위에 올라갈 수 있는 기회를 약속했다. 그들에게 일본인보다 더 높은 지위에 올라간다는 것은, 개인의 성공일 뿐 아니라 민족적 성공으로 여겨질 수 있었다. 그들은 이와무라 교장을 그들에게 그러한 '순수한 교육'의 영역을 확보해 주었던 주체로서 기억함으로써, 곧 그 속에서 이와무라 교장의 교육적 열성에 따라 '순수하게' 공부에 열중했던 조선 13도 최고의 수재로서 자신을 기억하고자 하는 것이다.

5. 맺음말

선행 연구에서는 파시즘 교육체제 하에서 일본인 교장의 공립학교는 물론, 조선인 교장이 운영하는 사립학교조차도 식민지 통치기구의 하위단위로서 황민화 교육정책의 충실한 장으로 기능하지 않을 수 없었다고 본다. 따라서 학교교육은 식민지라는 상황과는 분리될 수 없는 것이며, 민족을 말살하고 전쟁에 동원하기 위한 '비교육'의 영역일 뿐이다.

본 연구에서 문헌자료를 통해서 본 경기 역시 그러했다. 경기는 조선 최고 수재들이 모인 학교인 동시에 황민화 교육의 모범학교였다. 파시즘 교육체제기의 대부분의 기간을 경기의 교장으로 재직했던 이와무라는 황민화 교육의 충실한 실천자였다. 그런데, 이 시기 경기의 교육을 직접 경험했던 졸업생들의 회고담에 의하면, 혹독했던 황민화 교육과 전쟁동원훈련의 경험을 이야기하면서도, 많은 졸업생들이 당시의 이와무라 교장을 훌륭한 교육자 또는 민족을 초월한 진정한 교육자로 기억하고 있었다. 그 이유는 경기졸업생들의 기억 속에는 그와 공유했던 '순수한 교육'의 공간이 있었기 때문이다. 경기졸업생들의 많은 수가 이와무라를 존경하는 것은, 그가 그들에게 '순수하게' 학업에 몰두할 수 있는 공간을 제공했기 때문이다. 그 공간은 식민지 지배 하에서도, 조선인 학생들의 실력양성의 기회를 주었고 일본인보다 더 높은 지위에 올라갈 수 있는 기회를 약속하였다. 그것은 개인의 성공일 뿐 아니라 민족적 성공으로도 여겨질 수 있었다.

그렇다면, 일제 식민지 지배체제 하에서 '순수한 교육'의 공간이란 가능한 것이었는가. 그들이 그 공간에서 열중했던 학업의 내용은 그들을 '皇民'으로 만들기 위한 내용으로 가득 차 있었다. 또한 그 공간은 동료들의 저항에 대한 처벌을 통해 그 경계가 유지되고 있었다. 그들이 그 속에서 성공하기 위한 전제는 일본제국 하의 '황민'이 되어야 하는 것이었다. 그 공간을 제공했던 이와무라는 뛰어난 조선인 제자를 사랑하고 그들이 마음껏 능력을 발휘하여 조선사회의 엘리트가 되기를 바랐지만, 그것은 일본제국의 '황민'을 전제하고 있는 것으로, 그는 내선일체의 충실한 실천자였던 것이다. 일제 강점하에서 태어나 일본

어로 모든 학교교육을 받아온 경기의 많은 학생들은 이와무라가 가리
키는 길이 당시 조선인이 선택할 수 있는 최선의 길이라고 생각했을
것이다.

  '소요가 사건'을 기억하고자 하는 졸업생을 통해 알 수 있듯이, 경기
의 졸업생들은 해방을 맞아 그들이 생각했던 '순수한 교육'의 공간이
사실은 어떤 것이었는지를 자각하게 되었다. 개인의 감각을 넘어 역사
적 이성은 무엇을 말하는지 알게 되었다. 그들이 이와무라와 함께 김
교신을 언급하고, 동기생과 선후배의 저항을 이야기하고, 이중좌와 박
경찬 선생을 변명하는 것은 그 때문이다. 이는 바로 자신들 역시 두 얼
굴을 갖고 있었음을 깨닫게 한다. 그러나, 그 순간 그들은 부끄러움에
직면할 용기가 없어서 다시 '純直하게' 살려고 노력했던 '순수한 교육'
의 '상상 공간'으로 도피하고 만다.

> 나에게 제일 기뻤던 때가 언제냐고 묻는다면, 서슴지 않고 중학교
> 에 입학하였을 적이라고 대답할 것이다.……하지만, 大同之患이라고
> 는 하나 당시가 일제 치하였던 만큼 오늘날 생각하면 아쉽고 부끄러
> 운 바도 없지 않았으니, 우선 起居動作이 사뭇 일본 군대식 교육이었
> 던 것이요, 1학년 2학기 때부터인가는 소위 창씨개명마저 당했었던
> 것 등은 결코 자랑스러운 일은 못된다. 그러한 면으로 본다면 오히려
> 우울한 이야기가 되고 말 것이므로, 되도록 명랑한 쪽으로 돌려 가지
> 고 그런대로 純直하게 살려고 노력했었다는 기록을 남겨야 할 것이
> 다(9).

  이러한 그들의 개인적 감각과 역사적 이성의 분열이야말로, 일제의
식민지교육이 '학생의 민족적 양심을 억압 파멸'한 결과이며, '한국민족
의 정신생활의 내면에 남긴 깊은 상처'인 것이다.

식민지 경험과 여성의 정체성
-파시즘 체제하의 문학, 여성, 국가-

권 명 아[*]

1. 파시즘 체제와 문학, 여성, 국가

파시즘 체제와 '여성'의 관계에 대해서는 몇 가지 주요한 논점들이 제기되고 있다. 여기서는 먼저 파시즘 체제, 문학, 국가, 여성이라는 네 범주의 상호관계를 논하기 위해 점검해야 할 문제들에 대해 살펴보고자 한다. 한국사의 경우에 국한해서 보자면 파시즘 체제의 문제는 현재 주로 일제 말기와 박정희 체제(연속과 단절, 유산과 영향 등)를 중심으로 논의가 진행되고 있다. 먼저 일제 말기에 국한해서 논의를 진행하자면, 파시즘 체제, 문학, 여성, 국가에 대한 논의는 아직까지는 충분한 논의틀을 갖추지 못하고 있다고 보인다. 여기서는 첫째, 일제 말기 파시즘 체제에 대한 논의에서 최근 두드러지게 나타나는 포스트 콜로니얼리즘의 문제, 둘째, 지성사와 정전 중심의 문학사 해석에 국한된 연구의 한계, 셋째, 파시즘 체제와 문학, 여성, 국가를 둘러싼 문제의 복합적이고 차별화된 지점을 간략하게 고찰하면서 논의를 전개하고자 한다.

먼저 문학 연구 영역에 한정하여 보자면 현재까지의 논의는 주로 문학 담론과 문학 담당층들이 파시즘 체제의 논리에 대해 어떻게 반응하

* 연세대학교 국학연구원 연구교수, 한국문학

였는가(저항, 협력, 내면화 등등)에 논의가 국한되어 있다. 또 기존의
억압과 저항, 친일과 항일의 패러다임으로 일제 말기 문학을 평가하는
연구 방식에 대해서도 비판이 제기되고 있으며, 이는 주로 포스트 콜
로니얼리즘의 방법을 활용하고 있다. 포스트 콜로니얼리즘이 기존의
역사 해석과 식민성에 대해 유효한 문제제기를 제기하고 있음에도 불
구하고,[1] 한국에서 포스트 콜로니얼리즘의 수용 양상에는 고려해야 할
문제들이 대두되고 있다. 한국에서 포스트 콜로니얼리즘의 수용은 문
학 연구 영역에서 가장 급속하게 진행되었다. 그러나 포스트 콜로니얼
리즘은 역사 해석에 대한 총체적 문제제기이며, 식민성에 대한 전반적
재검토를 요한다는 점에서 문학 해석 방법에 국한하여 수용된 한국의

---

1) 포스트 콜로니얼 이론이 과연 식민지를 경험한 국가들, 특히 아시아의 여러
국가들에게 역사 해석에 있어서나, 현재의 정치적 지형과 저항의 거점을 구
성하는 데 어떤 영향을 미치고 있는가를 고찰하는 것은 매우 중요하다. 이러
한 상호 참조를 통해서만 포스트 콜로니얼리즘의 '의미와 한계'는 규명될 것
이다. 특히 대만의 사례는 한국을 고찰하는 데 매우 중요하다. 대만에서 포스
트 콜로니얼리즘 수용과정의 논쟁에 대해서는 Ping-Hui Liao, "Postcolonial
ssudies in Taiwan : issues in critical debate", *postcolonial studies* vol.2
no.2 1999 ; Chow, Rey, *Modern Chinese literary and cultural studies in the
age of theory : reimagining a field* / Rey Chow(eds.), Durham, N.C. : Duke
University Press, 2000 참조.
대만의 경우 포스트 콜로니얼리즘의 수용은 역사 해석에 관한 방법적 논란
뿐 아니라 현재 대만의 정체성과 관련된 심각한 정치적 논란으로 이어졌다.
이런 논란을 통해 포스트 콜로니얼리즘은 단지 해석의 방법으로서가 아니라
정체성의 정치와 해방의 정치와 관련하여 논의되고 비판되고 수용되었다.
또한 중국의 경우도 포스트 콜로니얼리즘의 수용은 맑스주의적인 해방의 정
치와 정체성의 정치를 둘러싼 첨예한 논란을 제기하였다. 특히 포스트 콜로
니얼리즘이 '아시아로 이동'하는 것이 글로벌라이제이션과 자본의 전지구화
와 긴밀하게 연동되고 있으며, 그 결과 피식민자의 해방의 기획(다중적인)을
억압하고, 세계화에 편승한 '디아스포릭'한 일부 지식인들의 자기 정당화로
귀결된다는 논의들이 중요하게 대두된다. 이에 대해서는 Wang, Xiaoying,
"Hong Kong, China, and the Question of Postcoloniality", Dirlik Arif(eds.),
Postmodernism and China, Durham : Duke University Press, 2000.

포스트 콜로니얼리즘은 근본적으로 한계를 지닌다. 물론 그렇다고 해서 문학 연구에 있어서 포스트 콜로니얼리즘 이론이 의미를 지니지 못한다는 것은 아니다. 문제는 포스트 콜로니얼리즘 이론이 제기하는 문제들이 협소한 텍스트 해석론으로 환원될 때 문제를 단순화하면서 동시에 역사 해석과 관련된 포괄적인 이론을 텍스트 해석론으로 일반화해 버릴 우려가 있다는 것이 문제이다.2)

　실상 역사학계에서 포스트 콜로니얼리즘 논의는 미미한 편인데, 이는 역사학계(특히 한국사학계)의 보수성을 반영하는 것이지만, 한편으로는 포스트 콜로니얼리즘 논의가 역사 해석과 식민성 전반에 대한 포괄적 재해석을 통해 논의(수용이든 비판이든)될 수 있는 틀이라는 점에서 패러다임의 변환을 위한 일정한 '시간'을 필요로 하는 것이기도 하다. 포스트 콜로니얼리즘이 제기하는 문제들과 아시아 각국, 특히 식민지를 경험한 아시아 국가들에서 포스트 콜로니얼리즘의 영향과 그 정치적 효과에 대한 논의는 본고의 범위를 넘어서는 것이다. 그러나 한국의 사례를 비롯한 아시아 각국에서 포스트 콜로니얼리즘 논의와 관련하여 두드러지는 하나의 현상은 토착(indigenous) 지식인(특히 민족주의와 '민중주의'에 입각한)과 디아스포릭한 지식인 사이의 정체성 갈등과 헤게모니 투쟁의 형태를 취한다는 점이다.3) 이러한 현상의 이면에는 포스트 콜로니얼리즘 논의가 식민지를 경험한 아시아 국가들에서 지식인들의 담론 투쟁이 전지구적 국면으로 확대되었다는 지각 변동의 구조가 존재한다. 따라서 토착 지식인들은 어떤 식으로든 이러한 전지구적 담론 투쟁의 장에 (자발적으로든, 강제적으로든) 호출되

---

2) 이에 대해서는 권명아, 「탈신화화의 모호한 효과와 자기방어적 문학주의로의 회귀」, 『문예중앙』, 2005년 봄호 참조.

3) 앞서 논한 왕샤오잉이나 료빙혜의 글들은 모두 홍콩과 대만에서의 포스트 콜로니얼리즘 수용의 논쟁 과정을 보여주는데, 논자마다 편차는 있지만 그 저간에는 토착 지식인의 입장과 디아스포릭한 지식인의 입장 사이의 넘을 수 없는 격차가 자리잡고 있다.

어 있는 것이 현실이다. 이에 대해 토착 지식인들은 격렬한 저항에서 외면과 자기 방어적 봉쇄 논리에 이르기까지 다양한 양상의 대응 구조를 보여준다.4) 그러나 한국의 경우는 포스트 콜로니얼리즘이 논쟁 없이 무난히 수용된 것에 비해 실제 '대응'이라 할 만한 양상은 드러나지 않는다. 이는 한국에서 포스트 콜로니얼리즘의 수용이 이러한 이론에 호출되게 된 현실적 국면에 대한 숙고가 없이 새로운 방법론으로 단순하게 차용되는 수준에 머물거나 대응 논리가 없는 자기 방어적 봉쇄

---

4) 호미 바바를 중심으로 한 포스트 콜로니얼리즘 논의에 대한 비판은 다양한 방식으로 이루어지고 있다. 특히 일본 제국주의 분석에 있어서 혼종성이 저항의 계기가 아니라 지배의 계기로 작용하고 있다는 사카모토의 지적은 유의할 만하다(Rumi Sakamoto, "Japan, Hybridity and the Creation of Colonialist Discourse", *Theory, Culture & Society* 13.3, 1996, 113~128쪽). 사카모토는 "일본학에서의 시카고 학파(하루투니안, 나지타, 사카이 나오키 등)의 전략은 '연구대상을 텍스트로 정의하는' 것이며 이데올로기 효과의 혼적을 찾기 위해 텍스트를 연구하고 있다. 이들의 연구에서 '일본'이나 '일본인'은 담론활동을 통해 구성된 '사회적인 상상'으로 논의된다. 그러나 그들은 초기 메이지 담론을 빼고 논의를 하고 있는데 서구화와 민족주의 사이에서 메이지 계몽은 '고도로 다원적이고 암시적인 사상'이며 이러한 모호성은 초기 메이지 담론을 담론 분석의 불확실한 대상으로 만든다." 그는 또 바바의 혼종화 개념을 후쿠자와의 이념을 분석하면서 비판하고 있다. 즉 "일본의 식민주의적 담론은 단순한 서구의 이상화에서 파생된 것이 아니라 혼종화를 통하여 서구에 저항하고자 하는 욕망에서 산생되었다. 후쿠자와의 담론은 서구의 문명/일본의 비문명이라는 고정된 이분법에 도전하고 'in-between'한 공간에서 새로운 일본의 정체성을 창조했다. 마찬가지로 이 전략은 일본의 정체성을 서구/일본의 틀 속에서 고정적이지 않고 모호한 것으로 남겨둔다. 그런데 그의 담론은 '번역'과 혼종성 정체성을 통하여 균형잡힌 저항의 계기를 보유할 수 없었고 대신 이는 일본의 정체성을 비문명화된 아시아에 대립하여 문명으로 보증하는 것으로 이동한다. 곧 모호한 혼종적인 정체성은 문명/비문명의 틀에서 고정적인 재현 속으로 재봉합되어진다. '아시아'의 구성은 '혼종적'인 전략의 징후인데 왜냐하면 유럽을 진보적인 것으로, 아시아를 후진적인 것으로 보는 이중적인 구성으로서만이 그의 담론은 일본 정체성을 '문명화'하고 '문명화된' 국가로 구축할 수 있기 때문이다. 그리하여 혼종적인 담론의 구성은 일본의 경우에 바바의 이론이 무시한 또다른 타자의 배제로 전개된다."

논리로 일관하고 있다는 것을 의미한다. 어떤 의미로든 자본의 전지구화와 국민국가 단위 담론구조가 흔들리면서 '포스트 콜로니얼리즘'의 쇄도라는 하나의 징후는 토착 지식인의 기반을 침식하고 있는 것이다. 그리고 지금과 같이 단순한 차용에 머물거나 대응 논리가 부재하게 되는 한, 토착 지식인의 담론 공간은 침식되거나 게토화 될 것으로 보인다. 그런 점에서 포스트 콜로니얼리즘은 그 자체로 정체성에 대한 새로운 문제제기를 내포하는 것이지만, 식민지를 경험한 아시아 국가들에서 포스트 콜로니얼리즘의 '방문'은 토착 지식인들의 정체성과 입장과 긴밀하게 연결된 문제인 것이다.

두 번째로 파시즘, 문학, 국가, 여성의 관계를 연구하는 것은 기존의 전형화된 '문학 연구'의 틀 안에서 이루어지기 어렵다. 현재 진행중인 일제 말기 파시즘 체제와 문학의 관계에 대한 논의는 지성사와 정전 중심의 문학사의 틀을 넘어서지 못하고 있다. 지성사의 틀은 이광수, 임화 등 문학가이면서도 한국 지성사의 중요한 축을 구성한 대표적 '지성'의 인식론적 연속과 단절과 변화를 추적하면서 파시즘 경험과 그 유산을 고찰하는 것을 주요 목표로 한다. 물론 이러한 연구 역시 지성사와 파시즘의 경험이라는 차원에서 중요한 문제이지만, 지성사적 연구만으로는 파시즘 체제와 결부된 문제들을 고찰하기 어렵다. 이는 정전 중심의 문학사 연구에 대해서도 동일하게 적용되는 것이다. 특히 파시즘, 국가, 여성, 문학이라는 범주들은 파시즘의 경험과 유산, 정체성, 담론 표상, 차별화된 정체성 그룹의 역학 관계 등 다층적인 차원에 걸쳐있는 문제이다. 따라서 연구 방법에 있어서도 젠더사, 문화연구, 파시즘 이론 등 지성사와 정전 중심의 문학사 연구 방법론을 넘어서는 포괄적 방법론을 필요로 한다.

현재까지도 일제 말기의 파시즘 체제의 경험은 한국 문학사의 전통, 유산, 정전, 문학 인식의 계승과 단절 등의 문제와 관련되어서 논의되고 있다. 그러나 이러한 논의는 여전히 '위인전식' 문학사 연구라는 제한된 패러다임의 틀을 벗어나지 못하는 것이며, 기존 평가의 신화성을 비판하는 문제제기조차 결과적으로는 정전에 대한 해석 차이와 정전의 탈신화화라는 맥락을 벗어나지 못한다는 점에서 정전과 정전 텍스트에 대한 해석, 특정 작가에 대한 평가의 차이라는 협소한 논의 지점을 벗어나지 못하는 것이다. 비유적으로 말하자면 이태준과 이광수의 작가 의식이 파시즘의 경험과 어떤 관련을 맺고 있으며, 이러한 경험이 이후 한국 문학사의 전통을 어떻게 형성하는가라는 점은 중요하지만 파시즘 경험에 대한 논의가 이태준과 이광수에 대한 해석의 문제로 환원될 수는 없는 것이다. 마찬가지로 일제 말기 파시즘 체제하의 문학자들이 파시즘 이데올로기와 어떤 상호 연관을 맺는가는 중요하지만 일제 말기 파시즘 체제의 경험을 연구하는 것이 문학자들의 인식이나 문학 텍스트의 표상 체제에 대한 해석 문제로 환원될 수는 없다.

이러한 문제는 파시즘 체제와 문학이라는 범주 연관에서, 여성이라는 범주로 넘어가면 더욱 복잡해진다. 기존의 연구들은 여성 작가의 파시즘 체제 인식이나, 문학 텍스트에서의 여성성의 표상 등에 대한 제한적 연구를 넘어서지 못하고 있다. 그러나 파시즘 체제와 여성, 문학이라는 문제는 실상 주체화와 내러티브와 이데올로기라는 보다 포괄적인 지평 속에서 다루어져야만 한다.

셋째로, 파시즘과 국가, 문학, 여성의 관계를 논하는 것은 파시즘 체제의 젠더화된 정치의 경험와 유산의 문제를 고민하는 것이다. 또 이는 일제 말기 황민화와 파시즘적 주체화의 젠더 정치의 문제를 고찰하는 것이다. 여기서 여성 정체성은 단지 특정한 여성성의 문제에 국한될 수 없으며 황민화와 파시즘적 주체화의 젠더 정치의 차원을 포괄하는 것이다. 또 여성 정체성에 대한 문제에 있어서도 특정 그룹의 정체성 내용을 일반화하여 '여성 정체성'의 문제로 환원할 수 없으며 복합적이고 이질적인 여성 정체성들의 갈등과 헤게모니 투쟁의 국면을 고찰하는 것이다. 또 이는 담론 표상에 있어서 여성성의 파시즘 정치를 통해 다양하게 전유되는 문제와 그 유산에 관한 논의를 포괄한다. 본 연구자의 일제 말기 파시즘과 관련된 연구 작업은 그런 점에서 헤게모니의 강제적 재편을 둘러싼 정체성 정치를 젠더사적 관점에서 고찰해 온 것이다. 여기서 본고에서 헤게모니의 강제적 재편에 대해 지속적으로 강조하는 것은 파시즘 연구에 대한 최근 경향과 관련하여 차별적인 문제를 제기하는 것이다. 특히 최근의 파시즘 연구에서 대중 독재나 식민지인들의 '제국 선망'과 그 내면화 기제를 밝히는 것은 그 자체로 매우 중요한 함의를 지닌다. 그러나 이러한 논의가 기존 연구에서 주로 민족과 반민족의 구조를 지배적인 것으로 고찰해온 방식을 비판하는 데 과도하게 초점이 맞춰진 결과 오히려 역으로 파시즘 정치에서 무엇보다 중요한 사회적 적대의 '일상화'라는 점을 모호하게 만든다는 점이다.5)

2. 파시즘적 주체화와 젠더 정치
─조직, 교육, 경험과 여성 정체성

일제 말기 일본 제국주의의 파시즘화와 식민지 조선의 파시즘화에 대해서는 여러 가지 논의가 제기되고 있다. 여기에는 정치 체제로서 파시즘 체제의 수립의 문제와 정치 조직, 운동으로서 파시즘화의 경향

---

5) 이에 대해서는 권명아, 「임지현은 누구와 싸우는가-탈신화화와 이론의 경계」, 『고대대학원 신문』 2005년 3월 5일자 참조. 임지현의 논의는 민족주의적 역사 인식에 대한 탈신화화에 과도하게 정향된 결과, 파시즘 정치와 이론에서 중요한 사회적 적대를 제도권 사학계 내의 주류적(민족주의적) 인식과의 갈등이라는 구도로 대치해 버렸다. 또한 임지현의 논의는 상호 적대적인 정체성 그룹간의 '反射상' 관계를 강조하면서(물론 이러한 문제제기는 매우 중요하다) 사회적 적대의 문제를 어떻게 재 범주화할 것인가 하는 점은 문제틀로서 간주하지 않고 있다. 이런 탈신화화에 대한 강박으로 인해 임지현의 파시즘 이론은 자신이 비판해마지 않는 '반동일화(counter-discourse)' 담론과 그다지 다르지 않은 지점에 놓이게 된다.

에 관한 논의들이 내포된다. 중일 전쟁(1937)을 기점을 하여 총동원체제, 총력전체제와 태평양전쟁으로 이어지는 시기는 황민화로 상징되는 식민주의적 주체 구성(assujettissement)의 강제적 작용이 극대화된 시기이다. 조선의 경우에 한정해서 보더라도 이러한 주체 구성의 강제적 역학에는 인종, 젠더, 세대, 계급 등 복합적인 지점이 상호 교차하고 있다. 또한 여기에는 특정 정체성을 긍정적 동일화의 대상으로, 여타의 정체성을 부정적 동일화, 혹은 말살과 배제의 대상으로 만드는 강력한 배제와 말살, 분리의 역학이 작용한다. 식민지의 주민들은 청년으로서, 총후 부인으로서, 소국민으로서 자신의 부여받은 정체성 자질을 학습하고, 자신의 존재 증명을 요구받아야 했다. 이는 일본 국민의 이름으로 수행된 파시즘적 주체화의 과정이라 할 수 있다. 이러한 주체 구성의 정치에는 독일 파시즘 이데올로기와 '일본 정신'이 불균질하게 뒤섞인 혼종화된 정체성의 정치학이 작용한다. 파시즘적 주체화는 청년단, 부인 조직, 소국민운동, 애국반 등 각종 조직을 통해 이루어졌는데 이러한 조직의 근간과 이념은 독일 파시즘 조직의 이념을 모방한 것이다.6) 이러한 황민화의 파시즘적 성격은 조선의 경우 일본과 동질적이

---

6) 松本德明, 「ナチス 獨逸の指導原理と日本精神」, 『警務彙報』, 1939년 2월 ; 노자영, 「世界各國의 靑年 運動」, 『朝光』, 37년 7월호 ; 안호상, 「世界的 人物 會見記-히틀러, 아인스타인, 오이켄 諸氏의 印象」, 『朝光』, 1938년 11월. 이 글에서는 히틀러에 대해 다음과 같이 소개하고 있다. "그(히틀러)와 및 나치스 당원은 그당시에 있어서 독일공화국을 지배하던 사회당으로부터 가진 박해를 다받을 뿐 아니라 일반으로 그를 모욕하기 위하여 그를 부랑자라 하며 또 유태인이라고까지 하였섰다." "그러나 세월의 흐름과 역사의 변천은 있는 것을 있게만 하며 또 없는 것을 없게만 하는 것이 아니라 있는 것을 없게 하며 또 없는 것을 있게 하는지라 압박의 암흑에 신음하던 나치스는 다시 자유의 광명을 보게 시작하였는데 그것의 첫 출발이 곧 1930년이다." 또 이 글은 히틀러의 연설 장면에 대해 감동과 환희에 찬 진술을 보여준다. "그는 청중의 심장을 그대로 두지 않고 아모조록 뜻듯한 느낌을 준다. 아직 나의 이히한 기억속에 그의 말 몇마대를 기록해볼가 한다. 그는 있는 힘과 열을 다하여 하는 말이 「우리는 빵과 노동과 자유를 원한다. 이 원을 푸러주리는 오직 나치스뿐이다. 이 원을 해결하는데에 비로소 나치스 승리 즉 독일의 승리

지만은 않은 '특수한' 의미를 지니는 것이기도 하다. '청년'의 중요성은 서구화된 근대 지식인을 비판하면서 '일본적 중추세력'으로서의 엘리트를 구성한다는 점에서는 일본에서의 이데올로기와 등질성을 지닌다. 그러나 조선의 경우 '청년'은 일제의 점령 이후 교육받은 계층을 포섭하거나(교육받은 엘리트의 경우),7) 농촌의 경우 기존의 농촌 질서에서 배제되었던 집단을 새로운 '중견 세력'으로 '육성'한다는 목표를 지닌 것이었다.8) 또 총후 부인의 정체성을 구성하는 것은 조선의 경우 구여

가 있는 것이다.」, 「독일을 망쳐준 자는 벨사유조약을 작성한 연합국보다 오히려 그 조약에 서명한 독일의 유태적 사회민주당과 공산당이다」라고 부르지질적에 군중으로쿠터 쏟아지는 「야!」 그러타소리는 대양우에 폭풍우처럼 밀리는 듯하였다. 그의 행동은 철혈로서 된 것 같으며 그의 말은 금심으로 우러나오는듯하며 듯는 사람으로 하여금 도취와 신뢰를 아기지 못하게 한다. 그리고 그가 또한 위대한 웅변의 소유자이다. 어떠한 혁명가에 있어서든지 웅변은 위대한 무기였었지만 히틀러에 있어선 그것이 위대할 뿐만 아니라 최고로 발달되었다 하여도 과언이"아니다. 당시 조선에서도 히틀러에 대한 소개와 독일 나치즘과 일본 정신의 상관성에 대해서 여러 형태의 담론이 소개된다. 일제 말기 청년단 조직의 성격과 특성에 대해서는 최원영, 「日帝末期(1937-1945) 靑年動員政策-靑年團과 靑年訓練所를 중심으로」, 서강대학교석사학위논문, 1998.

7) 조선에서 청년 담론이 한편으로는 서구화된 근대 지식인에 대한 비판을 중요한 축으로 삼는 것은 이 때문이다. 전시 동원 체제의 청년 담론에 대해서는 권명아, 「전시 동원 체제의 젠더 정치」, 앞 글 및 「청년 담론의 역사화와 파시즘의 문제」, 『오늘의 문예비평』, 2004년도 겨울호 참조.

8) 농촌에서의 중견인물 양성에 대해서는 이송순, 「1930년대 식민 농정과 조선 농촌 사회의 변화」, 『한국문학연구학회 2004년도 가을심포지움 자료집』 참조. 이송순에 따르면 농촌 사회의 중견인물은 "전통적인 신분 질서의 혜택을 입지 못한 평민층이 대다수 였다. 대개 새로 성장하는 경제력과 근대 교육을 바탕으로 식민 행정에 의해 육성된 그룹"이었다. 이들은 대체로 성장하는 경제력을 바탕으로 계층적 상승을 이룬 평민 출신으로서 구장 등의 관공리로 진출했던 경험을 가진 사람들이 중심이었던 것으로 보인다. 1930년대까지 농촌 사회의 중심인물은 중견인물, 관료(관공리), 유지(재촌지주 등)가 서로 혼합되고 병립해 있었고, 상호 대체적인 관계를 형성할 정도는 아니었다. 그러나 일제는 1930년대 이후 촌락사회의 질서를 변화시키고 지배정책을 보다 효율적으로 시행하는 데 적절한 대리인으로서 중견인물을 양성하는데 힘썼다.

성적 정체성과 신여성적 정체성의 의미와 한계에 대한 정체성 논란을
야기하였고, 신여성적 정체성에 대한 가혹한 비난과 함께 구여성적 정
체성 자질을 '일본 부인의 명랑성'과 결합시켜야 한다는 논의로 이어진
다.9) 또한 조선의 경우 중국에 대한 경계와 남방에 대한 신화를 통해
황민으로서 조선의 정체성은 대동아공영권 내에서의 제2인자로서의
위치를 열망하는 방식으로 이루어진다. 이러한 과정에서 인종주의는
황민화 이데올로기의 주요 구성 부분으로 작용하게 된다.10)

중견인물 양성은 처음에는 주로 보통학교 졸업생을 대상으로 하였지만 농촌
진흥운동 과정에서 양성 시설을 체계적으로 증설하기 시작했다.
이는 1920년대 후반부터 시작된 계몽운동(생활개선운동, 문자보급운동, 브나
로드운동)을 체제적으로 전유한 것이기도 하였다. 즉 일련의 계몽운동은 농
촌 사회내에 민족적 자각을 일깨우기도 했지만 근대적 변화에 대한 이해와
동경을 심어주기도 하였다. 일면 개인주의적이고 '합리적'인 사고를 주입함으
로써, 전통적인 촌락 내부의 질서, 즉 봉건적 신분 질서나 그와 연관된 지주
중심의 촌락 내의 공동체적 질서에 대해 문제제기를 할 수 있는 인자가 양성
되기 시작한 것이다.
이송순의 논의에서도 알 수 있듯이 30년대 후반(35년 이후)에 이르면 일제는
이러한 기존의 새로운 세력을 '중견인물'로 포섭하여 전유해내면서 농촌 사회
내부의 정체성 투쟁을 가속화하고 지배적 헤게모니를 대체하고자 했다.
이러한 중견 인물 양성 정책의 의미에 대해서는 그간 한국사학계에서 지속적
으로 관심을 보여왔다. 기존 논의는 중견인물이 일제의 "끄나풀"에 불과했다
는 논의에서(지수걸, 『일제하 농민조합운동 연구-1930년대 혁명적 농민조합
운동』, 역사비평사, 1993 ; 「일제하 충남 서산군의 '관료-유지지배체제'」, 『역
사문제연구』 3호, 1999) 중견인물 중심의 새로운 촌락 질서가 구축되어 실질
적인 지도력을 발휘했으며, 전시 체제기에 이들의 역할이 더욱 증대되었다는
주장(富田晶子, 「農村振興運動下の中堅人物 の養成」, 『朝鮮史研究論文集』,
18호, 1981 ; 松本武祝, 「1930年代朝鮮における村落秩序の再編過程」, 『植民
地權力と朝鮮農民』, 社會評論社, 1998) 등 논쟁적이다. 이외에도 1930년대
중견인물의 구성과 성격에 대해서는 윤해동, 『일제의 面制 실시와 촌락재편
성책』, 서울대 박사학위논문, 2004 참조.
 9) 이에 대해서는 권명아, 「총후부인, 신여성, 그리고 스파이-전시 동원 체제하
    의 총후부인 담론 연구」, 『상허학보』 12집, 2004. 2에서 이미 논한 바 있다.
10) 이에 대해서는 권명아, 「대동아공영의 이념과 가족 국가주의」, 『동방학지』,
    2004년 3월 ; 「남방 종족지와 제국의 판타지」, 『상허학보』, 2005년 2월 ; 「英

그런 점에서 황민화와 일제 말기 파시즘화는 식민지 조선 내에서 다
양한 정체성 그룹간의 헤게모니 투쟁을 급격하게 가속화한 것이다. 여
성 정체성에 국한하여 논하자면, 중일전쟁 이후 가속화된 파시즘화는
다양한 여성 정체성 그룹간의 헤게모니 투쟁(여성 정체성들간의 정체
성 투쟁)을 가속화하거나 강제하였다. 물론 여성 정체성 그룹간의 헤
게모니 투쟁은 일부 급진적 신여성의 '몰락'과 남성 지식인들에게 만연
한 신여성 혐오라는 내적 요인과도 관계된다.11) 그러나 여성 정체성
그룹의 헤게모니 재배치를 가속화한 것은 명확하게 일제의 파시즘 정
책에 따른 외적 요인들이다. 그 첫 단계는 맑스주의적 사상과 실천을
보여준 여성들에 대한 현실적, 담론적 삭제이다.12) 다음 단계로는 서
구화와 퇴폐의 상징으로 급진적인 신여성적 정체성을 전면적으로 부

日 대역본의 세계와 내이티프의 위치-남방 종족지와 식민지 주민의 정체성」,
『문화과학』, 2004년 12월 등의 논문에서 이미 고찰한 바 있다.
11) 이에 대해서는 다음 장에서 구체적으로 살펴보고자 한다.
12) 1930년대 초반의 경우에는 급진적이고 맑스주의적인 신여성에 대해 선각자
로서의 존경심과 사상적 동경이 여전히 뚜렷하게 드러난다. 그러나 이미
1930년대 초반에도 초기 급진적 신여성, 특히 맑스주의적 여성들에 대해 사
상적 면모를 말할 수 없는 국면에 이르게 된다. 이러한 정황은 이후 '신여성'
에 대한 담론이 연애와 사생활 중심으로 편중되게 되는 역사적 단초를 보여
주는 것이다. '현대 여류사상가들'을 소개하는 글에서 초사는 "다만 근대의
사상계에 용감하게도 놀대질하고 있던 이 여류 사상가를 정면으로 당당히 그
사상 그 지조를 소개하지 못하고 겨우 행낭 뒷골로 돌아가서 애욕의 푸로필
을 통하여 묘사하려하는 이 부자유한 붓끝을 독자 제씨는 용서하여 주실 것
을 얘기"하고 있다. 초사, 「현대 여류 사상가들-붉은 연애의 주인공들」, 『삼
천리』, 1931년 6월호. 이처럼 맑스주의적인 여성들에 대해 사상적 면모를 말
할 수 없고 '애욕의 프로필'을 통해서 간접적으로 말할 수밖에 없다는 '전제'
와 용서의 말씀은 곳곳에서 발견된다. 이러한 경향이 30년대 후반에 이르면
신여성=애욕의 프로필이라는 담론으로 고정화된다. 일례로 초기의 신여성에
대한 흠모와 존경의 면모가 두드러지게 나타나는 「백화만발의 기미여인군」
(『삼천리』, 1931년 6월호)에서도 역시 "우리의 붓이 자유롭지 못한 정치나 사
상운동 관계의 여성은 잠간 보류하기로 하고 다만 재덕과 미모로 사회적으로
일흠을 날리든 신여성을 차저보기로 한다"고 전제하고 있다.

정하는 과정이다. 이는 반서구와 반공주의를 기치로 한 일본 파시즘 논리의 효과이기도 하다.[13] 이러한 과정을 거쳐서 중일전쟁 이후 담론 공간과 현실 정치의 공간에는 이른바 '동양의 전통적 여성성'이라는 이름 하에 총후 부인, 군국의 어머니를 기치로 한 여성 정체성이 지배적인 것이 된다. 그리고 이러한 헤게모니 재배치는 실제로 급진적이고 사회주의적인 여성들이 배제된 상황에서 '자유주의적'이고 보수적인 여성들이 헤게모니를 장악하는 요인이 된다.

또한 중일전쟁 이후 조선에 대한 정체성의 강제적 재배치 과정은 청년을 '전위', '엘리트'로 '총후 부인'을 후방의 의미로, 소국민을 미래의 국민으로 서열적, 공간적으로 배열하는 것이었다. 그러나 이러한 배열은 단지 젠더화된 선적 배열만을 의미하는 것은 아니다. 청년 담론에서 '청년'이 황군으로, 엘리트로 사회의 전위에 배치되지만 '청년'의 내부적 구성은 특혜 받은 일부 소수의 엘리트와 '엘리트'로 상승하고자 하는 중간층 이하의 집단들로 위계적으로 분할되어 있다.[14] 또한 총후 부인은 '후방'의 의미를 지니지만, 여기에도 역시 계급적 차별화와 지역적 차별화의 논리가 작용하고 있었다. 특히 엘리트 여성들은 농촌이

---

13) 이런 면모는 국책에 위반되는 문제들을 '여성 문제'로 치환하거나, '여자 스파이단'의 신화를 통해 급진적이고 사회주의적인 여성 정체성을 '대동아 신체'에 침투한 적으로 동질화하는 방식에서 전형적으로 드러난다. 이에 대해서는 권명아, 「여자 스파이단의 신화와 좋은 일본인되기-황민화와 국민방첩의 상관관계를 중심으로」, 『동방학지』, 2005년 6월 참조.

14) 청년단의 실제 구성은 주로 농민층을 중심으로 이루어졌다. 고등교육 이상을 받은 당시 소수의 엘리트들은 청년단에서 소수에 불과했다. 이들은 여전히 '입시'를 위해 매진하고 있었다. 따라서 '황군'으로 지원하거나, '청년단'으로 활동한 이들은 주로 비엘리트 층의 중간층들이었다. 또한 중일전쟁 이후 일제는 기존의 민족주의적인 청년단을 포섭하여 이들 단체를 '국책'적 청년단으로 변화시켜 나갔다. 이러한 면모 역시 일종의 헤게모니 재배치의 과정이기도 하였다. 청년단의 계급적, 계층적 양상은 다음과 같다. 전체 구성에서 학생층은 아주 작은 비율을 차지하며, 이는 청년단이 주로 비엘리트 계층으로 이루어졌다는 것을 보여준다.

나 비엘리트 층의 여성들에 대한 계몽과 지도의 역할을 담당하면서, 사회 봉사나 원조 등의 '후방' 활동에 국한되지 않고 '대중(여성대중)'을 계몽하는 사회적 선도(지도자)의 지위에 서게 된다. 즉 당시 '총후 부인'의 이름으로 활동하던 여성 인사들은 대부분 황군을 후원하는 '후방'의 원조자이기도 하였지만, 내적으로는 '우매한' 조선의 여성 대중을 계몽하는 '지도자'로서의 위치를 자임할 수 있었다. 특히 이러한 대중 계몽과 교육에는 교육자 그룹이 대거 참여한다. 다음에서도 살펴보겠지만 이들이 '여성 대중'에 대해 취하는 태도는 "분별력이 없는" 어린 여학생에게 취하는 태도와 동일하다. 물론 총후 부인의 역할과 기능에 있어서 일본 부인회나 일본의 지식인 여성들이 조선의 지식인 여성들에게 '언니'로서 계몽의 역할을 '자임'했다는 점은 간과할 수 없다. 이처럼 일본 지식인 여성과 조선 지식인 여성 사이의 위계는 조선의 지식 여성과 비엘리트 층의 여성 사이에서 다시 반복된다.

이처럼 젠더적으로, 계급적으로, 지역적으로 차별화된 정체성의 정치를 통해 각 정체성 그룹은 자신들의 정체성을 교육받고, 학습하고, 경험하게 된다. 따라서 일제 말기 파시즘 체제의 경험과 여성 정체성의 문제는 이러한 복합적인 헤게모니 투쟁의 관계를 통해 보다 세밀하게 규명될 필요가 있다.

또한 황민화의 이름으로 수행된 파시즘적 주체화는 젠더화되고, 인종화된 정체성 투쟁을 동반하는 것이었다. 황민화라는 정체성 투쟁은 다양한 조직들을 통해 이루어졌다. 이 조직들은 젠더적으로 차별화되고 계급적으로, 지역적으로 차별화된 내용과 형식을 지니면서 사회의

직업별	1937.5	1938.5	1939.5	1940.5
농업	108,492	140,256	135,720	139,780
상공업	11,607	13,592	14,134	14,204
학생	954	781	1,261	1,165
기타	7,931	11,923	11,072	10,957

『조선연감』, 1939-1940(최원영, 앞 논문, 7쪽에서 재인용) 참조.

말단 조직에까지 '황민'의 이념을 보급하였다. 당시 가장 광범위하게 조직화된 것은 청년단으로 청년단의 활동, 이념, 교육 목표와 내용에 대해서는 다양한 통로를 통해 담론이 구성되고 실천된다. 조직의 차원에 국한해서 보자면 부인회 조직의 실제 활동에 대해서는 청년회만큼 다양한 기록이 남아있지 않다. 이는 담론으로서 총후 부인 담론이 대량 생산되는 것과 대조적이다. 먼저 청년단의 실제 활동 내역을 간략하게 살펴보고 청년단을 통한 교육의 내용과 형식과 부인회, 총후 부인의 정체성 교육의 차이를 살펴보고자 한다.

國語解得은 義務다

諸君 중에는 아직도 國語를 解得치 못한 사람이 많다. 이래서야 皇軍이 될 資格이 있을수 있겠는가. 國語를 여태껏 解得지 못한데는 여러 가지 原因이 많다. 그러나 이것을 여기에서 말 것은 못된다. 諸君은 어쨋던 國語를 解得해야만 할 段階에 이르고야 말았다.

어느 나라의 백성치고 그나라의 國語를 모른다는 것은 크다란 수치이다. 하물며 諸君은 八紘一宇의 大理想의 기빨알에 자라나는 皇國臣民으로 어찌 國語를 몰라서 되겠는가. 모름직이 하루바삐 國語를 體得키 努力하라. 그래야만 忠良한 皇國臣民이 되는 것이며, 同時에 皇軍의 一員이 될 資格을 갖게 된다.

國語는 과히 어렵지 않다. 더욱이 普通會話 程度를 理解하기에는 고작 六個月이나 늦어도 一年이면 充分하다. 全朝鮮 各地에서 開催되는 國語全解 運動은 諸君에게 쉽게 機會를 提供할 것이다.

지금까지는 志願兵訓練所에서 熱心으로 國語工夫를 同時에 시켜온다고 들었지만 우리는 그렇게까지 만사를 믿고 있어서는 아니 된다. 미리미리 알아서 軍人이 되는 그날 그 당장에 조금도 지장되는바 없이 모든 敎訓과 指示를 알아듣고 동시에 친구들과 意思를 交換할 수 있을 만큼 工夫를 해 둬야 할 줄 안다.

國語는 그 文法이 朝鮮과 다름이 別로 없고 심지어는 語原까지가 同一系統에서 나온 것이 많으며 語彙도 비슷한 것이 許多하다. 漢文만 섞어서 써놓고 보면 대강 뜻만은 그냥 짐작할 수 있을 만큼 된다.

이렇듯 쉬운 國語, 더욱이 周圍環境이 왼통 國語世界로 된 오늘날, 諸君이 조금만 時間을 애끼고 조금만 努力을 한다쳐도 앞으로 徵兵되기까지에는 能히 해득할 수 있을줄안다.

內地式禮儀作法

朝鮮사람은 生活樣式이 內地人과는 다르니만침, 內地人과 같은 禮儀作法을 一朝一夕에 行하기는 그리 쉬운 일이 아니다. 同時에 이런 點은 너무 강제적으로 권하고는 싶지 않다. 오랜 동안의 生活樣式에서 울어나온 禮儀作法이 어떠한 時代的 힘으로 갑짝이 變해질수는 없는 일이다. 그러나 한가지 말해도 좋은 것은 禮儀作法이란 時代的으로 變遷해간다는 것이다.

諸君의 祖父時代와 諸君의 時代는 그만침 時代의 距離가 있느니만침, 둘을 나란히 두고 보면 놀랄만한 變化를 發見하기는 어려운 일이 아닐 것이다. 이것은 同時에 이러한 말로도 할수있으니 그것은 皇國臣民이 된 諸君의 家庭은 自然 옛날의 諸君의 家庭고냥이어서는 안되겠다는 것이다.

諸君의 生活樣式, 禮儀作法은 勿論 훌륭하다. 그리고 朝鮮서는 適當한 것이어왔다. 그러나 이 좋다고만 생각한 여러 가지 일들 가운데는 저는 모르지만 남의 눈에는 좀더 改良시켰으면 하는 點이 한 둘 있을 것이다. 나는 여기에서 그런것들을 끄집어내서 말하고 싶지 않다. 그것은 이미 諸君의 先輩들이 生活改良을 위하여 많이 主唱하고 더러는 實踐化한 때문에서다.

내가 여기에 말하고자하는 점은 諸君이 國語를 解得하여야하는것과같이, 同時에 內地式의 禮儀作法을 될 수 록 理解하고 實行해줬으면하는 것이다.

자칫하면 禮에 어긋난 일을 저즈르는 수가 있는 것은 根本的으로 禮儀를 몰라서 그러는 것이 아니고, 어찌했으면 內地式인지를 알지 못해서 그러는 수가 있는 것이니 諸君이 軍人이 되어 이러한 일로 서로 感情이 상하는 일이 있다면 큰 恨이 아니랄 수 없다.(중략)

靑年隊를通해본諸君

靑年隊에는 十四歳에서 三十歳까지의 靑少年이 있어서, 쉽게 대중할 수는 없지만 지난 일년 동안 훌륭한 성과를 거두었다. 원악 人員이 많아 個別的으로 對하지는 못하였으나, 나는 主로 時局認識에 注力하였다. 銃後 靑年으로 알지 않으면 안될 時事解說과 靑年隊員의 覺悟를 번번히 말한 바 있었다. 또 라디오 體操를 通하여 身體의 健康에 이바지함도 있었다. 또는 幹部들의 特別 訓練도 하였다.

그러면 그 結果는 어떻게 나타났느냐? 첫째, 時局 認識이 철저히 되어 出席率도 나어지고, 씩씩한 氣象을 가지게 되었다. 動作이 처음보다는 놀랄만침 敏捷, 整然하게 되어 視察하러오는 人士들의 칭찬을 받고 있다. (중략)

또한가지 例를 들면 이십이삼세되는 幹部層의 靑年들이 말하기를 自己들은 年齡關係로 徵兵되기는 임이 틀린 일이니 우리들의 아우들에게만은 씩씩한 기상을 넣어주어 入營하여서 조금치라도 남에게 뒤떨어짐 없이 해야겠다고 木銃 訓練을 實施하고 있다. 없는 주머니에서 푼푼이 모아 木銃을 구하는 努力! 그 努力이야말로 諸君의 勝利이고 朝鮮靑少年層의 一步 前進인 것이다.

한번더決意를굳게

(중략)諸君은 피를 흘려 後孫을 위하여 土臺를 닦아야할 빛나는 戰士이고 勇士이다. 或 諸君 中에는 지난 날의 일에 꺼림직한 느낌을 갖는 수가 있을 수도 있을 것이다. 그러나 그것은 내가 말 안해도 잘못인 것은 잘 알일이리라. 朝鮮 사람은 벌서 皇國臣民으로 再出發하였느니 만침 이러한 묵은 感情에 사로잡힌다면 진정 졸장부의 짓이겠다. 눈을 큰 곳 높은 곳에 두라. 諸君은 이미 大日本帝國의 軍人이 아니었던가.15)(강조 인용자)

---

15) 海野貢(京城竹添靑年隊長), 「徵兵슴기다리는 靑年에게」, 『조광』, 42년 10월, 38~41쪽. 이외에도 당시 조선인의 시각에서 청년단의 활동 상황을 보여주는 글로는 金光政雄(경성 안산鞍山 청년대 행촌 제1분대장), 「징병령과 반도 청년」(『조광』, 1942년 10월호, 42~45쪽)이 있다. 이 글은 국어보급 운동을 위해 야학을 개설해서 노력하는 청년단의 활동과 야학에 모여 '국어' 강습을 열심히 받는 사람들의 모습을 '열성적'으로 기록하고 있다. 또 청년단이 공연한 연

　‘청년’에 관한 담론은 총독의 훈시에서 관료들의 강화, 조선 지식인 엘리트들의 강화에 이르기까지 폭넓게 등장한다. 위의 글은 당시 실제로 청년대장이었던 조선인의 글로 청년단 구성원의 의식의 편린을 드

극 내용도 수록되어 있다. 일부를 보면 다음과 같다.

“筆者가 關係하고 있는 靑年隊의 活動狀況을 살펴본다면, 組織없이 지나던 天壤之判이 있을 만큼 變化되었다.

그전에는 맛나도 서로 人事가 없던 사이가 靑年隊員이 됨으로 말미암아 親密해졌고, 이웃간에도 親睦함이 두터워졌다.

우리는 戰時下의 靑年隊員인 것을 自覺하고, 힘에 可能한데까지 힘껏 重任을 履行하기에 게을리지 않았다.

첫째로 國語普及運動에 合流하여 洞內의 禮拜堂을 빌려 夜學을 開始하였다. 배우러 오는 사람이나, 가르키는 사람이나, 모두가 낮에는 일을 가진 사람들이요, 바쁜 사람이다. 사람사람이 틈을 짜내어서 가리키고 배우고 하기에 餘念이 없다.

머지않아 講習이 終了되면 四五十名의 새로운 國語解得者가 생긴다.

우리는 우리들의 微力으로 이만한 열매를 맺게 되었음을 기뻐한다. 아울러 더위에 일에 피곤한 몸을, 國語工夫에 바쳐온 講習生들에게는 머리가 숙여지며 뒤에서 여러 가지로 後援해준 분들께도 謝意를 表한다.

近日中에는 근방의 愛國班長을 위시하여 家庭婦人들의 慰安과 時局認識을 깊히하게 하도록 演劇을 公演하기로 한다. 內容은 國語獎勵와 時局認識을 主題로 하는 것인데 끝場面에 가서 主演者의 부르짖음을 紹介한다면 다음과 같다.

『여러분! 이것은 한개의 演劇만이 아닙니다. 때는 一億國民의 一致團結을 要求합니다. 그것은 한 家庭에서부터 平和스러운속에서 結合이 있어야하겠습니다. 여기에 우리는 오늘날까지의 그릇된 生活을 고쳐야겠습니다. 暗取人, 買占, 賣惜等을 말어야 되겠습니다.

昭和 十六年 十二月 八日은 大東亞戰이 시작된 날입니다. 이 大東亞戰이라 함은 이 地球上에서 英米의 勢力을 抹消하여 全世界에 新秩序를 建設하는 것에 目的이 있는 것입니다.

이제 虛僞와 欺瞞으로 世界를 指導하였던 앙그로색손은 沒落되었으니 이로부터 世界를 指導하는 것은 오직 우리 國民에게 賦課된 大使命입니다.

이 榮光스러운 使命!

이 感激에 넘치는 使命!

우리는 이러한 大使命을 가진 國民이요, 적은 몸이나마 忠誠를 다하여 君國에 바치고저 합니다.』 (강조 인용자)

러낸다는 점에서 흥미롭다. 국어해득에 대한 강조와 황군으로서의 임무, 지원병의 자격을 갖추기 위한 자율적 연성에 대한 강조, 청년대 활동상에 대한 자부심 섞인 소개(라디오 체조 실시, 야학 개설을 통한 국어보급, 목검 훈련, 한해 피해 극복을 위한 노무 동원, 시국 인식 강화를 위한 교육, 군사 훈련 등)는 당시 청년단의 활동과 청년단에 부여된 임무를 선명하게 보여준다.

그러나 위의 글이 흥미로운 것은 국책의 대리인으로서 가장 선봉에 서있는 청년대장의 담론이 관료나 조선인 지식 엘리트들의 담론과 미묘하게 구별된다는 점이다. 이러한 차이를 규명하는 것은 황민화라는 파시즘적 주체화의 과정이 계급적, 집단적으로 어떻게 차이화된 경험으로 각인되는가를 살피는 데 매우 중요하기 때문이다. 또한 청년단은 특히 '대중'에 대한 교화의 매개점이자 대리인으로서 이들의 인식이 '대중'에게 좀더 직접적으로 설파되었다는 점에서 중요하다고 보인다.16)

'八紘一宇'나 '滅私奉公' 등의 국책적 키워드로 청년의 임무를 설파하는 지식인 엘리트의 청년 담론과 달리 조선인 청년대장의 '국책'에 대한 강조는 이러한 '고상한' 일본 정신의 키워드가 아닌 '실용적' 담론을 통해 이루어진다.17) "국어해득"이 필요해진 시점에서도 "국어를 여

---

16) 뒤에서 살펴볼 농촌 부인의 황민화 교육에 있어서 이들을 '교화', 계몽, 교육시키는 것은 주로 청년단의 역할이었다. 물론 도시의 엘리트 여성들이 농촌을 돌아다니며 농촌 여성들에 대한 강화를 실시했지만 일상적으로 더 밀접한 것은 청년단과 애국반 조직이었다. 또 도시 엘리트 여성들은 농촌 여성의 실상에 대해 무지한 채 농촌 여성들이 국책에 더 잘 부응하는 반면 도시 여성들은 비협조적이라는 인식을 보여주기도 한다. 대표적으로는 김활란, 「時局と都會女性」, 『總動員』1권 1호, 1939년 6월호. 이러한 엘리트 여성의 인식은 농촌 여성의 실태에 대한 '부르주아 여성'의 무관심과 '환상'의 결과이며, 동시에 동료 엘리트 여성들에 대한 경쟁심과 견제 심리의 소산으로도 볼 수 있다.

17) 이러한 면모는 이광수와 같은 당대 지식인들이 사용하던 '고상한 일본 정신의 키워드'들과 선명하게 구별된다. 이는 뒤에서도 살펴보겠지만, '일본정신'

태껏 해득치 못한" 여러 요인은 "여기에서 말 것은 못된다"는 식으로 행간 속에 숨겨둔 채 강조된다. 국어 해득의 필요성은 "일본정신"이나 "황민"으로서의 도의보다는 "어쨌던 국어를 해득해야만 할 단계에 이르고야 말았"기 때문에, 또는 "주변환경이 온통 국어세계로 된" 현실적 상황 때문이다. '국어'를 해득해야 하는 이유는 지원병 자격을 취득하기 위한 필요를 비롯한 어쩔 수 없는 상황의 강제 때문이다. 또 당시 남녀노소를 불문하고 강제된 '내지식 예의작법'18)에 대해서도 당시 관료나 엘리트들의 국책 담론에서 강조하는 '합리화'나 '내선의 일체화', '생활 개선'이라는 키워드가 아니라, 혹시라도 있을 수 있는 문제에 대처하기 위해서이다("군인이 되어 이러한 일로 서로 감정이 상하는 일이 있다면 큰 한이 아니랄 수 없다"). 또 조선의 생활양식과 예의 작법이 조선에서는 적당하며, 문제가 없다는 점이 국책적 강조의 행간에 드러나고 "남의 눈에 좀더 개량시켰으면 하는 점"이 내지식 예의 작법을 수행할 필요성으로 제시된다. 또한 국책을 강조하는 담론 중간중간에 '황민'의 약속에 배반당하거나 '희망찬' 미래만을 논할 수 없는 실상이 은연히 드러난다. "지난 날의 꺼림직한 느낌"이라든가 하는 것이 구체적으로 지시하는 바가 명확하지는 않지만 어조상 모든 사람이 다 아는 그런 느낌을 전달한다. 또한 청년으로서, 지원병으로서의 '황군'의 임무는 "조금치라도 남에게 뒤떨어짐 없이 해야겠다"는 각오로 표명되고 있어서 하층의 청년층에게 황민화의 실감이 과연 무엇이었는가를 고민하게 한다. 이 글의 행간과 어조에서는 황민화란 경쟁, 살아남기, 뒤쳐지지 않기와 같은 '생존' 논리로 드러나는데 이는 지식인 엘리트들의 대세론이나 '민족의 운명'에 대한 논의와 일정한 구별점을 보인다.

과 '일본어'가 상층부의 고상한 정신의 담지자이자 형식으로 구별적으로 배치되고, 이와 달리 '한글(조선어가 아닌)'이 실제적 필요에 의해 하위 집단의 정신을 규정하는 형식이 되는 것과도 관련된다.

18) 여성들의 경우 가정 생활을 내지식으로 '합리화'하는 것이 총후 부인의 중요 임무 중 하나였다.

황민화를 비롯한 국책에 대한 인식은 이처럼 가장 선봉에 서 있는 집단들 내에서도 일정한 차이를 보인다. 특히 이들의 인식이 표명되는 담론적 차이와 언어적 차이는 황민화로 표상되는 정체성의 차별화된 내용과 형식을 보여준다. 지식인 남성 엘리트와 비엘리트 남성들이 청년의 정체성을 황민의 자질로 중시하였지만 이들의 의식은 그들이 각자 사용하는 고상한 일본 정신의 표상으로서 국책적 키워드와 이와는 일정한 거리가 있는 실용화된 담론 구조의 거리만큼 차이가 있다.

이런 차이화는 여성 정체성 그룹 간에는 좀더 세분화된 거리를 보인다. 특히 '총후 부인'으로서 '국체'의 전위를 표상하는 청년의 하위에 놓인 '후방'의 여성들은 사회봉사, 부조 등의 '원조'와 내조의 역할을 일반적으로 담당했다. 그러나 실제적으로 볼 때 이러한 총후 부인으로서 여성 정체성은 일부 엘리트 여성의 정체성 자질로 전유되었다. 국책 선전과 대중 강화에 나선 엘리트 여성들은 '여성 대중'을 향해 '전위 부대'에 대한 원조와 '내조'의 기능을 강화하면서 여성의 정체성 자질을 '부인', '아내'로 고정화하였다. 그러나 이러한 고정화의 과정은 엘리트 여성들이 이른바 '여성 대중'에 대해 '교육자'이자, 계몽자, 지도자로서의 위치를 자임(혹은 부여) 받는 과정이기도 하다. 그런 점에서 부인과 아내로서의 정체성 자질이 '동양 정신', '일본 정신'이라는 이름 하에 서구(그리고 맑스주의)에 오염되지 않은 본래적 여성 정체성 자질로 고정화되는 것은 '부인'의 '가부장'에 대한 종속뿐 아니라 지도자로서 여성 엘리트에 대한 '여성 대중'의 종속을 동반하는 것이기도 하였다. 또한 이 과정은 지도자로서 부인 정체성과 '경쟁'하는 '구시대'의 신여성적 정체성 자질에 대한 집단적 '학살'을 통해 완성되었다. 따라서 총후 부인 및 당시 '국책' 선전 담론에서 특정한 여성 정체성 자질이 지속적으로 문제시되는 것은 이러한 여성 정체성들 간의 헤게모니 투쟁의 산물이기도 하다. 그리고 이러한 헤게모니 투쟁은 내적, 외적 요인의 복합적 작용을 통해 가속화된다. 다음의 몇 사례를 통해 볼 때에 '총후 부인'의 임무와 전시 하 여성의 임무를 강조하는 담론들이 '동료 엘리트 여성'을 향할 때와 '여성 대중'을 향할 때, '특정한 그룹의 여성, 특히 농촌 여성'을 향해 말할 때 각각 큰 차이를 보이는 것을 알 수 있다. 이는 내용, 이야기 전달 방식뿐 아니라 언어 사용(한자 병용의 조선어 사용과 순 한글의 언문 사용, 한자, 가타카나, 한글 첨자의 병용 등)의 차별화된 형식을 통해서도 구체화된다.

오늘 이 자리에 나오신 분은 우리 日本帝國이 至今 어떠한 나라와 어떻게 싸호고 있다는 形便쯤은 가장 賢明하시고 가장 批判力이 빠르다고 自處하시는 분들이매, 잘아실줄 아옵니다.

毎日 두 번씩 報道되는 新聞을 읽으시고 또 하로에도 몇 번씩 放送되는 뉴-스를 들으시는 여러분으로 누구보다도 이 時局을 잘 인식하시고 계시다고 自處함도 決코 無理는 아닐줄 압니다. 그러나 나 보기에는 아직도 여러분은 통통한 꿈속에서 해매고 계신 것 같습니다. 밖갓흔 밤사히 日氣가 突變하야 雷聲霹靂이 치고 비가 쏘다져 下水道가 넘고 담장이 터져 야단이 났지만은 여러분 방에는 덧문을 꼭 꼭 닿고 검은 門帳을 기리기리 느리엿기 때문에 한밤중인줄만 알고 쿨쿨 자고 있습니다.

돈이 있는 富豪는 돈에 가히워서, 無識한 사람은 無知해서, 所謂 인테리란 知識層은 반들어져서 이 時局을 잘 인식지못하고 迷夢에서 해매고 있습니다.

여러분이 迷夢에서 깨어났다면 왜 買占이 있고 왜 債券을 사지않고, 왜 六億貯蓄에 協力하지 않고 왜 당신의 아들들을 지원병으로 내여놓지 않습니까?

女人들은 만나면 고무신이 없다, 廣木이 없다, 기름이 없다, 不平을 말합니다.

그러면서도 十二月 一日부터 비단과 化粧品에 稅金이 붙는다고 各 百貨店과 布木商門이 메여지게 長蛇陣을 느리여 가지고 한 사람이 百圓어치 化粧品을 삿다는둥 二三千圓어치씩 비단을 끊었다는둥하니 그 무슨 醜態입니까? 百圓어치씩 化粧品을 살 財力이 있는 사람

이 稅金이 붙은 後에 一二圓어치씩 사다쓸 能力은 없습니까? 그리고
이 戰時에 무슨 華麗한 옷이 그리 必要해서 數千圓어치씩 삽니까?
  여러분이 다른 나라의 戰時生活이 어떻다는 것을 안다면 以上과
같은 醜態는 演出안을 것입니다. 그러면 다른나라의 戰時生活의 狀
態를 봅시다.19)

    위 글은 "半島指導婦人層의 決戰報國" 대회 연설문이다. 글에서도
나타난 바 청중과 참여자 모두 시국에 대한 의식을 지닌 지도층 여성
들이다. 통상적으로 총후 부인의 역할이나 전시하 여성의 임무는 여러
종류의 사회 봉사, 총후 관리, 대민 봉사, 지원병 가정에 대한 후원, 생
활 합리화, 가정 경제의 충실화(절약, 사치 방지, 물자 관리 등)와 관련
된다. 그러나 이 글은 일관되게 '지도층 부인'들의 사치를 비난하는 논
조로 일관하고 있다. 총동원체제 이후 여성의 사치에 대한 글은 넘쳐
날 정도로 대량 생산되는데 이는 단지 물자 관리를 강조하는 국책 선
전의 결과로 보기에는 과도한 것이다. 이는 뒤에서도 보겠지만, 국책과
관련된 부정적인 사회적 징후들을 '여성 문제' 특히 '유한부인'(으로 가
치절하된 표상된 여성 정체성 그룹들)의 문제로 환원하는 이데올로기
와 밀접하게 관련된다. 또 이는 국책선의 선봉에 선 여성 지도자들이
부인과 아내로서의 정체성을 강조하면서 동료 엘리트 여성들(부인과
아내로서의 정체성과 구별되는)을 견제하고 비난하는 태도와도 관계
된다고 보인다. 또한 이러한 태도는 농촌 여성들이 '국책'에 적극적으

---

19) 임효정, 「迷夢에서 깨자」, 「半島指導婦人層의 決戰報國의 大 獅子吼」, 조선
    임전보국단 주최, 42년 2월 8일, 『대동아』, 42년 5월호. "京城에 府民館이 생
    겨서 半島의 婦人만이 이처럼 많이 모힌 光景은 처음입니다."(모윤숙, 「女性
    도 戰士다」)라는 모윤숙의 언급으로 볼 때 부민관에서 '지도층 부인'들이 모
    인 임전보국강연회였다고 보인다. 참여자와 참여글은 다음과 같다. 김활란,
    「女性의 武裝」; 임효정, 「迷夢에서 깨자」; 任淑宰, 「家庭의 新秩序」; 박순
    천, 「國防家庭」; 許河伯, 「銃後婦人의 覺悟」; 모윤숙, 「女性도 戰士다」; 최
    정희, 「君國의 어머니」.

로 부응하는 반면 도시 여성은 사치와 허영에 사로잡혀 국책에 무관심
하다는 논지로도 이어진다.[20] 이는 국책선의 선봉에 선 엘리트 여성들
이 농촌 여성의 실상에 무지한 동시에 동료 엘리트 여성들을 비난하는
태도를 지니고 있다는 점을 보여주는 것이다. 그러나 국책선의 선봉에
선 '지도자 여성'들의 '여성 대중'에 대한 태도는 실제로는 우월감을 뚜
렷하게 보여준다. 즉 도시의 지식 여성을 비난할 때는 농촌 여성에 대
해 동조적이지만 실제로는 그들은 여성 대중에 대한 철저한 우월감을
지니고 있었다. 따라서 '여성 대중'에 대한 그들의 연설은 마치 어린 아
이를 대하는 것과 같은 태도로 일관된다. 다음의 연설문은 지도자 여
성이 '여성 대중'에게 취하는 태도와 담론 구성의 방식을 전형적으로
보여준다.

<개회의 인사>
(중략)
여러분, 日本은 무슨 까닭으로 전쟁을 하고 있을까요? 石油가 탐이
나설가요, 쌀이 부족해설가요. 아닙니다. 그런 물질적으로 남의 것을
탐내고 부러워해서 싸우는 것이 아니올시다. 우리 日本은 二千六百
年이란 긴 동안에, 한번이라도 남을 못살게 하려고 싸운적이 없는 나
라이올시다. 이번 大東亞戰爭으로 말하더라도 米英은 有色人種을
奴隸로 삼어부려먹으려는 것을 救해내려는데서 참아보고 있을수 없
어서 일어선 것이 올시다. 이렇듯 우리들의 싸움은 사람으로써 바른
전쟁이올시다. 그러므로해서 聖戰이라고 하는 것입니다.(중략)
어떤곳에 한 사람이 걸어가고 있었습니다. 그뒤로는 돼지한마리가
딸아가고 있었습니다. 이상도 하다 막끄을고가도 버티고 소리지르는
돼지란 놈이 이상히도 따라간다 싶어서 자세히 보려니까, 그 사람은
뒤에다 주머니를 달고가는데 거기서 콩이 똑똑 떨어지고 있었습니
다.(笑聲) 돼지란 놈은 콩맛에 얼리 빠져서뒤만따르고 있었지요. 그런
데 여러분 그 사람의 가는곳이 어딜가요, 돼지잡는 곳이없답니다.(笑

20) 김활란, 앞의 글.

聲) 米英은 有色人種을 이렇게 死地로 그을고 가는것입니다. 쓸금쓸금색기로 묶지 않고 끄을고 가려는 것입니다.[21]

'대동아전쟁'의 의미와 여성의 임무를 '여성 대중'에게 설명하는 위 연설문은 이른바 '청년 대중'이나 지도층 여성을 향한 담론과 현격하게 구별된다. 돼지 이야기라는 '단순한 우화'를 통해 태평양전쟁의 의미를 설명하는 방식은 '고상한 일본 정신'을 통해 '대동아 성전'의 의미를 담론화 하는 것과는 아주 큰 차이를 보여준다. 무엇보다 중요한 것은 이른바 여성 대중을 향한 담론은 아주 뚜렷하게 한글 전용의 특성을 보여준다. 위의 연설문에는 그나마 몇 단어들이 한문으로 표기되었지만, 여성 대중을 향한 담론은 순수한 한글 전용 표기의 형식을 보여준다. 이는 '여성 대중'을 향한 담론이 국책을 선전하기 위해 담론 내용을 이해하기 쉽게 바꾸며 이것의 형식적 담지자로서 '한글 전용'을 채택하는 과정을 보여주는 것이다.

여기에는 몇 가지 요인이 작용한다. 먼저 '일어 전용'이 국책으로 강조된 상황에서도 실제로 일본어 해득률이 현격하게 낮은 조선에서는 현실적 필요에 의해 조선어 사용이 '채택'되었다. 이는 조선어 사용에 대한 '허용'의 의미와 구별될 필요가 있다고 보인다. 즉 채택이란 현실적 필요에 의해 전략적으로 표기방식을 도입하는 것이다. 또한 이때 채택된 표기 방식이 조선어 사용에 국한되는 것이 아니라 오히려 '한글 표기'의 채택에 가깝다는 점에 주목을 요한다. 즉 일어 해득률이 낮은 관계로 많은 국책 관련 글들이나 매체에서는 조선어 사용이 허용되는데 이때 허용되는 것은 한자와 한글이 병용되는 당시 지속적으로 사용된 조선어였다. 그러나 전략적으로 채택된 표기 방식은 한자를 배제한 순 한글 표기법이었다. 한자의 배제는 조선에서 중국의 영향을 배

21) 金玩禎(대일본부인회이사), 「완승 총후로 매진하는 가정부인좌담회」, 城東隣保館, 2월 12일 경성부, 『조광』, 1944년 2월, 99~100쪽.

제하는 일련의 이데올로기 작업의 일환이었다. 또한 한자가 배제된 순 한글 표기법은 주로 여성 대중이나 어린이, 농민 집단 등 하위 주체를 향한 담론에서 전략적으로 채택되었다. 이러한 과정에서 일본어는 '고상한 정신'을 담는 그릇이자 상층부 엘리트의 언어로, 한자가 배제된 한글 전용 표기는 하위 집단의 언어로 고정되며, 한글 전용의 표기는 조선어를 다시 '언문'의 수준으로 돌리게 된다.[22] 이러한 사례는 농촌

---

22) 이에 대해서는 이후 별도의 작업을 통해 보완하고자 한다. 몇 가지 사례에서도 확인되지만,『아희생활』과 같은 아동 잡지가 순 한글 표기로 전환하는 것은 아동에게 일어를 보급하면서도 국책 교육을 위한 필요를 충족하기 위해서였다. 또 국책 관련 독본의 경우 '대중'을 위한 독본일수록 한글전용 표기를 채택한다. 일례로, 애국반을 통해 보급된『국민정신총동원독본』(이각종, 국민정신총동원조선총연맹)이나 대중용 방공독본인『애국반가정언문방공독본』(소화 16년 12월, 신시대사) 등이 그 사례이다. 이 경우 순 한글 표기나 한자를 괄호 안에 병기한 경우로 구별된다. 이는 아동을 소국민으로 양성하기 위한 아동 잡지의 경우에서도 확인된다. 일례로「국문의 창시」(『아희생활』)에 대한 소국민 강화에서도 순 한글 표기를 사용하고 있다. 아래 예문은 여성 대중에 대한 강화와 아동에 대한 강화가 동일한 '형식'을 취하고 있음을 보여준다.
"여러분! 국민학교에 들어가서 제일처음 배호는 것은 アイウエオ입니다. 가다가나나 히라가나를 어떤 분이 만드셨는지 아심니까? 한문은 지나(支那)에서 건너온것입니다. 우리나라에도 옛날에는 한문을 썼답니다. 그런데 우리나라에서는 고유한 글자가 없습니다. 가다가나는 한문의 한편만을 떼어썼으므로 우리나라의 독특한 문자는 히라가나가 비로소된 것입니다.(중략) 그런데 イロハ노래는 고-보다이시가 만드신것입니다. 이로 인하여 교육하는 사람, 교육받는 사람이 어떻게 편하게 되었는지를 알수가 있습니다. 우리나라의 말이 다 거기에서 생긴것입니다. 즉 イロハ四七七 문자는 일본국어의 단위가 된것입니다. 그래서 이 四七七 문자만 외일것같으면 그것으로 생각한글을 쓸수가 있게된 것입니다. 그것을 아이들까지도 쉽게 외일수가있습니다. 이런글은 어떤 나라에던지 없는것입니다. (중략) 우리나라가 속히 문명국이 된 것은 고-보다이시의 은택이 많은 것입니다."
小羊,「國文의 創始」,『아희생활』, 42년 1월, 31쪽.『아희생활』은 성결교회가 관련하여 만든 아동용 잡지로 1944년까지 발간되었다. 1944년도까지 위 인용문에 나타난 것처럼 순 한글로 잡지를 발간했다. 일본어로 된 글도 몇 편 실려 있지만, 근본적으로 아동을 '소국민'으로 만들고 국민 의식을 양성하기 위

부인에 대한 강화와 교육에서 사용된 언어와 교육 내용에서도 확인된다. 다음과 같은 언어 사용은 아주 혼성적이고 혼란스럽다.

第 三十八 婦人ノ의 就勞

我ゥ/リ家庭モ도戰場デ이アリ고, 我ゥ/리職場일터モ도戰線デ이アリマス오. 女モ자도男ニ자負에ケ게ナ지イ지ヤ안ウ토록, 比이ノ戰線ニ에立나タ서ナ지ケ안レ으バ면ナ안リ되マ오セン.

今從マデ前ノ과ヤウ갓ニ치屋內デ에서グ쑤ヅ물ヘシ하デハ고居잇ラレ슬メイ수ノ업デス소. 野들ニ로山ニ으로田植모내기ニ에草取김매기ニ에勇マ기シ잇クዘ進軍シ합マ시セン다.23)

위의 경우는 청년단을 통해 보급된 『전시농민독본』의 '부인근로' 부분으로 농민 집단에 대해서는 한자, 가타카나를 병용하면서 한글을 병용해놓은 것을 볼 수 있다. 이는 먼저 농민층에게 초보적인 일어를 보급하고, 일어를 해득하지 못한 농민을 위해 한글을 병용한 것을 알 수 있다.24)

해 아직 일본어 학습이 미비한 아동을 위해 '순 한글' 사용을 하고 있는 것이다.

23) 黃海道廳, 『戰時農民讀本-黃海道』, 56쪽(소화 18년 5월 27일 초판 인쇄, 소화 18년 5월 31일 초판 발행, 1000부, 소화 18년 6월 20일 재판 발행 15,0000부. 황해도 농정과, 해주 식산주식회사 인쇄, 황해도 발행). 독본류는 지역별, 조직별, 집단별로 다양하게 발행되었다. 특히 징병독본, 만주이주독본, 시국독본, 국민총력독본, 국민정신총동원독본 등이 도별, 조직별로 발행되고 애국반을 통해 말단까지 배포되었다. 위에 제시된 발행 부수를 근거로 산출해 보아도 독본류의 발행 부수와 대중에 대한 전파력은 이 시기 어떤 매체에 비해서도 가장 광범위했다고 볼 수 있다.

대표적인 것으로는 『時局讀本』(이각종, 경성 신민사, 소화 12년 8월), 『國民總力讀本』(국민총력조선연맹 편, 소화 16년 7월), 『조선징병독본』(조선군보도부감수, 경성일보사 논설부원 杉潛 洋 著, 조선도서출판주식회사 편, 소화 18년 12월), 『육군특별지원군독본』(조선총독부학무국장 塩原時三郎閣下 序, 조선총독부도사무관 岡久 雄 著, 제국지방행정학회조선본부 발행, 소화 14년 7월) 등이 있다.

위의 사례들에서 볼 수 있듯이 황민화라는 파시즘적 주체화 과정은 젠더적으로, 집단적으로, 계급적으로 차별화된 내용과 형식을 통해 학습되었다. 또한 식민지 경험과 여성 정체성에 관한 문제에서 당시 전시 체제하에서 교육 받은 여학생층의 경험은 매우 중요하다. (별첨 표 참조)25)

조선의 경우 황민화는 젠더, 계급, 인종, 세대간의 차이화된 정체성 구성을 통해 이루어졌으며, 이러한 기제는 피식민자들로 하여금 피식민자의 정체성들 간의 투쟁을 내면화하도록 만들었다. 총후 부인은 '신여성'에 대한 헤게모니 투쟁을 통해, 청년은 '父老층'과 '퇴폐하고 무기력한 근대적 지식인'에 대해, 도시 여성은 농촌 여성에 대해, '조선인'은 '남방인'과 '지나인'에 대해 내재적인 정체성 투쟁을 통해 '황민'이 되었다. 대만의 사례를 통해 레오 칭은 이전의 식민주의 이데올로기인 동화와 달리 황민화는 객관적인 사회적 정체적 적대를 심리적인 개인적 존재론으로 전환하며 이러한 정체성 투쟁의 내면화와 존재론화가 황민화 이데올로기의 역사적 특성이라고 규정한다. 즉 황민화 이데올로기란 사회적 정치적 투쟁의 존재론화이며 정체성 투쟁의 내면화이다.26) 또한 황민화란 이미 '일본인'이 된 대만과 조선의 경우에 대해서

24) 전시 체제하의 아동용 독본은 쉬운 가타카나를 먼저 배우도록 되어 있다. 『초등국어독본』 1~6권(저작권소유자 조선총독부, 조선서적인쇄주식회사 발행, 1941년)은 앞의 권에는 그림과 함께 가타카나가 뒤 권으로 가면 한자와 가타카나를 함께 배우도록 되어 있다. 『농민독본』의 체제는 아동용 독본의 5권 정도의 수준으로 쓰여졌으며, 이 정도의 일어를 해독하지 못하는 경우에 대비하여 한글을 병용하였다.
25) 별첨 표의 경우 당시 여학교 교장들의 교육 이념과 여학생들에 대한 인식을 잘 보여준다. 여학생들은 "비평력이 없다"는 미명하에 학교의 강제적 지침을 무조건 따르는 것을 당연시하고 있다. 물론 여학생에 대한 교육과 지도는 총독부의 지침에 따른 것이다. 특히 전시 체제하 학생들의 영화 관람에 대한 규정은 학생 지도의 중요 사안 중 하나였다.
26) Leo Ching, *Becoming "Japanese" : Colonial Taiwan and the politics of Identity formation*, Berkely : University of California Press, 2001.

는 '모순적인' 구호이다. 따라서 이러한 모순을 해결하는 제국의 논리
는 "좋은 일본인 되기"라는 것이었다. 물론 "좋은 일본인 되기"란 식민
지인에게는 '일본인으로 살기'에서 '일본인으로 죽기'로의 이행이기도
하였다. 황민화는 바로 이러한 단절적 이행의 문제이기도 하다.

3. 식민지 경험과 여성 정체성

일제 말기 파시즘 체제 하 담론 공간에서 여성 정체성의 문제는 총
후 부인이라는 긍정적 준거와 '서구화되고 퇴폐적이고 방탕한' 신여성
이라는 부정적 준거를 중심으로 유동한다. 특히 신여성적 정체성은 사
회체의 부정적 오염을 투영하는 퇴폐와 몰락의 상징으로 표상되면서,
풍속 문제, 스파이 문제, '교통' 문제에 이르기까지 광범위한 담론 공간
에 등장한다.

1930~40년대 일제 말기에 형성된 애국부인으로서의 정체성은 해방
기와 한국전쟁을 거치면서 '여성 지도자', 혹은 정치적 권력을 지닌 여
성 정체성의 특성으로 귀결된다. 만주사변(1931) 이후 징후를 드러내
고 중일전쟁을 기점으로 폭발적으로 확산된 정체성 투쟁은 특히 여성
정체성에 있어서 1900년대 이후 형성되어 20년대 정점에 이르렀던 신
여성적 정체성을 극단적으로 혐오하고 부정하게 만든다.[27] 인터내셔널
하고 지식 권력과 성적 해방이라는 성적 권력을 지니고 있던 신여성적
정체성 자질은 부정되고 동양적 여성 정체성으로서 '애국 부인', '총후
부인'과 같은 부인과 아내로서의 정체성이 여성의 정치 참여의 대가로
제공되었다. 이러한 여성 정체성들 사이의 헤게모니 투쟁의 과정에는
본질적으로는 일본의 전시체제 이데올로기와 황민화 이데올로기가 개

---

27) 신여성에 대한 혐오와 여자 스파이단 담론의 상관성에 대해서는 권명아, 「여
    자 스파이단의 신화와 좋은 일본인 되기-황민화와 국민 방첩 이데올로기의
    관계를 중심으로」에서 논한 바 있다.

입되어 있으며 전시체제 하에 '정치'의 영역에 참여하는 여성들의 성격
이 변화되는 문제, 그리고 신여성에 대한 30년대 이후의 부정적 인식
의 만연이라는 문제가 결합되어 있다.

물론 이전 시기에도 공론장에서 자신의 목소리를 내던 여성들 사이
에는 차이가 존재했다. 나혜석과 윤심덕으로 상징되던 자유주의적이면
서 성적 해방의 목소리를 높이던 자유분방한 신여성적 정체성은 당시
활발하게 활동하던 여성들 사이에서도 부정적 평가의 대상이 되기도
하였다. 정칠성을 비롯한 근우회 여성들은 20년대 말에도 여전히 부인
과 아내로서의 정체성 자질을 중시하고 성적 해방과 특히 레드 워먼으
로서의 정체성 자질에 대해 비판을 가했다.[28] 나혜석, 윤심던 등 대표
적 신여성들이 죽거나 자살하거나 미치거나 하는 등의 일련의 사건이
일어나자 이들로 표상되던 신여성적 자질은 '몰락과 퇴폐(decadance)'
의 이미지로 전환되고 만다. 이러한 분위기는 30년대 후반들어 여성
담론이 기생, 여급, 유곽의 여성으로 몰락한 신여성들에 대한 '호기심'
으로 물들어가는 데서도 드러난다. 또 새삼스럽게 윤심덕에 대한 재평
가도 이루어지면서 20년대와 달리 돈 욕심과 도화살의 운명을 타고난
저주받은 여성으로 윤심덕을 표상하는 담론들도 증가한다. 20년대 윤
심덕의 사후 그녀에 대해 가난과, 봉건적 질곡에서의 투쟁 등에 대해
보이던 동정어린 시선은 사라지고 대신 남성을 궁지에 빠트리는 위험
한 여성(도화살로 표상되는)으로 윤심덕의 이미지는 반전된다. 이러한
반전은 30년대 후반에 이르러 여성 정체성을 둘러싼 헤게모니 투쟁이
내면화되는 과정의 일단을 보여준다.

30년대 후반에서 전시체제하, 그리고 일본 패전까지 신여성적 정체
성 자질을 유지하면서도 비난의 위험에서 면제되었던 것은 최승희가
유일하다. 인터내셔널하고 '급진적'인 예술가였던 최승희는 당대 여성
에 대한 이데올로기의 부정적 전환 과정에서 충분히 '희생양'으로 대두

---

28) 정칠성, 「적연 비판」, 『삼천리』, 29년 1호.

될 수 있었지만 일제의 선전 논리와의 부합, 동양적 미의 화신이라는 미학화된 이데올로기에 의해서 구제될 수 있었다. 그러나 여기서 무엇보다 중요한 것은 최승희가 자신의 이미지를 집요하게 최승일의 동생이자 안막의 아내로서 규정하는 생존 방식이다. 최승희는 당시 '승희'라고 불리면서 일종의 남성 지식인들의 '누이'로서 기능하였다. 그녀가 인터내셔널하고 자유분방한 예술가이면서도 희생양이 되지 않은 가장 큰 이유는 누이이자, 아내로서(최승희는 현모양처라고 거듭 상찬받는다) 자기 규정을 집요하게 반복하였기 때문이다(최승희는 인터뷰마다 자신의 예술관이나 행보에 대해 직접 말하지 않고, 오빠가 다 알아서 해준다고, 자신은 잘 모른다는 식의 발언으로 일관한다).

　예술계에서도 한편으로 전시 동원 이데올로기에 동참한 여성들은 '부인'으로서의 정체성 자질을 중요한 덕목으로 간주하였고, 특히 전시 동원 정책에 참여한 여성 집단이 '교육' 담당층이라는 점은 '부인'적 정체성을 여성의 중요한 자질로 전환하는 데 특별한 역할을 수행하였다고 보인다. 예를 들어 당시 여성 정체성은 신여성, 여학생, 기생, 카페, 소학교 교원으로 구별적으로 회자되는데 소학교 교원으로서 여성 정체성은 앞서의 다른 정체성 자질과 확연하게 대비되는 '보수적이고 가정적이며 전통적이면서도 근대화된', 그런 점에서 구여성적 자질과 분리되는 여성 정체성으로 인식되었다. 전세 체제하에서 여성 동원과 관련하여 교사, 사회복지가(고황경, 고봉경 자매로 대표되는) 집단이 주요 역할을 하면서 여성의 정체성 자질은 쉽게 '부인'으로서의 내용을 내면화하게 된다.

　스파이 담론은 총후 부인 담론의 정 반대에 놓여진 부정적 동일화의 대상으로 특히 특정한 여성 정체성을 문제적 집단으로 만들면서 '부인'과 아내로서의 정체성을 오염되지 않은 본래적 정체성으로 구축하는 역할을 한다. 스파이 담론이 특정한 여성성을 전유하는 것은 몇 가지 복합적 문제와 관련된다. 첫 번째는 스파이 담론은 '대동아'라는 새로운 제국의 신체를 구축하고 상상하는 과정에서 대동아 신체의 오염, 훼손, 경계의 무너짐에 대한 공포를 반영한다. 황민화로 구축되는 대동아의 신체는 전방을 '청년'의 남성성으로 후방은 '총후 부인'의 여성성으로 구성한다. 이때 특히 스파이란 '총후', 후방의 경계가 흐트러짐으로써 사회체 전체를 무너트리는 위험성과 관련된다. 따라서 일차적으로 스파이 담론이 여성성을 전유하는 것은 '후방'의 여성성과 관련된다. 그러나 본질적으로 스파이 담론이 여성성을 전유하는 것은 대동아 신체의 모순성과 좋은 일본인 되기의 모순과 관련된다. 좋은 일본인의 반대편에 놓여진, 가면을 쓴 '협력자들', 정체불명의 집단들의 경계는 불확정적이고 모호하게 증식하는 것이다. 이러한 정체불명, 무규정성과 경계를 넘나드는 정체성의 모호함이 스파이 담론을 여성성과 결부시킨다. 즉 스파이 담론이 여성성을 전유하는 것은 '스파이'의 무한 증식하는, 동시에 모호하고 불투명한 확장과 스며듦이 여성성(특히 여성 신체의 의미)과 결합되기 때문이다. 역으로 말하자면 스파이 담론이 여성성을 전유하는 것은 무한 증식되는 내부의 적을 생산하는 대동아의 신체의 반영이라 할 것이다.

물론 스파이 담론이 여성성을 전유하는 것은 현실 정치 맥락에서 후방에 대한 방첩 교육과 후방을 담당하는 여성층에 대한 계도, 그리고 증가하는 여성들의 불온 범죄에 대한 방비라는 문제와도 결부된다. 또한 스파이 담론이 여성성을 전유하는 것, 특히 여자 스파이단에 대한 신화는 국민 방첩 및 불온사상 범죄에 대한 경계 담론에 대해 대중의 관심을 끌기 위한 흥미 유발 차원이 개입되어 있다.

일제 말기 파시즘 체제는 전방의 청년, 후방의 '총후 부인', 미래의 국민으로서 소국민이라는 젠더화된 대동아의 신체를 구축하는 작업이었다. 그러나 대동아의 신체는 단지 젠더화된 분리축만이 아니라, 인종적 차이화와 계급적 차이와, 지역별, 세대별 차이화를 통해 세포 분열하면서 무한 증식하는, 즉 무한 확장되는 영토성을 지닌 것이었다. 그리고 이 무한 확장하는 영토성은 내부와 외부의 경계를 폭력적으로 구획하면서 동시에 내부의 경계들을 강제적으로 재구축하는 과정이었다. 역사적으로 폭력적인 체제의 국가 구성이 보여주듯이 내부의 경계를 세분화하면서 위계화하고, 내부적 헤게모니 투쟁을 촉발함으로써, 폭력적 체제는 '자발성'의 이름으로 재생산된다.

(별첨) 전시 하 여학생 교육의 내용과 교장들의 인식에 관하여(「我校의
女學生軍事敎鍊案」, 『삼천리』, 1942년 1월)

학교(장)명	설문 1. 貴校에서는 全般 女學生에게어떠한 戰時訓練을 식키고 있읍니까?	설문 2. 女學生에게 軍事敎鍊을 식키는데 對한 意見?	설문 3. 最近 女學生들은 어떠한 時間的讀物과 映畵를 보고있읍니까?
덕성여자실업학교장 福澤玲子(宋令璇)	*금년겨울에는 생도들의 低溫生活을 訓練하는 意味에서 난로를 낮게 한기의 정도를 보아 사용할까합니다. *학교교원의 중간 시간을 이용하여 생도들의 체련훈련	*절대 필요 *우리학교에서도 결과는 미미하나 전체 생도에게 군사훈련식키는 중 *아직까지 전시 생활에 경험이 없는 조선가정에 여학생을 통하여 훈련을 철저히 시키고자 한다.	*어떤 학교나 건전한 정신생활을 시키기 위하여 영화나 서적을 엄중히 監視하므로 영화는 보도연맹의 지정 영화를 보게 되었고, 서적은 학교에 따라 다르다. *우리 학교는 여학생들에게 시국에 대한 책을 보게한다. *상급반에서는 매일 신문을 읽힌다.
祥明實踐女學校長 배상명(芳村祥明)	*학과공부와 함께 훈련도 중요시함. *각종 운동 경기를 통하여 체력의 증강에 힘씀 *방공훈련 *사회 명사를 초청하여 時局講話	*필요하다 *매주 토요일 전 학교에 교회군사훈련 실시. 그 효과는 판이하게 크다. *엄격하고 규율적인 군사훈련이 절대 필요하다.	*학교에서는 課外讀物은 반드시 담임선생의 허가를 얻도록 한다. *영웅전 등의 전기를 많이 본다. *영화는 절대로 금한다. 시국영화 등은 학교에서 단체로 보이지만 비평력을 가지고 있는 것 같지는 않다.
明星女學校長 月村水先(김수선)	*遠足, 長距離步行, 旅行같은 것으로 체력 훈련. 최근에는 시국에 순응하여 방공 훈련, 노동작업, 救急手當法, 폐물, 잔물 등 이용법, 수선법 훈련	*여자들에게 군사훈련을 과한다는 것은 그 근본 의의가 군사적인 점보다는 정신적인 점에 있다고 생각되는데 그보다 여성으로서 감당할 수 있는 각 부문의 실무 훈련을 시키는 것이 효과적이다.	*원래 학생, 더구나 어린 여학생들의 비평력이란 신뢰할 수 없기 때문에 영화관 출입 엄금. *간혹 교육상 필요하다고 인정되는 영화는 선생 인솔하에 학생의 참관 허용. *소설에 대해서도 그 선택에 대해 엄격한 감시.

			*최근 영화로는 「乃木大將의 生涯」,「路傍の石」, 「君と僕」 등을 보여줌. *소설로는 鶴見씨 등의 『母』, 吉屋信子의 『友情』 등을 본다.
誠信宗正女學校長 李淑鐘	1. 매주화요일 分裂行進朝會 2.매월 1차 방공훈련 3. 學校聯盟作業隊훈련 (평일작업, 미화작업) 4. 매일 强化 운동시간 설치 30분간 正條步훈련 5. 廢品 更生 展示會 6. 매월 애국일 시행	*찬성 무력적 훈련이라기보다 심신연마에 시국적 의무라고 생각	*학교교재에 필요한 참고서 이외에 볼 사이가 없다. *하지만 근일에는 軍國美談 등을 많이 본다. 『主婦之友』도 많이 본다. *영화는 학교에서 지정하는 교육적 영화외에 보지 못한다.
德和女塾長 永河仁德(박인덕)	*본 여숙은 家道專修시키는 곳이므로 가정생활 전반에 관하여 전쟁과 連絡的 精神을 갖도록 훈련 *요리시간에 비용은 덜 들고 영양가는 있고 눈에 보기좋고 입에 맛있는 음식을 연구, 실행	*찬성 *군사훈련을 통해서 단체행동, 질서적 생활, 신체 단련 등을 할 수 있다.	*정신수양에 관한 서적을 많이 본다. 전쟁에 관한 책. *영화는 본교에서 지정하는 것이 아니면 안본다. 얼마 전에 「君と僕」를 전 숙생이 보고 왔다.
이화여자전문학교장 天城活蘭(김활란)	*여성의 입장에서 決戰體制에 필요한 것은 直擧하게 시킨다. 불호불굴의 정신을 넣어주면서 인고단련을 시키고 있다.	*현재 시행중이다.	*결전 체제에 적당한 것들
京城家政女塾長 황신덕	*심신의 단련을 철저히 하기 위해 도보 원족, 방공훈련, 低溫생활 등을 실시.	*여성까지 출정하여야 할 시기가 왔다면 별 문제이겠으나 일반적으로 보아 여학생들에게 군사 훈련은 찬성하기 어렵다. 생리적 고장을 방지할 만한 무슨 방도가 있다면 몰라도.	*아직 나이어린 2학년까지 밖에 없으므로 위인전기나 월간 잡지 2, 3개를 회람시킬 뿐이다. *영화는 학교에서 지정하는 것 이외에는 뵈이지 않는다.

찾아보기